2019年 第8回 映画英語アカデミー賞

小学生部門

中学生部門

高校生部門

大学生部門

〈監修〉映画英語アカデミー学会

はじめに

　映画英語アカデミー学会（TAME）は本年、結成6周年を迎えました。新たな理事会体制のもとで初めての学会誌の発行となります。我が国日本社会もまた、令和の新元号の時代となり、二重の船出となりました。

　TAME は、我が国の英語教育ならびに英語学習に新しい息吹を吹き込もうと発足された学会です。会則第3条には、「本学会は教育界を中心に映画業界・DVD 業界・DVD レンタル業界・IT 業界・放送業界・出版業界・雑誌業界、その他各種産業界（法人、団体、個人）出身者が対等平等の立場で参画する産学協同の新しいタイプの IT 学会である。」と位置づけられています。

　映画英語アカデミー賞細則第2条に、「本賞は、米国の映画芸術科学アカデミー（Academy of Motion Picture Arts and Sciences、AMPAS）が行う映画の完成度を讃える "映画賞" と異なり、外国語として英語を学ぶ我が国小・中・高・大・社会人を対象にした、教材的価値を評価し、特選する "映画賞" である。」とあるように、TAME は毎年、日本で発売開始される映画 DVD 等のメディアを対象に、全会員投票を行い、英語学習者へのお薦めの映画を選定してご紹介しています。

　本学会誌は受賞4作品を中心に、ノミネート委員会が特選した各部門2作品ならびに、会員各位のご執筆による数十作品の「総合評価表」原稿を編集したものです。

　「総合評価表」は、第7回以降、編集サイズを変更いたしましたが、すべて同じ趣旨と編集によるもので「映画のあらすじ」から「映画の見所」など映画の紹介を始め、「英語の特徴」「学習ポイント」「お薦めの理由」から会話の「スピード、

明瞭さ、語彙、専門語」などの「リスニング難易度」のご紹介まで、会員の皆様が多角的かつ全面的に評価し、意欲的に執筆したものばかりです。

　なお、TAME は、その結成以来 5 年間ほどにわたって、会員 150 名以上の参加と執筆により、『先生が薦める英語学習のための特選映画 100 選』（小学生編・中学生編・高校生編・大学生編・社会人編）を発行いたしました。映画紹介は約 500 タイトルに及びますが、すべてこれまでの名作映画を対象に編纂したものです。これらの作品はいわば「過去」の名作の紹介としての集大成であり、いまなお英語学習教材として注目すべき映画ばかりです。

　これらの過去の名作映画に、毎年、本学会誌の発行を通して新しい映画タイトルが加わり、TAME の映画英語学習紹介を充実させていきます。2019 年 8 月現在、学会ホームページには、734 タイトルが掲載されており、会員の皆様には自由に閲覧していただくことができる「データベース」となっています。

http://www.academyme.org/database/database.php

　本学会では全国大会や県支部大会の益々の充実を目指しております。映画を使用した英語教育・英語学習から異文化理解にご興味があり、会則にご賛同いただける方はどなたでもご加入いただけますので本誌後段の各ページをご覧の上、ご検討いただけますようよろしくお願い申し上げます。

　2019 年（令和元年）8 月

映画英語アカデミー学会会長　寶壺貴之

目　次

はじめに……………………………………………… 2

本書の構成と利用の仕方……………………………… 6

映画メディアのご利用にあたって…………………… 10

小学生部門受賞　パディントン2

総合評価表　　　　　　………………………久米　和代………… 13

中学生部門受賞　ワンダー 君は太陽

総合評価表　　　　　　………………………松葉　明………… 19

高校生部門受賞　グレイテスト・ショーマン

総合評価表　　　　　　………………………子安　惠子………… 25

大学生部門受賞　フロリダ・プロジェクト 真夏の魔法

総合評価表　　　　　　………………………松本　惠美………… 31

【各部門ノミネート映画の総合評価表】

小学生部門

インクレディブル・ファミリー…………………………………… 38

フェリシーと夢のトウシューズ…………………………………… 42

中学生部門

僕のワンダフル・ライフ…………………………………………… 46

ユダヤ人を救った動物園　アントニーナが愛した命…………… 50

高校生部門

グッバイ・クリストファー・ロビン……………………………… 54

さよなら、僕のマンハッタン……………………………………… 58

大学生部門

君の名前で僕を呼んで……………………………………………… 62

ビッグ・シック ぼくたちの大いなる目ざめ…………………… 66

目　次

【2018年DVD発売開始映画の総合評価表】

アベンジャーズ／インフィニティ・ウォー	72
アメイジング・ジャーニー　神の小屋より	76
ウィンストン・チャーチル　ヒトラーから世界を救った男	80
エイリアン：コヴェナント	84
エルミタージュ美術館　美を守る宮殿	88
オーシャンズ8	92
オリエント急行殺人事件	96
怪物はささやく	100
gifted　ギフテッド	104
ギフト　僕がきみに残せるもの	108
キングスマン　ゴールデン・サークル	112
ゲット・アウト	116
ゴッホ　最期の手紙	120
猿の惑星：聖戦記（グレート・ウォー）	124
シェイプ・オブ・ウォーター	128
静かなる情熱　エミリ・ディキンスン	132
15時17分、パリ行き	136
スクランブル	140
スター・ウォーズ／最後のジェダイ	144
スリー・ビルボード	148
ドリーム	152
パーティで女の子に話しかけるには	156
ハン・ソロ／スター・ウォーズ・ストーリー	160
ピーターラビット	164
ファウンダー　ハンバーガー帝国のヒミツ	168
プーと大人になった僕	172
ベイビー・ドライバー	176
ボブという名の猫　幸せのハイタッチ	180
マンマ・ミーア！　ヒア・ウィー・ゴー	184
ミッション：インポッシブル／フォールアウト	188
女神の見えざる手	192
リメンバー・ミー	196
レディ・バード	200
ロング，ロングバケーション	204

2018年発売開始DVD一覧表	209	理　事　会	252
会　　　則	246	ノミネート委員会	253
運営細則	248	リスニングシート作成委員会	253
支部会則	250	入会申込書	254
発　起　人	251		

■2018年発売開始DVD一覧表■

　本書の最後のページにあるこの欄は、2018年の1年間に日本で発売開始された、英語を基調とした新作映画メディアのうち、英語学習にふさわしいと思われるほとんどの映画DVDの概略紹介です。見開き左右ページを使用して、参考までに編集しました。なお、掲載は映画邦題の50音順です。

本書の構成と利用の仕方 1

■総合評価表■

● 邦題

第8回映画英語アカデミー賞受賞　小学生部門

パディントン2

あらすじ	【Free Paddington!】「暗黒の地」ペルーのジャングルからひとりロンドンへやってきた小さなクマのパディントン。ブラウン一家と出会い、彼らとウィンザー・ガーデンで幸せな日々を送っていました。ルーシーおばさんの教えを守り、どんな時も誰に対しても親切で礼儀正しいパディントンは、今ではすっかり街の人気者です。そんな中、ルーシーおばさんがもうすぐ100歳の誕生日を迎えようとしていました。命の恩人でもあり身寄りのない自分を育て、ロンドンへと送り出してくれたおばさんに感謝の意を込めて完璧なプレゼントを探していた彼は、グルーバーさんの骨董品店でロンドンの名所が次々に飛び出す絵本を見つけます。そして、ロンドンを訪れるのが夢だったおばさんに世界に一冊しかないというこの高価な絵本をプレゼントするため、パディントンは人生初のアルバイトに挑戦します。ところがある夜、彼は何者かがその絵本を盗んで逃げるのを目撃します。逃げる犯人を必死で追いかけますが、男は跡形もなく消えてしまいます。それどころか、パディントンは駆け付けた警官に現行犯逮捕され、刑務所に送られることになるのです。実は、絵本にはある秘密が隠されていました。盗んだのはそれを知る落ち目の俳優フェニックス・ブキャナンでした。彼は巧みに変装し絵本にある名所に次々と出没します。一体なぜ？さあ、果たして、パディントンは無実を証明し、ルーシーおばさんに絵本をプレゼントすることができるのでしょうか。

● あらすじ＝簡単な映画のストーリーや展開、特徴、モチーフなどの説明です。

映画の背景	【原作者のお墨付きで続編へ】英国が誇る児童文学パディントン・シリーズの実写映画化第2弾。原作者のマイケル・ボンドは、カメオ出演も果たした1作目を大変気に入り本作も楽しみにしていましたが、公開を待たずして撮影最終日に91年の生涯を閉じました。葬儀は遺作となったシリーズ最終作 *Paddington at St. Paul's* (2018) と本作にも登場するセント・ポール大聖堂で執り行われ、ヒュー・ボネヴィルと子役2人が世界中から寄せられた追悼の言葉を読み上げました。【Is this the real life? Is this just fantasy? 英国流社会派ファンタジー】"How did Brexit happen? Did people not watch *Paddington*?!"ポール・キング監督が本作リハーサル中に思わず漏らした一言です。前作ではペルーからやってきたパディントンを受け入れるブラウン一家が描かれましたが、それは「移民」を受け入れる寛容な「英国社会」を象徴する構図でもありました。ところが急増する移民を背景に行われた国民投票の結果、EU離脱（Brexit）が決定し分断された英国社会が浮き彫りとなりました。米国でも移民排斥を掲げるトランプ大統領が誕生するなど社会が排外主義へと向かいつつある中、本作は公開されました。大手映画批評サイトでは歴代最高記録を塗り替えるなど絶賛されるとともに、EU離脱と関連付けた論評も多く、本作が単なる子供向けの映画ではないことを裏付けています。ユーモアを交えつつ社会風刺を織り込む原作の精神が受け継がれているのです。

● 映画の背景＝この映画の歴史的背景、文化的背景の説明、事前知識、映画構想と準備、製作の裏話などの解説です。

映画情報	製作費：4,000万ドル	製作会社：ヘイデイ・フィルムズ、スタジオカナル
	製作年：2017年	言語：英語
	製作国：英国、フランス	ジャンル：コメディー、ファンタジー、ファミリー
	配給会社：StudioCanal（英）（仏）、キノフィルムズ（日）	使用楽曲："Rain on the Roof" (Hugh Grant)

● 映画情報＝原作や製作年、製作費、配給会社など、映画の基本情報の紹介です。

● 原題

Paddingon 2

パディントン2

(執筆) 久米 和代

● この総合評価表の執筆者

● 写真＝この映画のDVD表紙写真です。

映画の見所

ユーモアと優しさに溢れ、癒しと気付きを与えてくれる内容、細かな伏線とその見事な回収によるストーリー展開、カラフルでワクワクする映像、実力派俳優らの豪華共演など見所が満載です。
【パディントン的ロンドンの歩き方】本作にはタワー・ブリッジ、ピカデリー・サーカス、セント・ポール大聖堂、ビッグ・ベンを始めポートベロー・ロード、リトル・ヴェニス、パディントン駅、ザ・シャード、赤い電話ボックスなどロンドンの名所やアイコンが続々登場します。観終わった後にロンドンを訪れたくなること間違いありません。
【見せつけた役者魂】「ロマ・コメの帝王」として一斉を風靡したヒュー・グラントが、本作ではなんと当て書きされた悪役「ナルシストで落ち目の俳優」を熱演。甲冑を纏った騎士や自ら提案したというツルツル頭の男、はたまた修道女にまで七変化する「変装の達人」ぶりは必見です。

発売元：
キノフィルムズ／木下グループ
DVD＆Blu-ray価格：4,500円
（2019年7月現在、本体価格）

● 発売元＝DVDとブルーレイ情報です。発売元と価格は時々変わりますからご注意ください。（日付に留意を）

● 映画の見所＝「あらすじ」や「映画の背景」でふれられなかった他の重要事項の説明です。

印象的なセリフ

パディントンの濡れ衣を晴らすため、真犯人を捕まえに行こうとするブラウン一家の前に立ちはだかる隣人のカリー氏。「心を閉ざしドアに3重にも鍵をかけて」パディントンを頑なに拒む彼に対してヘンリーが訴えます。
CURRY：We don't want him here.　　　　　　　　　　　　　　　　[Ch.13, 80:08〜]
HENRY：No, of course you don't. You never have. As soon as you set eyes on that bear, you made up your mind about him. Well, Paddington's not like that. He looks for the good in all of us, and somehow he finds it. It's why he makes friends wherever he goes. And it's why Windsor Gardens is a happier place whenever he's around. He wouldn't hesitate if any of us needed help. So stand aside, Mr. Curry, because we're coming through!
ここで颯爽と車で走り去ると思いきや、エンストするユーモアも。しかし、それはヘンリーの言葉を聞いた他の隣人たちが、いつも親切で優しかったパディントンの存在によって自分たちがいかに助けられていたかに気付き、ブラウン一家に救いの手を差し伸べにやってくるためのハプニングでもあったのです。パディントンから周囲の人々へと伝わっていく「人を見た目だけで判断するのではなく、良いところを見つけて受け入れること」こそ、本作のテーマであり、偏見による差別で分断や衝突が起こりつつある社会へのメッセージともなっているのです。

● 印象的なセリフ＝映画のストーリーを左右するセリフ、決まり文句、キーワードのご紹介です。

公開情報

公　開　日：2017年11月10日（英国）
　　　　　　2017年 1月12日（米国）
　　　　　　2018年 1月19日（日本）
上映時間：104分

年齢制限：G（日本）、PG（米国）
受　　賞：British Academy Children's Awards

興行収入：2億2,762万2,082ドル

● 公開情報＝公開日や公開状況、受賞実績など、劇場公開段階での記録です。

本書の構成と利用の仕方 2

● 邦題 ┅┅▶

● 英語の特徴＝
会話の速度、
発音の明瞭
さ、語彙、専
門用語、文法
の準拠度な
ど、この映画
の英語の特
徴を解説しま
す。

● 学習ポイント
＝この欄はこ
の映画を使
用して英語を
学習する人た
ち（主に中学
生・高校生レ
ベルの方々）
へのアドバイ
ス。

● スタッフ＝製
作・監督・脚
本など、スタッ
フの紹介で
す。

第8回映画英語アカデミー賞受賞　小学生部門

パディントン2

英語の特徴

　ロンドンに暮らすミドルクラスのブラウン一家の人々と、丁寧な言葉遣いで「紳士的に」話すパディントンの英語は、聞き取りやすく綺麗でお手本にしたい英国英語です。もちろん、今時の若者言葉や、移民の多いロンドンらしく外国語訛りの英語も登場します。本作ではヒュー・グラント扮する自称West End legendが登場するため、英国を代表する名作の登場人物やセリフにト書きも飛び出します。お馴染みの「容認発音」だけでなく、コックニー訛り、スコットランド訛り、ベルギー訛りなどを巧みに使い分けて演じるヒュー・グラントの英語にも注目です。一方、パディントンが犯罪者の濡れ衣を着せられて刑務所に送られてしまうことから犯罪や裁判に関するやや堅い用語も出てきますが、いずれもニュースなどでよく耳にする、覚えておきたい表現です。また「誰（どれ）にしようかな…」「命中！」など子供たちが覚えて真似したくなるような表現や、マーマレード作りの場面では料理に関する簡単な表現も登場します。英語を聞き取りながら実際にマーマレードを作ってみてはいかがでしょう？そして、「見かけだけで人を判断するな」という本作のテーマを具現化したキャラクター、強面の囚人ナックルズの英語にも注目。格好よく交差させた両拳のtattooには、本人も気付いていない可愛らしい間違いが3つ。決めゼリフもヒントです。出所後に開いた店の名前にも隠された意味が。よく練られた言葉遊びのユーモアもぜひ堪能してください。

学習ポイント

　育ての親ルーシーの教えを守り、いつ誰に対しても親切で礼儀正しく、丁寧な言葉遣いで穏やかに話すパディントンの「紳士的な」言動は、多様化する世界での「マナー」とも言えるでしょう。英語表現とともにマナーも学べる作品です。【ルーシーの教え】①Aunt Lucy says, "If we're kind and polite, the world will be right. ②Aunt Lucy says, "If you look for the good in people, you'll find it." ③It's called a hard stare. Aunt Lucy taught me to do them when people had forgotten their manners. the goodは、ここでは「（人の）良い部分」の意味です。mannerは複数形で「礼儀作法、マナー」、単数形では「方法」となります。パディントンはManners.と自分に言い聞かせて刑務所生活に臨みました。Mind your manners [P's and Q's].やWhere are your manners?もマナーを促す表現です。因みに、とある男優のSNS上での無礼な挑発にも、パディントンは#hardstareとだけ返しています。【紳士的な英語表現】パディントンはAfter you.と相手によく先を譲ります。ストレートなGo ahead.に比べ控えめで丁寧な印象を与えます。他にも彼はIt's very kind of you, Knuckles, but I don't think...と自分の意見を言う際はまず相手に敬意を払い、I just wondered if I could have a quick word about the food?と間接的な表現I wonder if...を用いて控えめにお願いをします。wonderも過去形、過去進行形でよりソフトに。優しさと気遣いの伝わる表現を他にも探してみましょう。

スタッフ

製　作：デヴィッド・ハイマン	製作総指揮：ロージー・アリソン他
監　督：ポール・キング	撮　影：エリック・ウィルソン
脚　本：ポール・キング他	音　楽：ダリオ・マリアネッリ
原　作：マイケル・ボンド	編　集：マーク・エヴァーソン他

パディントン2

薦	●小学生　●中学生　●高校生　●大学生　●社会人	リスニング難易表	

| お薦めの理由 | 子供から大人まで幅広い世代を魅了する笑いと感動の物語が、パワーアップして帰ってきました。訪れたいロンドンの名所の数々と幻想的な遊園地に熱気球、息を飲むトレイン・アクションなど、視覚的にも壮大なスケールに。また、チャップリンの『モダン・タイムス』へのオマージュ（一瞬現れる口髭姿のパディントンもお見逃しなく）、シェイクスピアやディケンズ、アガサ・クリスティの名作、『アンタッチャブル』『レ・ミゼラブル』絡みのセリフなど、大人の文学・映画ファンの心をくすぐる「仕掛け」があちこちに散りばめられ、笑いの幅もぐっと広がっています。そして何より、1958年に誕生した原作から映画へと受け継がれてきたテーマがより重みを増して響きます。前作ではパディントンとブラウン一家に絆が芽生える過程が描かれましたが、本作ではその多様性を受け入れる優しさや寛容な心が更に周囲の人々へと広がり、コミュニティーの絆が強まっていく過程が描かれています。世の中が不寛容になりつつある今だからこそ観ておきたい映画です。 | | |

リスニング難易表	
スピード	2
明瞭さ	2
米国訛	1
米国外訛	3
語彙	2
専門語	3
ジョーク	2
スラング	2
文法	2

発展学習

パディントンの逮捕に伴い頻出する犯罪・裁判関連の表現とともに、判事や検事らがカツラを着用し臨む英国での裁判の伝統も確認しておきましょう。【犯罪・捜査に関する表現】パディントンを連行する警官がCaught red-handed.とブラウン一家に説明します。事件現場で手を血で赤く染めた人物が犯人としてその場で捕まえられる様子からbe caught red-handedで「現行犯で捕まる」の意味に。thief, suspect, robbery, rob, burglarize, take someone into custody, criminal, breaking and entering, detective, culprit, fingerprints, paw prints, evidence, arrest, police, copperなども確認を。警官には"Officer,"と呼びかけます。【裁判に関する表現】判事[裁判官]はjudge、呼びかける時は"Your Honor,"です。他に"Order!"、court, eye-witness, defendant, guilty, innocent, sentence, convict, behind bars, (in) prisonなども頻出語。証人は宣誓の際、聖書の上に手を置きDo you swear to tell the truth, the whole truth and nothing but the truth(, so help you God)?との問いかけにI do.と答えますが、フェニックスはわざわざシェイクスピア風の言い回しや『レ・ミゼラブル』での役柄を交えて答えます。パディントンに下された判決は10 years for grand theft and grievous barberly harm.後半部分はgrievous bodily harmにかけたジョークです。図らずもprisonerとなってしまったパディントンの切なる願いはclear one' nameの形で8回登場します。

キャスト

パディントン	：ベン・ウィショー	ジュディ・ブラウン：マデリン・ハリス	
ヘンリー・ブラウン：ヒュー・ボネヴィル		ジョナサン・ブラウン：サミュエル・ジョスリン	
メアリー・ブラウン：サリー・ホーキンス		ナックルズ・マクギンティー：ブレンダン・グリーソン	
フェニックス・ブキャナン：ヒュー・グラント		ミセス・バード　：ジュリー・ウォルターズ	

● お薦め＝お薦めレベルを小学生から社会人まで（複数有り）

● リスニング難易表＝この映画の発声者の特徴を9項目各5点満点（各項目〔易〕1→5〔難〕）で評価しました。

● お薦めの理由＝小学生から社会人まで、お薦めしたい理由の説明をしています。

● 発展学習＝「学習ポイント」で触れらなかったことについてさらに深く（大学生・社会人レベルで）解説します。

● キャスト＝主演など、キャストの紹介です。
（役名：役者名）

映画メディアのご利用にあたって

■ 発売元と価格 ■

本書は、映画メディア（DVD、ブルーレイ、3D、4K など）の発売元と価格に、必ず情報時点を表示しています。発売元は時々変わりますからご注意ください。また、価格は発売元が設定した希望小売価格です。中古価格、ディスカウント価格ではありません。

■ 購入とレンタル ■

映画メディアは、購入されるか、レンタルされるか、購入者から適法に借り受けるか、となります。最近では iPad や携帯のアプリでのダウンロードでもお楽しみいただけます。

■ 家庭内鑑賞 ■

一般家庭向けに販売されている映画メディアは、映画冒頭に警告画面があります。これは、少人数の家庭内鑑賞のみの目的で販売されていることを意味していますのでご注意ください。また、「無許可レンタル不可」などとも表示されています。

■ レンタルDVD ■

各種レンタル店でレンタルした映画メディアも同様です。通常は、家庭内鑑賞しかできませんので、上映会はできません。

■ 映画上映会 ■

不特定多数が鑑賞する映画上映会は、DVD 販売会社などによる事前の許可が必要です。各会社にお問い合わせください。

また、正規に、上映会用映画メディアを貸し出している専門の会社もあります。

映画上映会の㈱M.M.C.　ムービーマネジメントカンパニー

Tel：03-5768-0821　　URL：http://www.mmc-inc.jp/

著作権法

第三十五条　学校その他の教育機関（営利を目的として設置されているものを除く。）において教育を担任する者は、その授業の過程における使用に供することを目的とする場合には、必要と認められる限度において、公表された著作物を複製することができる。ただし、当該著作物の種類及び用途並びにその複製の部数及び態様に照らし著作権者の利益を不当に害することとなる場合は、この限りでない。

第三十八条　公表された著作物は、営利を目的とせず、かつ、聴衆又は観衆から料金（いずれの名義をもってするかを問わず、著作物の提供又は提示につき受ける対価をいう。以下この条において同じ。）を受けない場合には、公に上演し、演奏し、上映し、又は口述することができる。ただし、当該上演、演奏、上映又は口述について実演家又は口述を行う者に対し報酬が支払われる場合は、この限りでない。

■ 授業におけるDVDの上映 ■

　著作権法第三十八条等の著作権法が特に許容する方法によれば、例外的に上映することも可能です。

　例えば、映画の DVD を、公教育（民間英語学校を含まない）の授業の目的に沿って、教室で一部または全部を上映して、（無料で）生徒たちに見せることは、著作権法が許容する方法の一つです。

■ テキストの作成 ■

　著作権法第三十五条等の著作権法が特に許容する方法によれば、映画のセリフなどを文字に起こして、授業用のテキストや問題を作成することも可能です。

　例えば、映画のセリフを教師または生徒が自ら聞き取り、公教育（民間英語学校を含まない）の授業の目的に沿って、映画のセリフをそのまま記載した必要部数の印刷物を作成することは、著作権法が許容する方法の一つです。ただし、学習用教材として一般販売されている書籍をコピーすることは、違法のおそれがあります。

■ 写真の利用 ■

　映画 DVD の画像をキャプチャーして、印刷物に無断で使用することは違法のおそれがあります。もし必要とあらば、映画の写真を有料で貸し出している会社が、国内でも数社ありますのでご利用ください。

■ ルールを守って英語教育 ■

　その他、映画を使用した英語教育には著作権法上のルールがあります。さらに詳しくは、ATEM（映像メディア英語教育学会）発行「著作権ハンドブック」などを参考にしてください。

著作権ハンドブック

　ＡＴＥＭ（映像メディア英語教育学会）では「映画ビデオ等を教育に使用する時の著作権ハンドブック」を発行しています。著作権の複製権から頒布権などの用語解説に始まり、次に映画ビデオの教育使用に関するさまざまなＱ＆Ａで編集されています。さらに、法的な解説と進み、最後に日本の著作権法全文の紹介と米国オレゴン州で公開された「Copyright Guidelines」の日米対訳もあります。

問い合わせ先：映像メディア英語教育学会
（ホームページ：http://www.atem.org　Email：office@atem.org）

第8回映画英語アカデミー賞
小学生部門受賞

パディントン2

第8回映画英語アカデミー賞受賞　小学生部門

パディントン2

あらすじ	【Free Paddington!】「暗黒の地」ペルーのジャングルからひとりロンドンへやってきた小さなクマのパディントン。ブラウン一家と出会い、彼らとウィンザー・ガーデンで幸せな日々を送っていました。ルーシーおばさんの教えを守り、どんな時も誰に対しても親切で礼儀正しいパディントンは、今ではすっかり街の人気者です。そんな中、ルーシーおばさんがもうすぐ100歳の誕生日を迎えようとしていました。命の恩人でもあり身寄りのない自分を育て、ロンドンへと送り出してくれたおばさんに感謝の意を込めて完璧なプレゼントを探していた彼は、グルーバーさんの骨董品店でロンドンの名所が次々に飛び出す絵本を見つけます。そして、ロンドンを訪れるのが夢だったおばさんに世界に一冊しかないというこの高価な絵本をプレゼントするため、パディントンは人生初のアルバイトに挑戦します。ところがある夜、彼は何者かがその絵本を盗んで逃げるのを目撃します。逃げる犯人を必死で追いかけますが、男は跡形もなく消えてしまいます。それどころか、パディントンは駆け付けた警官に現行犯逮捕され、刑務所に送られることになるのです。実は、絵本にはある秘密が隠されていました。盗んだのはそれを知る落ち目の俳優フェニックス・ブキャナンでした。彼は巧みに変装し絵本にある名所に次々と出没します。一体なぜ？さあ、果たして、パディントンは無実を証明し、ルーシーおばさんに絵本をプレゼントすることができるのでしょうか。
映画の背景	【原作者のお墨付きで続編へ】英国が誇る児童文学パディントン・シリーズの実写映画化第2弾。原作者のマイケル・ボンドは、カメオ出演も果たした1作目を大変気に入り本作も楽しみにしていましたが、公開を待たずして撮影最終日に91年の生涯を閉じました。葬儀は遺作となったシリーズ最終作 *Paddington at St. Paul's* (2018) と本作にも登場するセント・ポール大聖堂で執り行われ、ヒュー・ボネヴィルと子役2人が世界中から寄せられた追悼の言葉を読み上げました。 【Is this the real life? Is this just fantasy? 英国流社会派ファンタジー】"How did Brexit happen? Did people not watch *Paddington*?!" ポール・キング監督が本作リハーサル中に思わず漏らした一言です。前作ではペルーからやってきたパディントンを受け入れるブラウン一家が描かれましたが、それは「移民」を受け入れる寛容な「英国社会」を象徴する構図でもありました。ところが急増する移民を背景に行われた国民投票の結果、EU離脱（Brexit）が決定し分断する英国社会が浮き彫りとなりました。米国でも移民排斥を掲げるトランプ大統領が誕生するなど社会が排外主義へと向かいつつある中、本作は公開されました。大手映画批評サイトでは歴代最高記録を塗り替えるなど絶賛されるとともに、EU離脱と関連付けた論評も多く、本作が単なる子供向けの映画ではないことを裏付けています。ユーモアを交えつつ社会風刺を織り込む原作の精神が受け継がれているのです。
映画情報	製 作 費：4,000万ドル　　　　　　　配給会社：StudioCanal (英)(仏)、キノフィルムズ(日) 製 作 年：2017年　　　　　　　　　言　　語：英語 製 作 国：英国、フランス　　　　　　ジャンル：コメディー、ファンタジー、ファミリー 製作会社：Heyday Films、StudioCanal　　使用楽曲："Rain on the Roof"（Hugh Grant）

Paddingon 2

(執筆) 久米　和代

映画の見所

　ユーモアと優しさに溢れ、癒しと気付きを与えてくれる内容、細かな伏線とその見事な回収によるストーリー展開、カラフルでワクワクする映像、実力派俳優らの豪華共演など見所が満載です。

【パディントン的ロンドンの歩き方】本作にはタワー・ブリッジ、ピカデリー・サーカス、セント・ポール大聖堂、ビッグ・ベンを始めポートベロー・ロード、リトル・ヴェニス、パディントン駅、ザ・シャード、赤い電話ボックスなどロンドンの名所やアイコンが続々登場します。観終わった後にロンドンを訪れたくなること間違いありません。

【見せつけた役者魂】「ロマ・コメの帝王」として一斉を風靡したヒュー・グラントが、本作ではなんと当て書きされた悪役「ナルシストで落ち目の俳優」を熱演。甲冑を纏った騎士や自ら提案したというツルツル頭の男、はたまた修道女にまで七変化する「変装の達人」ぶりは必見です。

発売元:
キノフィルムズ／木下グループ
DVD＆Blu-ray価格：4,500円
（2019年7月現在、本体価格）

印象的なセリフ

　パディントンの濡れ衣を晴らすため、真犯人を捕まえに行こうとするブラウン一家の前に立ちはだかる隣人のカリー氏。「心を閉ざしドアに3重にも鍵をかけて」パディントンを頑なに拒む彼に対してヘンリーが訴えます。

CURRY：We don't want him here. 〔Ch.13, 80:08〜〕

HENRY：No, of course you don't. You never have. As soon as you set eyes on that bear, you made up your mind about him. Well, Paddington's not like that. He looks for the good in all of us, and somehow he finds it. It's why he makes friends wherever he goes. And it's why Windsor Gardens is a happier place whenever he's around. He wouldn't hesitate if any of us needed help. So stand aside, Mr. Curry, because we're coming through!

　ここで颯爽と車で走り去ると思いきや、エンストするユーモアも。しかし、それはヘンリーの言葉を聞いた他の隣人たちが、いつも親切で優しかったパディントンの存在によって自分たちがいかに助けられていたかに気付き、ブラウン一家に救いの手を差し伸べにやってくるためのハプニングでもあったのです。パディントンから周囲の人々へと伝わっていく「人を見た目だけで判断するのではなく、良いところを見つけて受け入れること」こそ、本作のテーマであり、偏見による差別で分断や衝突が起こりつつある社会へのメッセージともなっているのです。

公開情報

公開日：2017年11月10日（英国）
　　　　2017年 1月12日（米国）
　　　　2018年 1月19日（日本）
上映時間：104分

年齢制限：G（日本）、PG（米国）
受　賞：British Academy Children's Awards
興行収入：2億2,762万2,082ドル

第8回映画英語アカデミー賞受賞　小学生部門

パディントン2

英語の特徴	ロンドンに暮らすミドルクラスのブラウン一家の人々と、丁寧な言葉遣いで「紳士的に」話すパディントンの英語は、聞き取りやすく綺麗でお手本にしたい英国英語です。もちろん、今時の若者言葉や、移民の多いロンドンらしく外国語訛りの英語も登場します。本作ではヒュー・グラント扮する自称West End legendが登場するため、英国を代表する名作の登場人物やセリフにト書きも飛び出します。お馴染みの「容認発音」だけでなく、コックニー訛り、スコットランド訛り、ベルギー訛りなどを巧みに使い分けて演じるヒュー・グラントの英語にも注目です。一方、パディントンが犯罪者の濡れ衣を着せられて刑務所に送られてしまうことから犯罪や裁判に関するやや堅い用語も出てきますが、いずれもニュースなどでよく耳にする、覚えておきたい表現です。また「誰（どれ）にしようかな…」「命中！」など子供たちが覚えて真似したくなるような表現や、マーマレード作りの場面では料理に関する簡単な表現も登場します。英語を聞き取りながら実際にマーマレードを作ってみてはいかがでしょう？そして、「見かけだけで人を判断するな」という本作のテーマを具現化したキャラクター、強面の囚人ナックルズの英語にも注目。格好よく交差させた両拳のtattooには、本人も気付いていない可愛らしい間違いが３つ。決めゼリフもヒントです。出所後に開いた店の名前にも隠された意味が。よく練られた言葉遊びのユーモアもぜひ堪能してください。
学習ポイント	育ての親ルーシーの教えを守り、いつ誰に対しても親切で礼儀正しく、丁寧な言葉遣いで穏やかに話すパディントンの「紳士的な」言動は、多様化する世界での「マナー」とも言えるでしょう。英語表現とともにマナーも学べる作品です。 【ルーシーの教え】①Aunt Lucy says, "If we're kind and polite, the world will be right. ②Aunt Lucy says, "If you look for the good in people, you'll find it." ③It's called a hard stare. Aunt Lucy taught me to do them when people had forgotten their manners. the goodは、ここでは「（人の）良い部分」の意味です。mannerは複数形で「礼儀作法、マナー」、単数形では「方法」となります。パディントンはManners.と自分に言い聞かせて刑務所生活に臨みました。Mind your manners [P's and Q's].やWhere are your manners?もマナーを促す表現です。因みに、とある男優のSNS上での無礼な挑発にも、パディントンは#hardstareとだけ返しています。 【紳士的な英語表現】パディントンはAfter you.と相手によく先を譲ります。ストレートなGo ahead.に比べ控えめで丁寧な印象を与えます。他にも彼はIt's very kind of you, Knuckles, but I don't think...と自分の意見を言う際はまず相手に敬意を払い、I just wondered if I could have a quick word about the food?と間接的な表現I wonder if...を用いて控えめにお願いをします。wonderも過去形、過去進行形でよりソフトに。優しさと気遣いの伝わる表現を他にも探してみましょう。
スタッフ	製　　作：デヴィッド・ハイマン　　　　製作総指揮：ロージー・アリソン他 監　　督：ポール・キング　　　　　　撮　　影：エリック・ウィルソン 脚　　本：ポール・キング他　　　　　音　　楽：ダリオ・マリアネッリ 原　　作：マイケル・ボンド　　　　　編　　集：マーク・エヴァーソン他

パディントン2

薦	●小学生　　●中学生　　●高校生　　●大学生　　●社会人	リスニング難易表	
		スピード	2
		明瞭さ	2
		米国訛	1
お薦めの理由	子供から大人まで幅広い世代を魅了する笑いと感動の物語が、パワーアップして帰ってきました。訪れたいロンドンの名所の数々と幻想的な遊園地に熱気球、息を飲むトレイン・アクションなど、視覚的にも壮大なスケールに。また、チャップリンの『モダン・タイムス』へのオマージュ（一瞬現れる口髭姿のパディントンもお見逃しなく）、シェイクスピアやディケンズ、アガサ・クリスティの名作、『アンタッチャブル』『レ・ミゼラブル』絡みのセリフなど、大人の文学・映画ファンの心をくすぐる「仕掛け」があちこちに散りばめられ、笑いの幅もぐっと広がっています。そして何より、1958年に誕生した原作から映画へと受け継がれてきたテーマがより重みを増して響きます。前作ではパディントンとブラウン一家に絆が芽生える過程が描かれましたが、本作ではその多様性を受け入れる優しさや寛容な心が更に周囲の人々へと広がり、コミュニティーの絆が強まっていく過程が描かれています。世の中が不寛容になりつつある今だからこそ観ておきたい映画です。	米国外訛	3
		語　彙	2
		専門語	3
		ジョーク	2
		スラング	2
		文　法	2

発展学習	パディントンの逮捕に伴い頻出する犯罪・裁判関連の表現とともに、判事や検事らがカツラを着用して臨む英国での裁判の伝統も確認しておきましょう。【犯罪・捜査に関する表現】パディントンを連行する警官がCaught red-handed.とブラウン一家に説明します。事件現場で手を血で赤く染めた人物が犯人としてその場で捕まえられる様子からbe caught red-handedで「現行犯で捕まる」の意味に。thief, suspect, robbery, rob, burglarize, take someone into custody, criminal, breaking and entering, detective, culprit, fingerprints, paw prints, evidence, arrest, police, copperなども確認を。警官には"Officer,"と呼びかけます。【裁判に関する表現】判事[裁判官]はjudge、呼びかける時は"Your Honor,"です。他に"Order!"、court、eye-witness、defendant、guilty、innocent、sentence、convict、behind bars、(in) prisonなども頻出語。証人は宣誓の際、聖書の上に手を置きDo you swear to tell the truth, the whole truth and nothing but the truth(, so help you God)?との問いかけにI do.と答えますが、フェニックスはわざわざシェイクスピア風の言い回しや『レ・ミゼラブル』での役柄を交えて答えます。パディントンに下された判決は10 years for grand theft and grievous barberly harm。後半部分はgrievous bodily harmにかけたジョークです。図らずもprisonerとなってしまったパディントンの切なる願いはclear one' nameの形で8回登場します。

キャスト	パディントン　　　　：ベン・ウィショー　　　　ジュディ・ブラウン：マデリン・ハリス ヘンリー・ブラウン：ヒュー・ボネヴィル　　　ジョナサン・ブラウン：サミュエル・ジョスリン メアリー・ブラウン：サリー・ホーキンス　　　ナックルズ・マギンティー：ブレンダン・グリーソン フェニックス・ブキャナン：ヒュー・グラント　　ミセス・バード　　　：ジュリー・ウォルターズ

第8回映画英語アカデミー賞
中学生部門受賞

ワンダー 君は太陽

第8回映画英語アカデミー賞受賞　中学生部門

ワンダー　君は太陽

あらすじ

　10歳の少年オギーことオーガスト・プルマンは、トリーチャー・コリンズ症候群という、顔の骨が異常な状態で生まれ、顔面の手術を27回も受けているのでした。それ故、学校には通わず、ずっと母親の指導の下、自宅学習をしていました。そんなある日、まだ早いと言う父親の反対を押し切って、母親は５年生の初日から学校に行かせることを決意します。

　始業前の夏休みの間に登校したオギーは、ユニークな校長先生に会って緊張が少しほぐれたものの、学校を紹介すると言われて会ったジャック、ジュリアン、そしてシャーロットの３人の反応には、やはり傷つくのでした。

　そして初登校の日を迎えます。他の生徒たちは面と向かっては言わないものの、好奇の視線にさらされ、ランチタイムには誰もそばに寄らないような状態でした。一方、姉のヴィアも高校の初日を迎えていましたが、大親友と思っていたミランダに素っ気ない態度をされて傷つきます。両親から「手がかからない子」と期待されているので、誰にも相談できないでいました。

　疎外感を感じながらも、オギーは理科の授業でその能力を発揮し、小テストでジャックを助けたことで２人の間に友情が芽生えます。また、ヴィアも演劇部で知り合ったジャスティンと密かな恋に落ち、それぞれ一歩ずつ成長していきます。そしてオギーの１年が経とうとしていました。

映画の背景

○ 原作は全世界で800万部を超えたベストセラー小説！
　　映画を観ていなくても本を読んだことのある児童生徒はとても多いです。
○ トリーチャー・コリンズ症候群とは？
　　下顎顔面骨形成不全症とも言われ、常染色体優性先天性疾患の中でも稀有の例とされます。世界では平均して約10,000人に一人の新生児に見られ、日本国内では約50,000人に一人に発症しているそうです。優性遺伝のため、両親のどちらかがこの遺伝子を持っていれば、２分の１の確率で子どもに遺伝します。
○ "Keep calm and don't be a Julian."（落ち着いて、ジュリアンにならないで）
　　この原作が発売されると、ネット上にこの言葉が登場したそうです。しかし、校長先生に素直に "I'm really sorry."〔Ch.11, 90:19〜〕と謝ったり、最後のオギーが受賞する場面では拍手をしたりしている姿を見て、一概に彼を非難することはできません。著者の次作『もうひとつのワンダー』では、ジュリアンのことが詳しく描かれています。
○ いじめの問題は、異質なものの排除が根底にあります。単なる勧善懲悪ではない本作は、現代の問題に合致しています。
○ 原作者のR・J・パラシオは映画化に際し、「オギーの病気とその容姿に対する描写を控えめにしないこと」を条件にしたそうです。

映画情報

製 作 費：2,000万ドル	撮影場所：バンクーバー(カナダ)、ニューヨーク(米国)他
製 作 年：2017年	ジャンル：ドラマ、家族
製 作 国：米国、香港	原作小説：R・J・パラシオ著『ワンダー』
配給会社：キノフィルムズ／木下グループ（日本）	次回小説：『もうひとつのワンダー』

ワンダー　君は太陽

Wonder

(執筆) 松葉　明

発売元：
キノフィルムズ／木下グループ
DVD価格：3,900円
Blu-ray価格：4,800円
（2019年7月現在、本体価格）

映画の見所

- この作品はオギーを中心に捉えながら、チャプターごとに主役が変わる群像劇になっています。オギー中心の生活で、手がかからないと思われている姉ヴィアの孤独〔Ch.4, 26:22〜〕が、オギーの心の友となるジャック・ウィルの家庭環境〔Ch.7, 51:40〜〕、そして複雑な環境のもとに育ったヴィアの親友ミランダの心の葛藤〔Ch.8, 59:07〜〕がそれになります。
- 息子オギーが可愛くて仕方がない母親イザベルの表情がとてもいいです。①初めての友達ジャック・ウィル〔Ch.5, 38:21〜〕と、②受賞発表〔Ch.13, 103:13〜〕の場面です。
- 日本の小・中・高校のシステムと、米国のそれとの違いがわかります。
- 相手に親切にすることの大切さが、映画の中で繰り返し出てきます。

印象的なセリフ

本作には、優しさを主題にした心に響くセリフがたくさん出てきます。

- You're gonna feel like you're all alone, Auggie, but you're not. 〔Ch.3, 13:28〜〕
  （孤立したと思うかもしれないが、お前は一人じゃない）
  父親ネートが息子オギーに向かって毅然と言います。

- When given the choice between being right or being kind. Choose kind.
  （正しいことをするか、親切なことをするか、どちらかを選ぶときには親切を選べ） 〔Ch.3, 18:45〜〕
  ブラウン先生が板書した今月の格言を、児童の一人サマーが読みます。

- This is the map that shows us where we're going, and this is the map that shows us where we've been. 〔Ch.3, 25:16〜〕
  （心（胸を指して）はこれからどこに向かうかを示してくれる地図で、顔は今までに私たちがどんな道を歩んできたかを示している地図よ）
  いじめられて傷ついたオギーを慰める母親イザベルのセリフです。

- Auggie can't change the way he looks. So maybe we can change the way we see.
  （オギーの見た目は変わらない。変えられるのは我々の見る目だ）
  オギーの通う学校のトゥシュマン校長先生のセリフです。両親はともかく、ジュリアンの心には響いたようです。 〔Ch.11, 89:31〜〕

公開情報

公 開 日：2017年11月17日（米国）
　　　　　2018年 6月15日（日本）
上映時間：113分
年齢制限：G（日本）、PG（米国）

DVD音声：英語、日本語
DVD字幕：日本語
ノミネート：アカデミーメイクアップ＆ヘアスタイリング賞

第8回映画英語アカデミー賞受賞　中学生部門

ワンダー　君は太陽

英語の特徴	○ 全体的に標準的な米国英語が使われています。話す速度もそれほど速くはありません。また、オギーの学校では10歳前後の児童の会話が中心で、聞き取りやすいものになっています。そして、校長先生をはじめ、オギーに対する優しい言葉は、胸に響くことが多いです。 ○ 家庭では父、母、娘そして息子との会話で、卑語はなく、かつ教育的なものが中心です。特に父親のネートのセリフは、若き父親像の手本となるものが多いです。 ○ オギーがジュリアンの間違った語を指摘する場面〔Ch.2, 9:48〜〕があります。それは 'supposedly'（たぶん）で、ジュリアンはそれを誤って 'supposably' と言っていました。オギーの賢さがわかる場面です。因みに、この 'supposedly'（たぶん）はめったに使われることがない語ですので、使用しないことをお勧めします。 ○ 姉ヴィアが言う、"Miranda used to joke that my house was like the earth. It revolved around the son (sun), not the daughter."（ミランダは冗談でよく言ってた、プルマン家は地球みたい。息子／太陽 [sʌn] の周りを回っているから、娘じゃなくて）〔Ch.4, 31:58〜〕このような同音異義語で気の利いたシャレを英語で言えるようになるといいですね。
学習ポイント	本作の基本となる単語と語句を押さえておきましょう。 ○ wonder（不思議、奇跡）です。この映画のタイトルです。'wonder boy' で（神童、天才少年）でも使います。'the Seven Wonders of the World' は（世界七不思議）となります。日本人には 'wander'（歩き回ること）と音が似ているので注意しましょう。　　　　　　　　　　　　　　　　　　〔Ch.13, 101:15〕 ○ homeschool（学校に行く代わりに家で子どもを教育する、〜に自宅学習を施す）です。小学校4年生までのオギーがまさにそれです。　〔Ch.1, 3:08他〕 ○ middle school（中等学校：primary school（初等学校）と high school（高等学校）の間）です。日本と違い、学区などで学年割が異なっているので、オギーの通う学校は、日本でいう小学5年生から始まります。junior high school（中学校）とは違うわけです。　　　　　　　　　　　　　　　　〔Ch.1, 3:15〕 ○ elective（選択教科）です。かつては日本の学校にもありましたが、今の日本は皆すべて同じの必修教科しかありません。　　　　　　　　〔Ch.2, 8:13〕 　他にも、the most understanding girl（最も手がかからない子）〔Ch.4, 27:28〕、pop quiz（抜き打ちの小テスト）〔Ch.5, 35:23〕、school sucks（学校なんか大嫌い）〔Ch.6, 49:28〕、Emily's understudy（エミリーの代役）〔Ch.7, 56:01〕、fiddle（バイオリン）〔Ch.7, 57:51〕は参考になる語です。
スタッフ	製　　作：デヴィッド・ホバーマン他　　　　美　　術：カリーナ・イワノフ 監　　督：スティーヴン・チョボスキー　　　撮　　影：ドン・バージェス 脚　　本：スティーヴン・コンラッド他　　　音　　楽：マーセロ・サーヴォス 原　　作：R・J・パラシオ　　　　　　　　編　　集：マーク・リヴォルシー

22

ワンダー　君は太陽

薦	●小学生　　●中学生　　●高校生　　●大学生　　●社会人	リスニング難易表	
お薦めの理由	○「親切」と「思いやり」がテーマの映画です。この二つで人生を前向きに生きていくことができます。本作を観た後で、自分がちょっぴりいい人間になったような気分にさせてくれます。心の琴線に触れる作品なのです。 ○ この作品には根っからの悪人が出てきません。唯一公正さに欠けると思われるジュリアンの両親がそうかもしれませんが、我が子が可愛いどこにでもいる親としか思えません。 ○ 子どもは正直な分、時には残酷です。しかし、学校は子どもにとって社会の入り口なので、色々な経験をすることは必要なのです。不登校児童生徒が多い昨今、避けているだけでは解決しないことに気づいてほしいです。また、担任教師の格言と学校長の心温まる言葉に感動できます。 ○ 人は皆、何かしらの悩みを抱えて生きている。それを実感させてくれる秀作です。ぜひ、大人と子どもで一緒に観てほしい一本です。	スピード	2
		明瞭さ	2
		米国訛	2
		米国外訛	2
		語　彙	2
		専門語	3
		ジョーク	2
		スラング	2
		文　法	2

発展学習	本作の中には、心に残るセリフがたくさん出てきます。「印象的なセリフ」の欄では紹介できなかったものを紹介します。 ○ Justin：Sometimes it's nice to hide a little.　　　　　　　〔Ch.7, 58:56～〕 　　　　　（時には些細なことを隠すのはいいことだよ） 　オギーの姉ヴィアが、ボーイフレンドのジャスティンに、始めは自分が一人っ子だと言って、オギーのことを隠していたことを謝ったときのジャスティンのセリフです。ヴィアを傷つけず、さりげないジャスティンの優しさが出ています。 ○ Nate：I am proud of you for sticking it out.　　　　　　　〔Ch.13, 99:21～〕 　　　　　（頑張り続けたお前を誇りに思う） 　息子が1年間学校に通ったことで、父親ネートがオギーに言います。'be proud of ～'（～を誇りに思う）は相手を褒める常套句です。また 'stick it out'（最後まで頑張る）も覚えておきたい語句です。日本語訳は割愛しますが、次のセリフもいいですよ。そしてこのセリフには、心に響くセリフがまだ続くのです。 ○ Mr. Tushman：One thing I've learned in 20 years in education is that there are two sides to every story. So I think I can imagine what started the fight.　　　　　　　〔Ch.9, 69:30～〕

キャスト	イザベル・プルマン：ジュリア・ロバーツ ネート・プルマン　：オーウェン・ウィルソン オーガスト(オギー)：ジェイコブ・トレンブレイ オリヴィア(ヴィア)：イザベラ・ヴィドヴィッチ	ブラウン先生　　　：ダヴィード・ディグス トゥシュマン校長：マンディ・パティンキン ミランダ　　　　　：ダニエル・ローズ・ラッセル ジャスティン　　　：ナジ・ジーター

第8回映画英語アカデミー賞
高校生部門受賞

グレイテスト・ショーマン

第8回映画英語アカデミー賞受賞　高校生部門

グレイテスト・ショーマン

あらすじ	小さい頃から貧しいバーナムですが、上流社会の令嬢チャリティと結婚し、二人の娘にも恵まれ、ニューヨークで慎ましく暮らしていました。仕事は長続きせず、奇妙な物を展示した「バーナム博物館」を開きますが人が入りません。ある日娘の一言から、小人、大男、髭の生えている女、全身刺青男等々、世間から隠れて生きてきた人たちを集めてフリーク・ショー（見世物小屋）のサーカスを始めました。ショーは大盛況しますが、批評家は酷評、街の恥さらしと激しく抗議する市民も現れます。そんな折、劇作家のカーライルと出会い、演出家にスカウトします。カーライルの取り計らいで、ショーの仲間を連れて英国のヴィクトリア女王に謁見もできました。謁見の場でオペラ歌手のリンドと出会い、彼女に米国公演を提案します。初演の大成功で、バーナムはサーカスをカーライルに任せ、リンドの全米公演ツアーに出かけます。公演途中で家族の元に戻ったバーナムを迎えたのは、サーカスへの放火、全焼でした。ツアー中止による負債ですべてを失い、パブに一人いるバーナムの所に、サーカスの団員たちが現れて諭します。バーナムは何のために名声や成功を追い求めていたのかを思い出し、サーカスは皆の居場所、家族だと気づきます。カーライルの援助で、今度は野外のテントサーカスとして新しく蘇ります。バーナムはカーライルにショーマンの座を譲り、家族との時間を大切にするのでした。
映画の背景	【実在の人物】米国の興行師 P. T. バーナム（1810-1891）の人生を基にしたミュージカルです。音楽は、『ラ・ラ・ランド』でアカデミー歌曲賞を受賞したベンジ・パセック＆ジャスティン・ポール。主演はヒュー・ジャックマン、共演は『ハイスクール・ミュージカル』のザック・エフロンです。 　実物のバーナムは、興行師になるまでは事業に失敗したり、新聞での記事が名誉毀損となって収監されたりしたほら男でした。興行師としてサーカスで成功した後は、ブリッジポート市長、後にコネチカット州下院議員を務めました。 　【映画化】この作品の題名は、バーナムが設立したサーカスの謳い文句「The Greatest Show on Earth」からのものです。映画化は今までに、1934年の『The Mighty Barnum』、アカデミー作品賞・脚本賞を受賞した1952年の『地上最大のショウ』、バート・ランカスター主演のテレビ映画『バーナム / 観客を発明した男』などが作られています。 　【評価】批評家の評価は10点中6点や100点中48点など、否定的でした。批評家のレヴューで公開後の3日間は800万ドルと不調でしたが、口コミで評判が広がり、2週目の週末は1,550万ドル、3週目は1,380万ドルと観客からは評価されました。 　【受賞】第75回ゴールデン・グローブ賞を始め数々の賞を受賞、あるいはノミネートされました。
映画情報	製 作 費：8,400万ドル　　　　　　撮影場所：1E 78th St, New York, NY他 製 作 年：2017年　　　　　　　　　言　　語：英語 製 作 国：米国　　　　　　　　　　ジャンル：伝記、ドラマ、ミュージカル 配給会社：20世紀フォックス（日本）　使用楽曲："This Is Me", "Come Alive" 他

The Greatest Showman

(執筆) 子安　惠子

映画の見所

愛する妻や子供たちのために成功を、次に名声を求めていくバーナムの挑戦でしょう。彼のバイタリティを表し、映画を進める軸となるのは3つの曲。第1曲目 *"A Million Dreams"* では、貧しい少年時代にあっても「無数の夢で眠れない、どんな世界になるだろう」〔Ch.2, 6:02〕と夢を描きます。第2曲目 *"This Is Me"*〔Ch.13, 56:29〕は、サーカスの団員たちが生まれた時から疎まれてきても「心の誇りは失わない、ありのままでいる、これが私」と、映画を観る私たちの心から差別や偏見を解放させていき、前向きでリベラルな想いを育ませます。第3曲目 *"From Now On"* は「もう一度家へ帰ろう」〔Ch.18, 83:43〕と、団員たちは皆家族であること、そして初心に帰ることの大切さをバーナムや観客に教えます。純粋に何か面白いことを一緒にやろうというバーナムの情熱が映画を貫いています。

発売元：
20世紀フォックス ホーム エンターテイメント ジャパン
DVD価格：3,800円
Blu-ray価格：4,700円
（2019年7月現在、本体価格）

印象的なセリフ

【*This Is Me*】バーナムにも疎んじられるようになった団員たちが、心の内を声高く歌い上げる場面は、大迫力で強い印象を残します。　〔Ch.13, 56:29〕

"Hide away," they say.	言われた "隠れてろ"
" 'Cause we don't want your broken parts."	"お前など見たくない"
I've learned to be ashamed of all my scars.	体の傷は恥だと知った
"Run away," they say.	言われた "消えろ"
"No one'll love you as you are."	"誰もお前など愛さない"
But I won't let them break me down to dust.	でも心の誇りは失わない
I know that there's a place for us. …	居場所はきっとあるはず…
When the sharpest words wanna cut me down,	言葉の刃で傷つけるなら
I'm gonna send a flood, gonna drown 'em out.	洪水を起こして溺れさせる
I am brave, I am bruised.	勇気がある　傷もある
I am who I'm meant to be.　This is me.	ありのままでいる　これが私

【少しの愛】娘たちに上流社会の仲間入りをさせたいバーナム。さらなる成功を求め全米ツアーに出かける彼に、妻チャリティが言います。　〔Ch.15, 67:55〕

You don't need everyone to love you, Phin.	愛を欲張らないで
Just a few good people.	少しの善人の愛で十分よ

公開情報

公　開　日：2017年12月20日（米国）
　　　　　　2018年 2月16日（日本）
上映時間：104分
年齢制限：G（日本）、PG（米国）

オープニング・ウィークエンド：880万5,843ドル
受　　　賞：ゴールデン・グローブ賞（主題歌賞）
　　　　　　全米キャスティング協会（コメディ賞）
ノミネート：アカデミー歌曲賞

第8回映画英語アカデミー賞受賞　高校生部門

グレイテスト・ショーマン

英語の特徴	ニューヨークが舞台ですが、本来の早口なニューヨーカーの英語ではありません。主人公 P. T. バーナムとオペラ歌手のジェニー・リンド以外の登場人物は、米国人ですので標準的な米国英語を話します。バーナムを演じるヒュー・ジャックマンはオーストラリアで生まれ育っていますが、両親は英国人です。けれども英国訛りは感じられません。スウェーデン人のジェニー・リンド役を演じた、レベッカ・ファーガソンもスウェーデン人です。訛りが感じられるとすれば、スウェーデン訛りの英語といえましょうか。 　歌詞がストーリー展開で重要な役割を果たしています。歌詞は普通聞き取りにくいものですが、どの曲もはっきりと発音され、聞き取り易く、音楽を聴きながらの学習にもお薦めです。ただし1箇所、冒頭のテーマ曲 *The Greatest Show*、バーナムの呟くような歌い方で始まる部分は音量のせいもあり、大変聞き取りづらいです。同じ曲でも、途中や最後に歌われる場面では聞き取りにくくありません。歌詞の語彙は高校生レベルに達していますが、曲のリズムがはっきり刻まれているため、語彙レベルが十分でない学習者でも気楽に楽しめます。 　文法違反はほとんどありません。四文字言葉やセックス用語は一切なく、暴力、虐待、虐殺場面などもまったくありませんから、授業でも安心して取り上げることができます。テーマ曲は歌って踊って、小学生から大人まで楽しめるでしょう。

学習ポイント	【*A Million Dreams*】〔Ch.2, 5:10〕〔Ch.2, 9:29〕〔Ch.3, 15:41〕 　この映画では歌詞が聞き取り易く、一緒に歌って楽しむことができます。"*A Million Dreams*" は3回歌われます。最初は少年時代のバーナムが、2回目は大人のバーナムが、3回目は彼の長女が歌います。初回が一番聞き取り易いでしょう。

The brightest colors fill my head. ...	頭の中に色彩があふれ…
I think of what the world could be.	どんな世界になるだろう
A vision of the one I see.	未来が見えてくる
A million dreams is all it's gonna take.	次から次へと夢を描くだけで
A million dreams for the world we're gonna make.	百万もの夢　君と作り出す世界

【a wishing machine】〔Ch.3, 14:39〕
「お願いマシーン」はドラえもんのポケットを連想させます。

This is a wishing machine.	お願いマシーンだ
You tell it your wishes	願い事を言うと
and it keeps them safe	ここに残る
until they come true.	実現するまで
Even if you forget them,	お前が忘れても
they are always there.	願いは消えない

スタッフ	製　作：ローレンス・マーク他	製作総指揮：ジェームズ・マンゴールド他
	監　督：マイケル・グレイシー	撮　影　：シェイマス・マクガーヴェイ
	脚　本：ジェニー・ビックス他	音　楽　：ジョン・デブニー他
	原　案：ジェニー・ビックス	編　集　：トム・クロス他

グレイテスト・ショーマン

薦	○小学生　　○中学生　　●高校生　　●大学生　　●社会人	リスニング難易表	

		リスニング難易表	
お薦めの理由	サーカス誕生のプロセスがミュージカル的レヴューとして描かれ、冒頭からダイナミックなリズムで観る者を引き込んでいきます。そして映画の最後、クレジットの直前に記される実在のバーナムの言葉。〔Ch.19, 96:55〕 　　The noblest art is that of making others happy. 　　（最も崇高な芸術とは人を幸せにすること） 　面白いことを一緒にやろうという情熱が終始一貫描かれます。しかしこの映画の奥底に流れる本当のテーマは、「差別と偏見」でしょう。サーカスの団員たちを不快な見世物としてマスコミは軽蔑し、群衆は激しく迫害、排除しようとします。けれどバーナムは、彼らを「皆違うから面白い」、オンリー・ワンの個性を持つ人々として讃えます。バーナムの純粋に人々を楽しませたいという情熱は、挑戦と失敗を繰り返しながらも、個性的なパフォーマーたちを劣等感から解放していくのです。人間の光と影を前向きに捉えつつ、反骨精神をもって差別や偏見と対峙し、家族や仲間との愛を謳い上げます。	スピード	3
		明瞭さ	3
		米国訛	1
		米国外訛	1
		語彙	3
		専門語	1
		ジョーク	2
		スラング	2
		文法	3

発展学習	【a celebration of humanity】ヘラルド紙のベネット氏がサーカス（馬鹿騒ぎ）と酷評し、その表現をバーナムが頂戴しますが、その酷評が大きく変化していきます。		
	I wouldn't call it art. …	芸術じゃない	〔Ch.17, 80:09〕
	But putting folks of all kinds on stage.	だが　色々な人間を　一緒に舞台へ	
	All colors, shapes, sizes.	肌の色も　体型も大きさも	
	Presenting them as equals.	違うものたちを平等に	
	Another critic might have even called it	他の評論家なら　名付けてた	
	'a celebration of humanity.'	「人類の祝典」と	
	【our home】破産し、すべてを失くしたバーナムの元へ、団員たちがやってきます。説得し励ますために。		
	Our own mothers were ashamed of us.	母親にすら疎まれ	〔Ch.18, 83:05〕
	Hid us our whole lives.	存在も隠されてた	
	Then you pull us out of the shadows.	救ったのはあなた	
	And now you are giving up on us too. …	なのに見捨てないで…	
	But you gave us a real family.	でも本当の家族をくれた	
	And the circus … That was our home.	サーカスは　家だった	
	We want our home back.	取り戻したい	

キャスト	P.T.バーナム　　　　　：ヒュー・ジャックマン チャリティ・バーナム：ミシェル・ウィリアムズ フィリップ・カーライル：ザック・エフロン アン・ウィーラー　　　：ゼンデイヤ	レティ・ルッツ　　：キアラ・セトル 親指トム将軍　　：サム・ハンフリー ジェニー・リンド：レベッカ・ファーガソン、 　　　　　　　　　ローレン・アレッド（歌）

第8回映画英語アカデミー賞
大学生部門受賞

フロリダ・プロジェクト
真夏の魔法

第8回映画英語アカデミー賞受賞　大学生部門

フロリダ・プロジェクト 真夏の魔法

<table>
<tr>
<td>あらすじ</td>
<td>　米国フロリダ州。南部に位置するこの地は、冬になると、米国北部地域を中心に全米各地から避寒地を求めて南下するリゾート客で賑わいます。年中世界中から観光客を惹きつけて止まない巨大娯楽施設、ウォルト・ディズニー・ワールド・リゾートで名高い地でもあります。きらびやかな夢の国、ディズニー・ワールド・リゾートのすぐ近くには、明日の生活もままならない低所得者層が暮らす安モーテルが連なる地域が広がっています。そんな安モーテルの一つ、マジック・キャッスルを舞台に失業中のシングルマザー、ヘイリー（22歳）と幼い娘、ムーニー（6歳）が繰り広げる冒険に満ち溢れた日常を描いた映画です。ムーニーは好奇心旺盛なお転婆娘。同じモーテルに住む年の近い遊び仲間と敷地内の溜まり場で涼をとったり、周辺のアイスクリーム店、土産物店、廃墟となった空き家へ遠征したりと、遊び場を広げ、毎日、気の向くままいたずら三昧。暇をもてあましてはモーテルのロビーに居座り、管理人ボビー（ウィレム・デフォー）を困らせます。いたずらが過ぎ、停電、放火事件等、次から次へと騒動を引き起こします。その度に、後始末に追われるボビー。その一方で、母親ヘイリーは、思うように職探しが進まず、滞納した家賃捻出のため、観光客に偽ブランドの香水を売り、果ては、モーテルの自室で体を売る始末。結果として、児童家庭局の訪問を機に、母子は悲しく残酷な現実に直面することとなるのでした。</td>
</tr>
<tr>
<td>映画の背景</td>
<td>　映画のタイトル、「フロリダ・プロジェクト（The Florida Project）」は、1959年にウォルト・ディズニーが着手したフロリダでのテーマパーク開発計画の呼称です。第二のディズニーランドとして、広大な土地を求めていたディズニーは、調査の結果、フロリダ州オーランドに建設する決定をします。その理由は、湿地帯のため手を出す人が少なく、また、土地の値段も安く、近くには高速道路や空港が建設中であったからです。加えて、英語の「the projects」には、「（低所得者のための）公団住宅」という意味もあります。豊かさと幸福の象徴であるウォルト・ディズニー・ワールド・リゾートの陰で、そのすぐ傍に広がる多くの低所得者層が暮らす「プロジェクト」の存在。この構図は、現代米国社会が抱える格差問題を象徴的に表しています。米国のみならず、英国、欧州を含む他の国々も同様の問題を抱えています。日本においても、ネットカフェ難民等、社会問題として取り上げられてきました。
　本作品は、ウォルト・ディズニー・ワールド・リゾートの周囲に点在する安モーテルでぎりぎりの生活を送る「隠れホームレス（hidden homeless）」と呼ばれる貧困層の存在に衝撃を受けたショーン・ベイカー監督により製作されました。映画の舞台となったラベンダー色の外壁のモーテル「マジック・キャッスル」は、実在するThe Magic Castle Inn and Suitesをロケ地として実際に撮影されました。</td>
</tr>
<tr>
<td>映画情報</td>
<td>製 作 費：200万ドル　　　　　　　撮影場所：オーランド、フロリダ州（米国）
製 作 年：2017年　　　　　　　　　言　　語：英語、スペイン語、ポルトガル語
製 作 国：米国　　　　　　　　　　ジャンル：ドラマ
配給会社：クロックワークス（日本）　使用楽曲：セブン・マイル・ビーチ（ダグ・ウォーカー）</td>
</tr>
</table>

The Florida Project

(執筆) 松本　恵美

映画の見所

本作品は、「隠れホームレス（hidden homeless）」と呼ばれる米サブプライム住宅ローン危機などで家を失ったり、住まいを確保できず安モーテルなどを転々とせざるを得ない低所得者層の日常を6歳の少女ムーニーの視点より生き生きと描いています。仲良しのディッキー一家が突然引っ越すことになったり、社会福祉局からの食糧配給を受け取ったりと、マジック・キャッスルではごく普通のありふれた日常です。安定した生活からは程遠い現実。それでも気丈に底抜けに明るく生きるムーニー親子のたくましい姿。そして、そんなぎりぎりの生活を送る住人を温かく、時に厳しく見守る管理人ボビー。住人とボビーとの心温まる交流にも注目してみましょう。フィクションでありながら、実態を見事に描いた映像の数々に、思わず脱帽です。

発売元：クロックワークス
DVD価格：3,800円
Blu-ray価格：5,300円
（2019年7月現在、本体価格）

印象的なセリフ

ある日の昼下がり、ムーニーと隣のモーテルに住む同じ年頃の親友、ジャンシーが、モーテルから少し離れた野原にある大きな倒木に腰かけて、配給で受け取った食パンにジャムを塗って、楽しそうに口いっぱいに頬張る場面があります。

　　Moonee：Do you know why this is my favorite tree?　　〔Ch.6, 75:02〕
　　Jancey ：Why?
　　Moonee：'Cause it's tipped over, and it's still growing.

ムーニーのお気に入りの大きな倒木。倒れても成長し続ける生命力の強い巨木。この木に誰の姿を重ね合わせているのでしょうか。自分の母親ヘイリーの姿、あるいは、自分を含め、同じ境遇のモーテルに暮らす隣人や遊び仲間の姿を重ねているのでしょうか。ムーニーのこの言葉に、彼女のたくましい精神、そして母親ヘイリーへの敬愛の念を垣間見ることが出来る瞬間です。

母親ヘイリーは、母親として模範になるどころか、多くの問題を抱えています。結果として、児童家庭局の訪問を受ける等、かけがえのない一人娘、ムーニーの人生を大きく変えてしまうことになります。母親失格に見えるヘイリーですが、娘への大きな愛を感じる場面が随所に見られます。ムーニーが、逆境にもめげずに自由奔放で快活でいられるのも、母親や周囲の大人からの温かい見守りがあってのことなのかもしれません。

公開情報

公　開　日：2017年10月 6日（米国）
　　　　　　2018年 5月12日（日本）
上映時間：112分
年齢制限：G（日本）、R（米国）
音　　声：英語
字　　幕：日本語
ノミネート：アカデミー助演男優賞、
　　　　　　ゴールデン・グローブ助演男優賞

第8回映画英語アカデミー賞受賞　大学生部門

フロリダ・プロジェクト 真夏の魔法

<table>
<tr>
<td>英語の特徴</td>
<td>

　本作品の会話スピードは普通で、概ね明瞭に話されています。子供同士の会話が多いため、比較的聞き取り易いものとなっています。ナチュラル・スピードでの聞き取りに慣れていれば十分対応できるでしょう。米国英語が中心ですが、映画の舞台となっているフロリダ州のヒスパニック人口の多さを反映するように、モーテルの従業員の話すスペイン語、そして、旅行者の話すポルトガル語も一部確認されます。文法違反は、子供の会話に見受けられます。

　　Jancey: This is the best jelly I ever <u>eated</u>. 〔Ch.6, 74:57〕

「eated」のように、本来、不規則変化で「ate」となるところを、規則変化の動詞に適用する規則に従って、-edを付与しています。また、子供の発話によくある「I got the <u>bestest</u> idea.」の「bestest」のように、本来、不規則変化の最上級「best」であるところを、さらに-estを付与し、「the very best」の意味で使われます。これらは、言語習得の一過程とみなされ、成長と共に、自然に正しい文法規則を習得し、修正されます。海外生活をすると、正統な文法規則から逸脱した英語表現を耳にする機会が格段に増えます。学校で学ぶ機会の無かった生きた英語。映画の世界は、そのようなオーセンティックな英語表現の宝庫です。

　スラングや不適切表現については、登場人物の社会階層を反映するかのように、やや多めです。Fワードは、約50回、Sワードは、25回近く使用されています。
</td>
</tr>
<tr>
<td>学習ポイント</td>
<td>

　映画の世界は、生きた英語の宝庫。本作品の中から面白い表現をご紹介します。

　　Halley: You let her just run away? And I'm the one who's <u>unfit</u>?
　　　　（黙って行かせたの？で　私が母親<u>失格</u>だって？）　〔Ch.8, 105:33〕

映画の終盤で、児童家庭局と警察の訪問を受け、親子が引き離される場面。不意をついて逃げ出したムーニー。子供を逃がす失態をしたケース・ワーカーに逆上した母親の言葉に「unfit（〜に不向きな、〜の資格がない）」が使われています。

　　Bobby : No harm, no <u>foul</u>. No '<u>fowl</u>'? There's a ... joke in there somewhere.
　　　　（命<u>取り</u>だよ。<u>鳥</u>だけに。そんなジョークがあった）　〔Ch.8, 95:52〕

明け方、ロビー前の車道を塞ぐ3羽の野生の鶴を見つけた管理人ボビー。鶴を優しく車道脇へと誘導。「fowl（鳥）」を使ったジョークが絶妙です。[au]を含む「foul（反則）」と「fowl（鳥）」をかけています。「No harm, no foul.（害はなかったから、大丈夫だよ）」は、ミスをした相手を気遣う際に使われます。

　学習に際しては、本作品を日本語字幕で内容把握した後、映画のスクリプト（https://www.springfieldspringfield.co.uk/movie_script.php?movie=the-florida-project）を用いて、聞き取れなかった音声や英語表現を確認しましょう。米国の貧困問題についてグループでリサーチ後、発表し、理解を深めましょう。
</td>
</tr>
<tr>
<td>スタッフ</td>
<td>

製　作：ショーン・ベイカー他　　　　製作総指揮：ダーレン・ディーン

監　督：ショーン・ベイカー　　　　　　　　　　エレイン・シュナイダーマン・シュミット

脚　本：ショーン・ベイカー他　　　音　楽：ローン・バルフェ

撮　影：アレクシス・サベ　　　　　編　集：ショーン・ベイカー
</td>
</tr>
</table>

フロリダ・プロジェクト 真夏の魔法

薦	○小学生　　○中学生　　○高校生　　●大学生　　●社会人	リスニング難易表	
お薦めの理由	本作品のテーマは、現代米国社会が抱える格差問題。特に、「隠れホームレス（hidden homeless）」と呼ばれる貧困層の存在に焦点が当てられています。ウォルト・ディズニー・ワールド・リゾートの周囲に点在する安モーテルで極貧生活を送る彼らの日常を、実在のモーテル、The Magic Castle Inn and Suitesを舞台に、実在の住人を映画に起用して、臨場感あふれる作品として再現しています。豊かさと幸福の象徴であるウォルト・ディズニー・ワールド・リゾートと低所得者層が暮らす安モーテル。現代米国社会の格差問題を象徴的に表す見事な構図です。 　低所得者層の日常といえば、何か悲壮感漂う暗いイメージを抱いてしまうところですが、本作品は、全体的に、とにかく底抜けに明るい。6歳の少女ムーニーが繰り広げるお祭り騒ぎの日常が、軽快なテンポで描かれています。一方、最後の急展開では、貧困問題に付随する厳しい現実が、親子を残酷にどん底に突き落とします。貧困問題の実態を知り、理解を深める機会として、お薦めの秀逸な作品です。	スピード	3
		明瞭さ	3
		米国訛	2
		米国外訛	2
		語彙	3
		専門語	1
		ジョーク	2
		スラング	3
		文法	2

発展学習	ショーン・ベイカー監督が、作品を通して問題提起をしたかった隠れホームレスの存在。そして、格差問題。世界の多くの国々も同様の問題を抱えています。 　日本の場合はどうでしょうか。教育社会学の分野では、社会階層と絡めて、以前より問題提起されてきました。貧困に陥り、抜け出すことが出来ない「アンダークラス」の存在。アンダークラスとは、パート主婦らを除いた非正規労働者を指します。日本には、928万人のアンダークラスが存在し、就業者の14.9％を占めています。平均個人年収は186万円。アンダークラスの未婚率は、34.1％と高く、安心して家庭を持つことが難しいというのが現実です。また、子供の貧困率については、2012年から2015年にかけて16.3％から13.9％へと大きく減少したものの、1980年代の10.9％のレベルまで下がった訳ではなく、依然として懸念事項であることに変わりはありません。特に若者や中高生の貧困者が増加傾向にあります。また、栄養摂取や健康状況の悪化が一番懸念されるのが、貧困の高校生であるという調査結果も出ています。 　発展学習として、貧困問題について、国際比較の観点より、グループでリサーチ後、パワーポイント等を使用して英語で発表をしてみましょう。日本の貧困問題への対策を討論する場とすることで、発信型の英語運用能力の向上が期待されます。

キャスト	ムーニー　　　：ブルックリン・プリンス スクーティ　　：クリストファー・リヴェラ ディッキー　　：エイデン・マリック ステイシー　　：ジョズィー・オリヴォ	ジャンシー　　：ヴァレリア・コット ヘイリー　　　：ブリア・ヴィネイト ボビー　　　　：ウィレム・デフォー アシュリー　　：メラ・マーダー

第8回映画英語アカデミー賞
各部門ノミネート映画

小学生部門

中学生部門

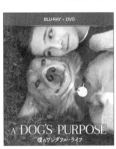 

高校生部門

大学生部門

第8回映画英語アカデミー賞ノミネート作品　小学生部門

インクレディブル・ファミリー

<table>
<tr><td>あ
ら
す
じ</td><td>『Mr.インクレディブル』の14年ぶりとなる続編。スーパーパワーをもつボブの一家は、驚異的なパワーが人々の生活にダメージを与えてしまうことがあるため、今はその活動を禁じられ、能力を隠して平凡な日常生活を送っていました。しかしある出来事をきっかけに、妻ヘレンがイラスティガールとしてヒーロー活動をすることに。多忙になったヘレンの代わりにボブは家事と育児をすることになります。ヘレンは犯罪の多い大都市ニューアーブレムに行き、活動を始めます。着いて早々、新開通列車が逆走して暴走する、テレビ番組がジャックされる等、奇妙な事件が起こりますがヘレンは人々を救っていきます。一方、ボブは家事と育児に悪戦苦闘。娘ヴァイオレットにはボーイフレンドとの件で心を閉ざされ、息子ダッシュとの算数の宿題には手こずり、底知れない能力を秘める次男ジャック・ジャックの世話にとボブはクタクタになります。そんな中ヘレンはある事件に遭遇し、人々を操るスクリーンスレイヴァーと名乗る謎の存在に気づきます。そこには世界を恐怖に陥れる驚愕の陰謀が待っていたのです。ヘレンの身に危険が迫り、ボブが駆けつけますが、二人共スクリーンスレイヴァーに操られて洗脳されてしまいます。両親の危機を知った子供たちは、ボブの愛車で秘密兵器満載のインクレディビールを駆使して、両親を助けにいきます。五人そろったインクレディブル・ファミリーが悪と闘い、街や人々を守り市民から大喝采を受けるのです。</td></tr>
<tr><td>映
画
の
背
景</td><td>　第一弾から家族における役割をスーパーパワーとして表現しています。「パパはいつも強くあるべき」ということでボブの怪力スーパーパワー。「ママは常にすることがあり、あちこちに手を伸ばしている」ということでヘレンは伸縮自在なゴム人間。「自分に自信がないから隠れたい」のでヴァイオレットは鉄壁バリアガール。「10才の子供はエネルギーの塊」からダッシュの超高速移動。「赤ちゃんはいつどこで何をしでかすのかわからない。しかし未知の可能性がある」ということで、いつ発生するかわからないジャック・ジャックのスーパーパワー。本作におけるスーパーパワーはそうしたことを表していると、監督・脚本を手掛けたブラッド・バードは言っています。また前作から14年の月日が経っていますが、物語は『Mr.インクレディブル』のラストシーン直後から始まります。14年のブランクがあっても違和感なく、時間の流れを止めて物語を再スタートできるのは、アニメーションだからこそできるのであり、各キャラクターが年を取るとスーパーパワーとの関連性がなくなってしまうので、どんなに時間が経とうとも前作の直後から物語をスタートさせるのは必然であったと明かしています。
　監督のブラッド・バードは、『Mr.インクレディブル』、『レミーのおいしいレストラン』でアカデミー賞を受賞。トム・クルーズ主演の『ミッション：インポッシブル/ゴースト・プロトコル』など実写映画の監督としても作品を発表しています。</td></tr>
<tr><td>映
画
情
報</td><td>製作費：2億ドル　　　　　　　　　製作会社：Pixar Animation Studios他
製作年：2018年　　　　　　　　　言　語：英語
製作国：米国　　　　　　　　　　　ジャンル：アニメ、アクション、
配給会社：Walt Disney Studios Motion Pictures　　　　アドベンチャー、コメディ</td></tr>
</table>

38

Incredibles 2

(執筆) 稲波佐智代

映画の見所

　前作では明かされなかったジャック・ジャックの新たな特殊能力が披露されています。ボブの次男ジャック・ジャックは1才の赤ちゃん。特殊能力を持たない普通の人間だとボブたちは思っていましたが、本作でスーパーパワーの才能が開花します。ある夜ジャック・ジャックは、ボブが居眠りをしている隙に家のごみを漁るアライグマに遭遇。それをテレビで観た強盗と思い込み、ジャック・ジャックは戦います。窓をすり抜ける、炎をまとう、二人、三人とどんどん増える分身の術などスーパーパワーを披露しています。また、ある時はクッキーをもらえない怒りから悪魔の姿に。無邪気に放つ過激なパワーは、もはや家族にもコントロール不可能です。しかし、キャッキャッと愛らしく笑う好奇心いっぱい、一家のアイドル的存在のジャック・ジャックが本作の見所です。

発売元:ウォルト・ディズニー・ジャパン
MovieNEX価格:4,000円
(2019年7月現在、本体価格)

印象的なセリフ

　慣れない家事や育児に悪戦苦闘し、疲労困憊のボブ。スーパーヒーローとして活動していたヴァイオレットの姿をボーイフレンドのトニーに見られてしまったため、トニーの記憶からヴァイオレットの存在を消したことを謝ります。

Bob	:I'm used to knowing	私は何が正しいことかを知っている状態に
	what the right thing to do is...	慣れている
	but now, I'm not sure anymore.	だが、今は、もうなんだかよくわからない
	I just wannabe... a good dad.	ただ、なりたいんだよ。良いパパに
Violet	:You're not good.	いいパパなんかじゃない
	You're super.	最高のパパよ

ヴァイオレットの言葉に心を打たれるとても良いシーンです。〔Ch.23, 72:03〜〕
　また危機に陥ったボブとヘレンを、子供たちが助けに行きます。

Helen	:Kids, what are you...	あなたたちなぜここへ？
	You came for us?	ママたちを助けに来てくれたの？
Violet	:Don't be mad.	怒らないで
Helen	:Sweetie, how could I be mad?	何を言っているの？怒るわけないでしょ
	I'm proud.	さすがわが子ね

簡単なセリフのやりとりですが、家族愛を感じる心温まるシーンです。〔Ch.31, 95:39〜〕

公開情報

公 開 日:2018年6月15日（米国）
　　　　 2018年8月 1日（日本）
上映時間:118分
年齢制限:G（日本）、PG（米国）

ノミネート:アカデミー長編アニメ賞
オープニングウィークエンド:1億8,000万ドル*
興行収入:6億858万1,744ドル*
　　　*共にアニメーション映画歴代1位記録

第8回映画英語アカデミー賞ノミネート作品　小学生部門

インクレディブル・ファミリー

<table>
<tr>
<td rowspan="2">英語の特徴</td>
<td>
ディズニー映画ですが、プリンセスや王子などの身分の高い人物は登場せず、また易しくきれいな英語が使われている訳でもありません。アニメ特有の話し方や早口の場面もあります。しかし専門用語やスラングはなく、ストーリーが面白いため、繰り返し観ることで聞き取れる単語が増えていきます。映像があると、細かいセリフがわからなくても大まかなイメージがつかめるため、英語学習に映画を使うのは最適な手法です。初めから全く字幕なしでは難しいようであれば、最初は日本語字幕で観て一通りのストーリーを理解し、次に英語音声・英語字幕で数回観てわからない表現を確認し、最後は英語音声・字幕なしで観ると細かいセリフも捉えられるようになるでしょう。

算数の宿題を教えてもらっている時、ダッシュがボブに "That's not the way you're supposed to do it, Dad."（お父さん、それはそんなやり方でやるんじゃないよ）〔Ch.10, 29:27〕では、"That's not the way you're supposed to do..."（あなたはその方法で〜をするべきではない）のフレーズ、エドナがボブに "Done properly, parenting is a heroic act... done properly"（正しくやれば、子育ては英雄的な行為よ。正しくやればね）〔Ch.21, 67:46〕では、"Done properly..."（適切に行われれば）等のフレーズも頻繁に使用されているため、中級程度の表現も楽しみながら学習できます。
</td>
</tr>
</table>

<table>
<tr>
<td rowspan="10">学習ポイント</td>
<td colspan="3">
難しい単語を丸暗記してもすぐに忘れてしまったり、実際の会話にどのように使えば良いのかがわかりづらいのですが、会話文をセットで覚えることで使える英語を学ぶことができます。例えばヴァイオレットがボーイフレンドのトニーに家族を紹介するシーンです。　　　　　　　　　　　　　〔Ch.35, 106:13〜〕
</td>
</tr>
<tr><td>Violet</td><td>:Tony, this is my mom.</td><td>トニー、うちのママ</td></tr>
<tr><td>Helen</td><td>:Pleased to meet you.</td><td>よろしくね</td></tr>
<tr><td>Violet</td><td>:This is my dad.</td><td>それからパパよ</td></tr>
<tr><td>Bob</td><td>:We've met.</td><td>前に会ったよな</td></tr>
<tr><td>Violet</td><td>:And this is embarrassing.</td><td>それと紹介したくないんだけど</td></tr>
<tr><td>Dash</td><td>:Charmed, I'm sure.</td><td>お会いできて光栄です</td></tr>
<tr><td>Violet</td><td>:My little brother, Dash.</td><td>弟のダッシュ</td></tr>
<tr><td>Violet</td><td>:And the baby is Jack-Jack.</td><td>そしてその子がジャック・ジャック</td></tr>
<tr>
<td colspan="3">
"embarrassing" は恥ずかしい、"charmed" は魅せられたという意味ですが、このような単語を丸暗記しようとするとすぐに忘れてしまいますが、ストーリーと会話、会話の流れの中にある意味内容として一緒に覚えると記憶に残ります。英会話の最初のハードルは自分の思ったことをすぐに言えないことであるため、教科書の例文を暗記するよりも、日常生活で使えるフレーズを増やすと良いでしょう。
</td>
</tr>
</table>

<table>
<tr>
<td rowspan="4">スタッフ</td>
<td>製　　作：ジョン・ウォーカー</td>
<td>製作総指揮：ジョン・ラセター</td>
</tr>
<tr>
<td>　　　　ニコール・パラディス・グリンドル</td>
<td>音　　楽：マイケル・ジアッキーノ</td>
</tr>
<tr>
<td>監　　督：ブラッド・バード</td>
<td>編　　集：スティーブン・シェイファー</td>
</tr>
<tr>
<td>脚　　本：ブラッド・バード</td>
<td>キャスティング：ナタリー・リオン</td>
</tr>
</table>

インクレディブル・ファミリー

薦	●小学生　　●中学生　　●高校生　　●大学生　　●社会人	リスニング難易表	
お薦めの理由	スーパーパワーを持ったヒーロー家族が、世界を守るために戦う非日常と、家事や育児に奮闘する普通の日常を、壮大なスケールと絶妙なコメディセンスで描いています。今作では、母ヘレンが活躍をします。ヘレンの代わりにボブが家事・育児を担当し子供たちと向き合おうとしますが、子供たちからは文句ばかり。しかし、ボブの頑張る姿に子供たちの心が動かされる姿や、家族の危機になると一家団結して家族のために戦うという家族愛に満ちた作品となっています。家族全員がヒーロースーツを着て一致団結するクライマックスはとても爽快です。また、女性が社会で活躍をし、男性が家事・育児をするという現時代の社会的メッセージも組み込まれています。ヒーローと家族が立ち上がる姿を、アクション満載かつユーモラスに、そしてハートフルに描いており、物語は格段にブラッシュアップされています。『ミッション：インポッシブル』、『007』をアニメにしたようなおもしろさがあり、どの年齢の家族でも楽しめるエンタメ映画です。	スピード	3
		明瞭さ	2
		米国訛	1
		米国外訛	1
		語彙	2
		専門語	1
		ジョーク	3
		スラング	1
		文法	2

発展学習	映画から学べる英語はネイティブ・スピーカーが日常的に使う英語であるため、一歩ふみ込んだ表現を学習することができます。 ヒーロー活動ができなくなったことで子供たちに心配をかけないようボブは黙っていますが、それを察したヴァイオレットとボブとの会話です。　〔Ch.4, 11:35〜〕 Violet：Are we going to talk about it?　ちゃんと話し合った方がいいんじゃない？ Bob　：What?　なにを？ Violet：The elephant in the room.　話してはダメってことなの？ Bob　：What elephant?　なんのことだ？ Violet：I guess not then.　ならもういいわ。 "The elephant in the room"という表現は見てみぬふりをするときに使う表現です。直訳をすると「部屋にいる象」という意味ですが、部屋の中に大きな象がいたら気づかないわけがないのにみんな気づかないふりをする、その問題を認識しているけれど敢えて触れようとしないタブーな問題を指す時に使われる表現です。日本語にはない比喩表現です。英語にも色々な比喩表現があるので、直訳をすると理解できない意味を「これはどういうことなのか？」と一歩ふみ込んで考える良い学習になります。少し掘り下げで学習することで、ネイティブ・スピーカーが使う生の英語を学ぶことができ、会話にも深みが増します。

キャスト	Mr.インクレディブル/ボブ：クレイグ・T・ネルソン　　ジャック・ジャック　：イーライ・フシール イラスティガール/ヘレン：ホリー・ハンター　　フロゾン　　　　　　：サミュエル・L・ジャクソン ヴァイオレット：サラ・ヴァウエル　　エドナ・モード　：ブラッド・バード ダッシュ　　　：ハック・ミルナー　　トニー　　　　　：マイケル・バード

第8回映画英語アカデミー賞ノミネート作品　小学生部門

フェリシーと夢のトウシューズ

あらすじ

　19世紀末のフランス、ブルターニュ地方の孤児院。バレリーナに憧れるフェリシーと発明家を志すヴィクターは、ある日パリを目指して孤児院から脱走します。パリに着いてすぐにヴィクターとはぐれてしまったフェリシーは、偶然にもオペラ座を発見。オペラ座の掃除係オデットと出会います。オデットは、冷酷なル・オー夫人の家でも住み込みの掃除係をしていて、フェリシーは手伝わせてもらうことになります。バレリーナを目指すル・オー夫人の娘カミーユは、フェリシーの母の形見のオルゴールをわざと投げて壊します。その怒りから、フェリシーは夫人宛の許可証を手に、カミーユになりすましてオペラ座バレエ団に入学します。入ったのは、世界的に有名なメラントゥ先生の「1日1人落とす」という厳しいクラスでした。しかし最後の1人に残れば、「くるみ割り人形」のクララ役としてエトワール（トップ・スター）のロジータと共演、クリスマスにデビューできるのです。バレエ初心者のフェリシーに、手を差し伸べたのは元バレリーナのオデット。猛特訓の日々が始まります。メキメキ上達するフェリシーでしたが、ある日身分を偽っていることが発覚してしまいます。しかし彼女の努力と才能を評価するメラントゥ先生は、カミーユとの対決に勝てば、退団することなくオペラ座の舞台でロジータと踊れると。フェリシーとカミーユのダンス・バトルが始まりました。クララ役を射止めるのは…。

映画の背景

　舞台は19世紀末のパリ。オスマン男爵が進めたパリ大改造の時代です。ヴィクターとフェリシーがついに到着したパリで、一番初めに目に飛び込んできたのは建設中のエッフェル塔でした。エッフェル塔は1887年1月28日に着工され、1889年3月31日に完成しています。またヴィクターが仕事にありついた、発明家の仕事場への門扉を開けると、作成中の自由の女神像が置かれています。映画では "Statue of Puberty" とされています。この女神像は、米国の独立100周年を祝ってフランスが送り、1886年にはニューヨークにお目見えしているので少し年代が合いません。なお1889年5月6日から10月31日まで開催されたパリ万博には、世界中から最新の発明が集まりました。当時のパリはどんどん発展している街でした。フェリシーも人生の変革期にいて、様々な経験を通して成長し、色々な意味で大きくなる、つまりパリの街と同じです。

　バレエ・シーンの振り付けは、パリ・オペラ座の芸術監督オレリー・デュポンと、エトワールのジェレミー・ベランガールが担当しています。アニメだからといってバレエの動きに不自然さがないよう、実際にオペラ座のバレエ・ダンサーが踊ってみてそれをアニメにする、という細部へのこだわりにも注目です。

　フランスでの封切り時のタイトルは "BALLERINA" でしたが、米国では "Leap!" に変更されました。ちなみにタイトルは映画の最後に現れます。

映画情報

製 作 費：3,000万ドル	言　　語：英語
製 作 年：2016年	ジャンル：アニメ、冒険、ミュージカル
製 作 国：フランス、カナダ	使用楽曲："Cut to the Feeling"(Carly Rae Jepsen)
配給会社：キノフィルムズ／木下グループ（日本）	"Unstoppable"(Camila Mora)他

Ballerina（仏）、Leap!（米国）

(執筆) 子安　惠子

映画の見所

オデットがフェリシーを猛特訓し、メキメキ上手になっていく場面は見ていてワクワクします。
まずジャンプから始まります。　　　　　〔Ch.6, 37:59〕
　Jump up, ring this bell, land　　ベルを鳴らして
　and do not splash the water.　　水しぶきをあげずに着地

次に爪先立ち。　　　　　　　　　　　　〔Ch.7, 44:20〕
　stand on your pointes.　　　　　爪先で立たなきゃ
　Feel the balance.　　　　　　　　バランスをとって

そして回転です。　　　　　　　　　　　〔Ch.7, 44:55〕
　Stare at a spot,　　　　　　　　1点を見て
　and don't ever lose it.　　　　　目をそらさずに

最後にフェリシーが望む魔法のジャンプ。〔Ch.7, 46:20〕
　There's a difference　　　　　　ただ跳ぶのと
　between being ready　　　　　　 上手に跳ぶのは
　and being ready to do it well.　大違いよ

オデットによる練習方法は必見です。

発売元：
キノフィルムズ／木下グループ
DVD & Blu-ray価格：4,500円
（2019年7月現在、本体価格）

印象的なセリフ

キーワードとなる問いかけが、3回出てくるので印象に残ります。
【Why do you dance?】
1回目：フェリシーへの練習が始まり、オデットは説明します。〔Ch.7, 46:26〕
　you'll be ready　　　　　　　　　　　　　　一人前よ
　when you can answer the question,　　　　 その質問に答えられたら
　"Why do you dance?"　　　　　　　　　　　 「なぜ踊るの？」

2回目：オーディションの前夜にもかかわらずデートへ出かけようとするフェリシーにオデットは問いかけますが、フェリシーは…。〔Ch.9, 58:13〕
　Odette：Why do you dance?　　　　　　　　なぜ踊るの？
　Felicie：Stop asking me that question!　 その質問やめて

3回目：フェリシーとカミーユのダンス・バトルの後、メラントゥ先生が2人に"Why do you dance?"と尋ねます。カミーユは母親に言われたからと答えますが、フェリシーの答えはメラントゥ先生の望む答えでした。〔Ch.11, 76:49〕
　Because it's always been a part of my life.　　　人生にはいつもダンスが
　It was there with my mom when I was a baby,　　 赤ちゃんの頃はママと
　and it's her now, thanks to Odette.　　　　　　 オデットにも導かれた
　It allows me to live, to be myself.　　　　　　 踊ることで　私は私でいられるの

公開情報

公　開　日：2016年12月14日（フランス）　　年齢制限：G（日本）、PG（米国）
　　　　　　2017年　8月25日（米国）　　　　オープニングウィークエンド：235万ドル（フランス）
　　　　　　2017年　8月12日（日本）　　　　　　　　　　　　　　　　　　 473万ドル（米国）
上映時間：89分　　　　　　　　　　　　　　　興行収入：1億583万1,614ドル（世界）

第8回映画英語アカデミー賞ノミネート作品　小学生部門

フェリシーと夢のトウシューズ

<table>
<tr>
<td>英語の特徴</td>
<td>

　ヴィクターとフェリシーとの会話は、発音は明瞭ですが、話すスピードは2人のやりとりが一番アップテンポです。特にヴィクターは早いです。同じ世代でも、ライバルのカミーユやヴィクターの友人のマティーはそこまで早くありません。男子トップのバレエ・ダンサー、ルディはロシア語訛りという前提ですので、参考にしない方がよいでしょう。

　注目したいのは、オデットとメラントゥ先生です。どちらもフェリシーに教えたり、注意したりする立場なので、ゆっくりと聞き取りやすく、内容的にも勉強になります。

　全編を通して発音は明瞭です。語彙は難解なものもなく、文法違反もほとんどありません。バレエの映画とはいえ、バレエの専門用語は少ないです。バレエ用語というのは英語ではなくフランス語ですが、以下の4つしか使われていません。

splits 　　　（スプリッツ＝開脚）
pointe 　　　（ポアント＝爪先立ち）
pirouette 　　（ピルエット＝回転）
grand jet 　　（グランジュテ＝フェリシー曰く、魔法のジャンプ）

　多少のジョークは出てきますが多くありません。スラングや汚い言葉もなく、小学生に見せたくない場面は皆無ですから、安心して楽しんでください。

</td>
</tr>
<tr>
<td>学習ポイント</td>
<td>

2回出てくるセリフは耳に残ります。またどちらもゆっくりと話されます。
【 Squeaky Clean 】
行くあてのないフェリシーは、オデットに断られても自分を売り込みます。

Let me help you! 　　　　　　　手伝うわ　　　　　　　〔Ch.4, 18:34〕
You need me. I can clean. 　　役に立つわよ　掃除は得意なの
In fact, 'Squeaky Clean' 　　　ホントよ、"ピカピカ娘"が
is my middle name. 　　　　　私のあだ名

2回目は、孤児院から再び戻ったフェリシーがオデットに話しかける場面です。しかし1回目と異なるのは、売り込んだ後に付け加える一言です。

In fact, I need you. 　　　　それにあなたが必要なの〔Ch.10, 70:34〕
I wanna stay with you. 　　　一緒にいたい

【 a depressed elephant 】
メラントゥ先生の第1日目のレッスンで、先生はフェリシーを酷評します。

You have the energy of a bullet, 　元気一杯だが　　　　　〔Ch.5, 32:21〕
but the lightness of a depressed elephant. 動きはボーッとした象

2回目は、フェリシーを指導し始めたオデットが、メラントゥ先生と一言一句違わないセリフで彼女にコメントします。

</td>
</tr>
<tr>
<td>スタッフ</td>
<td>

監　督：エリック・サマー、エリック・ワリン　　撮　影　　：ジェリッカ・クレランド
脚　本：エリック・サマー　　　　　　　　　　音　楽　　：クラウス・バデルト
　　　　キャロル・ノーブル　　　　　　　　　編　集　　：イヴァン・ティボドー
　　　　ローラン・ゼトゥンヌ　　　　　　アニメディレクター：テッド・タイ

</td>
</tr>
</table>

フェリシーと夢のトウシューズ

薦	●小学生　　○中学生　　○高校生　　○大学生　　○社会人	リスニング難易表	
お薦めの理由	この映画にはテーマが２つあり、人生の早い時期に意識すべきものです。１つ目のテーマは「努力は成長の糧」。バレリーナになるには強い意志と努力が必要とされ、その夢をつかもうと葛藤するのは普通の子供たち。周りの大人は彼女たちの頑張る姿に共鳴し、メラントゥ先生も、 　your future at the Opera　未来は　　　　　〔Ch.8, 52:15〕 　is in your hands.　　　　　自分の手でつかめ 　I can only advise you　　　アドバイスは１つ〔Ch.8, 55:35〕 　to give everything.　　　　持てるものを出し切れ とエールを送ります。 　また "Why do you dance?"（なぜ踊るのか）と何度も問いかけることからわかるように、「情熱とは何か」がもう１つのテーマです。自分が本当にやりたいと思うことへの情熱です。そしてバレエの優雅さと難しさが実に忠実に表現されているアニメです。アニメの良いところは、感覚や感情をダイナミックに表現できる点で、この映画はその利点が存分に発揮されています。	スピード	3
		明瞭さ	2
		米国訛	1
		米国外訛	2
		語彙	2
		専門語	3
		ジョーク	2
		スラング	2
		文法	3
発展学習	○ メラントゥ先生は、"except you" とフェリシーに辛くあたります。〔Ch.5, 27:25〕 　So every girl in this room has a chance　新作で踊るチャンスは 　to dance in my new ballet, except you.　皆さんにある、君以外は 　You've all worked hard, except you!...　みなさんは努力した、君以外は 　One of you will be eliminated each day.　毎回１人ずつ落とす 　So, tomorrow, little rich girl　　　　　だから明日　落ちるのは 　no matter what strings you pulled　　どんなに強力なコネだろうが 　to get here, that will be you!　　　　　君に決まってる ○ 落とす時のコメントはさらに皮肉たっぷりで、内容的にも上級レベルです。 落ちる１人目は、開脚から立ち上がれない生徒。２人目への評は…〔Ch.6, 39:47〕 　That was not merely bad, it was a catastrophe　見苦しかった　君は圧倒的な 　wrapped in a disaster with a side order of bad.　ヘボで下手のどん底にいるぞ 次の脱落者へもひどいけなし方です。　　　　　　　　〔Ch.7, 45:29〕 　Try to introduce your left foot to your right foot.　右足と左足が揃わない 　See if they can get along one day.　　息の合う日が来るかな 最後はノラ。　　　　　　　　　　　　　　　　　　　〔Ch.8, 55:17〕 　This is the end of the road.　　　　道は閉ざされた		

キャスト	フェリシー　　　：エル・ファニング	ル・オー夫人　　　：ジュリー・カーナー
	ヴィクター　　　：デイン・デハーン	カミーユ・ル・オー：マディー・ジーグラー
	オデット　　　　：カーリー・レイ・ジェプセン	マティー　　　　　：タミール・カペリアン
	メラントゥ先生：テレンス・スキャメル	ノラ　　　　　　　：ショシャナ・スパーリング

第8回映画英語アカデミー賞ノミネート作品　中学生部門

僕のワンダフル・ライフ

あらすじ	ゴールデンレトリバーの子犬ベイリーは、車に閉じ込められて苦しんでいたところを8歳のイーサンと彼の母親に助けられ、イーサンの家にやって来ます。感激したベイリーは「この子から離れない」と誓います。やがてイーサンは成長し、高校のアメフト部で活躍するようになりました。高校生活最後の夏休み、イーサンはハンナと出会い、ベイリーがきっかけで恋に発展し、二人は同じ大学に進学することにしました。しかし、同級生がイーサンの家に花火を投げ入れ、火事になります。母親とベイリーを先に避難させたイーサンは、逃げ遅れて脚を負傷してしまいます。走れなくなった失意のイーサンにベイリーが寄り添い、祖父母の農場で療養することに。イーサンは見舞いに来てくれたハンナに別れを告げ、農業学校に進み、一人暮らしを始めます。数年が経ち、年老いたベイリーが衰弱し、知らせを受けたイーサンが駆けつけます。ベイリーは、悲しむイーサンを見て「イーサンを幸せにするのが僕の役目なのに」と悔やみながらこの世を去ります。そんな思いが通じ、ベイリーは生まれ変わるのですが、最初は警察犬としてシェパードの「犬生」を全うします。次はコーギーに生まれ変わり、孤独な女性が幸せな家庭を作るまでを見届けます。そして4度目の犬生で飼い主に捨てられたとき、ついにイーサンと再会することになるのですが、イーサンはベイリーだとはわかりません。自分の使命に気付いたベイリーがとった驚きの行動とは…。
映画の背景	この映画の原作は、米国ミシガン州出身の作家、W・ブルース・キャメロンが2010年に発表した同名の小説です。全米でベストセラーとなり、日本では2012年に青木多香子訳による『野良犬トビーの愛すべき転生』として刊行されています。 　監督はスウェーデン・ストックホルム出身のラッセ・ハルストレムです。映画監督として世間に彼の名を知らしめたのは、スウェーデンのポップミュージックグループABBAの映画 *ABBA: The Movie*（邦題『アバ/ザ・ムービー』、1977年）でした。1985年の *Mitt liv som hund*（英題 *My Life as a Dog*、邦題『マイライフ・アズ・ア・ドッグ』）でアカデミー監督賞にノミネートされました。その後も多くの名作を生み出しています。2009年には、日本映画『ハチ公物語』のリメイク版 *Hachi: A Dog's Tale*（邦題『HACHI 約束の犬』）で話題になりました。 　ナレーション（主人公の犬ベイリーの声）は、ジョシュ・ギャッドです。2013年の映画 *Frozen*（邦題『アナと雪の女王』、第4回映画英語アカデミー賞小学生部門受賞）ではオラフの声を演じています。彼の声にはオーディエンスを引き込む魅力がありますが、日本語版の吹替えでは高木渉がいい味を出しています。彼は、テレビアニメ『名探偵コナン』や『ゲゲゲの鬼太郎』など多数の作品に声優として出演しています。最近ではNHKのドラマ『真田丸』や『半分、青い。』などで俳優としても活躍中です。
映画情報	製作費：2,200万ドル　　　　　　　撮影場所：カナダ・マニトバ州ウィニペグ、 製作年：2017年　　　　　　　　　　　　　　　　　ブランドン、ロックポート他 製作国：米国、インド　　　　　　　言　語：英語 配給会社：東宝東和（日本）　　　　ジャンル：ドラマ、家族、ファンタジー

46

A Dog's Purpose

(執筆) 能勢　英明

映画の見所

ラストシーンが一番の見所でしょう。ベイリーは3度目の転生で、イーサンと再会を果たします。そして、ベイリーがハンナを捜し出し、イーサンとハンナの再会を実現させます。この映画の原題であるA Dog's Purpose（犬の目的）が語られる場面でもあります。最後のセリフを味わいたいものです。〔Ch.19, 93:00〜〕

Bailey： So, in all my lives as a dog, here's what I've learned. Have fun, obviously. Whenever possible, find someone to save and save them. Lick the ones you love. Don't get all sad-faced about what happened and scrunchy-faced about what could. Just be here now. Be here now. That's a dog's purpose.
（ただここにいればいい。今をいっしょに生きる。犬はそのためにいるんだ）

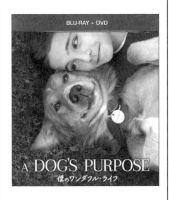

発売元：
NBCユニバーサル・エンターテイメント
DVD価格：1,429円
Blu-ray価格：1,886円
(2019年7月現在、本体価格)

印象的なセリフ

この映画の印象的な場面のセリフを紹介します。

○ バディ（ベイリー）がハンナを捜し出す場面　〔Ch.18, 82:06〜〕

Hannah：Rach!（レイチェル）

Rachel：Oh, hey! Look, Will. Grandma's here.
（ねえ、見て、ウィル。おばあちゃんが来たよ）

Buddy：There's that smell again. It's stronger now. It's Hannah! You're still here? Oh, you look different. But you still smell like biscuits.
（またあのにおいだ。においが強くなった。ハンナだ。まだここにいたの？　違う人みたい。でもビスケットのにおいは同じだ）

Hannah：Who is this?（この子は？）

Rachel：It's the stray from the park.（公園にいた野良犬よ）

Hannah：A stray? Really? Well... Hello, there. What a good dog. Well, he's certainly not a stray 'cause he's got a collar. Let's see. His name is Buddy. Let's see. He belongs to...
（野良犬？　本当に？　あっそう、こんにちは。いい子ね。野良犬じゃないわ。ちゃんと首輪してるじゃない。名前はバディだって。飼い主さんは…）

公開情報

公開日：2017年 1月27日（米国）
　　　　2017年 9月29日（日本）
上映時間：100分
年齢制限：G（日本）、PG（米国）
音　声：英語、日本語吹替
DVD字幕：日本語、英語
ノミネート：ゴールデン・トレーラー・アワード
　　　　　　ベスト・アニメーション／ファミリー賞他3部門

第8回映画英語アカデミー賞ノミネート作品　中学生部門

僕のワンダフル・ライフ

<table>
<tr>
<td rowspan="1">英語の特徴</td>
<td>
　夏に、この映画を筆者の勤務校で中学１年生に見せました。小学生のときに英語活動という名の授業を経験しているためか、知っている表現もいくつかあったようで、「映画の英語が聴き取れた」と喜んでいました。こんな動機づけが自律的学習者を育てるのだと改めて感じた次第です。生徒たちが実証してくれたわけですが、ナレーションの英語（ベイリーのセリフ）をはじめとして、全体的に、話すスピードは比較的ゆっくり目で聴き取りやすい英語です。しかし、中学校の検定教科書では扱われない言い回しがよく出てきます。例を挙げます。
○　イーサンが農業学校に出発する場面①　　　　　　　　　　〔Ch.10, 45:45〜〕
　　Ethan：Good boy. You're gonna miss me, huh? I'm gonna miss you, too.
○　イーサンが農業学校に出発する場面②　　　　　　　　　　〔Ch.10, 46:32〜〕
　　Bill：Drive safe.
gonnaはgoing toのくだけた言い方であり、日常の会話では頻繁に使われることを理解しておきたいものですが、日本語母語話者は積極的に使う必要のないことも押さえておきたいものです。②のsafeは形容詞で、driveは動詞です。動詞を説明するのは副詞ですから、ここでは副詞のsafelyが正しい言い方です。しかし、英語は後から説明するのを基本とする言語で、動詞の後にあれば当然safeはdriveの説明をするわけで、-lyをつけて副詞だと示さなくても意味が通じるのです。
</td>
</tr>
<tr>
<td rowspan="1">学習ポイント</td>
<td>
日常生活で応用できるセリフをいくつか取り上げます。
○　ベイリーを車に乗せる場面　　　　　　　　　　　　　　　〔Ch.3, 8:55〜〕
　　Dad　　：Bailey, get in the car.　　　　　（ベイリー、車に乗れ）
　　Ethan：Come on, boy! Come on.　　　　（おいで。乗って）
○　家族で食事中にイーサンが席を離れる許しを請う場面　　　〔Ch.3, 12:19〜〕
　　Ethan：Uh, can <u>me</u> and Bailey be excused?　（ベイリーと席を離れていい？）
　　Mom　：Sure.　　　　　　　　　　　　　（いいわよ）＊meは本来Iが正しい。
　　Bailey：Ethan was sad. And I didn't know why.
　　　　　（なぜかイーサンが悲しそうだった。どうしてだろう）
　　Ethan：Hey, Bailey. Captain America. Remember? He <u>could</u> take out that
　　　　　bomb in a second.　　　　　＊couldは「（やろうと思えば）できる」。
　　　　　（ねえ、ベイリー。キャプテン・アメリカなら爆弾なんかすぐ破壊だよね）
○　イーサンがスクールバスに乗る場面　　　　　　　　　　　〔Ch.4, 14:10〜〕
　　Bailey：When it got colder outside, we all went back home. Every morning, a
　　　　　big yellow box with wheels took Ethan away from me.
　　　　　（外が寒くなると僕らは家に戻った。毎朝、輪っかのついた黄色い箱が
　　　　　イーサンを連れ去った）
</td>
</tr>
<tr>
<td rowspan="1">スタッフ</td>
<td>
製　　作：ギャヴィン・ポローン　　　　　美　　術：マイケル・カーリン
監　　督：ラッセ・ハルストレム　　　　　撮　　影：テリー・ステイシー
脚　　本：W・ブルース・キャメロン他　　音　　楽：レイチェル・ポートマン
原　　作：W・ブルース・キャメロン　　　編　　集：ロバート・レイトン
</td>
</tr>
</table>

48

僕のワンダフル・ライフ

薦	○小学生　●中学生　●高校生　●大学生　●社会人	リスニング難易表	
お薦めの理由	映画で英語を学ぶメリットの一つに、言語使用の場面設定が自然であるため発話される表現も自然であることが挙げられます。この映画も正にそうで、人と犬とのかかわりの深さや、生きとし生けるものには皆使命があるということ、家族の絆、愛の尊さ、命の大切さといったことを感じ取れる作品です。したがって、セリフの音読練習の際には感情移入がしやすく、自然な表現を皮膚感覚で習得できます。また、新学習指導要領により数年後には中学校でも学習することになる、仮定法を学ぶのにも適した作品です。次の「発展学習」をご参照下さい。 　さらに、英検などの資格試験や高校・大学の入学試験などで、絵を見てその状況を説明させたり、ストーリーを考えさせたりする問題がよく出されていますが、この映画はその対策にも適しています。たとえば、「学習ポイント」で挙げた、ベイリーを車に乗せる場面では、Dad said to Bailey, "Get in the car." / Bailey is getting in the car. などのように描写する学習ができます。	スピード	2
		明瞭さ	2
		米国訛	2
		米国外訛	1
		語彙	2
		専門語	2
		ジョーク	2
		スラング	2
		文法	2

発展学習	再会したイーサンとハンナが語り合う場面のセリフです。謝罪の表現や仮定法を使った表現が学べます。　　　　　　　　　　　　　　　　〔Ch.18, 86:21〜〕 Ethan　：Hey, Hannah. I, um... 　　　　　　　I owe you an apology. For what happened to us. Back then. 　　　　　（ねえ、ハンナ。僕は… 謝っておきたい。あのときは本当にひどいことを） Hannah：Well, don't worry. It was a long, long time ago. 　　　　　（いいの。もう大昔のことよ） Ethan　：No, I pushed you away. And I was really mad at the world. And I just want you to know that not a day goes by that I don't kick myself for doing that. You think, um, it'd be crazy if we did something together? 　　　　　（いや、僕は勝手に世の中に腹を立て君を遠ざけてしまった。だけど、これだけはわかってほしい。あれから自分を責め続けてる。今もだ。こんなこと言う資格はないけど、これから一緒に過ごしたい） Hannah：Are you asking me out on a date?　（それってデートのお誘い？） Ethan　：Well, I just think that I'd be an all-time fool if I just watched you drive away. 　　　　　（ここで君を引き留めないで帰してしまったら僕は大ばかものだ） Hannah：Then, don't.　　　　　　　　　　（じゃあ、引き留めて）

キャスト	8歳のイーサン：ブライス・ゲイサー カルロス　　　：ジョン・オーティス 10代のイーサン：K・J・アパ 10代のハンナ　：ブリット・ロバートソン	大人のイーサン：デニス・クエイド 大人のハンナ　：ペギー・リプトン ナレーター（ベイリー/エリー/ティノ/バディの声） 　　　　　　　：ジョシュ・ギャッド

第8回映画英語アカデミー賞ノミネート作品　中学生部門

ユダヤ人を救った動物園　アントニーナが愛した命

|あらすじ|　1939年、ジャビンスキ夫妻ことヤンとアントニーナは、伝統あるワルシャワ動物園を経営していました。アントニーナは今朝も日課としている自転車に乗って動物たちに声をかけています。
　そんな中、ポーランドの情勢は刻々と変化しています。独ソ不可侵条約に危険を感じた夫のヤンは、妻のアントニーナに息子のリシャルトを連れてワルシャワを離れるように言いますが、アントニーナはそれを拒みます。また、周りのユダヤ人たちは強制収容所へと追い込まれ、ナチス・ドイツ軍に虐待を受けているのです。
　そして9月1日、ドイツがポーランドに侵攻し第二次世界大戦の幕が開かれます。彼らの動物園も空爆にあい、檻から逃げ出した動物は、危険を感じた軍隊によって射殺されます。そしてドイツの占領下におかれた動物園に、ヒトラー直属の動物学者ヘックがやってきて、希少動物を預かることを申し出ます。アントニーナはその申し出を受けるのですが、ヤンは不安に感じます。その不安は的中し、数日後には態度を一変させたヘックは、部下と共に残った動物たちを射殺してしまいます。
　ヤンは閉園の危機に陥った動物園を養豚場にすることをヘックに申し入れます。強制収容所から出る生ごみを豚の餌にすることで、その生ごみの中にユダヤ人を紛れ込ませ、脱出させる考えだったのです。しかし、状況は次第に厳しいものになっていくのでした。|

|映画の背景|○ ポーランドの悲劇
　　強国ドイツとソ連に陸続きで挟まれたポーランドは、特に第二次大戦下では悲惨な目に遭いました。分割統治、絶滅収容所、ワルシャワ蜂起、そしてカチンの森事件等、しっかり歴史を振り返る必要があります。
○ 戦時下の動物園
　　「動物園は平和の象徴である」とは、多くの動物園に関わった人々から聞く言葉です。老若男女、動物園を楽しむことができるのは、平和があってこそ。戦時下においては、殺処分という悲劇が起こるのです。
○ ホロコースト
　　人類史上、最も人類が恥として認識しなければならない言葉です。ナチスによるユダヤ人大虐殺の出来事は、世代を越えて学ぶ必要があると思います。
○ コルチャック先生
　　〔Ch.3, 30:17〜〕、〔Ch.4, 44:10〜〕、そして〔Ch.6, 80:12〜〕の3場面で登場します。彼はユダヤ系の小児科医であると同時に、作家、教育者でありました。本作品でのヤンとの関わりはフィクションです。しかし、無邪気な子たちが、ヤンに抱っこしてもらって収容所行きの貨車に乗り込む場面には、思わず涙が出ます。|

| 映画情報 | 製 作 費：2,000万ドル
製 作 年：2017年
製 作 国：チェコ共和国、英国、米国
配給会社：ファントム・フィルム（日本） | 撮影場所：プラハ（チェコ共和国）
言　　語：英語、独語、ヘブライ語
ジャンル：伝記、ドラマ、歴史
原作小説：ユダヤ人を救った動物園ヤンとアントニーナの物語 |

The Zookeeper's Wife

(執筆) 松葉 明

映画の見所

○ アントニーナと動物たち
　冒頭のアントニーナ役のジェシカ・チャステインがゾウを介護したり、触れ合ったりする場面は、CGを用いず、実際の演技だそうです。ゾウの鼻が彼女に絡む場面は、実は彼女の脇に隠されたリンゴを探しているとか。詳しくはDVDの特典映像に出ています。

○ 夜のピアノと昼のピアノ
　安全の合図の夜のピアノと、危険を知らせる昼のピアノ。ジェシカは猛練習の末、実際に弾いたそうです。感動の夜の3場面を観てみましょう。〔Ch.4, 56:05〜〕、〔Ch.5, 63:44〜、75:14〜〕

○ アントニーナの衣装
　当時の女性は現代とは比べものにならないくらい女性的で、彼女はパンツ姿ではなく、すべてスカート姿で登場しています。

発売元：ファントム・フィルム
DVD価格：3,800円
Blu-ray価格：4,800円
(2019年7月現在、本体価格)

印象的なセリフ

○ Antonina：Let me help you.（手伝わせて）　　〔Ch.1, 8:46〕
　アントニーナが母親のゾウに言うセリフです。
○ Antonina：A human zoo. （人間動物園）　　〔Ch.3, 35:13〕
　　　　　　A pig farm. （養豚場）　　〔Ch.3, 36:31〕
　救出作戦を考えるアントニーナのセリフです。
○ Jan　　：I could be shot for a glass of water.　〔Ch.3, 32:23〕
　　　　　　（水一杯で撃ち殺される）
　アントニーナが、ユダヤ人の友達マグダを匿いたいと言った時にヤンが言います。当時はそれほど勇気のいる行為だったのです。
○ Antonina：What a terrible time you must've had!　〔Ch.4, 50:58〕
　　　　　　（とってもひどい目にあったのね！）
　ドイツ兵の暴行にあったウルシュラに、優しく語りかけます。
○ Antonina：Bring them out. Bring as many as you can.　〔Ch.5, 71:40〕
　　　　　　（彼らを連れ出して。出来るだけ多くの人を）
　ユダヤ人たちの命が危ないと、アントニーナがヤンに言います。
○ Ryszard ：It's snowing. （雪が降ってる）　　〔Ch.6, 87:04〕
　動物園に舞い落ちる季節はずれの雪？いいえ、収容所隠滅の灰でした。

公開情報

公 開 日：2017年 3月31日（米国）　　DVD音声：英語、日本語
　　　　　2017年12月15日（日本）　　DVD字幕：日本語
上映時間：127分　　　　　　　　　　　ユダヤ人救出を扱った他の作品：
年齢制限：G（日本）、PG-13（米国）　　　『シンドラーのリスト』(1993) 他

第8回映画英語アカデミー賞ノミネート作品　中学生部門

ユダヤ人を救った動物園　アントニーナが愛した命

英語の特徴	○ 全体的に訛りのある英語が話されています。アントニーナ役のジェシカ・チャステインは米国カリフォルニア州出身ですが、それ以外の俳優はほとんどが英国以外の欧州出身です。ヤン役のヨハン・ヘルデンベルグはベルギー出身、ヘック役のダニエル・ブリュールはスペイン出身です。また、コルチャック先生役の俳優はチェコスロバキア（現：チェコ共和国）出身で、訛りがはっきり出ています。もちろん、コルチャック先生本人は、ユダヤ系ポーランド人で、1942年8月に亡くなったとされています。 ○ 主人公のアントニーナ・ジャビンスキは、キリスト教徒で、サンクトペテルブルク（ロシア）で両親を殺され、難民としてワルシャワに移住したそうです。それ故彼女役のジェシカは、ゆっくりと発音するアントニーナを意識して役に取り組んだそうです。 ○ 夫のヤンが、妻のアントニーナにつけた呼び名は 'Punia'（プンニャ）です。これは子猫を意味するそうです。また、息子のリシャルト（Ryszard）のことは 'Rys'（リシュ）と呼んでいます。愛称もお国柄が出ています。 ○ DVD特典映像のひとつに、本物のジャビンスキ夫妻の息子と娘が出てきます。映画ではまだ幼い子どもでしたが、今では高齢者です。彼らの話す言葉はもちろんポーランド語です。
学習ポイント	○ この映画に登場する動物たちを英語で覚えましょう 　ラクダは 'camel' です。背中の「こぶ」は 'hump' と言います。 　ゾウは 'elephant' で、その鼻は 'nose' ではなく、'trunk' と言います。 　ライオンはそのまま 'lion' です。'lion-hearted' で「勇猛な」を意味します。 　カバは 'hippopotamus' で、省略して 'hippo' と言うことが多いです。 　シマウマは 'zebra' です。'zebra crossing' は英国英語で「横断歩道」です。 　ブタは 'pig' が一般的です。'hog' は「成長したブタ」、'piglet' は「子豚」です。 　ウサギは、'rabbit' が飼育用、'hare' は「野ウサギ」を指します。また、バニーガールでお馴染みの 'bunny' は「うさちゃん」のような幼児語です。 　そして、ジャビンスキ夫妻の息子が飼っているペットはスカンク 'skunk' です。 ○ 強制収容所に関する語（綴りを覚える必要はないと思います） 　 'Jew' は「ユダヤ人」を指し、時に侮蔑となるので注意しましょう。そしてゲットーは 'ghetto' と綴り、ユダヤ人（強制）居住区を意味します。 　 ポーランドには6つの絶滅収容所が作られ、それらはアウシュビッツ＝ビルケナウ強制収容所（Aushwitz Birkenau）、ヘウムノ（Chełmno）、ベウジェツ（Belzec）、ルブリン（Lublin）、ソビボル（Sobibor）、そしてコルチャック先生と子どもたちが送り込まれるトレブリンカ（Treblinka）です。
スタッフ	製　　作：ジェフ・アッバリー他　　　　　美　　術：スージー・デイビス 監　　督：ニキ・カーロ　　　　　　　　　撮　　影：アンドリー・パレーク 脚　　本：アンジェラ・ワークマン　　　　音　　楽：ハリー・グレッグソン＝ウィリアムズ 原　　作：ダイアン・アッカーマン　　　　編　　集：デヴィッド・コウルソン

ユダヤ人を救った動物園　アントニーナが愛した命

薦	○小学生　●中学生　●高校生　●大学生　●社会人	リスニング難易表	
お薦めの理由	○ 本作は戦後73年（2018年現在）を経て、戦争体験のない人々が、戦時下の人間の狂気と残酷さを知るためのよい機会となるでしょう。そして、もし自分がジャビンスキ夫妻の立場であったら、あのような勇気ある行動を取れるであろうかと、考えさせてくれるでしょう。 ○ ユダヤ人をナチス・ドイツの迫害から多くを救ったことでは、オスカー・シンドラーと杉原千畝が有名です。両者ともに映画化もされています。しかし、その立場という点において、ドイツ人のシンドラー、ドイツの友好国であった日本の外交官の杉原に比べ、ジャビンスキ夫妻は一ポーランド人ということで、非常に弱い立場でした。ひとつ間違えば、即座に銃殺される危険をはらんでいたのです。彼らの行為は本当に称賛されるべきです。 ○ 不勉強な私は、この映画を観るまで彼らの名前すら知りませんでした。残念ながら、日本ではあまり観客動員数は得られませんでした。しかし、絶望の中でも諦めず、愛と希望に満ちた本作品をぜひ家族で観てほしいです。	スピード	2
		明 瞭 さ	3
		米 国 訛	2
		米 国 外 訛	4
		語　　彙	3
		専 門 語	3
		ジョーク	2
		スラング	2
		文　　法	3

発展学習

聞き取れそうな会話文にも挑戦してみましょう。

○ ジャビンスキ夫妻に匿われたマグダは、恋人のマウリツィが心配です。

Magda ：Have you heard anything about Maurycy?　　　　　〔Ch.3, 33:57〜〕
　　　　（マウリツィについて何か聞いていない？）

Jan 　：He's practicing law from a storefront; that's all I know. I can't get through the gates, Magda. No one enters the ghetto without a pass...
　　　　（店頭で弁護士をやっているらしい、それがすべてだ。門を通ることができないんだ、マグダ。通行証を持っていないとゲットーには入れないんだよ…）

　　　ジャビンスキ夫妻はユダヤ人を匿う決意を固くします。

○ 子ども同士の会話は、比較的容易です。

A boy 　：Can we see your rabbit?（ウサギを見せてくれない？）〔Ch.5, 62:20〜〕

A girl 　：What is his name?（名前は何ていうの？）

Urszula：They call him Peter. It was my brother's name.
　　　　（ピョーテルというの。弟の名だったの）

　　　この会話を聞いて、アントニーナは思わず涙ぐみます。ウルシュラがやっと口を開いた嬉しさと、彼女の弟が死んだに違いないことを知ったからでしょう。

キャスト

アントニーナ・ジャビンスキ：ジェシカ・チャスティン		ウルシュラ	：シーラ・ハース
ヤン・ジャビンスキ：ヨハン・ヘルデンベルグ		マグダ・グロス	：エフラット・ドール
ルッツ・ヘック：ダニエル・ブリュール		リシャルト・ジャビンスキ	：ヴァル・マロルク
マウリツィ・フランケル：イド・ゴールドバーグ		(幼い頃の)リシャルト・ジャビンスキ	：ティモシー・ラドフォード

第8回映画英語アカデミー賞ノミネート作品　高校生部門

グッバイ・クリストファー・ロビン

<table>
<tr><td>あ
ら
す
じ</td><td>　作家のアラン・A・ミルンは第一次世界大戦から帰還後、戦時中の光景がトラウマになり、妻ダフネとの間に息子が誕生した後もPTSDに悩まされていました。戦時中アランの帰りを待つ恐怖を味わったダフネは、「男の子はいつか戦争に行ってしまう」と嘆いて、息子のクリストファー・ロビンを愛してはいましたが、世話はナニーのオリーブに任せきりでした。ロンドンでの暮らしに疲れたアランは、田舎町で静養しながら新しい作品を生み出そうとします。美しい森の中での生活で落ち着きを取り戻すアランでしたが、新作が進まないことに愛想を尽かしたダフネはしばらく家出をしてしまいます。また、ナニーのオリーブも母親の看病で実家に帰ることになり、数日間アランとクリストファー・ロビンだけの生活が始まりました。最初はぎくしゃくしていた2人ですが、徐々に打ち解けぬいぐるみを使って様々な物語を作っていきました。そんな生活にクリストファー・ロビンは父の愛を感じ、アランは戦争の傷が癒えていくのでした。
　しかし2人で作り上げた世界を新作『くまのプーさん』として出版したところ予想外にヒットしてしまい、一家は徐々に普通の生活ができなくなっていきます。そんな生活に危機感を抱いたアランはこれ以上『くまのプーさん』は書かない事を決めますが、すでにあまりにも有名になってしまったため一家は普通の生活を取り戻すことができず、悩んだクリストファー・ロビンはある決断をします。</td></tr>
<tr><td>映
画
の
背
景</td><td>　この作品は、日本ではディズニーのアニメーションで有名な『くまのプーさん』の作者であるA・A・ミルンとその家族の人生を描いた伝記的作品で、原作はアン・スウェイトの『グッバイ・クリストファー・ロビン』です。日本では残念ながら劇場未公開となってしまいましたが、映画祭で受賞歴もある作品です。『くまのプーさん』は1926年に発表後大人気となり多数の言語に翻訳されて親しまれてきました。また、1960年代からは版権を得たディズニーによるアニメーションが作られさらに有名になり、今現在も世界中で愛されている作品です。しかし読者を幸せにしてくれる『くまのプーさん』が有名になりすぎたために、その作者の家族が人生を翻弄されたことはあまり知られていないでしょう。
　本作品の舞台は第一次世界大戦が終わった頃から始まります。子育ては親がすることが一般的な日本では、ナニーは物語の中の存在ではないでしょうか。英国ではその歴史は古く、一時的に預かるベビーシッターとは違って、子供が学校に行くようになるまでの数年間共に寝起きをし、テーブルマナーなど身の回りのしつけを行う存在です。一般的にナニーは使用人と考えられているので、作品中でもダフネが見下した態度をとったり、オリーブは意見を言えないなど絶対的な主従関係が見られました。しかし愛情に飢えていたクリストファー・ロビンにとって母よりも大切な存在だったことは言うまでもありません。</td></tr>
<tr><td>映
画
情
報</td><td>製 作 年：2017年
製 作 国：英国
製作会社：DJ Films、Fox Searchlight Pictures
配給会社：20世紀フォックス（日本）

撮影場所：英国、アッシュダウンフォレスト
言　　語：英語
ジャンル：ドラマ
使用楽曲："Sunny Skies", "A Song of Wisdom"他</td></tr>
</table>

Goodbye Christopher Robin

(執筆) 小暮　舞

映画の見所

　この作品の見所は何と言っても映像美でしょう。『くまのプーさん』の生まれ故郷の英国、サセックスのアッシュダウンの森が撮影場所なので、実際の100エーカーの森を見る事ができます。森に木漏れ日がさす景色や森を流れる川、オウルの住んでいる木など絵本そのままの景色はとても美しいです。

　また、第一次世界大戦のトラウマに苦しむA・A・ミルンが家族を通してどのように立ち直っていったか、また当時を生きる人々に戦争がどのような影を落としたのかということを感じることができます。全体的に劇的ではなく、淡々と静かにA・A・ミルンの人生を描き、『くまのプーさん』がどのように生まれ、有名になった背景にどのようなドラマがあったのかが語られているので、より一層登場人物それぞれの気持ちや苦悩が伝わってくる作品です。

発売元：
20世紀フォックス ホーム エンターテイメント ジャパン
DVD価格：1,905円
Blu-ray価格：1,905円
（2019年7月現在、本体価格）

印象的なセリフ

　『くまのプーさん』が売れたため、連日雑誌やラジオのインタビューをこなさなければならないクリストファー・ロビンを助けるために、ナニーを辞めることになったオリーブが、寝ているクリストファー・ロビンに話しかけたセリフです。

Olive: Still awake? Want a story?（まだ起きてる？お話聞きたい？）〔Ch.17, 76:04〕
Christopher Robin: Yes.（うん）
Olive: Once upon a time, there was a nanny who looks after a little boy. A very special little boy. She loved him so much that she carried him in her heart and in her prayers. And she hoped and prayed and prayed and hoped that he would always remember... me. Be happy, Billy Moon. Keep your memories and I'll keep mine. And that way we'll always be together.（昔々あるところに小さい男の子のお世話をしているナニーがいました。とても特別な男の子でした。彼女はその子をとても愛していたのでいつも思い、幸せを願っていました。そして何度も何度も覚えていてくれるように祈っていました、私の事を。幸せになってねビリー・ムーン。忘れないでね、私も忘れないから。そうすればずっと一緒よ）

　親に甘えられずに育ち、孤独を感じているクリストファー・ロビン（ビリー・ムーン）が唯一頼れて甘えられる存在がオリーブでした。オリーブもまた彼に深い愛情をもって、別れがたく感じていることが伝わってくるセリフです。

公開情報

公　開　日：2017年 9月29日（英国）
　　　　　　2017年10月 3日（日本DVD発売）
上映時間：107分
オープニングウィークエンド：5万7,917ドル(米国限定上映)
音　　声：英語
DVD字幕：日本語、英語
受　　賞：米国ハートランド映画賞
ノミネート：英国インディペンデント映画賞助演女優賞

第8回映画英語アカデミー賞ノミネート作品　高校生部門

グッバイ・クリストファー・ロビン

英語の特徴	ダフネが多少早口で話すことはありますが、全体的にゆっくりと時間が流れているので、会話のスピードはそれほど早くなく、特にナニーのオリーブやA・A・ミルンは幼いクリストファー・ロビンに語り掛けることが多いので比較的ゆっくりとお話しします。標準的な英国英語なので全体的に聞き取りやすく、汚い表現もないので美しい英国英語に触れることができます。 　英国英語としての特徴が良く出ている一つが、"shall"の使い方です。 Daphne Milne: Write and I'll come back. If you don't, then I shan't.　〔Ch.8, 28:11〕 　　　　　　（作品を書いたら帰ってくるわ。でも書かないなら帰ってこない） shan'tはshall notの省略形です。shallは本来「〜しましょうか」という意味で使いますが、このセリフの中のshallは英国英語独特のもので、「未来を表す意味」で使われ、米語のwillにあたります。最近では英国英語でもwillを使うことが多いですが作品中この使い方は何度か出てきます。 　また、A・A・ミルンとクリストファー・ロビンが森で遊んだ後の会話に出てくる"I should think."も英国英語の特徴です。"I think"より控えめな表現になります。 A.A. Milne: Come on, then.　　　／ Christopher Robin: Where to? ／ A.A. Milne: Home, I should think.　　　　　　　　　　　〔Ch.11, 48:05〕 他にも発音の特徴などもあるので英国英語を学ぶには良い教材です。
学習ポイント	韻を頼りに次の会話の（　）を聞き取ってみましょう。〔Ch.11, 41:15〜42:26〕 A.A. Milne　　　：She goes to town without telling anyone. She goes to town in a golden（①）and no one can find out where she's gone. Christopher Robin：Never ever? A.A. Milne　　　：King John puts up a notice offering a（②）if anyone can find her. How much（②）, do you think? Christopher Robin：It needs to be a lot of money, I suppose.（③）shillings. A.A. Milne　　　：（③）shillings? That's quite difficult to（④）with though, isn't it? Christopher Robin：Fillings. A.A. Milne　　　：What about（⑤）? Christopher Robin：（⑤）. Clowns. A.A. Milne　　　：Well, there are clowns now. ShillingはPoundの20分の1の価値なので、「大金だろうね、40シリング？」という所に子供らしさが出ています。また、シリングが大金ではないと否定せず「韻を踏むのが難しい」と言う所にミルンの優しさを感じます。FillingsはShillingsと韻を踏む語です。英語の詩や韻について調べてみるのも良いでしょう。 答：①gown　②reward　③40　④rhyme　⑤pounds
スタッフ	製　　作：スティーヴ・クリスチャン他　　製作総指揮：サイモン・カーティス他 監　　督：サイモン・カーティス　　　撮　　影：ベン・スミサード 脚　　本：フランク・コットレル・ボイス　音　　楽：カーター・バーウェル 　　　　　フランク・ヴォーン　　　　編　　集：ヴィクトリア・ボイデル

56

薦	○小学生　　○中学生　　●高校生　　●大学生　　●社会人	リスニング難易表	
お薦めの理由	「くまのプーさん」は、日本ではA・A・ミルン原作の児童小説としてよりも、ディズニーのアニメーションで親しんだ人が多いのではないでしょうか。本作品では「くまのプーさん」に出てくる魅力的なキャラクター達がどのように作られたかを知ることができます。同時に、あまりにも「くまのプーさん」が有名になってしまったことによって人生を大きく左右されたA・A・ミルンや妻、そして何よりクリストファー・ロビンの苦悩が描かれています。同年に公開された映画『プーと大人になった僕』に比べ、A・A・ミルンの伝記的本作は重い内容になっていますが、「くまのプーさん」のほんわかした雰囲気の裏に秘められた事実に驚くことでしょう。 　また、「くまのプーさん」の舞台であるアッシュダウンの森が映画の撮影地なので、素晴らしい映像美でプーさんの生まれ故郷を見ることができます。話されている美しい英国英語を聞き取るなど、英語学習にも利用できるのでお薦めです。	スピード	3
		明瞭さ	3
		米国訛	1
		米国外訛	3
		語彙	4
		専門語	2
		ジョーク	2
		スラング	2
		文法	3
発展学習	A・A・ミルンが受けた戦争の傷は作品に大きな影響を与えています。『くまのプーさん』の挿絵を描いたアーネストもまた戦争のPTSDに悩んでおりミルンの良き理解者でした。映画の冒頭でA・A・ミルンは1916年フランス西部戦線の「ソンム」にいたと出てきます。またアーネストは「パッシェンデール」にいたというセリフがあります。この２か所は激戦地で歴史的にも重要な地名なので彼らが赴いた戦いがどのようなものだったのか、また第一次世界大戦から第二次世界大戦の間の英国はどのような情勢だったのかを調べてみると、より深く本作品が理解でき、なぜ『くまのプーさん』がそこまで売れたのかについても理解できるでしょう。 　また、本作品では英国の文化に触れることができます。例えば、〔Ch.7, 21:27〕にエッグスタンドに乗ったゆで卵を食べるシーンがあります。欧州ではゆで卵（一般的に半熟卵）はエッグスタンドに乗せ、上部の殻をむいてスプーンで中身を食べます。作品中ではクリストファー・ロビンがうまく殻をむけずに卵をつぶしてしまうというシーンでした。日本ではあまり一般的ではない食べ方なのでこのような文化の違いを調べてみるのも色々と発見があって良いと思います。また、〔Ch.10, 35:20〕ではポリッジという食べ物が出てきます。これはオートミールのお粥の事ですが、これも日本ではあまりなじみがないので、これをきっかけに英国の料理や食文化など調べてみるのも面白いでしょう。		
キャスト	A・A・ミルン　　：ドーナル・グリーソン ダフネ・ミルン　：マーゴット・ロビー オリーブ　　　　：ケリー・マクドナルド メアリー・ブラウン：フィービー・ウォーラー＝ブリッジ	8歳のクリストファー・ロビン：ウィル・ティルストン 18歳のクリストファー・ロビン：アレックス・ロウザー アーネスト・H・シェパード　： 　　　　　スティーブン・キャンベル・ムーア	

第8回映画英語アカデミー賞ノミネート作品　高校生部門

さよなら、僕のマンハッタン

あらすじ	大学は出たものの、トーマスはこれといった目的意識もなくニューヨークで一人で暮らしています。アパートに帰ると、W.F.ジェラルドと名乗る老人から声をかけられ、トーマスの気持ちを理解しているような彼と話をするようになります。ある日、レストランで父親のイーサンが美しい女性といるのを見つけます。二人は明らかに親密な関係にあるようです。トーマスは彼女（ジョハンナ）に会って問いただすと、彼女は不倫を認めただけでなく、トーマスを誘惑さえします。W.F.に相談したあとパーティーでジョハンナに偶然会ったトーマスは気持ちを抑えきれずキスしてしまい、一緒に夜を過ごしてしまいます。ジョハンナから文才を褒められたトーマスは、小説家になるのが夢だったことを思い出し、再び文章を書き始めます。W.F.の部屋で見つけた小説の原稿からW.F.は実は著名な小説家だったことがわかります。そしてトーマスの書いた短編を称賛してくれます。母を思いやるトーマスは父の事務所に乗り込みますが、そこにジョハンナが来て父と結婚すると言うので、混乱したトーマスはジョハンナとの関係を父に暴露し大喧嘩になります。ジョハンナから見せられた新聞写真にW.F.が写っていたことから、W.F.に詰問すると意外な事実がわかってきます。W.F.はトーマスの実の父だったのです。そして1年後、父は離婚しジョハンナとも別れていました。働くW.F.に寄り添うように幸せそうな母の姿がありました。
映画の背景	● 大学を出てもきちんと就職しないで、無目的に生きている若者のことをモラトリアム（moratorium）人間と言いますが、この映画の主人公も成人してはいるものの精神的にはまだ大人になりきっていない青年で、アイデンティティ（identity）すら持ち合わせていないようです。 ● 原題の*The Only Living Boy in New York*はサイモン＆ガーファンクルの歌ですが、この歌の通り、大都会ニューヨークで孤独に生きている青年が、様々な経験を経て大人になっていく（coming-of-age）過程を興味深く描いています。発達心理学では、息子は偉大な父親を超えることで精神的に大人になると言われていますが、その意味で特に男子学生に見せておいてよい作品だと言えます。 ● 物語の展開が面白く、特に父親の不倫を見つけた主人公の青年が父親に言い出すことができず不倫相手の女性を追いかけたり、青年のアパートに引っ越してきた男性からアドヴァイスを受けて行動していくというストーリーラインは興味深いものがあります。最後に明かされる意外な事実も、それほど違和感を感じることなく納得させられます。 ● 高校生に見せるには不向きな部分がないとは言えませんが、父親との関係や家族の問題も描かれ、やがて人生という現実に対面しなければならない多感な学生には大いに参考になるでしょう。
映画情報	製 作 年：2017年　　　　　　　　撮影場所：米国、ニューヨーク 製 作 国：米国　　　　　　　　　言　　語：英語 製作会社：アマゾン・スタジオズ　　ジャンル：ドラマ 配給会社：ロングライド（日本）　　使用楽曲："The Only Living Boy in New York"他

58

The Only Living Boy in New York

(執筆) 井上　雅紀

映画の見所

人は成人しても（または大学を出ても）精神的に大人になったわけではありません。そんな青年が大都会で一人で暮らす中で、厳しい現実に直面してうろたえるとき、奇妙な隣人の適切なアドヴァイスで自らの意思を決定して行動を起こすところが共感を呼びます。特に、父親の不倫相手の女性が年上にもかかわらず魅せられてしまうエピソードや、父親の存在の大きさを克服することができず、書いた小説を父親から「無難」serviceableと評価されて小説家になる夢をあきらめていた主人公が「無難」な生活を変えようとする姿には高校生の多くは感情移入できると思います。また、同じアパートに引っ越してきた奇妙な隣人W.F.ジェラルド（ジェフ・ブリッジズが好演）の不思議な存在が少しずつ明らかになっていく過程は、わくわくするほどスリリングです。

発売元：パップ
DVD価格：3,800円
Blu-ray価格：4,800円
（2019年7月現在、本体価格）

印象的なセリフ

● 「無難」…主人公トーマスは文筆家志望だったのですが、自分が書いた文章を父のイーサンに見せて「無難」（日本語字幕）と評されて文筆家になる希望をあきらめます。「無難」は映画の中では"Serviceable"という語が使われています。以下はトーマスとジョハンナの会話。　〔Ch.4, 41:47～〕

Thomas Webb ：And eventually I came up with a collection of essays called Mary Jane vs. Everything, which I was incredibly proud of. And, you know, I showed them to my Dad.
Johanna 　　　：What did Ethan say?
Thomas Webb ："Serviceable".
Johanna 　　　：Ouch.

＊(1) serviceable は辞書では「かなり良い」が原義です。ここでは「無難」という訳のほうが内容に即している点に注意しましょう。
＊(2) 最後の"Ouch."に込められた意味を考えてみましょう。

● Find a window. Pounce.「窓を見つけて、飛び出せ」　〔Ch.1, 10:02〕
大人になり切れていないトーマスに対し、W.F.ジェラルドが言う言葉です。「殻の中に引きこもっていないで、窓を見つけて、そこから飛び出すのだ」という意味です。pounceの意味を調べてみると、他の訳も考えられます。

公開情報

公 開 日：2017年8月11日（米国）
　　　　　2018年4月14日（日本）
上映時間：88分
年齢制限：G（日本）、R（米国）

音　　声：英語
字　　幕：日本語
興行収入：6,243万ドル（米国）
オープニングウィークエンド：5万4,458ドル

第8回映画英語アカデミー賞ノミネート作品　高校生部門

さよなら、僕のマンハッタン

<table>
<tr>
<td rowspan="1">英語の特徴</td>
<td>
　現代（2017年）のニューヨーク市が舞台であり、普通のナチュラルな米語が話されています。英語以外の言語はでてきません。
　主要人物は比較的裕福な階級の人々がほとんどのため、話される英語は、スラングも四文字言葉も一部で聞かれますがあまり多くなく（f***またはs***くらいです）全体としてはほとんど気にならないといってよいでしょう。
　しかし、ナレーション以外は、日常会話が大部分を占めるため、スピードは普通か少し早めで、しかもつぶやくような話し方で、大きな声で明瞭に話されることはほとんどありません。そのため米語を聴きなれた人でなければ正確に聞き取ることは少し難しいでしょう。また、聞き取れたとしても、使用されている語（例えばinfertile）がわかりにくいものもあり、内容を把握するのはそれ程簡単ではありません。
　主人公がアートや文学に関心があり、また父親が出版業界の成功者であり、奇妙な老人も実は小説家であり、そういった分野に関する専門用語が聞かれますが、本筋とはあまり関係ないためそれほど気にする必要はありません。むしろ、主人公と彼を取り巻く人々の言葉を注意深く聞くことが大切です。特に、母親のセリフと母親に関する言葉は、あとから重要な意味を持ってくるので気を付けて聴いておくとよいでしょう。
</td>
</tr>
<tr>
<td rowspan="1">学習ポイント</td>
<td>
　父の不倫を知って悩むトーマスにW.F.ジェラルドは尋ねます。「父親の不倫のことより、君が人生で一番欲しいものは何か？」と。　　　　〔Ch.2, 19:53〜〕
W.F. Gerald：What do you want?
Thomas　　　：I want my father to stop seeing this woman.
W.F. Gerald：No, no, no. No, in life. In your life. You want more money? You want more respect? You know? What is it that you want? Think about it. Really think about it.
Thomas　　　：I want to be better.
W.F. Gerald：Better? Mm. Than what?
Thomas　　　：Than <u>them</u>.
W.F.ジェラルドはトーマスに「生きる目的」を見つけて欲しいのです。だから「人生で一番欲しいものはお金か尊敬か、よく考えろ」と問い詰めますがトーマスの答えは、まとめるとI want to be better than them.（あいつらより良くなりたい）となります。この答えからトーマスが何を望んでいるのか考えてみましょう。Key wordは最後の語 them です。「彼ら」とは誰のことなのか、をまず考えてください。この段階では、トーマスはまだ考え方が未熟です。しかし未熟だからこそ、若者には共感できるのではないでしょうか。
</td>
</tr>
<tr>
<td rowspan="1">スタッフ</td>
<td>
製　　作：アルバート・バーガー　　　　製作総指揮：ジェフ・ブリッジズ
　　　　　ロン・イエルザ　　　　　　　　　　　　　ジョン・フォーゲル他
監　　督：マーク・ウェブ　　　　　　撮　　影：スチュアート・ドライバーグ
脚　　本：アラン・ローブ　　　　　　音　　楽：ロブ・シモンセン
</td>
</tr>
</table>

さよなら、僕のマンハッタン

薦	○小学生　　○中学生　　●高校生　　●大学生　　●社会人	リスニング難易表	
お薦めの理由	「若者の特権は悩むことである」という言葉のように主人公トーマスは確たる人生目標もなく悩んでいます。恋人との関係もうまくいかず、父親から勧められた恵まれた環境を拒否し、わざと貧乏な生活を選んで自活しています。それでも彼は何をどのようにしたらいいのかわからないまま無為に日常を過ごしています。彼に比べ、日本の若者はそれほど悩まず、良い大学に入り良い会社に就職し幸せな人生を送ることを考えています。しかし、自分が本当に望むことを目指して生きているかどうか自問してみると、胸を張ってYESと言える若者は何人いるでしょうか。そんな若者にとってこの映画は、若者の生き方という意味で一つのモデルを提示してくれます。素直になれない自分、立派な父親を乗り越えることができない自分、恋愛に対する不安感…そんな悩みや満たされない感情について、この映画ではW.F.ジェラルドという初老の男性が上手に助言していますが、それはそのままこの映画を見る若者へのメッセージとしてとらえることができるのではないでしょうか。	スピード	3
		明瞭さ	2
		米国訛	3
		米国外訛	1
		語彙	3
		専門語	3
		ジョーク	3
		スラング	2
		文法	3

発展学習

　本作品のテーマの一つでもある様々な愛のカタチについて考えてみましょう。若いトーマスはジョハンナに夢中になりMaybe it's love.（これは愛かもしれない）と言いますが、それに対し隣人でありトーマスの友人でもある初老の作家W.F.ジェラルドはloveについて次のように語ります。　　　　　〔Ch.4, 43:18〕

W.F. Gerald ：Love is hard to determine. Uh, people think they're in love, and it's something completely different. You know, infatuation, the righting of childhood wrongs, you know, companionship.

W.F.ジェラルド：愛を定義づけることは難しい。人は恋をしていると思うけど、全く別のものだ。のぼせ上っているだけだったり、子供の頃の悪い行為を正当化しているだけだったり、単なる親密な付き合いだけだったりする。

W.F.ジェラルドはトーマスに「君の愛は本物ではない」と言っているのです。では、ほんとうのloveとは何でしょうか？一般論で話し合うよりも、本作品を最後まで鑑賞し、登場人物（特にトーマスとW.F.ジェラルド、トーマスの両親）の人間関係を把握したうえで話し合う方がスムーズに運ぶと思います。なぜなら、この場面の後、映画は後半へ向かって大き展開を見せ、トーマスと彼の両親、W.F.ジェラルドの3者の関係が明らかになるからです。

キャスト

トーマス・ウェブ	：カラム・ターナー	ミミ・パストーリ	：カーシー・クレモンズ
ジョハンナ	：ケイト・ベッキンセイル	シュディス・ウェブ	：シンシア・ニクソン
イーサン・ウェブ	：ピアース・ブロスナン	アナ	：デビ・メイザー
W.F.ジェラルド	：ジェフ・ブリッジズ	ジョージ	：テイト・ドノヴァン

第8回映画英語アカデミー賞ノミネート作品　大学生部門

君の名前で僕を呼んで

あらすじ	時代設定は1983年。17歳のエリオが夏を過ごす北イタリアの別荘へ、考古学の教授である彼の父に招待された米国人の大学院生オリヴァーがやってきます。エリオの父は毎年、大学院生を助手として招いているのです。エリオはオリヴァーと共にひと夏を過ごすことになりますが、当初はオリヴァーが使う“later”という発話をあげつらうなど、高慢にも思えたオリヴァーに反発を覚えます。しかし、時間を共有するにつれて、7歳の年齢差がある2人の距離は徐々に縮まります。序盤にオリヴァーがエリオの期待に反し、彼を残して自転車で去っていく場面があります。物語が進むと、オリヴァーはエリオを自転車での外出に誘います。また、オリヴァーがエリオの体に軽く触れる場面も、オリヴァー自身が後に言及するように、オリヴァーがエリオに魅力を感じていることを示します。自転車という小道具やちょっとしたジェスチャーが2人の心の機微や距離感の変化を示唆する訳です。これ以外にも繊細に彼らの心情を伝える工夫が随所に見られます。 　この物語ではエリオとオリヴァーという男性同士の関係だけを描き出している訳ではなく、同時にエリオとオリヴァーたちの、少女たちとの戯れも示されています。男性に魅力を感じながらも、同時に家父長制社会の期待に沿った行動も示すエリオやオリヴァーの描写に、同性愛者あるいは両性愛者の置かれた不安定な状況を読み取ることもできるかもしれません。
映画の背景	映画のクレジットが流れる冒頭場面では、ギリシャ彫刻・彫像が映し出されています。『バードケージ』（*The Birdcage*, 1996）などの大衆向けコメディ映画でも同性愛をモチーフとするギリシャ彫刻や壺が、観客の笑いを誘う道具として用いられていますが、ギリシャ的なものを使って同性愛関係や行為をほのめかすことは、異性愛者観客の多くにも同性愛的な文脈の存在を知らせるための典型的手法でしょう。しかし、古代ギリシャにおける同性間の関係は現代の同性愛と同じではなく、むしろ日本の衆道に近く、上下関係を伴う制度化された関係と言えるかもしれません。上下を問わない同性間の性的関係も存在はしたはずですが、それには否定的意味付けがなされており、成人である年長者が未成年の年少者に手解きするという図式が社会的に認められた基本的な構図となっていました。 　この作品ではエリオとオリヴァーの間に芽生えた同性愛的な恋愛感情が描かれますが、同時に2人の間には明確な年齢差も設定されています。だとすれば冒頭場面の映像は本編の同性愛的内容を予示するだけではなく、社会規範の下でこの2人の関係が長く続くものではないことも示唆しているのかもしれません。エリオとオリヴァーが現代的な意味での同性愛者であるならば、家父長制社会がその構成員に求める役割に沿うことになる主人公たちの帰結は、観客に恋愛のほろ苦さと社会の強固な不変性を感じさせるものだと言えるのではないでしょうか。
映画情報	製作費：350万ドル　　　　　　　　撮影場所：イタリア 製作年：2017年　　　　　　　　　　言　語：英語、フランス語、イタリア語他 製作国：米国、ブラジル、イタリア、フランス　ジャンル：ドラマ、ラブストーリー 配給会社：Sony Pictures Classics　　　使用楽曲：「ミステリー・オブ・ラブ」スフィアン・スティーヴンス

62

Call Me By Your Name

(執筆) 安田　優

映画の見所

　この映画の見所は、エリオとオリヴァーの関係が構築される過程にあります。映画タイトルでもあるセリフを含む場面〔Ch.9, 81:43～88:35〕がひとつのクライマックスかもしれません。

Oliver :"Call me by your name,
　　　　　and I'll call you by mine."
Elio　 :"Elio."
Oliver :"Oliver."

　相手を自分の名前で呼ぶという行為は、冒頭のギリシャ的モチーフやオリヴァーの研究対象を鑑みると、自分自身の片割れを求めるというプラトンの『饗宴』(The Symposium) に見られる概念につながるようにも思えます。肉体関係が結ばれる場面でもありますが、相手との精神的な結びつきを強く意識させる場面です。エリオの経験がいかに貴重なものかを観客に意識させるためにも不可欠なやりとりと言えます。

発売元:カルチュア・パブリッシャーズ
DVD価格:3,900円
Blu-ray価格:4,800円
(2019年7月現在、本体価格)

印象的なセリフ

　オリヴァーが去った後のエリオと彼の父との対話〔Ch.11, 118:20～〕を見てみましょう。エリオの父は息子に"He was good. You're both lucky to have found each other because you, too, are good…"と語ります。ここにはエリオとオリヴァーとの同質性が示されており、互いの名で互いを呼び合う行為（＝自らの片割れとの結びつきという概念）を補完しているとも言えます。そして彼は次のように続け、エリオの経験が得がたい貴重なものであり、親である彼がその経験を受容していることを息子に認識させます。ひとつには傷心の息子への愛情が示されている訳です。
"Look, you had a beautiful friendship. Maybe more than a friendship.
 And I envy you. In my place, most parents would hope the whole thing goes away.
 Pray their sons land on their feet, but I am not such a parent."
またこの言葉には同性愛に不寛容な保守的両親の存在（＝家父長制社会）とそれに対する批判も見られます。エリオの父自身は "I may have come close but I never had what you two have. Something always held me back or stood in the way."と語るように、息子同様の経験を得る機会を逸しています。その原因は "such parent"に代表される同性愛嫌悪的社会からの圧力なのでしょうか。だとすれば彼のセリフからは、エリオの父が置かれた過去の状況と、社会の同性愛に対する否定的見解の連鎖に終止符を打つという決意も読み取れるかもしれません。

公開情報

公開日 : 2017年11月24日（米国）	音声 : 英語
2018年 4月27日（日本）	字幕 : 日本語
上映時間 : 132分	受賞 : アカデミー脚色賞
年齢制限 : PG-12（日本）、R（米国）	ノミネート : アカデミー作品賞、主演男優賞、歌曲賞

第8回映画英語アカデミー賞ノミネート作品　大学生部門

君の名前で僕を呼んで

英語の特徴	フランス語やイタリア語も使われていますが、エリオやオリヴァーなどの主要登場人物の対話は英語でなされています。全体的には会話スピードは早すぎず、発音も比較的明瞭であり、中級英語学習者以上であれば、会話を聞き取ることは難しくはないでしょう。日常生活の中で実際に起こりうるような会話が多く見られますので、日常会話を広げていくための参考としても適しているかもしれません。使用される語彙レベルも平均的であり、仮に知らない語彙・表現が出てきたとしても、前後の文脈から推測できるでしょう。また、音声を手がかりにして、知らない語彙・表現を辞書で調べることも容易でしょう。いわゆるf-wordは 7 回使用されていますが、全般的にスラングの使用頻度は低めであり、大学生以上のほとんどの学習者にとって問題はありません。 　映像面でも暴力的な場面などはなく、繊細な物語が美しいイタリアの景色を背景に効果的に展開されています。性的な場面も一部含まれていますが、それらはあくまでも物語に不可欠な要素として提示されているに過ぎません。また性描写については、昨今の多くの映画と比べても控えめであると言えるのではないでしょうか。男性間の触れ合いの場面も特別なものとして演出・描出されているのではなく、ごく自然なものとして提示されており、大半の学習者は不快さを感じることはないと思われます。
学習ポイント	仮定法過去完了を用いた表現に注目してみましょう。仮定法過去完了は過去の事実と反する仮定をする際に用いられ、基本形式は「If+主語＋had＋動詞の過去分詞, 主語＋助動詞＋have＋過去分詞」となります。苦手とする学習者も多いかもしれませんが、仮定法過去完了を習得することで表現の幅がさらに広がります。 　本編では一箇所を除き、"She would have said yes."（はいと言っただろう＝実際には言っていない）や"Shouldn't have said anything."（何も言うべきではなかった＝実際には言った）のように、主節／帰結節だけが残された表現となっています。仮定法過去完了が最も効果的に用いられているのは、映画のラストシーンでのエリオとオリヴァーの電話での対話です。オリヴァーはエリオの父に言及しながら"He made me feel like I was a part of the family. Almost like a son-in-law. You're so lucky. My father would have carted me off to a correctional facility."（僕の父なら僕を矯正施設へぶち込んだだろう）と自分自身の父との違いを、仮定法を使って明確に伝えています。同時に、このセリフは保守的な家庭で矯正できる類のものではない性的指向性を変えようとする無為な試みが存在することも示唆しています。オリヴァーが同性愛者であるとすれば、婚約という決断も彼を取り巻く家父長制社会や保守的な家族の影響下での苦渋の決断なのかもしれません。これらの例以外にも本作で使用される仮定法表現を探して文構造を検討してみましょう。
スタッフ	製　作：ルカ・グァダニーノ他　　　　撮　影：サヨムプー・ムックディプ 監　督：ルカ・グァダニーノ　　　　　音　楽：スフィアン・スティーヴン 脚　本：ジェームズ・アイヴォリー　　編　集：ウォルター・ファサーノ 原　作：アドレ・アシマン　　　　　　衣　装：ジュリア・ピエルサンティ

君の名前で僕を呼んで

薦	○小学生　　○中学生　　○高校生　　●大学生　　●社会人	リスニング難易表	
お薦めの理由	近年、多くのLGBTQの人物を主役や脇役として配する映画やドラマが製作されるようになっています。彼らが主に笑いや嘲り、あるいは恐怖の対象として否定的に描かれていた一昔前と比べると隔世の感があります。 　本作では非日常的出来事が起こる訳ではなく、男女間の恋愛でも起こりうる日常が、男性同士の恋愛において精緻に描き出されているようにも思えます。しかし同性間の関係が異性間の関係と変わるところはないというメッセージを読み解くだけでは不十分でしょう。部分的には、異性間の関係とエリオとオリヴァーの関係は類似しているかもしれませんが、恋愛／肉体関係に至るまでの過程は大きく異なります。同性に対するアプローチは時に社会的リスクを伴うのです。相手の性的指向性や同性愛嫌悪の有無を見極めることも重要となり、リスク回避のコードが用いられることもあります。「何気ない恋愛模様」に至るまでの過程に、性的マイノリティが抱える葛藤を読み取り、検討することも調和の取れた社会を実現する上で有用です。	スピード	3
		明瞭さ	4
		米国訛	3
		米国外訛	3
		語　彙	3
		専門語	2
		ジョーク	2
		スラング	2
		文　法	2
発展学習	意思疎通の際、私たちは言葉や身振りなどを用いますが、言葉や身振りが持つ第一義的意味以外に、言外の意味を読み取らねばならないこともあります。性的マイノリティは同性愛嫌悪社会において自らの社会的立場を守るために、カミングアウトを検討するにあたり、相手の反応を慎重に見極めるために言外の意味を利用することがあります。例えば「同性愛者の友人はいますか」という問いかけは、対話相手が同性愛嫌悪的かどうかを判断する指標にもなり得ます。本作ではオリヴァーが "...when we were playing volleyball and I touched you? Just to show you that I liked you?"〔Ch.9, 100:30〜〕と言っているように、彼のさりげないボディタッチなどがエリオの関心度を確かめるために使われています。友人同士のボディタッチとの言い逃れができる余地を残し合図を送る訳です。また、本作では脚本を担当するジェームズ・アイヴォリーの監督作『モーリス』（*Maurice*, 1987）では、登場人物クライブは相手への同性愛的関心を伝えるためにプラトンの『饗宴』（*The Symposium*）を用い、それを読むように薦めます。さらにコメディ映画では、異性愛者にも広く知られる同性愛コードが笑いを誘うために用いられることがあります。表層的な理解だけでは真意を正しく理解できない類似の表現を、外国映画の中に探してみましょう。異文化について一層深く学べる機会となるかもしれません。		
キャスト	エリオ・パールマン：ティモシー・シャラメ オリヴァー　　　　：アーミー・ハマー Mr.パールマン　　：マイケル・スタールバーグ アネラ・パールマン：アミラ・カサール	キアラ　　　：ヴィクトワール・デュボワ マルシア　　：エステール・ガレル マファルダ：ヴァンダ・カプリローロ イサーク　　：ピーター・スピアーズ	

第8回映画英語アカデミー賞ノミネート作品　大学生部門

ビッグ・シック ぼくたちの大いなる目ざめ

あらすじ

　芸人志望の主人公クメイルは、ライブ中、観客席から野次を飛ばした女性エミリーと親しくなり、付き合うようになります。二人の仲は深まりますが、結婚には問題があります。クメイルの一家はパキスタンからの移民であり、両親はクメイルが伝統に従ってパキスタン人の女性とお見合い結婚をすることを望んでいます。次々と持ち込まれる見合い話に、クメイルはエミリーにも両親にも本当のことを告げることができないまま時間が過ぎます。ある日、クメイルがため込んでいた見合い相手の写真をエミリーが見つけたことから、二人は決裂してしまいます。

　その後、エミリーの友人からクメイルに、エミリーが倒れたという連絡があります。クメイルが病院に駆けつけると、エミリーは昏睡状態に陥っています。病院にとどまったクメイルは、エミリーの両親であるテリーとベスと出会います。彼らはエミリーから話を聞いており、クメイルに対し反感を持っていました。昏睡状態のエミリーを共に見守るうち、クメイルとテリー、ベスとの間に奇妙な関係が生まれます。一方、エミリーは昏睡状態が続きます。

　なかなか目覚めないエミリー、何も知らずに見合い話を進めようとするクメイルの両親、クメイルの芸人としての将来が絡み合い、物語はクライマックスへと向かいます。

映画の背景

　物語の舞台はシカゴです。

　主人公のクメイルの一家は、パキスタンから米国へ渡ってきました。移住の理由は、クメイルのためだったようです。両親、特に母親は厳格にパキスタンの伝統を守っており、息子もそうすることを望んでいます。しかし、息子であるクメイルは、そうしたいと思っていません。お見合い結婚はしたくない、結婚相手は自分で選びたいと思っています。また、宗教に関しても、否定はしないが自分は信じられないと最終的には親に告げます。世代によって、背景とする文化への思い入れがかなり違うことが分かります。

　言語に関しても、世代によっては英語しか話せないことがあるようです。クメイルがお見合いになかなか現れないというエピソードで、それが示されています。見合い相手の女性に分からないように話そうと、クメイルの家族がパキスタンの国語ウルドゥー語で話すという場面があります（実はその女性はウルドゥー語が分かるので話している内容が全部分かってしまっていた、というオチですが）。

　この映画は、実話が基になっています。主演俳優のクメイル・ナンジアニ自身が経験したことであり、クメイル・ナンジアニは脚本・製作総指揮も担当しています。共に脚本・製作総指揮を担当したエミリー・V・ゴードンはクメイル・ナンジアニの妻であり、この映画に登場するエミリーのモデルとなっています。

映画情報

製 作 費：500万ドル	撮影場所：シカゴ、イリノイ州（米国）
製 作 年：2017年	言　　語：英語
製 作 国：米国	ジャンル：コメディ、ドラマ、ラブストーリー
配給会社：Amazon Studios	使用楽曲："Soulful Drifter"

The Big Sick

(執筆) 轟　里香

映画の見所

　この映画をラブストーリーとして見た場合、やや不満があるかもしれません。クメイルとエミリーが絆を深めていく過程はそれほど細やかには描かれておらず、感情移入しにくい部分もあります。この映画の見所は、その他の登場人物とクメイルとの関係の描写にあります。特に、ベスとテリー（エミリーの両親）は実に魅力的に描かれており、クメイルと徐々に理解し合っていく過程の描写は秀逸です。また、クメイルと家族との関係も見所です。一家には、自らのバックグラウンドに対して世代により温度差があります。クメイルにとっては、米国で過ごした時間が重く、米国人としてのアイデンティティが強いようです。両親は、パキスタンの文化から距離を置いたクメイルを勘当しますが、家族としての絆は否定できません。旅立つ息子を見送りに来た両親との場面は感動的です。

発売元：ギャガ
DVD価格：1,143円
（2019年7月現在、本体価格）

印象的なセリフ

　クメイルの母は彼に、他の期待はすべて裏切ってもかまわないが、たった一つのことだけは守るよう懇願します。"There is only one thing that we have ever asked for（文法的にはfrom）you, Kumi, that you be a good Muslim and that you marry a Pakistani girl."これに対し、クメイルは、"Why did you bring me here if you wanted me to not have an American life? We come here but we pretend like we're still back there? That's so stupid!"と言います。さらに、"And I know Islam has been really good for you, it has made you good people, but I don't know what I believe. I just need to figure it out on my own."と言います。母は、"You're not my son."と言い、父は、"You think American Dream is doing just about whatever you want and not thinking about other people? You're wrong!"と言います。クメイルと両親の価値観の違いが明らかになる重要な場面です〔Ch.9 83:55～〕。ここに現れている世代間の違いは、移民の問題に限らず、普遍的なものです。このようにクメイルは勘当されるのですが、芸人としてのキャリアのため旅立つクメイルを両親は見送りに来ます。母は、車から降りようとしませんが、クメイルの好物を父に託します。"Your favorite. She made it herself specially for you with extra potatoes." 父は、"It was nice to have you as my son. Goodbye forever."と言います。価値観の違いを超えて家族を思う気持ちが伝わる感動的な場面です〔Ch.12 114:04～〕。

公開情報

公　開　日：2017年6月23日（米国）
　　　　　　2018年2月23日（日本）
上映時間：120分
年齢制限：G（日本）、R（米国）
音　　声：英語
字　　幕：日本語
受　　賞：米映画協会(AFI)賞作品賞TOP10
ノミネート：アカデミー脚本賞

第8回映画英語アカデミー賞ノミネート作品　大学生部門

ビッグ・シック ぼくたちの大いなる目ざめ

英語の特徴	この映画の舞台はシカゴで、標準語とみなされることが多い英語が話されています。 　会話のスピードはそれほど速くなく、発音も明瞭で、（パキスタン人の英語を含め）比較的聞き取りやすいものです。語彙は、病気に関する会話では医療系の専門用語が出てきますが、理解しにくいほどではありません。 　主人公が芸人の仕事をしていることもあり、ジョークが多くなっています。その中には、理解しにくいものもあります。また、主人公を含め、登場人物が非常に多く四文字言葉を用います。 　この映画の英語の大きな特徴の一つは、パキスタンからの移民の英語でしょう。パキスタンは多民族国家で、人々は様々な言語を母語としています。ウルドゥー語が国語とされていますが、ウルドゥー語が母語である人は多くはありません。英語は公用語であり、映画中ではクメイルの両親も（文法的でない場合もありますが）流暢に英語を話します。実際には、パキスタンの英語の特徴は人々の背景によって様々ですが、映画中では、[r] の音が日本語の「ル」に近い音で発音される、抑揚がない、などの特徴が現れています。特に訛りが強い英語を話すのはクメイルの母親ですが、理解できないほどではありません。米国文化に愛着を持つクメイルは、英語の訛りも少なくなっています。パキスタン文化への心的距離が、英語の訛りに反映されていると見ることもできます。
学習ポイント	英語は比較的聞き取りやすく、英語のリスニングの学習に向いている映画です。ただ、四文字言葉が非常に多いので、会話で使える表現を学ぶ際には、場面とセリフを選ぶ必要があります。 　内容的には、主人公クメイルと様々な人々との関係が興味深いものです。恋人エミリーの両親とは、共に逆境と向き合う間に、絆のようなものが生まれていきます。単に、彼女の親、というのではなく、人と人として独自の関係を築いていきます。芸人仲間とは、同じ夢を持った仲間同士の連帯感があります。 　何よりも、この映画の中では家族との関係が重要なものとして描かれています。エミリーはクメイルとのことを詳しく両親に話しており（そのため彼らは最初クメイルに悪感情を持っていたのですが）、エミリーと両親とは信頼関係で結ばれていることが分かります。クメイルの家族も、文化的価値観の違うクメイルを勘当しますが、家族としての絆を断ち切ることはお互いにできず、また望んでもいないということが明らかになります。 　様々なエピソードやセリフが、登場人物のお互いに対するどのような感情を示しているかを考えることによって、この映画に対する理解が深まります。同級生と話し合ったり、自分の家族や友達との関係と比較したりすることも、映画の理解に大変役立つでしょう。
スタッフ	製　作：バリー・メンデル　　　　　　製作総指揮：クメイル・ナンジアニ他 監　督：マイケル・ショウォルター　　撮　　影：ブライアン・バーゴイン 脚　本：エミリー・V・ゴードン　　　音　　楽：マイケル・アンドリュース 　　　　クメイル・ナンジアニ　　　　編　　集：ロバート・ナッソー

68

ビッグ・シック ぼくたちの大いなる目ざめ

薦	○小学生　○中学生　○高校生　●大学生　●社会人

リスニング難易表

スピード	3
明瞭さ	3
米国訛	1
米国外訛	4
語彙	4
専門語	2
ジョーク	4
スラング	4
文法	3

お薦めの理由

　一見ラブストーリーですが、恋人同士以外の人々の人間関係が興味深い映画です。また、若者が親の期待に反して自分の希望を持っている、という状況には普遍的なものがあります。

　高校生以下の視聴者が学習のためにこの映画を使用する際は、注意点が幾つかあります。まず、ジョークが多いのですが、中には卑猥なものもあります。また、主人公を含め、登場人物が非常に多く四文字言葉を用いているため、会話で使う表現を学ぶ際には場面とセリフを注意して選ぶ必要があります。エピソードの中にも、教育的に見ると「問題行動」とみなされる可能性があるものがあります。例えば、クメイルとエミリーは初めて会った日にすぐ性関係を持ちます。また、クメイルがエミリー以外の女性と関係を持つ場面もあります。年少の学習者は、このような場面に気を取られて、この映画の真に興味深い面に気づきにくいかもしれません。以上のような理由で、大学生以上にこの映画を薦めます。

発展学習

　この映画の主人公の一家は、パキスタンからの移民です。移民の問題は、米国社会を語る際避けては通れない重要な問題です。この映画中では、移民に関わる様々なエピソードが登場します。例えば、クメイルがライブ中に移民に関する差別的な野次を受ける場面があります。また、クメイルが兄と食堂で会話する場面では、クメイルが白人女性と付き合っていると話したことに兄が驚き、他の客（白人）が二人のほうを見ます。クメイルはとっさに "It's okay! We hate terrorists!" と言います。ここには、外見だけで移民がテロと結び付けられる可能性があることが示されています。日本も、外国人労働者の受け入れ拡大が法的に決定され、今後の外国人労働者の増加が確実であることから、この映画中に現れている外国人に関わる問題を真剣に考察することは重要なことであると言えます。

　この映画はコメディに分類されます。映画中には様々なジョークや笑いの要素が登場します。ストーリーの上で登場する笑いの要素もあれば、会話にジョークが出てくる場合もあります。また、芸人のライブの場面も多いため、芸人が演じるお笑いもあります。笑いの要素は、その国以外で育った視聴者には時に分かりにくいかもしれません。この映画中では、芸人が演じるお笑いが「うけないネタ」とされていることがありますが、映画の中で「うけるネタ」と「うけないネタ」とされているものも参考にして、文化による笑いの違いを研究しても面白いでしょう。

キャスト

クメイル	：クメイル・ナンジアニ	アズマ	：アヌパム・カー
エミリー	：ゾーイ・カザン	シャルミーン	：ゼノビア・シュロフ
ベス	：ホリー・ハンター	ナヴィード	：アディール・アクタル
テリー	：レイ・ロマノ	CJ	：ボー・バーナム

第8回映画英語アカデミー賞
候補映画

2018年発売開始の主な新作映画DVD

第8回映画英語アカデミー賞　候補映画

アベンジャーズ／インフィニティ・ウォー

あらすじ

　アベンジャーズ史上最強の敵であるサノスの目的は、宇宙に散らばった6つのインフィニティ・ストーンを集めて、全宇宙の生命の半分を滅ぼし自分の理想の世界を創ることです。すでにパワー・ストーンを手にしているサノスは、残りの5つを手に入れるために軍隊を率いてストーン探しを始めます。ロキを殺してスペース・ストーンを手にしたサノスは、軍隊を地球に送り、ドクター・ストレンジが持つタイム・ストーンを奪わせようとします。しかし、彼の軍隊は戦いに敗れ、ストーン奪取は失敗に終わります。一方、サノスはリアリティ・ストーンを求めてノーウェアへと向かい、そこでガーディアンズとの戦いを制し3つ目のストーンを手に入れます。次にサノスは、娘であるガモーラを連れソウル・ストーンを求めてヴォーミアへと行き、彼女の命と引き換えにストーンを手に入れることに成功します。そして、次のストーンを求め、ドクター・ストレンジやアイアンマン達が待つタイタンへと向かいます。そこでは激しい戦いが繰り広げられますが、サノスは圧倒的な強さで勝ち5つ目のストーンを手にします。この間地球のワカンダでは、サノスの軍隊がヴィジョンが持つマインド・ストーンを奪おうと、キャプテン・アメリカ率いるアベンジャーズと戦いを繰り広げていました。そこにサノスが現れアベンジャーズを打ち破り、彼は全てのインフィニティ・ストーンを手にします。サノスは彼の理想の世界を創り出してしまうのでしょうか。

映画の背景

　本作品は、米国のマーベル・スタジオが製作するマーベル・シネマティック・ユニバース（MCU）というプロジェクトの1作です。MCUの作品ではスーパーヒーロー達が同じ架空の世界を共有し、それぞれが単独の映画を持ちながらも、時折アベンジャーズとして集結して作品同士がクロスオーバーします。2008年の『アイアンマン』を始め、『インクレディブル・ハルク』、『マイティ・ソー』、『ガーディアンズ・オブ・ギャラクシー』など、本作品までに18作品が公開されています。『アベンジャーズ』シリーズの第1弾である『アベンジャーズ』は2012年に公開され、この作品で初めてスーパーヒーロー達が集結し地球を危機から守ります。この作品のエンドロールで、本作品の敵であるサノスも初登場します。2015年に公開された第2弾の『アベンジャーズ／エイジ・オブ・ウルトロン』では、スカーレット・ウィッチやヴィジョンら新しいヒーローもチームに加わり、アベンジャーズはさらに勢力を増していきます。こちらの作品のエンドロールにもサノスが登場し、本作品へのストーリーと繋がっていきます。

　本作品にはアベンジャーズ史上最大人数のスーパーヒーローが登場するので、理解をより深めるために、『アベンジャーズ』シリーズの第1弾や第2弾、他のMCU作品を観てあらすじを理解しておくといいでしょう。作品数が多いため、学習者で手分けをして違う作品を観て、お互いに内容を発表するのもお薦めです。

映画情報

製　作　費：3億2,100万ドル
製　作　年：2018年
製　作　国：米国
製作会社：マーベル・スタジオ

配給会社：Walt Disney Studios Motion Pictures
撮影場所：米国、英国、ブラジル、フィリピン
言　　語：英語
ジャンル：アクション、アドベンチャー、SF

72

アベンジャーズ／インフィニティ・ウォー

Avengers: Infinity War

(執筆) スナイダー晴佳

映画の見所

2012年の公開から米国で大ヒット中の『アベンジャーズ』シリーズの第3弾です。日本でも大人気のアイアンマンやキャプテン・アメリカ、ソーなど、マーベル・スタジオのスーパーヒーローが集結して強大な敵と戦う本シリーズは、豪華なキャスティングとストーリーの壮大さが最大の見所です。今回の作品では、最凶最悪と言われる敵、サノスの今まで語られることの無かった過去や野望が明らかになります。圧倒的な強さを持つサノスに対し、『シビル・ウォー／キャプテン・アメリカ』で解散したかのように見えたアベンジャーズがどのように立ち向かっていくのか、また、シリーズ初登場となるスパイダーマンやドクター・ストレンジ、ガーディアンズらがどのようにアベンジャーズと関わっていくのか、そして戦いの結末はどうなるのか、全てのシーンが見逃せない作品です。

発売元：ウォルト・ディズニー・ジャパン
MovieNEX価格：4,200円
(2019年7月現在、本体価格)

印象的なセリフ

史上最強の敵、サノスに関するセリフがこの作品ではとても印象的です。

Gamora : The entire time I knew Thanos, he only ever had one goal. To bring balance to the universe by wiping out half of all life. 〔Ch.4, 30:50〕

Gamora : If he gets all six Infinity Stones, he can do it with the snap of his fingers like this. 〔Ch.4, 31:04〕

これらは、本作品の最重要ポイントであるサノスがインフィニティ・ストーンを集めている理由が明るみになる、とても印象的なセリフです。また、ガモーラの故郷である星の住人の半数を殺害した理由と今回の恐ろしい計画の目的をサノス自身がガモーラに説明するシーンは観る人を考えさせ、さらに印象深いです。

Thanos : Going to bed hungry, scrounging for scraps. Your planet was on the brink of collapse. I'm the one who stopped that. Do you know what's happened since then? The children born have known nothing but full bellies and clear skies. It's a paradise. 〔Ch.9, 66:35〕

このセリフは、サノスが私利私欲のためにこの計画を進めているのではなく、彼の考える正義のためだということを示しています。このシーンを通してサノスのキャラクターをより深く理解することができ、それぞれの正義のために戦うアベンジャーズとサノスのその後の対決を色々な視点から楽しむことができます。

公開情報

公 開 日：2018年4月27日（米国/日本）
上映時間：149分
年齢制限：G（日本）、PG-13（米国）
ノミネート：アカデミー視覚効果賞

DVD音声：英語、日本語吹替
DVD字幕：日本語、英語
興行収入：6億7,881万5,482ドル（米国）
　　　　　37億4000万円（日本）

第8回映画英語アカデミー賞　候補映画

アベンジャーズ／インフィニティ・ウォー

英語の特徴

　米国映画のため米国英語が中心ですが、その他の発音の英語も多く話されています。オーストラリアや英国出身の俳優によるアクセントの違いはもちろんですが、作品内のキャラクターの出身地に合わせて俳優達がアクセントを故意に変えている場面も見られます。また、米国英語の発音であっても、キャラクター設定のために俳優達が声色を変えている場面も多くあるので、多様な英語発音を聞き慣れていない学習者には少し難しく感じられることもあるかもしれません。

　会話のスピードや使用語彙も同様に、キャラクターの特徴や性格によって差があります。例えば、頭脳明晰なトニー・スターク（アイアンマン）は会話のスピードが速く、使う語彙も難易度が高いです。一方、天然キャラのドラックスは比較的ゆっくり話し、語彙の幅も狭いです。しかし、1つの作品内で複数のストーリーが同時進行するため場面の移り変わりが多く、会話のテンポは全体的に早いと言えるでしょう。また、架空の世界の話のため造語が多く使われており、MCU作品を観たことが無い学習者には内容理解が難しいと感じられるかもしれません。事前にキーワードとなる造語を調べておくと学習がよりスムーズに進みます。

　本作品には多くのジョークも登場します。種類は様々ですが、皮肉混じりのものや文法を巧みに使ったもの、キャラクターの性格を活かしたものなどがあります。上級者には、ジョークに重点を置いて文法や文化を学習するのもお薦めです。

学習ポイント

　登場するスーパーヒーローの性格やバックグラウンドの説明を英語でしてみましょう。ヒーローの数が多いので、グループ、もしくは個人で数を決めて分担をしてもいいでしょう。名詞や形容詞を上手に使って、出来るだけ多くの英文を書き出して読む練習をします。例：Tony Stark is an intelligent inventor.（トニー・スタークは頭のいい発明家です。）He is one of the leaders of the Avengers.（彼はアベンジャーズのリーダーの1人です。）次に、お気に入りのキャラクターを選び、その理由を英語で説明しましょう。例：I like Tony Stark because he makes witty jokes.（うまいジョークを言うので、私はトニー・スタークが好きです。）I also like him because he is full of self-confidence.（また、彼が自信たっぷりなところも好きです。）また、自分と似ているキャラクターを選び、なぜそう感じるのかを発表するのもいいでしょう。例：I think I am similar to Hulk because I become out of control when I get angry.（私は怒るとコントロールが利かなくなるので、ハルクに似ていると思います。）Another similarity we share is that both Bruce Banner and I like science.（もう一つの共通点は、私もブルース・バナーも科学が好きだということです。）短い文章でも構いませんので、より多くの文章が書けるようにしましょう。文章を書くのに慣れてきたら、単文だけではなく重文、複文など、より複雑な文章を書く練習をするとより効果的な学習ができます。

スタッフ

製　　作：ケヴィン・ファイギ
監　　督：アンソニー・ルッソ
　　　　　ジョー・ルッソ
撮　　影：トレント・オパロック

脚　　本：クリストファー・マルクス
　　　　　スティーヴン・マクフィーリー
原　　作：スタン・リー
　　　　　ジャック・カービー

アベンジャーズ／インフィニティ・ウォー

薦	○小学生　　○中学生　　●高校生　　●大学生　　●社会人	リスニング難易表	
お薦めの理由	アメリカン・コミックス（アメコミ）が原作である本作品は、知名度が高くエンターテイメント性に優れ、学習者の興味を引く、教材に適した映画だと言えるでしょう。アクション映画のため主に男性向けの映画だと思われるかもしれませんが、本作品の製作会社であるマーベル・スタジオのロゴが女性の間でもファッションアイコンとして人気が高まっているので、男性だけではなく女性の学習者にとっても親しみやすい作品です。また、登場するスーパーヒーローが非常に多く、男性や女性、さらには人間以外の動物のヒーローなども存在するため、学習者一人一人がお気に入りの登場人物を見つけて楽しむことができるでしょう。本作品は米国で製作された作品ですが、俳優達の出身地や映画内でのキャラクター設定により、南アフリカ英語などの米国英語以外のアクセントも登場するので、リスニング強化にも適しています。ジョークやスラングが作品中の至る所で使われているため、より自然な日常英会話を学ぶことができ、英語上級者にとっても刺激的な教材としてお薦めです。	スピード	4
		明瞭さ	4
		米国訛	2
		米国外訛	3
		語彙	3
		専門語	2
		ジョーク	4
		スラング	3
		文法	2

発展学習	本作品には全編を通して多くのジョークが登場します。文化に関するものや皮肉が混じったもの、キャラクターの性格を表すものなど種類は様々ですが、その中でも気に入ったジョークや印象に残ったジョークをいくつか選んで学習しましょう。

例1：Peter Parker：I'm Peter, by the way.
　　　　Dr. Stephen Strange：Doctor Strange.
　　　　Peter Parker：Oh, you're using our made-up names.
　　　　　　　　　　　Um... I'm Spider-Man, then.　　　　〔Ch.8, 63:25〜〕
例2：Okoye　　　　：When you said we were going to open Wakanda to the rest of the world, this is not what I imagined.
　　　T'Challa　　：And what did you imagine?
　　　Okoye　　　：The Olympics. Maybe even a Starbucks.　　〔Ch.13, 91:35〜〕

　自分が選んだジョークがなぜ面白いと感じたかを考え、発表しましょう。そして、そのジョークの英語版と日本語字幕版を照らし合わせ、同じような印象を持つか、また、自分だったらどのように訳するかを考えてみるのも効果的な学習法です。次に、これらのセリフの発音やイントネーション、間の取り方を練習します。そのシーンを見ながらシャドーイングをして、一語一句出来るだけ覚えるようにします。慣れてきたらロールプレイをして、自然なジョークの言い方を身につけましょう。

キャスト	トニー・スターク／アイアンマン： 　　　　　　　　ロバート・ダウニー・Jr スティーブ・ロジャース／キャプテン・アメリカ： 　　　　　　　　クリス・エヴァンス	ナターシャ・ロマノフ／ブラック・ウィドウ： 　　　　　　スカーレット・ヨハンソン ブルース・バナー／ハルク：マーク・ラファロ ソー　　　：クリス・ヘムズワース

第8回映画英語アカデミー賞　候補映画

アメイジング・ジャーニー　神の小屋より

<table>
<tr>
<td>あ
ら
す
じ</td>
<td>　主人公のマックの父は、教会の長老でありながら酒乱で家族に暴力を振るう男で、これに耐えかねた彼は13歳の時、酒に殺鼠剤を入れて家を出たきり帰らなかったという過去を持っています。この一件を心の傷として抱えながらも、現在は妻と3人の子供たちと幸せに暮らし、家族で教会にも通っていました。
　ある日子供たちをつれてピクニックに行きますが、そこで目を離したすきに末娘のミッシーが行方不明になり近くの「小屋」で彼女の衣服が発見されます。警察は、遺体は発見されないものの状況証拠等から誘拐殺人であると断定します。
　マックはミッシーの理不尽な死を受け入れられず神に問い続けますが答えは与えられず、神に対しての不信とやり場のない怒りで強いうつ状態になるのでした。そういう日常が続いたある雪の日、郵便受けに一通のカードが届きます。「小屋に行くからそこで会わないか　パパより」これは妻がパパと呼ぶ神からの招待かもしれないと思い、マックはミッシーの服が見つかった「小屋」に向かいます。小屋には誰もいなかったのでだれかの悪戯かと思って外に出ると若い男（後にイエスと判明）に出会います。彼の後をついて行くと歩いたところは春のようになるという不思議な光景に遭遇します。小屋に戻ると「パパ」と名乗る年配の女性とサラユーという若い女性がいて、イエスを含む3人は口を揃えて自分は神であると言います。</td>
</tr>
<tr>
<td>映
画
の
背
景</td>
<td>　本作品の監督は2004年に*Christian*という映画、2009年に*Exam*という映画を手がけています。原作本はキリスト教伝道のためではなく、作者の子供に読んでもらうために書かれたそうですが、映画も原作も北米の人々に受け入れられたようです。この映画が2017年に受賞したGospel Music Associationの映画賞を2015/16年に受賞している『祈りの力』と比べると、俳優も民族・宗教・教派の枠を超えて集まった印象があります。日本でも本作品の方が『祈りの力』よりロングランだったものの、どちらも少数の映画館での短期間の上映に留まりました。
　原作本の動機が、深く傷ついた人間の心の立ち直りにあることは明らかで、クリスチャンの生活や聖書を薦めてはいません。原作第12章でイエスは「僕はクリスチャンじゃない」とも言っています（『神の小屋』結城絵美子訳）。映画では女の姿のパパとほぼ同じ姿の隣人が少年時代のマックに語りかけるシーンがあり、マックの顔の傷をみて "Daddies are not supposed to do that to their kids. It ain't love. Do you understand?"〔Ch.1, 2:08〜〕ときくと、マックはうなずきます。一般に虐待の加害者は自分を正当化し、被害者も加害を正当化することが多いようです。それが愛の行為ではないことを周りの人が言葉で被害者に伝えることが大切だと思います。三位一体の神の伝統的な像を破ることと「自己犠牲と十字架の出来事の関係」を個人の内面の深部でとらえなおしている作品と思われます。</td>
</tr>
<tr>
<td>映
画
情
報</td>
<td>製　作　費：2,000万ドル　　　　　　　撮影場所：カナダ ブリティッシュコロンビア他
製　作　年：2017年　　　　　　　　　　言　　語：英語
製　作　国：米国　　　　　　　　　　　ジャンル：ドラマ、ファンタジー
配給会社：クロックワークス（日本）　　使用楽曲："Keep Your Eyes On Me"他</td>
</tr>
</table>

アメイジング・ジャーニー　神の小屋より

The Shack

(執筆) 設楽　優子

映画の見所

　本作品を観終ってどこが一番印象に残ったかきかれて私が答えたのは、イエスがミッシーの亡きがらのために作った、一木造のようで滑らかに丸みを帯び、多くの蝶の柄のついた「棺」でした。質問した人は多分びっくりしたでしょうが、身体というものを葬送する意味、亡くなった肉親が明るい天国で幸せにしている姿を心の目で見るということの意味、などに思いをめぐらされました。マックが北米先住民族のお姫様の自己犠牲の話をミッシーにしたとき、彼女は感銘を受けて「神様はなぜお姫様を助けなかったのか」などといろいろ質問します。絵本が文を大切にするように、マックが家族・パパ達・ソフィア・男の姿に変わったパパと交わし合う言葉を中心として、それを音楽・造形美術・身体表現と調和させている映像表現が、この映画作品の価値と考えます。

発売元：
ニューセレクト／クロックワークス
DVD価格：3,800円
(2019年7月現在、本体価格)

印象的なセリフ

　イエスから行くように言われた山の洞窟でマックはソフィア（知恵と名乗る）という女性と出会い、彼女からマックの父もその父から暴力を受けていたことなどを見せられます。マックの様々な疑念は彼女との対話によって徐々に解明されていきます。なお、次の場面〔Ch.9, 88:46～89:32〕の「神」は原作ではsheです。

Mack ：Did He use her to punish me? 'Cause that's not fair. If she didn't deserve it, my wife and my children didn't deserve it. Now I might, 'cause I'm...
　　　（神は私を罰するためミッシーを利用したのか。正しくないじゃないか。ミッシーだけでなく妻も子供達も無辜の扱いを受けた。私ならまだしも）
Sophia：Is that who your God is, Mackenzie? No wonder you are drowning in great sorrow. God isn't like that. This was not God's doing.
　　　（それがあなたの神？そうなら悲しみで溺れかけているのも当然。神はそんな方じゃない。これは神の成した事ではないのです）
Mack ：He didn't stop it.（阻止はしなかった）
Sophia：He doesn't stop a lot of things that cause Him pain. What happened to Missy was the work of evil. And no one in your world is immune from it.
　　　（自分が苦しむことも神は止めないものが多いのです。ミッシーに起こった事は悪の仕業。世の中に悪の影響を受けない人はいません）

公開情報

公 開 日：2017年3月3日（米国）
　　　　2017年9月9日（日本）
上映時間：132分
年齢制限：G（日本）、PG-13（米国）

音　声：英語
字　幕：日本語
受　賞：Young Artist賞（長編映画主演俳優）
　　　　カーソン・レオウム（マック子役）

第8回映画英語アカデミー賞　候補映画

アメイジング・ジャーニー　神の小屋より

<table>
<tr>
<td>英語の特徴</td>
<td>

マックとナンの俳優はオーストラリア育ちで、感情が高まる場面では訛りが自然と出るようです。マックの言葉What I don't understand is how God can love Missy and put her through so much hurt.（神はあんな苦しみをミッシーに与えて、ミッシーを愛しているとは思えない）〔Ch.9, 88:29～〕のhurtの母音は米音ではありません。が、登場人物全員の発音速度も明瞭さも普通で聞き取りやすいです。イエスはイスラエル人、男性のパパは北米先住民族であるグレアム・グリーン、サラユーは日本人が演じていますが、皆、北米風発音だと思います。

聖書からの引用はありますが、一般常識となっている有名な個所ばかりです。原作者はキリスト教の宣教師の子供ですが、宗教用語を多用していません。パパ・イエス・サラユーの3人は、聖書の出エジプト3章14節の"I AM THAT I AM"（欽定訳）とか、ただ"I AM"、という神の名前を使ってマックに自己紹介します。同じくマタイ27章46節の"My God, my God, why hast thou forsaken me?"もマックとパパの会話に出てきます。この言葉は十字架上のイエスの言葉ですが、この映画と原作では、「悪を阻止せず滅ぼさない神」というテーマの象徴です。マックの父親と、そのまた父親の暴言暴力シーンは、ありますが短いです。ミッシーがさらわれるマックの想像内の場面のセリフはDaddy!位しかなく、遺体で発見されるところも陰惨ではなく、映画全編に下品な表現も全くありません。

</td>
</tr>
<tr>
<td>学習ポイント</td>
<td>

家族の許に帰ったマックは、ケイトの心の重荷に気付かなかったことを謝り、一緒に過去を手放そうと言います。自分の言葉にしてみたい会話だと思います。

〔Ch.12, 120:30～122:20〕

Mack：Kate, none of this is your fault.　　（こうなったのはお前のせいじゃない）

Kate：I... I never should've stood up on that boat.

　　（私がボートで立たなければこんなことにならなかった）

Mack：Look at me. Don't think about the past. Everything's gonna be OK. I know what it feels like to carry what you've been carrying. I'm only beginning to learn how to let it go. I'm hoping that this is something that we can learn to do together. Doesn't matter what you are going through; you never have to do it alone. I love you so much. （こっちを見て。過去は考えるな。いまに乗り越えられる。お前が抱えてきたものがどんなに辛いか父さんは知っている。過去を手放すのは父さんも初心者だ。一緒に、手放せるようになっていければいいと思っている。どんな気持ちを持ち、どんな経験をしているとしても、独りきりでしなくていい。お前を愛している）

Kate：I love you, too, Dad.　　　　（父さん、私も）

Mack：I love you so much, Kate.　　（ケイト、お前が本当に大切だ）

</td>
</tr>
<tr>
<td>スタッフ</td>
<td>

監　　督：スチュアート・ヘイゼルダイン　　　脚　　本：ジョン・フスコ他

原　　作：ウィリアム・P・ヤング　　　　　　撮　　影：デクラン・クイン

　　　　　W・ジェイコブソン　　　　　　　　音　　楽：アロン・ジグマン

　　　　　B・カミングズ（兼、製作）　　　　編　　集：ウィリアム・スタインキャンプ

</td>
</tr>
</table>

薦	○小学生　　○中学生　　○高校生　　●大学生　　●社会人	リスニング難易表	

		スピード	2
お薦めの理由	誰にでも心の傷はありますが、傷からの解放が言語を通して起こりやすい年齢の、大学生以上の方々にお薦めします。外国語で癒しの世界を味わうことは、母語よりも快適な距離を持ってソフトフォーカスでできるため、人によってはその方が良いでしょう。この映画の原作のオーディオブック（2017年2月配信）の付録にある著者自身の言によると、著者は少年時代に虐待を受けて深い傷を負い、妻に自分の考えをまとめて子供達に伝えるよう薦められ、原作を書きました。この映画は大人向けの絵本のような作品で、言語だけでなく、色彩や形（小屋・2つの棺・マックの心を表す庭など）を通しても苦しみからの癒しが表現されています。原作でマックはサラユーの衣服にdiamonds, rubies, sapphires, and gems of all colorsを見た後、亡くなった父親を含む人間にそれぞれ独特の豊かな色合いと光を見たとあり、映画でもサラユー達はマックにJust for tonight, we'd love for you to get a glimpse at what we see.と言い、人それぞれの様々な色を見せています〔Ch.10, 99:25〕。	明瞭さ	2
		米国訛	2
		米国外訛	3
		語彙	2
		専門語	2
		ジョーク	2
		スラング	3
		文法	2

発展学習	原作（電子書籍）にladybugという語は12回出てきますが、最初はミッシーの虫かごの中の虫として、残りは全て、殺人鬼が誘拐現場に残す押しピン（最後はミッシーとイエス共作の棺の彫刻の中の絵柄の中のピン）の飾りとしてでした。映画の終わり近く〔Ch.11, 106:42～107:35〕に登場するテントウ虫は、男のパパが「殺人者も私の贖いが必要だ」と語り、マックが憎き犯罪者のことを神に委ねることを選択する場面に出てくる本物の虫です。虫を捕まえて握りしめたその拳を徐々に開くと、どこかへ飛び去ります。原作を読んでから映画を観るかその反対かによってこの場面の評価は変わると思いますが、テントウ虫に関しては、私は映画の方が好きです。小説には宗教的伝統を含む国民性が表れてしまい易いですが、実写映画はよりユニバーサルな表現になり、ときに、より美しいのではないかと思います。映画が気に入った方は、ぜひ英語原作を紙か電子書籍かオーディオブックでお読みください。

　原作者が妻の薦めで最初に書こうとしたのは、辞書のようなものだったそうです。ソフィアとの議論と父との和解の間の3章は、順にイエス・パパ・サラユーそれぞれとの長い対話から成っているカテキズムのようで、多分その辞書の名残でしょう。映画では、それが8分弱のチャプター「10. 救いの手」に凝縮されています。原作の理屈をゆっくり読んで反論／納得するもよし、結論だけ映画でふれて浅く記憶にとどめるもよし、2つを行ったり来たりして反芻するもよし、です。

キャスト	マック・フィリップス：サム・ワージングトン ウィリー：ティム・マグロウ ミッシー・フィリップス：アメリー・イーヴ ナン・フィリップス：ラダ・ミッチェル	パパ：オクタヴィア・スペンサー イエス：アヴラハム・アヴィヴ・アルシュ サラユー：すみれ ソフィア：アリス・ブラガ

第8回映画英語アカデミー賞　候補映画

ウィンストン・チャーチル　ヒトラーから世界を救った男

あらすじ	1940年5月、西欧諸国への侵攻を目論む300万人のドイツ軍がベルギー国境に集結しています。英国議会ではヒトラーに対して宥和政策をとってきたチェンバレン首相が野党の激しい非難の中で辞任。それまで与党・保守党のなかで厄介者扱いされてきたチャーチルが首相指名を受け連立政権がスタートします。しかし、チャーチルが閣僚に据えた前首相チェンバレンと外相ハリファックスは、自分達の辞任による倒閣をちらつかせて、ドイツとの和平交渉開始を迫ります。そんな折、英仏連合軍30万人が、フランス・ダンケルクに追い詰められ壊滅寸前となります。チャーチルは、連合軍30万人を救うため、フランス・カレーにいる英国軍4千人をドイツ軍を引き付けるための囮に使い、カレー駐留の英国軍はドイツの爆撃により全滅します。ドイツの英国本土侵攻が目前に迫る中、ハリファックスからドイツとの和平交渉を迫られて憔悴しきったチャーチルのもとに、国王ジョージ6世が訪れてチャーチル支持を伝えます。国王の支持を受けて戦意を取り戻したチャーチルは、多数の民間船を集めた「ダイナモ作戦」で連合軍30万人の救出を成功させるとともに、ドイツとの徹底抗戦を望む市民達の意見に耳を傾け、閣外大臣達を集めて熱弁を振るい戦争遂行への支持を集めます。そして、和平交渉を進めようとするハリファックスらの反対を押さえ、議会でドイツとの徹底抗戦を訴える大演説を行い、満場の拍手喝采で終幕となります。
映画の背景	この映画は、英国出身の監督ジョー・ライトが、チャーチル没後に公開された戦時内閣の閣議記録によって明らかとなった実話を基に、チャーチルの首相就任からダンケルクの戦いまでの緊迫した27日間を描いた歴史エンターテイメントです。時代背景は、第二次世界大戦が始まって間もない1940年、ヒトラー率いるナチス・ドイツが高性能の戦車や爆撃機によって近隣諸国に次々と侵攻し、フランスは陥落目前となり、英国にも侵略の危機が目前に迫っていた時期です。歴史に"if"は禁物ですが、もしチャーチルがこの時代に英国首相にならなければ、世界の歴史は今とは大きく変わっていたかもしれません。この映画では、後に、ノーベル文学賞も受賞し、「言葉の魔術師」とも言われたチャーチルの実際の演説のセリフも織り込みながら、ナチス・ドイツとの和平交渉を迫る閣僚達に対して自らの「信念」で戦い、不利な戦況下でも「言葉の力」で議員や国民を鼓舞していく姿を通して、「危機の時代における名指導者」としてのチャーチルが見事に描かれています。チャーチルの私生活面についても、朝から酒をたしなみ、昼寝をし、短気で、人に威圧感を与えるチャーチルの風貌を描く一方で、秘書クレイトンとの心の交流や、愛妻クレメンティーンとの仲睦まじい会話、当初はチャーチルを嫌っていた国王ジョージ6世がチャーチルを信頼する場面などを通して、チャーチルの人間的魅力が上手に描かれています。
映画情報	製作費：3,000万ドル　　　　　　　撮影場所：英国 製作年：2017年　　　　　　　　　言　語：英語 製作国：英国、米国、中国　　　　　ジャンル：歴史エンターテイメント 配給会社：ビターズ・エンド、パルコ（日本）　使用楽曲："We shall fight"他

80

ウィンストン・チャーチル　ヒトラーから世界を救った男

Darkest Hour

(執筆) 森　健二

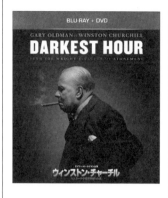

発売元：
NBCユニバーサル・エンターテイメント
DVD価格：1,429円
Blu-ray価格：1,886円
(2019年7月現在、本体価格)

映画の見所

○ 本作品でアカデミー賞とゴールデン・グローブ賞を受賞した俳優ゲイリー・オールドマンが、チャーチルの姿や声、話し方などを見事に再現し、「本物のチャーチルか」と思うほどの圧倒的な迫力で演じています。

○ 英国王室や英国議会の様子、ロンドンの街を行き交う様々な職業の市民の姿など、当時の英国の人々を点描する印象的な映像を通して、チャーチルの時代にタイム・スリップしたような感覚で映画を楽しむことができます。

○ ドイツの英国本土侵攻が迫る中、外相ハリファックスに説得され「和平交渉やむなし」となり茫然自失となっていたチャーチルのもとに、国王ジョージ6世が訪れてチャーチル支持を告げます。国王の支持を受けて、チャーチルは戦意を取り戻し、議会での大演説のラスト・シーンへと展開していきます。

印象的なセリフ

英国王ジョージ6世が、ヒトラーとの和平交渉へと方針転換を迫られ茫然自失となっているチャーチルの自宅を訪問し、チャーチルへの全面的な支持と信頼を告白する場面がとても印象的です。〔Ch.15, 94:26～〕

King　　　　：You have my support.
　　　　　　　（私は君を支持する）

Churchill　：Your Majesty?
　　　　　　　（陛下？）

King　　　　：You have my support. I confess, I had some reservations about you at first, but while some in this country dreaded your appointment, none... None dreaded it like Adolf Hitler. Whomever can strike fear into that brute heart is worthy of all our trust. We shall work together. You shall have my support at any hour.
　　　　　　　（君を支持する。告白するが、初めは君に対して疑念があった。この国にも君の就任を恐れた者はいるが、他の誰よりも君の就任を恐れたのはアドルフ・ヒトラーだ。あのケダモノを怯えさせる男なら誰であろうと、全面的な信頼に値する。今後は協力しよう。いかなる局面でも私は君を支持する）

公開情報

公 開 日：2017年11月22日（米国）
　　　　　2018年 3月30日（日本）
上映時間：125分
年齢制限：G（日本）、PG-13（米国）

受　　賞：アカデミー主演男優賞、メイクアップ＆ヘアスタイリング賞
ノミネート：アカデミー作品賞、美術賞、撮影賞、衣装デザイン賞

第8回映画英語アカデミー賞　候補映画

ウィンストン・チャーチル　ヒトラーから世界を救った男

英語の特徴	英国首相のチャーチルを主人公にした映画に相応しく、英国王ジョージ6世役がオーストラリア出身の俳優ベン・メンデルソーンである以外は、俳優陣は皆、英国出身者でそろえており、きれいな英国英語が楽しめます。もちろん、一口に英国英語と言っても、英王室を中心とした貴族制が存続している英国では、社会的な階層や地域による多様な発音と方言があります。チャーチル役の俳優ゲイリー・オールドマンも、ロンドン生まれの労働者階級出身で、現在では米国滞在が長いため普段は米国英語で話しているとも言われていますが、この映画では、英国の貴族階級出身であるチャーチルの言葉使いや発音、話し方の癖まで上手に再現しています。チャーチルの愛妻クレメンティーン役のクリスティン・トーマスも、英国の上流階級で使われていそうな上品かつウィットの効いた英語で話しています。オーストラリア出身のベン・メンデルソーンも、きれいな英国英語で話しながら、英国王らしい威厳と人間味を上手に醸しだしています。チャーチルの普段の会話部分については、スピードも速く、チャーチルの発音や癖を真似ている部分がやや聞き取りにくく感じる部分もありますが、チャーチルが議会で演説をする場面では、比較的ゆっくりとした英語で迫力ある話し方をしているので、まるで本物のチャーチルの演説を聞いているかのような臨場感を味わいながら映画を楽しむことができます。
学習ポイント	初級者の方には、まずは、「英語音声＋日本語字幕」あるいは「日本語音声のみ」で鑑賞して、映画のストーリーを理解するとともに、チャーチル時代の英国の様子を、王室、内閣、議会、そして街の人々の様子を描いた美しい映像とともに味わいながら鑑賞することをお薦めします。日本語で鑑賞しても、当時の英国社会への理解を深めながら、国家存亡の危機に立たされた英国首相チャーチルの苦悩と決断力、指導力などを迫真の演技で堪能できます。映画のストーリーとセリフの大体の意味を理解したら、次に、「英語音声＋英語字幕」で鑑賞してみましょう。その際にお薦めの考え方としては、必ずしも全ての英語が聞き取れなくても「十分に学習になる」と思うことです。特に、この映画の中では、「言葉の魔術師」と呼ばれたチャーチルの歴史的な名演説が使われていますので、その演説部分だけでも聞いて理解し、楽しめたならば、この映画の学習ポイントはある程度カバーできたともいえるでしょう。そして、さらに英語力を高めたい方は、「英語音声だけの字幕なし」で、どれだけセリフを聞き取り理解できるかにチャレンジしてみましょう。DVDやブルーレイでの映画鑑賞による英語学習の長所の一つは、自分の気に入った場面を何度でもくり返し鑑賞して、セリフの意味や使われ方をしっかり確認できることです。1回観ただけでは気付かなかった自分なりの発見などもしながら、楽しみながら英語を学んでいきましょう。

スタッフ	製　　作：ティム・ビーバン他	美　　術：サラ・グリーンウッド
	監　　督：ジョー・ライト	撮　　影：ブリュノ・デルボネル
	脚　　本：アンソニー・マクカーテン	音　　楽：ダリオ・マリアネッリ
	特殊メイク／ヘア・メイクデザイン：辻一弘	編　　集：ヴァレリオ・ボネリ

ウィンストン・チャーチル　ヒトラーから世界を救った男

薦	○小学生　　○中学生　　●高校生　　●大学生　　●社会人	リスニング難易表	
お薦めの理由	近現代史を学んだことがある人なら、第二次世界大戦の終結前のヤルタ会談で、英国のチャーチル、米国のルーズベルト、ソ連のスターリンが一緒に写っている写真を見た覚えがあるでしょう。この映画では、世界史の教科書を読んでもわからなかったチャーチルの人物像が迫力ある演技で鮮やかに蘇ります。チャーチルは、気難しく、感情的な人物である一方で、ヒトラーのナチズムと戦う強い意志を持ち、演説によって議会と国民を奮い立たせる力を持った「言葉の魔術師」でもありました。政敵であるハリファックス子爵との激しい言葉の攻防では政治家としての強さや厳しさが描かれるとともに、妻クレメンティーンや新人秘書レイトンとの会話、地下鉄で市民の声に耳を傾ける姿などを通して、人情の機微に通じたチャーチルの人物像を上手に描いています。また、英国王ジョージ6世が「ヒトラーを怯えさせた男であるからこそ、全幅の信頼に値する」とチャーチルに告げる場面では、戦時の指導者としてのチャーチルの魅力の本質が見事に表現されています。	スピード	3
		明瞭さ	2
		米国訛	2
		米国外訛	2
		語彙	4
		専門語	3
		ジョーク	2
		スラング	2
		文法	3

発展学習	第二次世界大戦に関する歴史的な事実を押さえてから鑑賞すると、この映画が、エンターテイメント性を重視しつつも、チャーチルに関する史実やエピソード、時代背景をできるだけ忠実に再現しながら「危機の時代のリーダーの資質」を伝えている部分についても、理解が深まると思います。押さえておきたい歴史のポイントとしては、映画の時代設定に先立つ1938年のミュンヘン会談においてチェンバレン首相がナチス・ヒトラーへの宥和政策を打ち出した当時、英国民の大半はヒトラーの脅威に気付いておらず、チェンバレンを熱狂的に支持していたことです。しかし、この宥和政策がヒトラーの野望を増長させ、その半年後には、ドイツは、チェコスロバキアとポーランドに侵攻、英仏両国はドイツに宣戦布告することになります。当時ジャーナリストであったチャーチルは、ヒトラーの『わが闘争』を読んで、すでに1930年代前半からヒトラーの危険性を訴えていました。戦後、チャーチルは「先の大戦は防ぐことができた。早い段階でヒトラーをたたき潰していればその後のホロコーストもなかっただろう」とチェンバレンの宥和政策を批判しています。これらの歴史的な背景も知ってこの映画を鑑賞すると、「もしチャーチルが英国首相にならなければ…」との想像力にも弾みがつき、英語力アップのみならず世界史的な視点から考えるための格好の題材としても役立つことでしょう。

キャスト	ウィンストン・チャーチル：ゲイリー・オールドマン　　ネヴィル・チェンバレン：ロナルド・ピックアップ クレメンティーン・チャーチル： 　　　　　　クリスティン・スコット・トーマス　　英国王ジョージ6世　：ベン・メンデルソーン エリザベス・レイトン　：リリー・ジェームズ　　ハリファックス　：スティーブン・ディレイン 　　　　　　　　　　　　　　　　　　　　　　　ジョン・サイモン　：ニコラス・ジョーンズ

第8回映画英語アカデミー賞　候補映画

エイリアン：コヴェナント

<table>
<tr><td rowspan="2">あ ら す じ</td><td>

21世紀末、純白の豪華な部屋でウェイランド社の創業者ウェイランドは、精巧なアンドロイドを起動させます。それは自らをデヴィッドと名乗り、ウェイランドに仕えることを教えられます。（この後の物語は前作『プロメテウス』へ）

22世紀となった2104年、大型植民船コヴェナント号は移住可能な惑星オリガエ6に向けて、15人の乗組員、冷凍ポッドに入った2,000人の入植者、1,140体分の胎芽を乗せて航行中でした。しかし、途中予期せぬエネルギーバーストの衝撃波を受け、乗組員はアンドロイドのウォルターに覚醒させられますが、船長だけが窒息死してしまいます。

衝撃波によって故障した通信システムを復旧させると、謎の電波が届きます。発信源は、7年かかるオリガエ6に比べると約2週間で到達できることがわかり、船長代理となったオラムは、副官ダニエルズの反対意見を押し切って、その発信源となった惑星に向かうことを決断するのでした。

探査船で惑星に降り立った9人は、地球とよく似た環境に驚きながらも、全く音がないことに不気味さを感じつつ進んでいきます。そして、一人の隊員が小さな卵状のものを踏むと黒い微粒子が飛び出し、彼の耳の中に侵入します。まもなく彼は体調不良を訴え、探査船に戻りますが、背中を切り裂いた幼生エイリアンが飛び出し絶命します。その後、更なる恐怖が隊員たちを待ち受けているのでした。
</td></tr>
</table>

<table>
<tr><td rowspan="1">映 画 の 背 景</td><td>

○ 世界中で大ヒットした『エイリアン（1979）』の前日譚、そして『プロメテウス（2012）』の続編です。時系列で表すと、『プロメテウス』が西暦2089〜2094年、『エイリアン：コヴェナント』が2104年、そして『エイリアン』が2124年の物語となっています。それ故、本作をより理解するには前作『プロメテウス』をご覧になることをお勧めします。

○ このシリーズに登場するエイリアンは、2種類あります。「ゼノモーフ」が『エイリアン』に登場した二足歩行する成体エイリアンです。一方、本作で初登場する「ネオモーフ」は小型で色白、そして成長が著しく早く、生物兵器として改良されているように描かれています。因みにこの「ネオモーフ」は深海魚ミツクリザメをモデルに作られたそうです。昨今、日本を騒がせたヒアリは、日本版エイリアンが製作されれば、その参考になりそうですね。

○ コヴェナント号は大型植民宇宙船で、初代エイリアンに登場するノストロモ号は宇宙の長距離トラックでした。それに比べて豪華だったのはプロメテウス号で、社長のクルーザーのようでした。宇宙船の形状を辿っていくのもその歴史を感じさせます。

○ 怪物「エイリアン」をデザインしたのは、1940年生まれのH・R・ギーガーです。彼は惜しくもこの作品が製作される2014年に亡くなりました。
</td></tr>
</table>

<table>
<tr><td rowspan="4">映 画 情 報</td><td>製 作 費：9,700万ドル</td><td>撮影場所　：フォックススタジオ、シドニー、オーストラリア等</td></tr>
<tr><td>製 作 年：2017年</td><td>言　　語：英語</td></tr>
<tr><td>製 作 国：米国、英国</td><td>ジャンル　：ホラー、SF、スリラー</td></tr>
<tr><td>配給会社：20世紀フォックス（日本）</td><td>ノベライズ：アラン・ディーン・フォスター</td></tr>
</table>

Alien : Covenant

(執筆) 松葉　明

発売元：
20世紀フォックス ホーム エンターテイメント ジャパン
DVD価格：1,905円
Blu-ray価格：1,905円
(2019年7月現在、本体価格)

映画の見所

○ 宇宙船コヴェナント号が謎の惑星へ向かう理由となった曲は、中学の英語の教科書でも紹介されたことのあるジョン・デンバーの「カントリー・ロード」〔Ch.5, 23:42～〕です。ついつい一緒に口ずさんでしまうのではないでしょうか。
○ 冒頭の事故で亡くなることになる、本作の主人公ダニエルズの夫のジェイコブ船長役（ジェイク）〔Ch.2, 9:54～〕は、ジェームズ・フランコです。彼は思い出のビデオ〔Ch.2, 12:12～〕の中では、しっかり出ています。
○ コヴェナント号の乗組員は、全員カップルです。このことからも、植民宇宙船であることがわかります。現代社会を反映して、ゲイのカップルも存在しています。
○ 最初と最後に流れる音楽は、ワーグナーの「ヴァルハラ城への神々の入場」です。

印象的なセリフ

○ David ：If you created me, who created you?　〔Ch.1, 3:33〕
　　（もしあなたが私を創ったのなら、誰があなたを創ったのですか？）
　　アンドロイドのデヴィッドのこの質問に対して、主人のウェイランドは "The question of the ages which I hope you and I will answer one day."（長年の疑問だ。その答えをいつかお前と私とで出せたらいいのだが）と言います。
○ Walter：When in Rome.　　（郷に入っては）　　　〔Ch.4, 18:32〕
　　アンドロイドのウォルターが、乾杯の席でお酒を勧められた時に、このように言います。日本語吹替ではこうなっていましたが、日本語字幕は（頂きます）となっているので、最初は聞き取れませんでした。もちろんこれは、"When in Rome, do as the Romans do"（郷に入っては郷に従え）の諺からきています。
○ Daniels：You hear that?　　　（聞いた？）　　　〔Ch.7, 37:02～〕
　Oram　：What?　　　　　　（何を？）
　Daniels：Nothing. No birds, no animals. Nothing.
　　　　　　（何にも。鳥も動物もいない。何もいない）
　　降り立った惑星には、全く音がないという不気味さが感じられるセリフです。亡くなったウィスキー好きの船長を偲んで、"No ice, no water, no chaser, no shit."（氷なし、水なし、チェイサーなし、何もなし）〔Ch.4, 18:21～〕もあります。

公開情報

公 開 日：2017年5月19日（米国）
　　　　　2017年9月15日（日本）
上映時間：121分
年齢制限：R15+（日本）、R（米国）
DVD音声：英語、日本語吹替
DVD字幕：日本語、英語
関連作品：〔前　作〕プロメテウス（2012）
　　　　　〔後日譚〕エイリアン（1979）

第8回映画英語アカデミー賞　候補映画

エイリアン：コヴェナント

<table>
<tr>
<td rowspan="1">英語の特徴</td>
<td>

○ 話される英語は標準的な米国英語です。特に、アンドロイドのデヴィッドと
ウォルターの話す英語は、明瞭で聞き取りやすいと思います。しかし、宇宙に
関する事柄が多く出てくる場面では、その専門用語を確認しておく必要があり
ます。下の「学習ポイント」の欄に一部を載せましたので参考にしてください。

○ 映画のジャンルは、ホラー、SF、スリラーですので、英語学習者にとっては
中級者以上となります。また、子どもは一切登場しないので、その点に関し
ても英語が難しく感じられます。

○ ダニエルズと、アンドロイドのウォルターの会話の中には、映画の中で重要
な意味を成すことがあります。ラストシーンへとつながるセリフを聞き取っ
てみましょう。　　　　　　　　　　　　　　　　　　　〔Ch.3, 17:09～〕

Daniels：Jake had this dream of us building a cabin on a new world. ...
　　　（ジェイクは新世界で私たちの小屋を建てるという夢があったの…）
　　これに対して、ウォルターは次のように言います。
Walter ：Because you promised to build a log cabin on a lake.
　　　（湖畔に丸太小屋を建てることを約束したからです）
　　この会話があったのに、ウォルターは休眠ポッドに乗り込むダニエルズの頼
み〔Ch.23, 112:05～〕を理解できないから、驚愕の事実が明らかになるのです。

</td>
</tr>
<tr>
<td>学習ポイント</td>
<td>

○ 辞書を使って単語力をつけましょう。
　　まずは本作のタイトルにもなっている 'covenant' はどういう意味でしょう？
もちろん映画の中では宇宙船の名前ですが、辞書を引いてみると「契約、誓
約、盟約」等が出てきます。あまり使うことはない語ですが、この映画を機
会に覚えることもいいのではないでしょうか。因みに、前作の「プロメテウ
ス」'prometheus' とは何でしょう？ 'Alien' は、もちろん大丈夫ですね。

○ 宇宙に関わる語を調べてみましょう。
　　"Copy!"（了解！）、"Do you read me?"（聞こえる？）〔Ch.4, 22:36〕等の言回
しや、'colonization vessel'（入植船）〔Ch.2, 6:10〕、'hypersleep'（超長期睡眠）
〔Ch.5, 25:16〕等の語を辞書で調べてみましょう。また、宇宙に関する近年の
名作である『ゼロ・グラビティ（2013）』、『オデッセイ（2015）』等も鑑賞す
ることをお勧めします。

○ 有名な英語のフォークソングを歌ってみましょう。
　　"To the place, I belong / West Virginia, mountain momma / Take me home,
country road."（僕のいるべき場所／ウェストバージニアの母なる山／故郷へ
連れて行ってくれ、カントリー・ロード）　　　　　　　〔Ch.5, 23:42～〕
　　中学校の英語の教科書の中には、この曲が掲載されているものもあります。

</td>
</tr>
<tr>
<td>スタッフ</td>
<td>

製　　作：デヴィッド・ガイラー他　　　　撮　　影：ダリウス・ウォルスキー
監　　督：リドリー・スコット　　　　　　音　　楽：ジェド・カーゼル
脚　　本：ジョン・ローガン他　　　　　　編　　集：ピエトロ・スカリア
キャラクター・クリエイト：ダン・オバノン他　　衣　　装：ジャンティ・イェーツ

</td>
</tr>
</table>

エイリアン：コヴェナント

薦	○小学生　●中学生　●高校生　●大学生　●社会人	リスニング難易表	
お薦めの理由	○ "In space no one can hear you scream.（宇宙ではあなたの悲鳴は誰にも聞こえない）"のキャッチフレーズで、全世界を恐怖に陥れた『エイリアン（1979）』の前日譚（20年前の話）となります。 ○ 地球外生命体に関する人類の興味・関心は尽きることがないでしょう。その中でも、全世界を恐怖へ誘い込んだ「エイリアン」という怪物には、誰しも釘付けになるでしょう。そして、『エイリアン（1979）』、『エイリアン2（1986）』の作品が好きな方は、その前作となる『プロメテウス（2012）』と本作品は必見です。そこには、何故「エイリアン」が生まれたのかを知る鍵が隠されています。 ○『プロメテウス』から本作『コヴェナント』までを綴る短編、『Prologue：Last Supper』の動画（約4分30秒）がインターネットに公開されています。そこには乗組員が冬眠ポッドに入る前の様子が出てきます。船長役のジェームズ・フランコも出ています。そして、この短編の監督はリドリー・スコットの息子ルーク・スコットです。	スピード	3
		明瞭さ	2
		米国訛	2
		米国外訛	2
		語彙	3
		専門語	3
		ジョーク	2
		スラング	2
		文法	2

発展学習	定型句を、セリフを参考にして学習しましょう！ ○ It's safe to say that 〜「〜と言って差し支えありません」　　　　　　〔Ch.5, 25:32〕 　　Upworth：Sir, I think it's safe to say that none of us are too keen on getting 　　　　　　back into one of those pods. 　　　　（船長、休眠ポッドにどうしても戻りたいと思う者は皆無と言ってもいいと思います） 　　ここでの 'safe' は「安全な」という意味ではなく、「無難な、間違いない」という意味で使われています。 ○ It's too good to be true.「そんなの話が出来過ぎです」　　　　　　〔Ch.5, 26:33〕 　　Daniels ：A hidden planet that turns up out of nowhere ... and just happens to 　　　　　　be perfect for us. It's too good to be true. 　　　　（未知の惑星がどこからともなく現れて、そして偶然にも我々にうってつけの環境だなんて。そんなの話が出来過ぎです） 　　これはそのまま覚えてしまいましょう。いろいろな場面で使える表現です。 ○ depend on 〜「〜による、〜次第である」　　　　　　　　　　　　〔Ch.6, 29:04〕 　　Oram　　：Gonna be safe to land?　　　（着陸するのは安全かな？） 　　Karine　：Depends on what you call safe.（安全をどう捉えるかによります）

キャスト	デヴィッド／ウォルター：マイケル・ファスベンダー　　ロープ　　　：デミアン・ビチル ダニエルズ：キャサリン・ウォーターストン　　　カリン　　　：カルメン・イジョゴ オラム　　：ビリー・クラダップ　　　　　　　リックス　　：ジャシー・スモレット テネシー　：ダニー・マクブライド　　　　　　アップワース：キャリー・ヘルナンデス

第8回映画英語アカデミー賞　候補映画

エルミタージュ美術館　美を守る宮殿

あらすじ

　ロシアを代表する美術館、エルミタージュ美術館の、歴史と所蔵作品を紹介します。ドキュメンタリー映画ですが、一人の少年が美術館の門を訪れる場面から始まり、そこからストーリーラインを追って観ることができます。

　世界3大美術館とされるのが、フランスのルーヴル美術館、米国のメトロポリタン美術館、そして、ロシアのエルミタージュ美術館。1764年、女帝エカテリーナ2世が創設しました。現在その所蔵作品数は300万点以上。ルネサンス期や、近現代の名作の数々が、そして、豪奢な、女帝エカテリーナの宝飾品も、今も、当時のままの保管庫に収められ、ここに所蔵されています。

　美術館は歴史に翻弄されてきました。ロシア革命。第二次世界大戦時のレニングラード包囲戦。美術品のほとんどを、ほかの場所に移して守らなければならないこともありました。本作は、美術館の館長の語りを中心に、美術館に関係する様々な人々の証言を交えて、その長い歴史と伝統を紹介し、語り継ごうというものです。

ネヴァ川から見たエルミタージュ美術館（ウィキペディアより）

映画の背景

☆女帝エカテリーナ2世について☆

　1729年4月21日、北ドイツ（現ポーランド領）ポンメルンのシュテッティンで生まれ、ゾフィー・アウグスタ・フレデリーケと名付けられ、14歳でロシア皇太子妃候補となります。1745年、皇太子ホルシュタイン公ピョートル・フョードロヴィッチと結婚。二人ともドイツ育ちでしたが、エカテリーナはロシア語を習得し、ロシア正教に改宗するなど、ロシア貴族や国民から支持されていきます。1761年、ピョートルは皇帝に即位し、エカテリーナは皇后となりました。後にクーデターでピョートル3世は失脚。エカテリーナが女帝に即位し、1762年、戴冠式が行われました。

　エカテリーナ2世は、当時ヨーロッパで流行していた啓蒙思想を崇拝し、啓蒙君主であることを自任していました。ロシアの文化や教育を整備し、ボリショイ劇場やエルミタージュ宮殿を造ります。エルミタージュ宮殿は、隣接する冬宮などと合わせ、後にエルミタージュ美術館となり、エカテリーナ2世が収集した美術品がここに収められました。

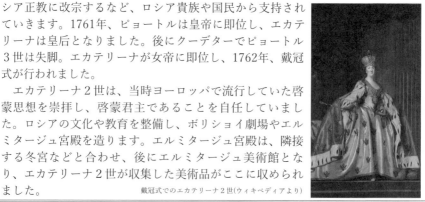

戴冠式でのエカテリーナ2世（ウィキペディアより）

映画情報

製作年：2014年	撮影場所：ロシア
製作国：英国	言　語：英語、ロシア語
製作会社：Foxtrot Films	ジャンル：ドキュメンタリー、美術
配給会社：ファインフィルムズ（日本）	使用楽曲：Vivat Saint Petersburg他

Hermitage Revealed

(執筆) 大庭　香江

映画の見所

エカテリーナ２世の宝飾品や衣装のコレクションが所蔵されている美術館のバックグラウンドの部分を見ることが出来ます。美術館のシンボルとも言える、孔雀のからくり時計が動く様子を見ることが出来るのは、映像ならではです。この時計は、英国の宝飾家ジェームズ・コックスが、1770年代に制作したもので、クジャク、オンドリ、フクロウが一時間毎に時を告げますが、現在、通常は動かされないので、貴重な映像です。エリクセンやランピによって描かれた女帝の肖像画も、スクリーンで見ると、実際に見るのと同様の迫力を感じることでしょう。この様なドキュメンタリー映画は、動画の良さが最大限に生かされると言えるでしょう。例えば、本美術館では、彫刻はあえて台座から降ろして展示されていますが、カメラを通して、同じ目線で、実際に自分自身が美術館を回る感覚で、鑑賞することが出来るのです。

発売元：ファインフィルムズ
DVD価格：3,900円
（2019年7月現在、本体価格）

印象的なセリフ

1. Founded in 1764 by Catherine the Great who came to the throne dramatically in the Coup d'etat, taking on the title, Empress of all the Russia's. You know, she told about herself that I'd rather had man's spirit not woman's, but I don't look manish because together with the mind and the character of the man, I have a feel of a pleasant woman. And that's what we see on her portrait. 〔Ch.2, 4:01〜〕
（エルミタージュ美術館は、エカテリーナ２世が、1764年にドイツの画商ゴツコフスキーが売り出した美術品を買い取ったのが始まりです。エカテリーナ２世はクーデターによりドラマチックに王座につき、全ロシアを治める女帝となったのです。いかがでしょう、女帝自身は自らを、女性的ではなく、男っぽい精神の持ち主、と語っていましたが、私は女帝の肖像画を見て伝わってくる知性や性格から、男性的というよりは、感じの良い女性という印象を受けます）

2. She was very strong and powerful. It's the first impression of her costumes. It's so outstanding costume, ah, of the Catherine the Great uniform dress. It's dated nearly 1767. 〔Ch.2, 4:54〜〕
（女帝はとても力強かった。それが、私が女帝のドレスを見た最初の印象です。女帝エカテリーナ２世の正装用のドレスは、際立って素晴らしい衣装です。1767年頃の作品です）

公開情報

公　開　日：2014年9月 9日（英国）
　　　　　　2017年4月29日（日本）
上映時間：83分
年齢制限：Ｇ（日本）
音　　声：英語、ロシア語
字　　幕：日本語
後　　援：ロシア連邦大使館、
　　　　　ロシア連邦交流庁

第8回映画英語アカデミー賞　候補映画

エルミタージュ美術館　美を守る宮殿

英語の特徴	インタビュー形式で語られます。美術館の作品や資料を映しながら、ナレーションやインタビューが流れます。解説するためのものなので、分かりやすいように、スピードはノーマルスピード、自然なスピードで速すぎず遅すぎずです。インタビューには主にロシア人の学芸員が答えており、文法に間違いがあることもありますが、理解するのに全く問題はありません。発音も明瞭で、語彙も、専門用語が特別に多いということもなく、聴き取りやすいです。ジョークやスラングに関しても特にありません。文法の問題を除けば、スタンダードな英語として聞くことが出来ます。「印象的なセリフ」の項で、学芸員の言葉を原文のまま紹介しています（注：訳の部分では、意味を補足しています）。 ☆「エルミタージュ（Hermitage）」について：hermitageには、隠者の住む庵、修道院、僧院、人里離れたところ、隠れ家という意味があり、語源はOld French（古期フランス語）のhermitage、Medieval Latin（中世ラテン語：中世にカトリック教会で文語として用いられた言葉）のhermitagium、更にはGreek（ギリシャ語）にまで遡ります。「エルミタージュ」はフランス語、ロシア語の発音で、英語では「ハーミティジ」に近い音で発音されます。hermitとは、隠者を意味し、フランス語：ermite、ドイツ語：Eremit、スペイン語：ermitaño、ポルトガル語：eremita、イタリア語：eremita、など、広くヨーロッパの言語に共通しています。
学習ポイント	画家の名前や作品名を英語で調べてみましょう。以下は登場順の一覧です： ◇エカテリーナ2世が着用した正装用のドレス（1767年前後）◇ベロット「ドレスデンのノイマルクト広場」◇ティツィアーノ「エジプトへの逃避」◇ラファエロ「聖ゲオルギウスと竜」◇レンブラント「放蕩息子の帰還」「ダナエ」「聖家族」◇スナイデルス「鳥のコンサート」◇ルーベンス「修道士の頭部」◇ベラスケス「教皇インノケンティウス10世」◇ヴァン・ダイク「ウォートン卿フィリップの肖像」「エリザベスとフィラデルフィア・ウォートン姉妹の肖像」◇ミケランジェロ「うずくまる少年」◇カラヴァッジョ「リュートを弾く若者」◇レンブラント「十字架降下」◇「タウリスのヴィーナス」◇レオナルド・ダヴィンチ「リッタの聖母」「ブノワの聖母」◇マレーヴィチ「黒い正方形」◇カンディンスキー「コンポジションVI」◇ゴーギャン「タヒチの牧歌」◇ゴッホ「わらぶきの小屋」◇マティス「ダンス」◇ピカソ「頭蓋骨のあるコンポジション」◇マティス「音楽」◇ラファエロ「アルバの聖母」◇アレクサンドル・ニコルスキー「防空壕 素描」◇イリナ・ノボセルスカヤ（西洋美術部元部長）「パンの配給」◇ドガ「コンコルド広場」◇ルノワール「庭にて」◇ドーミエ「重荷」◇モネ「ルーアンのセーヌ川」◇ピカソ「オルタ・デ・エブロの工場」◇マティス「赤い部屋（赤のハーモニー）」◇絨毯（世界最古。シベリアで発見。紀元前約500年からバジリク古墳で氷に守られていた）
スタッフ	製　　作：マージー・キンモンス　　　　製作総指揮：ジョン・ウッドワード他 監　　督：マージー・キンモンス　　　　撮　　影：マキシム・タラジュイン 脚　　本：マージー・キンモンス　　　　音　　楽：エドムンド・ジョリフ リサーチャー：フランシス・アンダーヒル　編　　集：ゴードン・メイソン

薦	●小学生　　●中学生　　●高校生　　●大学生　　●社会人	リスニング難易表	
		スピード	3
		明瞭さ	3
		米国訛	1
		米国外訛	4
		語彙	4
		専門語	5
		ジョーク	3
		スラング	1
		文法	3

お薦めの理由

　本作で、多くの美術作品や、美術用語に触れられます：

abstract art：抽象主義の作品　　allegorical painting：寓意画
appreciation：鑑賞　　architecture：建築
caricature：戯画　　Chinese characters：漢字
classicism：古典主義　　composition：構図
craft：工芸　　curator：美術館員
drawing：素描　　depiction：描写
figurative painting：具象画　　genre painting：風俗画
impressionist：印象派　　ink brush painting：水墨画, 墨絵
landscape：風景画, 山水画　　lithograph：リトグラフ, 石版画
mural painting：壁画　　picture scroll：絵巻物
potter：陶工　　pottery：陶器
printing shop：版画店　　religious painting：宗教画
Renaissance：ルネサンス　　restore：修復する
sculpture：彫刻　　still life：静物画
surrealism：超現実主義　　treasure：宝物
untitled：無題　　woodcut(-block) print：木版画

発展学習

　作品名や作家名の英語表記や読みも覚えましょう。日本では画家の名前は原語に近い音で呼ばれ、表記されますが、英語では、アルファベットでのスペルは元のまま表記されるものの、原語とは違った音で発音されることがあります：

英語表記	カタカナ表記	発音
Degas	ドガ	「デガー」のように発音されます
Van Gogh	ゴッホ	「ヴァンゴゥ」に近い感じになります
Michelangelo	ミケランジェロ	「マイケランジェロウ」のように発音されます。「ミケランジェロ」はファーストネームで、イタリアの、特にルネサンス期の偉人は、ファーストネームで呼ばれる傾向があります。同じイタリアのバロック期の画家Caravaggio カラヴァッジョのファーストネームもミケランジェロです
Monet	モネ	語末の 't' は読まず、「モウネイ」のように発音されます
Mucha	ミュシャ	「ムカ」「ミュカ」と発音されます。「ミュシャ」はフランス語読みで、出身のチェコ語では「ムハ」です
Munch	ムンク	「モンク」に近い音で発音される場合と、'munch'（むしゃむしゃ食う）の発音に引きずられて「マンチ」と読まれる場合があります
Renoir	ルノワール	「レンワー」に近い音で発音されます
Vermeer	フェルメール	「ヴァミアー」に近い音で発音されます

キャスト

館長　　　：ミハイル・ピオトロフスキー
建築家　　：レム・コールハース
彫刻家　　：アントニー・ゴームリー
声の出演：トム・コンティ

第8回映画英語アカデミー賞　候補映画

オーシャンズ8

<table>
<tr>
<td rowspan="1">あ
ら
す
じ</td>
<td>

Danny Ocean（George Clooney）を中心とする詐欺集団の映画"OCEAN'S"シリーズのスピンオフ。

　故Danny Oceanの疎遠になっていた妹、Debbie Ocean（Sandra Bullock）は恋人に罪をなすりつけられ服役していましたが、出所するやいなや華麗な動きで高級デパートBerdorf Goodmanから化粧品を盗み、高級ホテルThe Praza Hotelで無賃宿泊。すっかりリフレッシュします。その後、Lou（Cate Blanchett）に連絡を取り、例年世界中のセレブが集うMet Galaでの計画を実行すべく動き出します。

　狙うはフランスの高級ブランドCartierの時価１億5,000万ドルものダイヤモンドネックレスToussaint。普段は地下にしまわれ門外不出のこのネックレスを、世界一と言われる最高難度のセキュリティーで守られ、リアルタイムで全世界に生発信される祭典中にどのように手に入れようというのでしょうか。

　DebbieとLouは必要な仲間を集めます。宝石細工人Amita（Mindy Kaling）、スリ師のConstance（Awkwafina）、盗品ディーラーのTammy（Sarah Paulson）、ハッカーNine Ball（Rihanna）にファッションデザイナーのRose（Helena Bonham Carter）。そして女優Daphne Kluger（Anne Hathaway）。女性のみ８人の仲間達。実はDebbieの目的は単に宝石を盗み出すことだけではないのですが…。

</td>
</tr>
<tr>
<td rowspan="1">映
画
の
背
景</td>
<td>

　NY、Manhattanの５th AvenueにあるCartier Mansionを２日間閉め、ロケに使用させたり、通常最短でも８か月は費やす特注品の作成をParisのRue de la Paixにあるハイジュエリー工房のスタッフを動員し、熟練の職人技を駆使してわずか８週間で成し遂げるなどフランスの名門高級宝飾ブランドCartierが全面協力しています。1904年に英国国王Edward VII（1841.11.9- 1910.5.6）から"Jeweller of kings, king of jewellers"と称され、英国をはじめ（スペイン、ロシア、ギリシャ、モナコ、ベルギー、インドなど）16か国もの王室で御用達とされているお店です。現在もパリ本店には、ROYAL WARRANT（王室御用達）と掲げられています。

　Toussaintのモデルとなったのは"the finest cascade of colored diamonds in the world"と称された1931年にIndiaのNawanagar StateのMaharajaのためにデザインされたCartierの歴史上最も重要なネックレスです。1933年のMaharaja没後、行方不明だとか。本作同様、追跡不可能にするため、バラバラにされ再デザインされたと推定されます。本作ではDaphne用に20％ほど小さく作られたそうです。

　また、Cartierの宝石は、今までにも『サンセット大通り』（1950）や『上流社会』（1956）『お熱いのがお好き』（1959）『華麗なるギャツビー』（1974）などの名作に登場しました。Rainier III（1923.5.31–2005.4.6）からGrace Kelly（1929.11.12–1982.9.14）へのエンゲージリングは『上流社会』で見ることができます。

</td>
</tr>
<tr>
<td>映
画
情
報</td>
<td>

製作年：2018年　　　　　　　　　ジャンル：アクション、サスペンス、犯罪
製作国：米国　　　　　　　　　　言　　語：英語、ドイツ語、フランス語、
配給会社：Warner Bros.　　　　　　　　　　　　　ヒンディー語、マンダリアン語、
撮影場所：米国　　　　　　　　　　　　　　　　　イディッシュ語、ヘブライ語

</td>
</tr>
</table>

Ocean's Eight

(執筆) 石田　理可

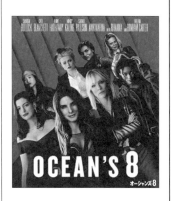

発売元：
ワーナー・ブラザース ホームエンターテイメント
DVD価格：1,429円
Blu-ray価格：2,381円
（2019年7月現在、本体価格）

映画の見所

　現実に起こったエピソードが反映されていたり、反対に、現実になった場面もあります。
　誰にも気付かれずに美術館の一角にBanksyが現れ、それをきっかけにセキュリティーを見直させる場面がありますが、2005年3月13日に、この映画の舞台となったthe Metropolitan Museum of Artに彼の作品がこっそり持ち込まれていました。まさに本作でセキュリティー会社が発する"a little more focused on keeping things in than keeping things out."〔Ch.5, 43:24〕を表しています。
　本作公開の翌年2019年には、女優のLily CollinsがCartierのネックレスをつけてMet Galaに登場しました。鍵がないと取り外せない防犯対策を備え、専属のボディーガードと鍵専用の女性が付いていたそうですから、本作のToussaint盗難作戦には現実味がありますね。

印象的なセリフ

主人公Debbieの真の目的を表す会話です。何が起こっているのでしょう。

Rose Weil　　　：Alright. Lest we forget, this entire enterprise was to keep me out of jail.
Lou　　　　　　：Hey. No one's going to jail.　　　Constance：Are you sure?
Debbie Ocean　：We expected this. We prepared for this.
Nine Ball　　　：Yep, that's clear.
Debbie Ocean　：We will not be the prime suspect.
Amita　　　　　：Okay, who will be the prime suspect?
Lou　　　　　　：Well, there's a few. We've got the security guys, we've got the busboys…
Tammy　　　　：The shady guy who put you away.
Daphne Kluger：Wow! The boyfriend.
Debbie Ocean　：Yep. They were going to be looking for somebody. Just had to make sure it wasn't one of us.
Lou　　　　　　：It's nice.　　　　　　　Debbie Ocean：Thanks.〔Ch.10, 88:54～〕

"PLAN IT. RISK IT. WEAR IT. FIND IT. HACK IT. FENCE IT. FAKE IT. TAKE IT."と鮮やかに計画は実行されます。果たして"Diamonds are a girl's best friend"は真実なのでしょうか。

公開情報

公 開 日：2018年 6月 8日（米国）　　　DVD音声：英語、日本語吹替
　　　　　2018年 8月10日（日本）　　　DVD字幕：日本語、英語
上映時間：110分　　　　　　　　　　　　オープニングウィークエンド：4,160万7,378ドル
年齢制限：G（日本）、PG-13（米国）　　興行収入：2億9,771万8,711ドル

第8回映画英語アカデミー賞　候補映画

オーシャンズ8

英語の特徴	米国が"melting pot"と呼ばれて久しく、"salad bowl"と呼ばれる方が多くなってきた昨今ですが、多様な人種のルーツを持つ人々の国であることには違いがありません。NYを舞台に米国英語主流ですが、Cartier関係者はフランス語訛りがとてもよく出ています。Cartierを象徴するようにわざとわかりやすく強調しているのかもしれないほどです。主人公達の運命に大きく関わる男性2人、そしてオーシャンズの8人についてみてみましょう：Richard Armitage（Claude Becker）はLeicester出身。James Corden（John Frazier）はBirmingham出身。2人とも英国英語です。Sandra Bullock（Debbie）は幼いころ、ドイツやオーストリアで育ち、ドイツ語も流暢です。ドイツ語訛りなのかスコティッシュのような印象も受けます。Cate Blanchett（Lou）は豪州出身です。豪州英語は英国英語の特徴をうけついでいますので慣れないとイントネーションが聞き取りにくいかもしれません。Helena Bonham Carter（Rose）は英国人。そしてRihanna（Nine Ball）はバルバドス出身者。バルバドスは独立国家ですが、英連邦に属する国ですし、父親はバルバドス人で母親も元英国植民地のガイアナ人なので英国英語を話しています。Mindy Kaling（Amita）、Awkwafina（Constance）、Sarah Paulson（Tammy）、Anne Hathaway（Daphne Kluger）は州は違いますが、特に方言のきつい地方ではありませんし、米国出身ということで、標準的な米国英語として聞き取りやすいといえるでしょう。
学習ポイント	面白い表現を耳にする場面に注目してみましょう。 Tammy　　：How did you ever fall for this <u>schmuck</u>?　　　　〔Ch.6, 52:20〕 ・schmuck：〈俗〉嫌なやつ、最低なやつ、愚か者、間抜け、能なし Nine Ball：Hey, sis, we're <u>in a bit of a jam</u> right now, and I need your help. （中略） Veronica　：It's <u>real dope</u>. I'll go get you a positive and a negative pole in a loop. 　　　　　　That <u>oughta</u> work fine.　　　　　　　　　　　〔Ch.7, 63:10〜〕 ・in a bit of a jam：《be 〜》ちょっと困っている ＊in a jam困った状態・状況・窮地で ・real dope：本物の情報、確かな情報　　　　　・oughta＝ought to：〜するべきだ Nine Ball：Okay, my <u>mule</u> is out. All my ladies still in the dark. Server 1（Mule）：<u>Dude</u>. <u>Dude</u>. - <u>Yo</u>. - You have it? （中略） Lou　　　：<u>Guys,</u> where is he? What's wrong?　　Debbie：What's happening? Nine Ball：Stalled in the hallway. <u>Chitchattin'</u>.　　　　　　〔Ch.8, 74:01〜〕 ・mule：運び屋 ・dude：一般的に男性から男性への呼びかけ、"guys" "man" "mate"等と同様 ・yo：呼びかけ、"Hey"と同様 ・guys：guy（大人の男性）の複数形。呼びかけ、「みんな」（複数形で男女問わず使用） ・chitchat：ぺちゃくちゃ、"Chop-chop"「ちゃっちゃと」と語感が似ていますね。
スタッフ	製　　作：スティーヴン・ソダーバーグ　　　美　　術：アレックス・ディジェルランド 　　　　　スーザン・イーキンス　　　　　　撮　　影：アイジル・ブリルド 監督・脚本：ゲイリー・ロス　　　　　　　　音　　楽：ダニエル・ペンバートン 脚　　本：オリヴィア・ミルチ　　　　　　衣　　装：サラ・エドワーズ

オーシャンズ8

薦	○小学生　●中学生　●高校生　●大学生　●社会人	リスニング難易表	
お薦めの理由	1946年にスタートしたMet Galaは5月の第一月曜日、Costume Instituteの資金調達を目的に催され、毎年1億ドル以上集まるそうです。この映画で描かれているようにゲストたちは、展覧会テーマにもとづいたデザインのドレスで出席するのが慣例です。彼らの装いを見ることは、Met Galaの醍醐味といえます。そこへのりこむオーシャンズのドレスもトップ・デザイナーによるもの。「ヨーロッパの王室ファッション」をモチーフにした作中のMet Galaでのドレス。いったい誰のデザインでしょう： Debbie Ocean：Alberta Ferretti　　Lou Miller：GIVENCHY Constance：Jonathan Simkhai　　Amita：Naeem Khan Rose：Dolce&Gabbana　　Tammy：PRADA Daphne Kluger：Valentino　　Nine Ball：Zac Posen 　実際には席料一人あたり約3万ドルと言われるこの催し。ヴェルサイユ宮殿をイメージした最高にゴージャスな一夜を本人役で出演しているセレブ達と一緒に体験してみませんか。	スピード	5
		明瞭さ	4
		米国訛	4
		米国外訛	4
		語彙	4
		専門語	3
		ジョーク	2
		スラング	4
		文法	4

発展学習	「学習ポイント」に続いてみてみましょう。 　Debbieの真の目的が果たされるかどうか。真犯人よりToussaintの行方を捜し出したいJohnと、Toussaintをその首から盗まれてしまったDaphneとの、実はとても重要な鍵になる会話です。　　　　〔Ch.9, 85:40〜〕 Daphne　：And then everybody freaked out. And then they found it again, I thought. But, no? John　　：This gentleman.‐Claude Becker.　　Daphne：Mmm-hmm. He was my date. ・freak out：興奮する、動揺する、パニックになる　・date:デートの相手 　昔なじみのDebbieとJohnの会話です。Johnはオーシャン家の血筋を継ぐ彼女の仕業に違いないと確信しているのですが…。　　　〔Ch.10, 93:18〜〕 John　　：It's bloody interesting. So it's not just profit, it's revenge. It's a twofer. He frames you, you frame him, scores are settled. I'm just the courier. All is right with the world, it's brilliant. Debbie　：Just trying to help out an old friend. John　　：You know, one day, you are gonna have to let this go? ・bloody：「血だらけの」→とても　　　　　・twofer：〈米話〉一石二鳥 ・frame：「枠」「作る」「工夫する」→はめる　・be gonna〜：be going to〜

キャスト	デビー・オーシャン：サンドラ・ブロック	コンスタンス　：オークワフィナ
	ルー　　　　　：ケイト・ブランシェット	タミー　　　　：サラ・ポールソン
	ダフネ・クルーガー：アン・ハサウェイ	ナインボール　：リアーナ
	アミータ　　　：ミンディ・カリング	ローズ・ワイル：ヘレナ・ボナム＝カーター

第8回映画英語アカデミー賞　候補映画

オリエント急行殺人事件

あらすじ

　時は1934年、エルサレムの教会での盗難事件を見事に解決した名探偵、ベルギー人のエルキュール・ポアロは、英国での事件解決を頼まれ、イスタンブールでの休暇を返上して、オリエント急行に乗車することになります。

　車内で声をかけてきたのは米国人の富豪ラチェットで、脅迫を受けているので身辺警護をポアロに依頼をするのですが、不審に思ったポアロは、あっさりと断るのでした。

　深夜、雪崩のために列車は脱線事故を起こし、山腹の高架橋でオリエント急行は立ち往生してしまいます。そして、あのラチェットが刃物で体を12か所刺されて死体で発見されるのでした。Hの文字が縫い付けられたハンカチーフ、ラチェットがかつてアームストロング誘拐事件に関わっていたことを匂わせる手紙の燃えかすなど、車内に証拠物件は残されています。ポアロは、身分も国籍も職業も異なる一等寝台列車の12人の一人ひとりに会ってアリバイと動機を調査するのですが、全員のアリバイは確かなものでした。

　アームストロング誘拐事件の黒幕だったラチェットは、少女を殺害し、アームストロング夫妻を死に至らしめた復讐のために殺されたのか？それとも犯人は全く別の動機があったのか？そしてポアロは、真実を優先すべきなのか、それとも正義か、で迷いつつも真相に迫っていくのでした。

映画の背景

○ オリエント急行とは？

　　1883年にロンドン～イスタンブール間に開通した、ヨーロッパ人の東洋への憧れを満たす国際急行列車のことです。第二次大戦後は、本作に見られるように、かつての豪華列車ではなくなり、観光列車として一般化しました。それでも鉄道ファンならずとも、一度は乗ってみたいとは思いませんか？私も1993年の夏にウィーン～パリ間を2等座席車で乗りました。鉄道の良さを堪能できました。

○ 原作者のアガサ・クリスティとは？

　　アガサ・クリスティ（1890-1976）は英国生まれの推理小説家です。「ミステリーの女王」と呼ばれ、「スタイルズ荘の怪事件」でデビューし、「アクロイド殺し」、「そして誰もいなくなった」等、有名作品は数多くあります。彼女は1976年に亡くなっているので、前作『オリエント急行殺人事件』(1974)の公開時は、存命でした。自分の作品が映画化されるのに、好意的ではなかったと言われていますが、その『オリエント急行殺人事件』は気に入っていたそうです。

○ 本作のきっかけとなったリンドバーグ事件とは？

　　リンドバーグとは、大西洋単独横断飛行に初めて成功した米国の英雄チャールズ・リンドバーグ（1902-74）のことです。1932年に彼の1歳8か月の赤ちゃんが誘拐され、身代金を支払ったものの殺害された事件のことです。

映画情報

製 作 費：約5,500万ドル　　　　　撮影場所：ロンドン、マルタ、スイス、フランス等
製 作 年：2017年　　　　　　　　言　　語：英語、独語、仏語、アラビア語
製 作 国：米国、マルタ共和国　　　ジャンル：犯罪、ドラマ、ミステリー
配給会社：20世紀フォックス（日本）原作小説：オリエント急行の殺人

Murder on the Orient Express

(執筆) 松葉 明

映画の見所

○ 美しい映像
　オリエント急行列車がイスタンブールを発車〔Ch.5, 20:20～〕します。煙を勢いよく吐いて力強く走る蒸気機関車の姿に、羨望の目を向けるのは鉄道ファンだけではないでしょう。特にその場面の中には、幻想的な美しさがあります。

○ スレンダーなポアロ
　エルキュール・ポアロといえば、卵型の顔、ぴったりとなでつけた髪にピンと固めた軍隊風の口髭、ピシッとした背広を着た小柄な男というイメージです。しかし、今回はスリムで長身のポアロとなっています。そして、何よりも彼の魅力は、犯罪を憎みながらも罪を犯してしまう犯人の悲しみを理解していることでしょう。

○ 豪華な俳優陣
　1974年に製作された旧作に負けない豪華な俳優人は、十分に見応えがあります。

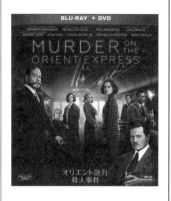

発売元：
20世紀フォックス ホーム エンターテイメント ジャパン
DVD価格：1,905円
Blu-ray価格：1,905円
（2019年7月現在、本体価格）

印象的なセリフ

名探偵ポアロの印象的なセリフを集めてみました。

○ And whatever people say, there is right, there is wrong. There is nothing in between.
（人々が何を言うにせよ、善があり、悪があります。二つの間には何もありません）
〔Ch.3, 8:10～〕
　エルサレムで、話しかけてきた護衛兵に言うセリフです。

○ Number three is unlucky.（3は不吉な数字だ）　〔Ch.4, 16:50～〕
　自分用の寝台車の部屋番号が「3」と聞くと、ポアロは思わずこう言います。「3」はキリスト教では三位一体を表す神聖な数字ではないでしょうか？それとも単にポアロの個人的な感覚なのでしょうか？

○ I do not like your face.（私はあなたの顔が好きではない）　〔Ch.6, 31:59～〕
　ラチェットの破格の申し出を即座に断る理由です。思ったことをはっきり言葉に出すポアロの性格が出ています。'don't'と短縮形を使わない点に着目です。

○ My name is Hercule Poirot and I am probably the greatest detective in the world.(私の名はエルキュール・ポアロ、恐らくこの世で一番偉大な探偵です)
〔Ch.8, 42:19～〕
　事件の発生で、ざわつく乗客たちを食堂車に集め、ポアロが話しを切り出すときのセリフです。自信に溢れたポアロの性格をよく表しています。

公開情報

公 開 日：2017年11月10日（米国）
　　　　　2017年12月 8日（日本）
上映時間：113分
年齢制限：G（日本）、PG-13（米国）

DVD音声：英語、日本語吹替
DVD字幕：日本語、英語
クリスティ映画化作品：ナイル殺人事件（1978）
　　　　　　　　　　地中海殺人事件（1982）

第8回映画英語アカデミー賞　候補映画

オリエント急行殺人事件

英語の特徴	○ 多国籍の特徴ある英語

○ 多国籍の特徴ある英語

　　主人公のエルキュール・ポアロはベルギー人という設定で、仏語訛りの英語が特徴です。しかも、時折仏語を交えて会話をしています。そしてドイツ人に対しては独語で話をする場面（侯爵夫人のメイドに質問）〔Ch.13, 64:12〜〕もあります。また、容疑者となる12人の人物は、それぞれ国も育ちも違うのですから、多種多様な英語となるのは必然なことでしょう。

○ 子どもが登場するのはエルサレムでの卵運びの少年だけ

　　唯一登場する子どもは、エルサレムの卵運びの男の子一人です。しかも発するのはたった一言、"Maybe."（たぶん）〔Ch.1, 2:45〕のみです。

○「エルキュール・ポアロ」という名前の発音

　　アルファベットで書かれた名前は、国が異なれば発音も違ってしまいます。デブナムが'Hercule'を'Hercules'と勘違いして「ヘルキュールス」と発音し、ポアロに「エルキュール」と訂正されます〔Ch.3, 9:22〜〕。仏語では'h'（アッシュ）も末尾のアルファベットも発音しません。米国人のラチェットも同じ間違いをします〔Ch.6, 30:32〜〕。因みに、'Hercules'（ヘラクレス）はギリシャ神話のゼウスの怪力無双の息子です。'Catherine'も名前読みが異なる代表的な例で、仏語では「カトリーヌ」、英語では「キャサリン」と発音します。

推理もの、探偵ものに出てくる語を学び語彙力を高めましょう。

○ 'detective'（探偵、刑事）は本編にも頻繁に登場します。

○ 'avenger'（復讐する人）〔Ch.6, 29:03〕

　　ラチェットがポアロに仕事を依頼するときに出てくる単語です。この語がタイトルになった映画もありますね。併せて 'avenge'（復讐する）の動詞も覚えましょう。

○ 'murder'（殺人）〔Ch.8, 42:33〕と 'murderer'（殺人者）〔Ch.8, 42:37〕

　　ポアロが乗客全員に対して話すセリフの中に出てきます。

○ 'culprit'（罪人、容疑者）〔Ch.8, 41:03〕

　　今回の事件を依頼されたときに、ポアロのセリフの中に出てきます。（犯人）を表す他の語では 'criminal'、'suspect' もよく使われます。また、（誘拐犯人）は 'kidnapper' です。

○ 'stab'（刺す、刺し傷）

　　私がこの語を初めて耳にしたのは、『スタンド・バイ・ミー』(1986) の最後の場面でした。'be stabbed' で（刺される）のように使われますが、"He has twelve stab wounds."（12の刺し傷がある）〔Ch.10, 47:13〕とポアロが言うように、名詞としても使います。

スタッフ			
製　作：リドリー・スコット他		撮　影：ハリス・ザンバーラウコス	
監　督：ケネス・ブラナー		音　楽：パトリック・ドイル	
脚　本：マイケル・グリーン		編　集：ミック・オーズリー	
原　作：アガサ・クリスティ		衣　装：アレクサンドラ・バーン	

オリエント急行殺人事件

薦	○小学生　●中学生　●高校生　●大学生　●社会人	リスニング難易表	
お薦めの理由	○ 一般教養として知っておきたい物語です 　本作品をまだ観たことがない、原作本も読んだことがない人も、恐らく本作のタイトルは聞いたことがあるでしょう。著者のアガサ・クリスティの本は、聖書とシェークスピアに次いで、世界で最も読まれていると言われるほどの作家なのです。そして、是非旧作の『オリエント急行殺人事件』（1974）も鑑賞してください。名匠シドニー・ルメット監督作と豪華俳優陣の出演で、当時の話題作でした。 　また、映画の最後にほのめかされているように、次作は2019年公開予定の『ナイル殺人事件』です。 ○ 当時の様子がわかります 　豪華列車の内装や乗客たちの衣装は、当時を知る重要なポイントです。もちろん、本作に登場する人物は優雅な特権階級の人々です。あのチョコレートの「GODIVA」もさらっと登場〔Ch.5, 23:48〕しますが、「GODIVA」の社名は1956年〜だったはずでは…？	スピード	3
		明瞭さ	3
		米国訛	2
		米国外訛	4
		語彙	3
		専門語	3
		ジョーク	2
		スラング	2
		文法	3

発展学習	長文に挑戦しましょう。 ○ 鉄道会社のブークが、ポアロにこの事件の依頼をします。　　　　　　　〔Ch.8, 40:32〜〕

Bouc　:If we leave this to the police, they will choose a culprit, right or wrong, and they will hang him.　Most probably Mr. Marquez, for no other reason than his name Marquez.　Or Dr. Arbuthnot for the color of his skin.　You are the only one who can bring justice.

　　　　（この件を警察に委ねたら、正しかろうが間違っていようが、犯人を決めつけて絞首刑にするだろう。一番可能性が高いのがマルケス氏。ただ名前がマルケスという理由で。あるいは肌の色でアーバスノット医師。正義をもたらせるのはあなただけだ）

Poirot　:Let me have a map of this coach.　（客室の見取り図を見せてくれ）
　　ブークに持ち上げられたポアロはやる気になったようです。
○ 現在完了形（経験）の基本形です。　　　　　　　　　　　　　　〔Ch.11, 53:04〜〕
Poirot　:Have you ever been to America?　（米国に今までに行ったことは？）
Edward:Once.　Years ago, briefly.　（一度。何年も前に、短期で）
Poirot　:For what purpose?　（目的は？）
　　また、メアリ・デブナムも〔Ch.13, 60:57〕で同様の基本文を使っています。

キャスト	エルキュール・ポアロ　　：ケネス・ブラナー　　　　ゲアハルト・ハードマン：ウィレム・デフォー エドワード・ラチェット：ジョニー・デップ　　　キャロライン・ハバード：ミシェル・ファイファー ドラゴミロフ侯爵夫人　：ジュディ・デンチ　　　　メアリ・デブナム　　　：デイジー・リドリー ピラール・エストラバドス：ペネロペ・クルス　　　エドワード・マスターマン：デレク・ジャコビ

第8回映画英語アカデミー賞　候補映画

怪物はささやく

あらすじ

　本作品は英国を舞台とし、母と二人暮らしの13歳の少年コナーが怪物と出会うことで大人の一歩を踏み出す物語です。母は癌に侵され床に臥せ、学校ではいじめられる毎日を送るコナーの前に、ある夜イチイの木の姿をした怪物（祖父）が現れ「３つの物語を聞かせる、３つの物語を話し終わったら、お前が４つ目を話す」と告げます。その夜を境に、毎晩12時7分になると怪物がコナーの前に現れるようになります。作品の構成は全体を見ると４つの物語が語られることで進行していきます。１つ目は王妃と王子の物語です。人間の多面性を語る物語で、コナーは世界が勧善懲悪では割り切れないことを知ります。２つ目は薬剤師と牧師の物語です。薬で人々を助けたい薬剤師ですが、薬剤業を否定する牧師に商売の邪魔をされ、牧師の娘の病のために薬を調合せず助けることを拒否します。この物語でコナーは人の心の矛盾を知ります。３つ目は透明人間の男の物語です。人々が見ようとしなければそれは実在しないのと同じことだと語られます。コナーはこれは自分の事だと気が付き自分の存在は自ら示し主張しないと透明人間と同じなのだと悟ります。そして４つ目はコナーの本音の物語です。母に助かってほしい、でも弱っていく母を見守るのは苦しいのだという多面的な自分、矛盾を抱える自分を主張し、ようやく現実と向き合う精神性を手に入れるのです。コナーは気持ちの整理ができ祖母とも和解し、それを見届けた母は安心して12時7分に目を閉じます。

映画の背景

　ここでは、キャストとアニメーションを紹介します。主人公コナーを演じるのは、ピーターパンの実写映画『PAN ～ネバーランド、夢のはじまり～』でニブス役を務めたルイス・マクドゥーガル。その他、コナーの母親役を『博士と彼女のセオリー』『ローグ・ワン/スター・ウォーズ・ストーリー』のフェリシティ・ジョーンズ、祖母役を映画『エイリアン』シリーズで知られるシガニー・ウィーバー、巨木の怪物役を『スター・ウォーズ エピソード１・２』『沈黙 -サイレンス-』のリーアム・ニーソンがそれぞれ演じます。物語世界は三層構造となっており、空想・半現実・現実とが入り混じるのをアニメーションが表現します。そのアニメーションを手がけたのは『パンズ・ラビリンス』のギレルモ・デル・トロ監督がクリエーターを務め、アニー賞３部門を受賞したテレビシリーズ『Trollhunters』のヘッドレス・プロダクションです。原作の繊細な挿し絵のイメージをもとに、幻想的な世界観が独特の水彩画のようなタッチで描かれる。特筆すべきは、ファンタジー作品にありがちな厳しい現実を忘却させるフェアリーテイルまたは冒険活劇の世界へ引き込むわけではないことです。児童文学的で絵本の読み聞かせのようなアニメーション世界が、現実世界と融合していき、最後には見えなくなり、コナーが精神的に大人になっていくことを表現している点において、本作は特別なファンタジー映画と言えるでしょう。

映画情報

製　作　費：4,300万ドル
製　作　年：2016年
製　作　国：米国、スペイン
配給会社：ギャガ（日本）

撮影場所：英国（イングランド）、スペイン
言　　語：英語
ジャンル：アニメーション、ドラマ、ファンタジー
使用楽曲："Score from King Kong"

100

A Monster Calls

(執筆) 沼田　智美

映画の見所

本作の「映画の見所」は、木の怪物に宿っているのは祖父だと分かった時に感じる家族愛です。母に死が迫る現実を受け止められず、襲い来る未来への不安に苛まれ怒りすら覚えるコナーには、家族全員から注がれる愛情が中々届きません。まず、母は、「病気は治る」と優しい嘘でコナーの不安を緩和しようとします。祖母は、折り合いが悪いながらも、荒れるコナーを全力で受け止めます。愛情に溢れていながらも家族がバラバラになりかける中で、木の怪物に宿る祖父の厳しくも優しい愛情がコナーを救います。ファンタジーの物語世界から徐々にコナーの抱える現実問題へと思考を導き、時にコナーが抱く率直な疑問に向き合い、本人すらも気が付いていない怒りの所在を自覚させ、現実と向き合い、未来を見据えられるように大人の階段を示し成長に導いてくれるのです。

発売元：ギャガ
DVD価格：1,143円
Blu-ray価格：2,000円
（2019年7月現在、本体価格）

印象的なセリフ

ここで取り上げる印象的なセリフは、コナーと祖母がリジー（コナーの母）の死を前に和解をする2つのセリフです。なぜなら物語が進む中で、リジーの死後、二人きりの家族になってしまう彼らには前を向いて欲しいという私たち観客が抱くであろう願いがある種成就し、作品の本筋とは言えないまでもどこか心温まるカタルシスを与えてくれるからです。1つ目は「Grandma. I'm sorry. About the sitting room and... And everything.（おばあちゃん、ごめんなさい。居間の事も、何もかも）」「It doesn't matter. It doesn't matter.（いいのよ、もういいの）」とやり取りをするシーンで、土砂降りの車中コナーと祖母が最初の和解をします。このシーンは、思春期を迎えるコナーと向き合う両親の役割を祖父母がしてくれた事でコナーが現実を受け止め祖母に謝ることができます〔Ch.12, 89:43～〕。もう1つは「You know, Conor, you and me, we're not the most natural fit, are we?... But we're gonna have to learn.... But there is one thing we have in common. Your mum. That's what we have in common.（コナーお前と私は気が合うとは言えないわ、お互いを学ばなきゃ、お前とは共通点がある、ママよ、それは共通してる）」と言うシーンです〔Ch.12, 90:14～〕。祖母は娘の、コナーは母の死をお互い受け入れ未来を見据えたからこその言葉であり、これらのセリフがあることで本作では単にダークファンタジーではなく家族の愛や少年の成長物語であると言えるでしょう。

公開情報

公開日：2016年12月23日（米国）
　　　　2017年 6月 9日（日本）
上映時間：109分
年齢制限：G（日本）、PG-13（米国）
音　声：英語
字　幕：日本語
オープニングウィークエンド：3万909ドル
興行収入：4,730万9,313ドル

第8回映画英語アカデミー賞　候補映画

怪物はささやく

<table>
<tr><td>英語の特徴</td><td>

　本項目では、登場人物が話す訛りや英語の専門用語・本作の英語の特徴を解説します。まず、主人公コナー役ルイス・マクドゥーガル、母親役のフェリシティ・ジョーンズ、父親役のトビー・ケベルらは英国出身で英国英語を話します。祖母役のシガニー・ウィーバーは米国出身ですが、米国訛りが強くない米国英語を話します。また、作品の半分はコナーと巨木の怪物との会話で占められており、怪物役であるリーアム・ニーソンの声はトーンが低く、こもって聞こえるのであまり明瞭とは言えません。次に、コミカルなシーンがないのでジョークは見当たりません。続いて、本作では肉体的な暴力描写はありますが、言葉による暴力的な表現があまり見られないのでスラングもほとんど見当たりません。ですので、最後に祖母が感情的になって口にするスラングが際立ちます。専門用語では、医療用語としてOromorph（硫酸モルヒネ）、chemo（chemotherapy：化学療法）、painkillers（鎮痛剤）などが物語の中で登場します。また、apothecary（調合師）や parsonage（牧師館）などの専門用語も使われていますのでディズニー映画のような子供向け作品と比べるとある程度の語彙力は必要とされるでしょう。また Tesco（スーパーの名前）のような英国ならではの固有名詞もでてきます。会話のスピードでは、コナーが感情的になると、会話の間隔が短かいため早いと感じやすい場面もありますが、一つひとつのセリフに注目して聞いてみるとさほど早いとは感じられないでしょう。

</td></tr>
</table>

<table>
<tr><td rowspan="6">学習ポイント</td><td></td><td>物語 1
（Ch.4, 21:48〜31：45）</td><td>物語 2
（Ch.7, 44:39〜52：22）</td><td>物語 3
（Ch.10, 71:52〜73：03）</td><td>物語 4
（Ch.11, 80:00〜88：24）</td></tr>
<tr><td>疑問詞（what/
who/whyなど）</td><td>16</td><td>12</td><td>0</td><td>10</td></tr>
<tr><td>関係詞（when/
that/howなど）</td><td>12</td><td>12</td><td>2</td><td>10</td></tr>
<tr><td>接続詞
（if/when/that）</td><td>9</td><td>7</td><td>0</td><td>8</td></tr>
<tr><td>口語的疑問文
＊発展学習を参照</td><td>6</td><td>16</td><td>1</td><td>14</td></tr>
<tr><td colspan="5">

　本項目では、作中でも最もセリフ密度が高く、疑問詞・関係詞・接続詞と特定の文法事項が密集するという利点を活かし、作品内で語られる４つの物語シーンに着目し、ここでは最も理想的な構成をしている最初の物語 1 に特化して解説をします。物語を語るナレーション部分は丁寧に分節が組まれ、また状況説明的なので、文構造をしっかり把握するために関係代名詞と接続詞の that の区別や関係詞と接続詞 when の区別などが主に求められます。そして、疑問詞も多く登場するので、関係代名詞と疑問詞の違いなど基礎的文法事項の区別や確認にも役立つでしょう。

</td></tr>
</table>

<table>
<tr><td>スタッフ</td><td>製　　作：ベレン・アティエンサ他
監　　督：J・A・バヨナ
脚　　本：パトリック・ネス
原　　作：パトリック・ネス</td><td>製作総指揮：パトリック・ネス他
撮　　影　：オスカル・ファウラ
音　　楽　：フェルナンド・ベラスケス
編　　集　：ベルナ・ビラプラーナ他</td></tr>
</table>

102

薦	●小学生　　●中学生　　○高校生　　○大学生　　●社会人	リスニング難易表	
		スピード	2
		明瞭さ	2
		米国訛	1
		米国外訛	4
		語　彙	3
		専門語	2
		ジョーク	1
		スラング	2
		文　法	2

お薦めの理由

　本作のお薦めは、幅広い世代が感情移入しやすくなっているところです。主人公コナーと同年代はもちろんですが思春期を迎える中学生、またその両親や孫の成長を見守る世代も感情移入しやすいはずです。家族的な役割視点で見ても、親を亡くす子供の恐怖は言うまでもなく、不安感や整理できない気持ちなど、誰しもにいつかは訪れる喪失という普遍的テーマは世代を問わず感情移入しやすいのではないでしょうか。平面的で絵本のような淡くも鮮やかで大人まで引き込まれるアニメーションと共に怪物が話す物語は、小さい子に馴染みがある読み聞かせのスタイルなので、コナーよりも下の年齢層でも楽しめるのではないでしょうか。本作の世界はとても狭く、主な登場人物が母・父・祖母・怪物（祖父）と家族メンバーに限定されています。そのため、プライベートな会話が多く、慣れあった関係だからこその口語的セリフが多いです。ビジネスや社会生活を送るための会話ではなく、子供がいる家庭での家族同士の英会話を学びたい方にもお薦めです。

発展学習

　本項目では、「学習ポイント」から引き続き作品内で語られる4つの物語シーンに着目し、怪物とコナーの会話から即興性・共有性・双方性・社会性の4つの口語的特徴がみられる会話の質を学びます。まず、感情的になっているコナーがゆとりなく矢継ぎ早に質問や返事をするので単語一語で返している場面が多いのは会話の即興性が高いからといえるでしょう。次に、物語世界のビジョンを共有しながら進み、特に2つ目の物語では、怪物とコナーが牧師の家を破壊し、お互いの感情や動きを共有する反応を表す語（Hyah! Oh, yes!など）が多いのは、共有性が高いからといえます。怪物が一方的に物語を語っているときは、双方性が著しく低いのが特徴的といえますが、怪物をコナーの祖父であると捉えると物語の途中でも孫の疑問に丁寧に回答している点で家族的な社会性の高い会話とも言えるでしょう。最後に、口語的な疑問文という学習視点でみると各物語シーンに共通して省略がとても多いです。例えば、一語での疑問文（Parson? What? Everything?など）が多用されています。また、口語ならではの文頭の省略（Snap the chimney?など）、文尾の省略（Do you? Why didn't you just say?）、付加疑問文（Feels good, doesn't it?）や平叙疑問文（You think it's easy? ...the evil queen wasn't a witch after all? You would give up everything you believed in?）などバラエティー豊かに登場しますので、会話の質と共に口語的な疑問文を横断的に学ぶにも最適だと思います。

キャスト			
コナー・オマリー	：ルイス・マクドゥーガル	父親	：トビー・ケベル
怪物	：リーアム・ニーソン	ハリー	：ジェームス・メルヴィル
祖母	：シガニー・ウィーバー	クラーク先生	：ベン・ムーア
母親	：フェリシティ・ジョーンズ	クワン先生	：ジェニファー・リム

第8回映画英語アカデミー賞　候補映画

gifted　ギフテッド

<table>
<tr>
<td>あ ら す じ</td>
<td>

生意気ざかりの7歳のメアリーは可愛らしい女の子、独身の叔父フランクと片目の猫フレッドとフロリダの小さな町でのんびり暮らしています。フランクの姉であった彼女の母親は天才的な数学の能力を持っていたが故に辛い思いをしたので、娘には普通に暮らしてほしいと望んで亡くなりました。その願いを守るため、フランクはメアリーと普通の暮らしをして、普通に遊び、メアリーの嫌がる普通の学校に通わせたのです。ところが、担任の教師ボニーの出した難しい数学の問題を次々と解いたことが発端となり、メアリーの天才的で特別な才能が明らかになっていきます。そして、フランクの母親であるイブリンが、貴重な才能は発揮しないと人類にとって損失になると信じ、英才教育を受けるべきだと訴えてくるのです。それでもメアリーとずっと暮らしてきた叔父フランクは、何としてでも今まで通りの穏やかな普通の生活を続けるべきだと思っています。その結果、フランクとイブリンの意見は対立し、イブリンはあの手この手を使ってメアリーとフランクを引き離そうとします。

この映画では教育の在り方について対立する構図が描かれ、そこには正解がありません。頭脳明晰で才能溢れる少女メアリーにとってどんな教育環境を用意すべきなのでしょうか。彼女にとって幸せとは、才能を開花することでしょうか。教育と幸せの在り方について考えさせられ、後味が穏やかな良い映画です。

</td>
</tr>
<tr>
<td>映 画 の 背 景</td>
<td>

この映画では英才教育が大事なキーワードとなりますが、3つの教育分野があります。まず、「早期（先取り）教育」という学習スピードの早い子どもに適した学習方法があります。次に「エリート教育」は社会のリーダーに相応しい教育で、その道の専門家が教育・訓練をして掲げた目標を達成する内容です。幼いころから指導されることから「早期英才教育」としても認識されています。最後に「ギフテッド教育」があり、天才児の才能を伸ばす事を目標としていますが、特別支援教育と合わせて考えられています。東京都渋谷区の学校では、国内の公立校として初めてギフテッド教育が2017年9月からスタートしています。

ギフテッド教育は方式によって分類され、同年齢の子どもと学べる「モンテッソーリ教育方式」、能力に合わせて飛び級が出来る「促進方式」、追加課題で学ぶ「エンリッチメント方式」、教育選択肢の多い「ホームスクール方式」、夏休み期間を利用して実施される「サマースクール方式」、他「課外活動方式」などがあります。「促進方式」はメアリーがはじめに推奨された学習環境で、社会から疎外されるマイナス面の可能性があります。また、「サマースクール方式」については、CTY（タレンテッド児童のためのセンター）が有名で世界各地に支部がありますが、残念ながら日本にはありません。メアリーは結局、午前は大学で、午後は小学校に戻って、「取り出し指導」で学習します。

</td>
</tr>
<tr>
<td>映 画 情 報</td>
<td>

製 作 費：700万ドル　　　　　　撮影場所：メイ・ハワード・エレメンタリー・
製 作 年：2017年　　　　　　　　　　　　　スクール（ジョージア州）
製 作 国：米国　　　　　　　　　言　　語：英語
配給会社：20世紀フォックス（日本）　ジャンル：ドラマ

</td>
</tr>
</table>

gifted　ギフテッド

Gifed

(執筆) 上條美和子

映画の見所

マーク・ウェブ監督は『(500)日のサマー』、『アメイジング・スパイダーマン』、『アメイジング・スパイダーマン2』などの大作を手掛け、MV出身ということもあり演出力に定評があります。この映画のストーリーは両親がいない特別な才能を持った子どもメアリーの親権争いなので、とりわけ珍しいストーリーではないのですが、複雑な心情の変化を映像で見事に表現することで、心にしっかりと残る作品になっています。猫のフレッドを含め、登場人物の個性は強く、ありきたりの物語が、演出と役者の演技によって心に響く仕上がりになっているのが見所なのです。また、ストーリー展開のカギとなったのはメアリーの飼い猫のフレッドですが、片目という余りにも強すぎる特徴を持っています。そして、フランクは驚く程やさしく、イブリンは驚く程執念深いのです。

発売元：
20世紀フォックス ホーム エンターテイメント ジャパン
DVD価格：1,905円
Blu-ray価格：1,905円
(2019年7月現在、本体価格)

印象的なセリフ

メアリーは通常の子どもより大人びていて、数学的な知性は大人顔負けですが、やはり子どもなのです。そんな彼女が小学校へ登校したくないと駄々をこねていると、会話の中でメアリーの知らないad nauseamという単語が出て来ます。このad nauseamとはnausea「むかつき、ひどく嫌な感じ」から派生した「嫌になるほど、うんざりするほど」と言う意味で、フランクのセリフが素敵です。

Frank : No more argument, okay? We've discussed this ad nauseam.　〔Ch.1, 1:59～〕
Mary : What's ad nauseam?
Frank : You don't know? Looks like someone needs school.

フランクはメアリーに小学校へ登校してもらいたいのですが、強いるのではなく、ad nauseumの意味が分からないなら学校へ行かないと、と誘導するのです。そして、学校ではメアリーにとってはつまらない数学の授業が待ち受けていて、先生に授業レベルが低すぎることを指摘し、計算機を使わないと解けないような問題を解いて気持ちが収まったところで、気がかりな言葉への執着が明らかになります。大人びたメアリーですが聞き慣れない単語の意味を知りたがっているのが微笑ましいです。

Bonnie : Who can tell me what 4 ...　〔Ch.2, 6:32～〕
Mary : 7695. The square root is 87.7. And change. Now - what does ad nauseam mean?

公開情報

公 開 日：2017年 4月 7日（米国）
　　　　　2017年11月23日（日本）
上映時間：101分
年齢制限：G（日本）、PG-13（米国）
DVD音声：英語、日本語吹替
DVD字幕：日本語、英語
ノミネート：ティーン・チョイス・アワード
　　　　　　映画部門 ドラマ映画賞

第8回映画英語アカデミー賞　候補映画

gifted　ギフテッド

<table>
<tr>
<td>英語の特徴</td>
<td>

　映画で使用されている語彙は分かりやすく、会話のスピードは標準的です。映画の登場人物は米国在住米国人であることから、ほとんどが米語発音で文法的にも間違った表現は少ないです。口語的な表現は多く、スラングを子どもが使用するシーンがありますが、頻度は高くありません。発音もとても明瞭なうえ、語彙のレベルは高くないので、リスニング力を確認するのに適切だと言えます。専門用語や表現については、数学的と法律用語的な内容が少々ありますが、ストーリーを理解するのに邪魔をしません。

　メアリーの言葉遣いは、叔父のフランクに育てられたせいか少々荒っぽいところがあります。二人の会話は親子のような会話ではなく、メアリーは年上のお友だちに話す感覚です。フランクは哲学者であったことも手伝い、メアリーに気持ちを寄り沿わせて会話をします。難しい語彙は使用していませんが、奥深さがあるのです。例えば、あるシーンでフランクは神様についての話題を通し、メアリーを大事に思うロベルタに感謝すること、離れることがあってもお互いを大事に思える同士であれば一緒にいられることを諭しています。

Mary　:There was a guy on TV who said there was no God.　〔Ch.7, 30:49〜〕

Frank:The only difference between the atheists on TV and Roberta is that Roberta loves you. She's trying to help.

</td>
</tr>
<tr>
<td>学習ポイント</td>
<td>

　この映画で使用されている英語彙レベルは1000語が中心なので英単語レベルは高くないのですが、表現や内容が興味深く、幅広い学習者の教材になります。まずは全ての語彙聞き取りを目指します。会話のリエゾンで聞き取りにくい場合もありますが、聞き取れなければ、字幕を見て学習します。ですが、最終的には全ての語彙が聞き取れるようになるのが大事です。馴染みの薄い固有名詞等は、聞き取りにくく、ストーリーの流れからも意味が推論出来ないことがあります。この様な語彙は日本には馴染みの薄い異文化を知るチャンスであり、内容を正しく理解するのに役立ちます。以下に例を挙げます。

Evelyn：Walter Price is a cowboy.　〔Ch.14, 57:20〜〕

Frank　：Walter Price puts Brooke's Brothers suit to take out the garbage.

Walter PriceとBrooke's Brothersが固有名詞で、Walter Priceは米国のテキサス州出身の黒人ミュージシャン、Brooke's Brothersは200年の歴史を誇る米国のスーツ・ブランドです。固有名詞の知識が不足していると、フランクのお父さんが「ウォルター・プライス」という人で、「ブルックス・ブラザーズはゴミを捨てる時の衣装」だと思い込む可能性があります。しかしこれは、ウォルターはやり手のビジネスマンで、洗練された都会人だったのに、現在は牧場主で驚きだ、という会話の流れなのです。このように調べ学習は欧米一般常識の習得にもつながります。

</td>
</tr>
<tr>
<td>スタッフ</td>
<td>

製　作：カレン・ランダー他　　　　　製作総指揮：グレン・バスナー他

監　督：マーク・ウェブ　　　　　　撮　　影　：スチュアート・ドライバーグ

脚　本：トム・フリン　　　　　　　音　　楽　：ロブ・シモンセン

衣　装：アビィ・オサラバン　　　　編　　集　：ビル・パンコウ

</td>
</tr>
</table>

106

gifted　ギフテッド

薦	○小学生　●中学生　●高校生　●大学生　●社会人	リスニング難易表	
お薦めの理由	世界でギフテッドとされる人はどれほどいるのか明らかではありませんが、とても少ないでしょう。そんな貴重な子どもの教育はどうあるべきなのかが、この映画で議論されています。その議論の根本には、人にとって何が幸せなのかという本質を問う姿勢があり、現代社会が必要とする教育現場の在り方について考えさせられます。イブリンは世界的な数学者として孫のメアリーを育てるのが義務で、人間社会に貢献するのが使命であり、彼女の可能性を最大限に活かすことが大事だと考えます。対して、フランクは同じ才能を持った姉が自殺に追い込まれた事から、姉の遺言を大事にして、愛情いっぱいで育ててきました。どちらの言い分にも間違いはないのですが、メアリーとフランクはお互いに愛情を持つことが幸せであるというメッセージを届けてくれます。また、この映画には悪役がいるわけでもなく、スーパーヒーローも登場しない。極上のヒューマンドラマです。映画を通して、自分の生き方さえも見つめ直すことが出来て、繰り返し見ても飽きることはないでしょう。	スピード	2
		明瞭さ	2
		米国訛	5
		米国外訛	1
		語彙	2
		専門語	1
		ジョーク	3
		スラング	1
		文法	2

発展学習	この映画の台本はとても良くできていて、奥深い内容のあるセリフが沢山あります。例えば、メアリーがカウンセラーに身の回りの環境や出来事について話をしているシーンでは、カウンセラーの質問に対して、もっともな答えを返すメアリーの言葉がおもしろいです。彼女は祖母と一緒ではなくフランクと住みたいと言います。ですが、カウンセラーが耳にする環境はとても女の子を育てるのに相応しい環境だとは思えません。しかし、祖母とフランクの違いについて意表をつくセリフがあり、イブリンのしたたかさに対してフランクの愛が見えてくるのです。 Mary　　：He can be pretty annoying, but he's a good person. I think.〔Ch.13, 53:48〜〕 Pat　　　：Why do you say that? Mary　　：He wanted me before I was smart. 　他にもメアリーが数学の力量を試されるシーンがあり、その場でメアリーは数式を解読しません。ですが、そもそも数式に誤りがあるため、答えが存在しないのです。メアリーはその状況を理解していたのですが、自分のプライドを捨て口にしませんでした。その背景には、フランクの教えがあったのです。 Seymore：Mary, you knew that the problem was incorrect, why didn't you say anything?　　　　　　　　　　　　　　　　〔Ch.12, 50:46〜〕 Mary　　：Frank says I'm not supposed to correct older people. Nobody likes a smart-ass.

キャスト	フランク・アドラー：クリス・エヴァンス　　　メアリー・アドラー：マッケンナ・グレイス イブリン・アドラー：リンゼイ・ダンカン　　　ロバータ・テイラー：オクタヴィア・スペンサー ボニー・スティーブンソン：ジェニー・スレイト　グレッグ・カレン　：グレン・プラマー オーブリー・ハイスミス：ジョン・フィン　　　グロリア・デイヴィス：エリザベス・マーヴェル

第8回映画英語アカデミー賞　候補映画

ギフト　僕がきみに残せるもの

あらすじ	本作品は、元アメリカン・フットボール（NFL）のスター選手スティーヴ・グリーソンが、ALS（筋萎縮性側索硬化症）と診断されたときからの、1500時間分にも渡るビデオ記録をまとめたドキュメンタリー映画です。スティーヴは現役を引退して既に5年が経った頃、腕の動きを始めとする体の不調を感じ始めます。妻のミシェルと共に病院へ行き、検査を行った結果、ALSを発症していることが判明しました。発症して2年から5年程で死に至る病気とされています。最初は原因不明の難病に侵された現実を受け止められない二人でしたが、それから6週間後に、ミシェルが妊娠していることが分かります。スティーヴは、生まれてくる自分の子供のために、「父親として何かを残したい」という思いから、毎日、我が子に話しかけるようにしてビデオ・レターを撮り続けることを決心します。 　ビデオの前で話すスティーヴは、初めの頃は元気でユーモアにも溢れていますが、進行性の病が確実に彼の筋力を奪っていく様子が映し出されます。自力では歩けなくなり、話すスピードも落ちていき、「昼間は耐え難い」、「夜は怖い」と鳴咽するスティーヴ。子育てと介護で疲弊するミシェル。もがき続ける二人を、圧倒的な存在で支えているのが、息子のリバースでした。スティーヴは、同じように苦しむALS患者のための基金を立ち上げます。音声合成機器の保険適用を認めた「スティーヴ・グリーソン法」の法律化にも、大きな功績を残すのでした。
映画の背景	背景として知っておくと良いと思われる点を2つ挙げます。まずは、プロのフットボールリーグ、通称NFL（National Football League）が「米国の国技」と言えるほど、広く親しまれているスポーツだということでしょう。グリーソン氏は2000年から2008年まで、ニューオーリンズ・セインツに所属した、小柄ながら闘志溢れるプレイに人気がある選手でした。米国南部を襲った大型ハリケーン・カトリーナの被災から1年後の2006年、災害後初の地元試合で、彼は記憶に残る活躍をします。病に侵されてなお、スター選手扱いをされる苦悩が本編から感じられます。 　次に、進行性の神経疾患ALSの特徴について基本的な知識があると、本ドキュメンタリーの理解がより深まります。ALSは原因不明の進行性の難病で、発症すると徐々に全身の筋肉の力が弱くなり、自力では起き上がれなくなり、食べ物の飲み込みも困難となります。自力での呼吸も弱くなっていくため、気管切開手術による人工呼吸器の装着をするか否かの選択を迫られる時が必ず来ます。また、全身の筋肉が動かせなくても意識や五感は正常で、知能の働きも変わらないのがALSという病気です。本ドキュメンタリー映画でも触れられますが、医療体制の違う米国では、気管切開手術の費用が高額だという理由から、95%の患者さんが手術を断念すると言われています。
映画情報	製作年：2016年　　　　　　　　　撮影場所：米国 製作国：米国　　　　　　　　　　　言　語：英語 製作会社：Exhibit A、IMG Original Content　ジャンル：ドキュメンタリー、インディペンデント映画 配給会社：トランスフォーマー（日本）　使用楽曲：パール・ジャム／ザ・ヘッド・アンド・ザ・ハート

Gleason

(執筆) 南部みゆき

映画の見所

本作の見所として2つ挙げます。まず、全編に渡るスティーヴ・グリーソン本人の肉声と動き1つ1つが見所だと言って良いでしょう。生まれて来る自分の息子に向けてのビデオ・レターが本作品の多くを占めますが、進行性の早い病は、彼の発声能力も行動範囲も時間を追うごとに狭めていきます。まだ見ぬ自分の子供に、カメラ目線で優しく語り掛ける場面、スポーツ界の元ヒーローにのしかかる過度の期待と埋めようのない現実の差に涙を流しながら吐露する場面など、本音の語りはどれも観る人の心を強く揺さぶります。次に、本作の要所要所で映し出される、スティーヴの妻ミシェルの偽らざる心情が知れるのも大きな見所です。妻であり介護者でもあるミシェルが抱く愛情と葛藤は、「家庭内介護」という問題を抱える現代日本においても深く考えさせられるテーマを投げかけます。

発売元：トランスフォーマー
DVD価格：3,800円
(2019年7月現在、本体価格)

印象的なセリフ

生まれてくる我が子へ語りかけるメッセージはどれも印象的ですが、2つ紹介します。

撮影当初の、"My intention is to pass on as much of who I am as I possibly can to you. And I think if I can do that in a good way, it can be even more meaningful than having a father who's around for 30 or 50 or 60 years of your life."（僕がどんな人間か、君になるべくたくさん伝えておきたい。上手くいけば、30年、50年、60年一緒にいるよりも、もっと意味があるかもしれないから）という語りかけは、余命宣告を受けたスティーヴが、病と闘うことを決心していながらも、自身の死についても意識していることが分かります。〔Ch.2, 13:40〜〕

もう1つは、息子が産まれてすぐに、リバース（Rivers）と名付けますが、その名前の由来について、スティーヴが語るシーンです。
"I decided that rivers are the source of fire. Here's my logic. A fire burns wood as its fuel, and this wood comes from a tree that drinks from the rivers, and so, uh, the rivers are the fuel for the fire. And, uh, you are the rivers... for my fire."
（川が火の源だと気が付いたんだ。つまり、火は木を燃料にして燃える。川の水を吸った木々から生まれたものだ。だから、川は火の燃料になる。君は、僕の中にある火にとって、川という存在なんだよ）〔Ch.5, 43:38〜〕

公開情報

公 開 日：2016年7月29日（米国）
　　　　　2017年8月19日（日本）
上映時間：111分
年齢制限：G（日本）、R（米国）

受賞：シアトル国際映画祭最優秀ドキュメンタリー賞、フルフレームドキュメンタリー映画祭審査員賞、フェニックス映画批評家協会賞最優秀ドキュメンタリー賞他

第8回映画英語アカデミー賞　候補映画

ギフト　僕がきみに残せるもの

英語の特徴	本作品には、主要人物となるスティーヴとその家族の他に、医療界、スポーツ界、マスコミ界、音楽界、一般市民など多様な人間が登場します。脚本のないドキュメンタリー映画らしく、自然な会話の特徴である言い直し、繰り返し、会話の冗長さ等が頻出します。ジョークやスラング、四文字言葉も比較的多く聞かれますが、それらは場面によっては、スティーヴやその家族の置かれた現実の厳しさ、苦しさ、切なさを一層際立たせているとも言えますので、あまり抵抗感を持たずオープンな気持ちで聞くと良いでしょう。 　スティーヴ自身の英語は、2つの観点から聞き取りやすいと言えます。1つは、子供へ遺すビデオ・レターという側面から、話すスピードが抑えられている点です。もう1つは病気の進行とともに発話そのものが徐々に困難になっていくため、学習者にとって聞き取り易さを感じさせる、という点です。滑舌の良い英語を聞くことだけが、リスニングの勉強ではないと思います。不自由なく喋ることが出来ていた人間が、病気によって話す筋肉を少しずつ奪われ、それでも相手に何を伝えようとしているのかを理解しようとするのは、誤解を恐れずに言えば、とても貴重な英語リスニングの機会となります。一方、妻のミシェルの話すスピードは速めです。夫の介護と子育てに明け暮れる日々について吐露する彼女の英語は、聞き取りはやや難しいですが、包み隠さずに語る表現は迫力があります。
学習ポイント	まず、「現在完了形」が使われている場面を確認してみましょう。体調に異変が起こり始めていることをビデオに向かってスティーヴが語るシーンです。"I've been having some strange medical issues going on with me recently. I've been having some muscle twitching in my arms."（最近、体の具合がどうもおかしい。両腕の筋肉が痙攣している感じだ）〔Ch.2, 9:08〜〕ある過去の時点から今もずっとその症状が続いていることが、"I've been having"で表されています。学校では"since"を使った例文をよく目にします。次のスティーヴの語りで確認してみます。"I've been thinking about fathers and sons a lot since you've been born."（君が産まれてからずっと、父親と子供の関係についてあれこれ考えているんだ）〔Ch.6, 50:21〜〕教科書であれば、後半は、"since you were born"となるでしょう。「会話では教科書通りではない場合もあるのだなぁ」と感じてみてください。次に、"around"一語に込められた、息子への愛情です。車椅子生活になったスティーヴが言います。"I can't go out and play catch with you.... But, I want to do everything I can to be a good father, to give you what a son needs from his father. And, I'm gonna be around."（一緒に外でキャッチボールする事も出来ないけど、良い父親になるためだったら何でもしたい。子が父親に望む必要なことは全て。僕がいつもそばにいるよ）〔Ch.6, 50:38〜〕父親の深い愛情が、"around"を使うことで表現されています。教科書では学べない、深い表現です。
スタッフ	製　作：スコット・フジタ　　　　　　監督・編集：クレイ・トゥイール 　　　　　メアリー・ローリッヒ　　　製作総指揮：ウィル・ステーガー 　　　　　ケビン・レイク　　　　　　撮　　影：デビッド・リー他 　　　　　セス・ゴードン他　　　　　音　　楽：ダン・ローマー他

110

ギフト　僕がきみに残せるもの

薦	○小学生　　○中学生　　●高校生　　●大学生　　●社会人	リスニング難易表	
お薦めの理由	日常生活が、病によって一変してしまう状況は決して他人事ではなく、誰にでも起こり得ます。それはスティーヴが発症したALSのように、原因が特定出来ず確立した治療法もない難病の場合であっても例外ではなく、「自分や、家族には起こらないだろう」とは決して言えません。病と向き合うのは人間の宿命でもあります。スティーヴ、妻のミシェル、作品の途中で生まれる息子リバース、3人を支える、介護人を始めとする周囲の人々、それぞれの立場を通して「生きる意味」について深く考えさせられるのは、真実に迫ったドキュメンタリー映画だからでしょう。家族関係の危うさを感じさせるニュースが後を絶たない昨今だからこそ、見て欲しい作品です。「生まれてくる息子のために、命ある限りビデオ・レターを遺したい」という非常にパーソナルな記録が全世界に公開されることに、妻のミシェルは戸惑ったこともあったそうです。しかし、この作品が投じた社会へ影響は大きく、ミシェル自身も来日時には「日本でも多くの人に観て欲しい」と語っています。	スピード	4
		明瞭さ	4
		米国訛	4
		米国外訛	1
		語　彙	3
		専門語	3
		ジョーク	4
		スラング	4
		文　法	3

発展学習	以下に2つの場面を紹介します。まず、スティーヴの父親が「神を信じることで息子を癒したい」と、宗教信仰治療に連れて行った後日、スティーヴが嗚咽しながら父親に反論する場面です。"Every time you question my faith it crushes me. ...You can't debate with someone's beliefs."（父さんが僕に信仰のことを聞くたびに押し潰されそうになる。他人の信念で物事を理解することは無理なんだよ）〔Ch.7, 61:18〜〕スティーヴの父親としては息子を思っての行動でしたが、スティーヴは「僕にとっては愛情こそが信仰だ。個人の信念は違って当然だけど、人に押し付けないでほしい」と訴えます。次に、自力での排泄も不可能となったスティーヴが、地元のヒーローとして建てられた銅像の除幕式に参加したその日、帰宅してすぐに車椅子に便失禁したことに触れているシーンです。"I think it's crazy that I can go from people saying, "You're my hero," to having to be helped onto a toilet with my pants full of shit. It's an incredible example of polarities, and dichotomies, and juxtapositions that is my life."（ヒーロー扱いされたかと思うと、今度はウンチまみれになってトイレまで担がれる。全くばかげている。僕の人生は今、両極端がいつも隣り合わせだ）〔Ch.8, 70:18〜〕本作品には「生と死」をテーマにしたディスカッション素材となる場面が多くありますので、発展学習としては特に医療系の仕事に就いている人、あるいは医療系の仕事を目指す学生向けの教材になると思います。聞き取りも兼ねて学習すると良いでしょう。

キャスト	出演者（本人） スティーヴ・グリーソン ミシェル・ヴァリスコ・グリーソン マイク・グリーソン	ポール・ヴァリスコ エディ・ヴェダー スコット・フジタ ドリュー・ブリーズ	カート・ワーナー ジョン・エルウェイ ジェシー・ジャクソン マイク・マクレディ　他

第8回映画英語アカデミー賞　候補映画

キングスマン　ゴールデン・サークル

あらすじ

「キングスマン」は、英国にある諜報機関の名称です。その「キングスマン」のエージェントであるエグジーはある日突然、かつて「キングスマン」のエージェントの座を争ったチャーリーから襲撃を受けました。エグジーは何とかチャーリーを撃退することができましたが、襲撃時にエグジーが乗っていた車にチャーリーの義手が残っていました。この義手は麻薬の合法化を企む「ゴールデン・サークル」という組織のボスであるポピーがチャーリーのために用意した物で、普通の義手ではなくハッキングができるほど高性能な装置が搭載されていました。その義手が「キングスマン」のデータベースをハッキングしたため、エージェントたちの居所がポピーに漏れてしまいました。自分たちの事を調べていた「キングスマン」を邪魔に思っていたので、ポピーはエージェントたちの居所にミサイルを撃ち込みました。その攻撃のせいで、エグジーと「キングスマン」の一員であるマーリン以外は亡くなってしまいました。二人はポピーの野望を阻止するため、同盟関係にある米国の諜報機関「ステイツマン」を訪れました。「ステイツマン」の施設に到着したエグジーたちは、そこで死亡したと思われていたハリーと再会しますが、ハリーは記憶喪失でした。どうにかハリーの記憶を甦らせたエグジーたちは、「ステイツマン」と協力して、ポピーの野望を阻止するために動き出します。果たしてエグジーたちは、ポピーの野望を阻止できるのでしょうか。

映画の背景

この映画は『キングスマン』(*Kingsman: The Secret Service*, 2014)の続編です。前作と比較して楽しめる箇所がいくつかあります。例えば今作は前作と違い、2つの諜報機関が登場し、それぞれのエージェントのコードネームに特徴があります。「キングスマン」のコードネームは、アーサー王と円卓の騎士の登場人物にちなんでいます。一方「ステイツマン」は、お酒の名前にちなんでいます。

次に、セリフについての比較をしてみましょう。

Merlin：I need to get my <u>brogues</u> resoled.　　　　　〔Ch.9, 40:11～〕

　　　（私はブローグ〔穴の飾りがついた短靴〕の底を張り替えてもらう必要があるな）

Eggsy：Yeah, and my <u>oxfords</u> are done in as well.

　　　（そうだな、そして俺のオックスフォードシューズ〔紐で結ぶ紳士靴〕もね）

'brogues'と'oxfords'は、前作では"oxfords not brogues"という「キングスマン」における暗号に使われましたが、記憶喪失のハリーはそのことに気づきませんでした。

次に、裏方のマーリンが初めてエージェントの背広を着た時のやり取りです。

Eggsy：Looking good, Merlin.　（似合ってるよ、マーリン）　〔Ch.22, 105:13～〕

Merlin：Feeling good, Eggsy.　（いい気分だよ、エグジー）

前作では、エグジーが初めてエージェントの証の背広を着たので、エグジーとマーリンのセリフが逆でした。

映画情報

製作費：1億400万ドル	撮影場所：英国、イタリア、ドイツ
製作年：2017年	言語：英語、イタリア語、スウェーデン語
製作国：英国、米国	ジャンル：アクション、アドベンチャー、コメディ
配給会社：20世紀フォックス（日本）	使用楽曲："Let's go crazy"（Prince）他

Kingsman: The Golden Circle

(執筆) 岡島 勇太

映画の見所

この映画の一番の見所は、迫力満点のアクションシーンです。数あるアクションシーンの中で特にお薦めなのは、以下のセリフから始まる酒場でのハリーとチンピラたちとのアクションシーンです。

Harry: Manners... maketh... man.〔Ch.15, 71:09～〕
　　　（マナーが、人を、作るのだ）
　　　Do you know what that means?
　　　（どういう意味か君たちはわかるか？）
　　　Then let me teach you a lesson.
　　　（では、私が君たちにひとつ教えてやろう）

このセリフは前作と今作の両方で、ハリーがチンピラたちに向けて言っています。前作からのファンはこのセリフを聞くと、アクションシーンが始まることを期待して、わくわくします。前作では、このセリフの後にハリーがチンピラたちを完膚なきまでに叩きのめしますが、今作では病み上がりだったため、返り討ちに遭いました。

発売元：
20世紀フォックス ホーム エンターテイメント ジャパン
DVD価格：1,905円
Blu-ray価格：1,905円
(2019年7月現在、本体価格)

印象的なセリフ

　　結婚式の衣装に身を包んだエグジーとハリーとのやり取りです。〔Ch.27, 132:45～〕
Harry：What do you see?（何が見える？）
Eggsy：Someone who can't believe what the fuck is going on.
　　　　（起こっていることが信じられない誰かさんだ）
Harry：I see a man who is honorable... brave... loyal... who's fulfilled his huge potential.
　　　　（高潔で、勇敢で、誠実で、莫大な潜在能力を十分に発揮した男が見えるよ）

ハリーがエグジーを一人前の男だと認めたことがわかるやり取りです。前作では、ハリーが初めてエグジーを「キングスマン」の施設に連れて来た時に同じようなやり取りがありました。〔*Kingsman: The Secret Service*, 2014, Ch.10, 26:27～〕

Harry：What do you see?（何が見える？）
Eggsy：Someone who wants to know what the fuck is going on.
　　　　（起こっていることを知りたがっている誰かさんだ）
Harry：I see a young man with potential. A young man who is loyal.
　　　　（可能性がある若い男が見えるよ。誠実な若い男だ）

セリフを比較してみると、今作では前作よりもエグジーが成長していることをハリーが認めていることがわかります。

公開情報

公 開 日：2017年9月22日（米国）
　　　　　2018年1月 5日（日本）
上映時間：140分
年齢制限：PG-12（日本）、R（米国）

DVD音声：英語、日本語吹替
DVD字幕：日本語、英語
受　　賞：英国エンパイア2018最優秀スリラー賞
ノミネート：サターン賞最優秀アクション/アドベンチャー映画

第8回映画英語アカデミー賞　候補映画

キングスマン　ゴールデン・サークル

英語の特徴	セリフが少ないアクションシーンが多いので、会話を参考にするためにはシーンを選ぶ必要があります。主人公のエグジーは英国英語を話し、発音は明瞭です。話すスピードもほとんどのセリフでは聞き取りやすいのですが、感情が昂っている時はスピードが速くなり、少し聞き取りにくい時があります。'dickhead'「ばか」や'bollocks'「ばかな」のような汚い言葉を使うことがよくあります。エグジーたちと敵対している麻薬組織「ゴールデン・サークル」のボスであるポピーは米国英語を話し、聞き取りやすい発音です。相手を諭すようにゆっくりと話すことが多いので、ほとんどのセリフが聞き取りやすいスピードで話されています。汚い言葉はあまり用いられていません。作品全体では、'fuck'や'shit'などの言葉が頻繁に用いられています。その他の特徴としては、武器に関する専門用語や、医療用語が時々出てきます。セリフとしてのジョークはあまり出てきませんが、以下に例を挙げます。 Poppy：Kingsman is crumpets. Like toast, but British.　　　〔Ch.6, 27:19〜〕 　　　（キングスマンはクランペットよ。トーストのようにね、でも英国風に） 　　　セリフの中の'toast'は、ミサイル攻撃によって「キングスマン」の施設がトーストのようにこんがり焼けてしまったというジョークです。また「キングスマン」の拠点は英国なので、主に英国でトーストのように焼いて食されている'crumpet'というパンに例えています。
学習ポイント	この映画はセリフの中に普段見られる綴りとは違っている単語がよく出てきます。このような単語が出てきたらすぐに調べて、英語の語彙を増やしていきましょう。 Eggsy ：And Tilde made that for you herself, bruv. 　　　（ティルデがお前のために作ってくれたんだぜ、兄弟）　〔Ch.3, 11:33〜〕 'bruv'は'brother'のことです。 Poppy ：So, fellas...（ねえ、あなたたち）　　　　　　　　〔Ch.4, 13:57〜〕 'fellas'は主に呼びかけで用いられる'fellows'のことです。 Ginger：Let's prep the cryo unit. 　　　（冷凍ユニットを用意しましょう）　　　　　　　　　〔Ch.16, 77:15〜〕 'prep'は'prepare'を省略した単語です。 　また、見慣れていない表現もよく出てきますので、それも調べて自分の表現の幅を広げていきましょう。 Poppy ：Not to toot my own horn... 　　　（自画自賛するわけじゃないけど）　　　　　　　　　〔Ch.3, 13:26〜〕 'toot one's own horn'は「自画自賛する」という意を表し、'blow one's own horn'や'blow one's own trumpet'という表現も同じ意を表します。
スタッフ	監　督：マシュー・ヴォーン　　　　　　原　作：マーク・ミラー 脚　本：ジェーン・ゴールドマン　　　　　　　　　　デイヴ・ギボンズ 　　　　マシュー・ヴォーン　　　　　音　楽：ヘンリー・ジャックマン 編　集：エディ・ハミルトン　　　　　　　　　　　マシュー・マージェソン

114

キングスマン　ゴールデン・サークル

薦	○小学生　　○中学生　　●高校生　　●大学生　　●社会人	リスニング難易表	
お薦めの理由	アクション映画が好きな学習者は、迫力あるアクションシーンを楽しみながら英語を学ぶことができます。作中はアクションが多いですが、仲間同士の会話のシーンや、恋人同士の会話のシーンもあるので、日常会話を学びたい学習者にもお薦めです。普段見慣れない綴りの単語や見慣れない表現が出てくるので、語彙を増やす学習にもお薦めです。また、諜報機関と麻薬犯罪組織が戦うストーリーなので、諜報活動に関する単語や、麻薬犯罪に関する単語も学習することもできます。スラングや汚い言葉も多く出てきますので、その点には注意して学習しましょう。 　前作『キングスマン』(*Kingsman: The Secret Service*, 2014) のファンの学習者にもお薦めです。前作に続き、エグジーとハリーの師弟のような関係を見ることができます。また、エルトン・ジョンが本人役で出演しており、作中で実際に歌っているシーンがあるので、そのシーンも必見です。その他にジョン・デンバーやプリンスの曲も使われており、挿入歌も必聴です。	スピード	4
		明瞭さ	2
		米国訛	2
		米国外訛	1
		語彙	2
		専門語	2
		ジョーク	2
		スラング	4
		文法	2

発展学習	今作では、二つの事柄を対比させたセリフがいくつか見られます。そういう点に着目して映画を鑑賞してみましょう。 Charlie ：You look like a gentleman, I look like a pleb. 　　　　　（お前は紳士みたいで、俺は庶民みたいだな）　　　　　　　〔Ch.1, 1:47〜〕 Poppy ：I don't like easy. I like proof. 　　　　　（私、簡単なのは好きじゃないの。確実なのが好きよ）　　〔Ch.4, 14:22〜〕 Merlin ：You move, we die. （君が動けば、我々が死ぬ）　　　　〔Ch.22, 107:58〜〕 Whiskey：You break the law... you pay the price. 　　　　　（法律を破れば、代償を払うんだ）　　　　　　　　　　〔Ch.26, 125:46〜〕 　次に、あまり見慣れない単語や、見慣れているが普段とは違った意味で用いられている単語がありましたら、調べてみましょう。 Harry ：He broke the vial on purpose! 　　　　　（彼はわざと小瓶を壊したんだ）　　　　　　　　　　　〔Ch.19, 92:57〜〕 セリフの中の'vial'は「薬を入れる小さなビン」という意を表します。 Poppy ：I believe the UN has no teeth. 　　　　　（国際連合にもう力は無いと思っているわ）　　　　　　〔Ch.16, 73:35〜〕 セリフの中の'teeth'（単数形tooth）は「力」という意味で用いられています。

キャスト	エグジー　　　　：タロン・エガートン　　　ジンジャー　　　：ハル・ベリー ハリー・ハート　：コリン・ファース　　　　テキーラ　　　　：チャニング・テイタム ポピー　　　　　：ジュリアン・ムーア　　　シャンパン　　　：ジェフ・ブリッジス マーリン　　　　：マーク・ストロング　　　エルトン・ジョン：エルトン・ジョン

115

ゲット・アウト

あらすじ	黒人のカメラマンであるクリスには、ローズ・アーミテージという美しい白人女性の恋人がいます。ある日、ローズの実家に招かれ、黒人であることに不安を抱えながら訪れると過剰な歓待を受けますが、そこで働く黒人使用人の不気味な動作に違和感を覚えます。翌日、アーミテージ家では白人富裕層ばかりを集めたパーティーが開かれます。クリスは居心地が悪くなり、唯一の黒人ゲストのローガンに話しかけますが、ローガンの奇妙な振る舞いに不信を感じます。パーティーに参加していた元カメラマンの盲目の美術商ジムは、自分の才能に限界を感じて画廊オーナーとなった過去を話し、クリスのカメラマンとしての才能を評価していることを明かします。一方、パーティーのゲストたちはクリスがパーティーから離れている間、ゲームをしますが、それはクリスを人身売買にかけるもので、美術商のジムがクリスを競り落としていました。アーミテージ家の異様な雰囲気に気味が悪くなったクリスはローズを促し、帰ろうとしますが、ローズは車の鍵を渡そうとしません。クリスは催眠術にかけられ、地下室に監禁されてしまいます。手足を縛られて目が覚めたクリスは、ローズも含めたアーミテージ家に誘拐され、人身売買の商品にされていたことに気付きます。地下室では、クリスの脳を取り出し、肉体を乗っ取ろうという恐ろしい企てが進められていましたが、クリスは絶体絶命の危機から間一髪で抜け出し、親友ロッドに助け出されます。
映画の背景	現代映画で過去の歴史には触れませんが、米国に今も残る黒人差別が一貫したテーマです。白人の黒人に対する差別意識は法律など目に見える形で表されるのではなく、華々しい活躍をする黒人への妬みと劣等感から生じています。これはストーリーと登場人物だけではなく、各シーンで見られる小道具にもはっきりと表されています。例えば、アーミテージ家の家族の団欒の場面で度々出てくる紅茶や、ソファの革の裂け目から出てくる綿花は米国南部での奴隷制プランテーションの代表作物であり、白人が黒人奴隷を労働力として経済を発展させた時代を思わせます。また、クリスがアーミテージ家で出された飲み物のアイスティーは米国南部のソウルフードと言われるスイートティーで、19世紀頃から白人家庭の伝統的な飲み物とされており、黒人奴隷が農場で働かされていた時代を思い起こさせる演出がされています。黒人への差別意識を感じさせる演出も見られますが、同時に黒人の身体能力の高さに羨望する場面も印象的です。政治やスポーツ界などで活躍する黒人を例に挙げて褒め称えている場面も、単に白人が優位だとするストーリーではありません。ローズの父親のディーンは、I would have voted for Obama for a third term if I could. Best president in my life.〔Ch.4, 18:53〕と言って心からオバマ氏を称え、ゲストも I do know Tiger. Oh, the best I've ever seen.〔Ch.10, 42:57〕とタイガー・ウッズを賞賛する場面も印象的です。
映画情報	製　作　費：500万ドル　　　　　　撮影場所：米国 製　作　年：2017年　　　　　　　　言　　語：英語 製　作　国：米国、日本　　　　　　ジャンル：スリラー、ホラー 配給会社：東宝東和（日本）　　　　使用楽曲：黒人音楽他

Get Out

(執筆) 松家由美子

映画の見所

クリスがローズの昔の恋人の写真を見つけるシーンからストーリーは急展開し〔Ch.14〕、一瞬も目が離せない緊迫したシーンが続きます。全ての写真のローズの隣には黒人男性が写り、そこからクリスはローズに疑いを抱きます。一刻も早くアーミテージ家を去ろうとするクリスを一家は催眠術で意識を奪い、地下室に送り込みます。意識の戻ったクリスに、監禁されたいきさつと恐ろしい企てを話すビデオが流されますが、企ての全てを知ったクリスの恐怖感と、淡々と人体解剖が進んでいくシーン、親友を助け出そうとするロッドの狼狽ぶりは役者の熱演が際立ちます。アーミテージ家によって人体を操作された黒人使用人たちが次々とクリスを襲う終盤は瞬きすらできないほどの汗を握るシーンです。ラストシーンのロッドの登場は映画全体の印象を塗り替えるでしょう。

発売元：
NBCユニバーサル・エンターテイメント
DVD価格：1,429円
Blu-ray価格：1,886円
（2019年7月現在、本体価格）

印象的なセリフ

クリスを人身売買のオークションで競り落とす美術商のジムですが、盲目となり夢を諦めた過去を振り返るシーンは苦悩と落胆に満ちています。〔Ch.10, 47:34〜〕

Jim ：I submitted to Nat Geo 14 times before realizing I didn't have the eye.
（自分には才能がないと気づくまでにナショナルジオグラフィックに14回挑戦した）

ここでは eye は才能を表しています。

Jim ：I began dealing. Then, of course, my vision went to shit. Life can be a sick joke. One day, you're developing prints in the darkroom. The next day, you wake up in the dark. Genetic disease.
（美術商になったら次は失明だ。まるで人生は悪趣味な冗談だ。暗室で働いていた私が、翌日暗闇の中で目覚めるんだ。遺伝病だよ）

と諦めの表情を浮かべます。

また、黒人のローガンがカメラのフラッシュに錯乱し、クリスに襲い掛かる様子をクリスは、

Chris ：...he came at me, it felt like I knew him... I don't know Logan. I knew the guy that come at me.

とローガンの肉体にはローガン以外の誰かがいることを示唆します。〔Ch.13, 58:02〕

公開情報

公開日：2017年 2月24日（米国）	DVD音声：英語、日本語吹替
2017年10月27日（日本）	DVD字幕：日本語、英語
上映時間：104分	受 賞：アカデミー脚本賞
年齢制限：G（日本）、R（米国）	ノミネート：アカデミー作品賞、監督賞、主演男優賞

第8回映画英語アカデミー賞　候補映画

ゲット・アウト

<table>
<tr><td>英語の特徴</td><td>

　登場人物は比較的少なく、ストーリーもシンプルで強い訛りなどはありませんが、クリスの親友のロッドとの会話は電話が多く、スラングや四文字言葉を含めて早口な会話が多く聞かれます。また、皮肉や人身売買のための秘密や隠された意味が頻繁に現われますので、話者の本音を考えながら見ると、ストーリーの深みが増します。ストーリー全体を通して、美術商のジムのセリフが大きな意味を持ちますが、表現にも特徴があり、…is not は ain't と言われています。ain't は be 動詞 + not（am not, are not, is not）または、have not, has not の省略形です。ain't は18世紀ごろに広く使われており、現在はフォーマルな場面では使われませんが、方言や洋楽、映画のセリフなどインフォーマルな場面で多用される表現ですので覚えておきましょう。

　ストーリーに専門用語は少ないですが、後半のアーミテージ家の地下室で行われている非人道的な脳移植手術の場面では、医学用語や特殊な単語が出てきます。アーミテージ家独自の恐ろしい移植法の段階（Phase）は聞きなれない難しい用語があります。主なものは、Phase one: hypnotism（第一段階：催眠術）、Phase two: mental preparation: psychological pre-op（第二段階：心の準備、手術前の心理的な準備）、Phase three: transplantation（第三段階：移植手術）です。クリスの最大のピンチの場面の重要な説明ですので、字幕で確認すると良いでしょう。〔Ch.17, 83:10〜〕

</td></tr>
<tr><td>学習ポイント</td><td>

　前半でクリスとアーミテージ家が親交を深める場面での会話は日常的でシンプルな言葉がほとんどですが、辞書や教科書のような典型的な訳ではない点がポイントです。ローズの父親ディーンがクリスに対して、妻や恋人には謝りの言葉を言えることが肝心だと言いますが謝る言葉は I'm sorry. ではなく、I'm wrong. と言っています〔Ch.4, 15:56〜〕。他にも興味深いセリフがいくつかあります。ローズ：Does he have an off bottun?（パパ、はしゃぎすぎよ）〔Ch.4, 16:07〕という場面では off button で「外れたボタン」、つまりいつもの調子ではないことを表しています。クリス：My dad wasn't really in the picture.（父親とは疎遠だった）〔Ch.5, 19:15〕や、ディーン：Where are your manners?（失礼だな）〔Ch.6, 22:22〕など、簡単な文ですがストレートな表現ではなく、少し遠回しの言葉が多用されていますので、ストーリーの中で探してみると、語彙や表現力を付ける練習になるでしょう。また、白人ゲストたちが Black is in fashion.〔Ch.10, 43:47〕と言っていますが、in fashion は「流行りである」という意味だけではなく、「強い、優勢である」という意味を含んでいます。映画の展開を追って意味を考えると、辞書の意味だけではないことがわかります。ストーリーの展開の暗示や、伏線となるセリフも随所に聞かれますので、逃さずキャッチしましょう。文字通りの意味ではなく、状況にあった意味が理解できるような柔軟性を身につけましょう。

</td></tr>
<tr><td>スタッフ</td><td>

製　　　作：ジェイソン・ブラム　　　　　製作総指揮：レイモンド・マンスフィールド他
　　　　　　ショーン・マッキトリック他　美　　　術：ラスティ・スミス
監　　　督：ジョーダン・ピール　　　　　撮　　　影：トビー・オリバー
脚　　　本：ジョーダン・ピール　　　　　編　　　集：グレゴリー・プロトキン

</td></tr>
</table>

118

ゲット・アウト

薦	○小学生　　○中学生　　○高校生　　●大学生　　●社会人	リスニング難易表	

		リスニング難易表	
お薦めの理由	ストーリーや登場人物の会話からは露骨な差別発言はありませんが、今もなお白人社会に残る黒人差別の意識や、各場面の細かい部分に黒人奴隷の悲しい歴史が盛り込まれています。現代の米国に残る人種差別や、それにつながる過去の歴史を振り返るきっかけとなるでしょう。歴史が語られる場面はなくても、映画を見ることで米国の黒人奴隷制度や当時の経済を支えた米国南部のプランテーション制度について考えさせられる作品です。プランテーションの農作物の代表的な作物も多く登場します。また、最初は穏やかなストーリーに見えるシーンや登場人物も、全てはクリスが人身売買の道具とされてビジネスが成功するための必須要素であり、最終的には白人の脳の移植手術を終わらせることが目的であったことは、繰り返し見ることで次々と明らかになります。各シーンの細かい部分にも様々な意味がこめられていますので、登場する一つ一つに注目すると映画が発するメッセージがはっきりとわかり、映画と英語両方の理解が深まるでしょう。	スピード	4
		明瞭さ	3
		米国訛	4
		米国外訛	1
		語彙	4
		専門語	4
		ジョーク	3
		スラング	3
		文法	2

発展学習	相手のメッセージをじっくりと聞き出す方法を練習してみましょう。アーミテージ家やその周辺の白人によって行われる脳移植の始まりはローズの母親のミッシーがかける催眠術です。最初にクリスがミッシーにかけられる催眠術は、クリスに幼少期について問いかける場面から始まります。母親を亡くした当時の出来事や気持ちを語るクリスの言葉を、ミッシーはゆっくりと繰り返しています。

① Missy: Do you hear the TV? What do you hear? / Chris : Rain.
　Missy: Rain. It was raining. You hear the rain?　　　　〔Ch.8, 32:58〜〕
② Missy: How do you feel now?　　　　　　　　/ Chris : I can't move.
　Missy: You can't move.　　　　　　　　　　　　　　　　〔Ch.8, 34:52〜〕

短いセリフの繰り返しですが、相手の発話を確認しながら自分も理解するために有効な方法です。

　また、アーミテージ家で働いている使用人たちの言葉にも注目してみましょう。ストーリーの最後に、彼らはローズの祖父母たちの脳を移植されていたことがわかりますが、この秘密を理解してからもう一度見てみると、彼らは彼ら自身の言葉ではなく、アーミテージ家の人間によって、アーミテージ家を褒め称えるように操作されていることがわかります。最初はわからなくても繰り返し見てみると、黒人使用人たちの表情と言葉の深みがわかり、スリルが味わえます。

キャスト	クリス・ワシントン　　　：ダニエル・カルーヤ ローズ・アーミテージ：アリソン・ウィリアムズ ディーン・アーミテージ：ブラッドリー・ウィットフォード ジム・ハドソン　　　　：スティーヴン・ルート	ジェレミー・アーミテージ： 　　　ケイレブ・ランドリー・ジョーンズ ミッシー・アーミテージ：キャサリン・キーナー ロッド・ウィリアムズ　：リル・レル・ハウリー

第8回映画英語アカデミー賞　候補映画

ゴッホ　最期の手紙

<table>
<tr><td rowspan="4">あらすじ</td><td>

　南フランスのアルルで無為の時を過ごす若者アルマン・ルーランは、郵便配達人である父から一通の手紙を届けて欲しいと頼まれます。手紙は一年前に自殺を遂げたオランダ人画家、フィンセント・ファン・ゴッホが弟のテオに宛てて書いたものでしたが、宛先不明で配達されないままになっていたのです。フィンセントは、追放の署名が集められるほどアルルでは嫌われていました。フィンセントの友人であった父の願いを聞き入れ、アルマンは手紙を携え旅に出ます。

　パリで訪ね当てた画材商のタンギーからは意外な話を聞かされます。フィンセントの不幸な生い立ち、様々な職業に就くが挫折ばかりで、ついに27歳の時に初めて絵筆をとり、才能を一気に開花させたこと。タンギーが語るフィンセントの姿は、今までアルマンが抱いていた変わり者の狂人というイメージを塗り替えました。彼は少しずつこの無名の画家に惹きつけられていきます。

　フィンセントの死に疑問を抱いたアルマンは、彼が最後の数週間を過ごしたオーヴェル＝シュル＝オワーズを訪れます。ここでも風変わりな画家は人々の注目を集めていました。町の人々から話を聞くうちに浮かび上がってくるのは、フィンセントの深い孤独と、絵にかける情熱です。ある人からは邪悪だと蔑まされる一方、毎日彼の墓に花を供えにくる女性もいます。アルマンはフィンセントの旅と、生き方を模索する自分の旅を重ね合わせます。

</td></tr>
<tr><td rowspan="4">映画の背景</td><td>

　印象派の画家フィンセント・ファン・ゴッホを描いた伝記映画です。ゴッホは1853年にオランダ南部のフロート・ズンデルトで生まれました。教師や本屋の店員、牧師などの職につきますがどれも長続きすることなく、20代の後半で絵画に目覚めるまでは挫折の日々が続きました。パリ近郊のオーヴェル＝シュル＝オワーズで没した時にゴッホは37歳。銃で自殺を遂げたというのが定説ですが、暴発による事故に巻き込まれたとする説も残されており、本作で描かれたように彼の死の真相は闇の中のようです。その短い活躍期間に光があふれ出すような大胆な色使いで描かれた『ひまわり』や『星月夜』など、多くの傑作を残しています。

　本作の監督と脚本を担当したドロタ・コビエラは1978年にポーランドで生まれ、ワルシャワ芸術アカデミーとワルシャワ映画学校監督学部で映画について学びました。アカデミー時代には「文化賞奨学金」を手にしています。本作の他にも短編実写映画『The Hart in Hand』(2006)や短編アニメーション映画『Little Postman』(2011)などで監督を務め、３Dを多用した新しい映像表現に取り組んでいます。

　本作の原題は"Loving Vincent"ですが、コビエラはこのタイトルを選んだ理由を二つあげています。一つはゴッホが弟テオへの手紙に"Your Loving Vincent"としばしば署名していたこと。もう一つさらに重要なのは、ゴッホを愛する人が世界中にいるから、とのことです。

</td></tr>
</table>

<table>
<tr><td rowspan="4">映画情報</td><td>

製　作　費：500万ユーロ
製　作　年：2017年
製　作　国：英国、米国、ポーランド
配給会社：パルコ（日本）

</td><td>

製作会社：ブレイクスループロダクションズ
　　　　　トレードマークフィルムズ
撮影場所：ロンドン、スリーミルズ・スタジオ
ジャンル：アニメーション、伝記

</td></tr>
</table>

Loving Vincent

(執筆) 三井　敏朗

映画の見所

ゴッホの生涯を描いた映画は1948年のフランス映画『ヴァン・ゴッホ』に始まり、『炎の人ゴッホ』(1956)、『ゴッホ』(1990) など80本以上を数えます。本作が発表された翌年の2018年にも『永遠の門　ゴッホの見た未来』が製作されています。

ゴッホの死の真相を探る本作の特質は、全編が彼の油絵のタッチを基にしたアニメーションで描かれていることでしょう。ゴッホの絵でお馴染みのタンギー爺さんやガシェ医師、ピアノを弾くマルグリットが動き出し、物語を綴っていくのです。

撮影はまず生身の俳優たちが演じる実写映画を作ることから始まりました。それを世界中から選ばれた125名の画家が油絵に仕立てていくのです。作品中の1秒に使われる油絵は12枚。総数62,450枚もの油絵がこの壮大な作品を作り上げています。

発売元：パルコ
DVD価格：4,800円
Blu-ray価格：5,800円
（2019年7月現在、本体価格）

印象的なセリフ

ここでは他人の目に映ったVincentに関するセリフをあげてみます。

1）Bewildered eyes in which there was something insane. 〔Ch.4, 24:52〕

Gachet家の家政婦、Louise Chevalierのセリフです。不器用で、ひたすらに絵にうちこむVincentは時には邪悪な狂人のように映りました。

2）And, I thought to myself how lonely is this guy that even a thieving crow brightens up his day? 〔Ch.4, 35:00〕

貸しボート屋の男が口にしたセリフです。カラスに食事を盗まれることにさえ喜びを感じるVincentは、何と孤独なのだろうと言うのです。

狂人、孤独。そのイメージは影のようにVincentについて回ったのです。寡黙な彼は弟のテオに出す手紙にだけは本当の自分を綴っていました。

3）I want to touch people with my art. I want them to say 'he feels deeply, he feels tenderly'. 〔Ch.8, 91:24〕

絵を通じて人びとに理解してもらいたい。それが彼の心の奥の願いなのです。

4）There's whole other world up there. Something we get to gaze upon but don't fully understand. It reminds me of him（Vincent）. 〔Ch.8, 85:49〕

Joseph Roulinのセリフです。どれほど見つめても決して手の届くことはないVincentは、まさにStarry Nightのような存在なのでしょう。

公開情報

公 開 日：2017年10月13日（英国）
　　　　　2017年11月3日（日本）
上映時間：95分
年齢制限：G（日本）、PG-13（米国）

受　　賞：ヨーロッパ映画賞長編アニメ映画賞
　　　　　女性映画ジャーナリスト同盟アニメ映画賞
　　　　　ゴールデンイーグル賞外国語映画賞
ノミネート：アカデミー長編アニメ賞

第8回映画英語アカデミー賞　候補映画

ゴッホ　最期の手紙

英語の特徴

　主に英国英語が使われています。会話は全体に聞き取りやすいと思いますが、英国風の発音や表現に慣れていない人には新鮮に感じられるのではないでしょうか。ただオランダ出身のVincentも、舞台となったパリやアルルの人びともみな一様に英語を話す一風変わった設定となっています。発音やアクセント、抑揚にもそれぞれの言語独特の訛りも配慮され、英語圏以外の人が英語を話すとこのように聞こえるのか、という発見もあります。例をあげてみましょう。顕著なのは t の発音が l になることです。

　　Pere Tanguy 　　　：Six months after we buried Vincent, Theo was dead <u>loo</u>
　　　　　　　　　　　　 (too).　　　　　　　　　　　　　　　　　 〔Ch.3, 16:10〕
　　Louise Chevalier 　：<u>Slop</u> (Stop) in at any time.　　　　　　　〔Ch.6, 56:24〕
　　Armand Roulin 　　：Yes, <u>bull</u> (but) don't think that anymore. 〔Ch.7, 68:54〕
　次に映画の舞台となった地域を示す表現をあげてみます。
　　Armand Roulin 　　：Did you also hear that your friendly local <u>gendarme</u> put
　　　　　　　　　　　　 me up for the night?　　　　　　　　　　 〔Ch.7, 68:21〕
　gendarmeはフランスやベルギーの憲兵を指す名詞です。
　　Doctor Gachet 　　：Louise, you know the one, <u>chop-chop</u>.　　〔Ch.7, 75:15〕
　これはピジン（pidgin English）と呼ばれる、英語とアジアやアフリカなどの言語との混合による言葉で、「早く、急いで」の意味で使われています。

学習ポイント

　ここでは単語の詳細なニュアンスについて学びたいと思います。Armandは父への手紙の中で次のように語ります。
　　Dear Father, looks like I'm continuing my <u>journey</u>.　　〔Ch.4, 22:53〕
　またDoctor GachetはArmandにVincentが残した手紙を渡しこう言います。
　　It is from when he (Vincent) was starting out on his <u>journey</u> as an artist.
　　Take it for your <u>journey</u>.　　　　　　　　　　　　　　 〔Ch.7, 83:45〕
　「旅」を示す言葉はたくさんありますが、なぜ彼らはあえてこの言葉を選んだのでしょう。「旅」の訳としてすぐに浮かぶのはjourneyの他にtravel、trip、tour、voyageというところでしょうか。これらの語は一様に「ある地点から別の地点に移動すること」の意味が基本にありますが、そのニュアンスはそれぞれに微妙に異なっています。travel、trip、tourは仕事や観光など特定の目的を持ち、移動して戻ってくることが前提となる語ですが、journeyには特にそのようなニュアンスはなく、比較的長距離・長期間で何かを探求する旅を暗示しています。
　人生に目的を見出せないArmandでしたが、孤独な中にも生きる道を探し出そうとするVincentに自分自身を重ね合わせていきます。Armandの旅は手紙を渡す仕事が目的なのですからtravelを使っても良さそうですが、結果的に自分を見つめ直すための放浪の旅となりました。やはりここはjourneyがふさわしいようです。

スタッフ

製　　　作：ヒュー・ウェルチマン他　　　製作総指揮：クローディア・ブリュームフーバー
監督・脚本：ドロタ・コビエラ　　　　　　　　　　　　ガード・シェパーズ他
　　　　　　ヒュー・ウェルチマン　　　撮　　　影：トリスタン・オリヴァー他
脚　　　本：ヤツェク・デネル　　　　　編　　　集：ユスティナ・ヴィエルシンスカ他

122

ゴッホ　最期の手紙

薦	○小学生　　○中学生　　●高校生　　●大学生　　●社会人	リスニング難易表	
お薦めの理由	「自分の耳を切り落とし、娼婦に与えた」「生前に売れた絵は一枚だけだった」「情熱と狂気」「自分で腹を撃って自殺した」など、ゴッホを巡る伝説は枚挙にいとまがありません。彼は本当に自殺したのか。それとも何か別の事情があり、誰かに撃たれたのか。もしも自殺なのだとしたら、その理由は何か。本作では、無名のゴッホに魅せられた青年が彼の死の謎を解こうとして旅を続けます。青年がたどり着いたのは失われてしまった過去の真相ではなく、ゴッホの寂しさと人びとに理解してもらいたいという痛切な心の内側でした。この作品では何よりもゴッホの深い孤独が丹念に振り下げられていきます。 　ゴッホに詳しい人であれば彼の絵でおなじみの人物や風景がそのままのタッチで描かれるアニメーションを楽しむことができます。また名作『星月夜』を思わせる星空への憧れや、ゴーギャンとの不幸に終わった共同生活のことなど、ゴッホと彼を取り巻く時代も描かれ、本作はゴッホ入門としても優れた作品だと思います。	スピード	3
		明瞭さ	3
		米国訛	1
		米国外訛	5
		語彙	3
		専門語	3
		ジョーク	2
		スラング	2
		文法	3
発展学習	本作にはゴッホの生きた軌跡に基づくセリフが散りばめられています。それらを手がかりに彼の生涯をさらに掘り下げてみましょう。 　　Lieutenant Milliet：Vincent was all enthusiastic for his yellow house to become this hostel for painters.〔Ch.1, 6:31〕 yellow houseとは、1888年にゴッホがアルルのラマルティーヌ広場近くにアトリエとして借りた家を指します。彼の作品『黄色い家』はこの家がモデルとなっています。この時期にゴッホは『ラ・ムスメ』、『郵便配達人ジョゼフ・ルーラン』、『ひまわり』、『夜のカフェ』など多くの作品を描きました。そこにあらわれる人物や風景は、絵筆のタッチそのままで本作品に登場します。 　　Vincent van Gogh：But, the sight of the stars always makes me dream. Why, I say to myself, should those spots of light in the firmament bet inaccessible lo (to) us?〔Ch.8, 87:19〕 ゴッホが弟に宛てた手紙の一節です。starsは、星や月が放つ光が渦となりキャンバスいっぱいに広がる『星月夜』を連想させます。孤独なゴッホは、自分も光の渦に巻き込まれ、夜空で共に輝きたいと願っていたのでしょうか。またTED.comの "The unexpected math behind Van Gogh's Starry Night" では物理の法則という観点から『星月夜』に描かれた渦の謎に迫っています。		
キャスト	フィンセント・ファン・ゴッホ：ロベルト・グラチーク　　　ルイーズ・シュヴァリエ：ヘレン・マックロリー アルマン・ルーラン　　：ダグラス・ブース　　　ジョゼフ・ルーラン　：クリス・オダウド ポール・ガシェ　　　　：ジェローム・フリン　　アドリアーヌ・ラヴー：エレノア・トムリンソン マルグリット・ガシェ：シアーシャ・ローナン　　貸しボート屋　　　：エイダン・ターナー		

第8回映画英語アカデミー賞　候補映画

猿の惑星：聖戦記(グレート・ウォー)

<table>
<tr><td rowspan="1">あ
ら
す
じ</td><td>

人間への復讐心に燃える猿のコバによって、人間と猿との全面戦争に突入してから2年が経っていました。戦いの続くある日、人間を人質にとった猿のリーダーのシーザーは、自分が戦いを望まないとして、その人質を無傷で放ちます。しかし、人間の兵士たちはある晩逆襲に転じ、シーザーは妻のコーネリアと息子のブルーアイズを大佐に殺されてしまいます。

復讐心に燃えるシーザーは、仲間たちをより安全な場所へ移動させるよう指示をして、自らは大佐に復讐すべく人間の兵士たちの基地へと向かいます。同行するのはロケットとゴリラのルカ、そしてオランウータンのモーリスです。

途中、人間のキャンプ地で口の利けない孤児の少女ノヴァを一緒に連れて行くことになります。また、動物園から逃げてきた服を着たチンパンジーのバッド・エイプも加わることになるのでした。

人間の基地では、安全な場所へ逃げたと思っていた仲間が捕らわれの身となっており、それを山頂から見ていたシーザーも不意を突かれて捕らわれてしまいます。そして壁を作るために猿たちは奴隷のように働かされるのでした。

機転を利かせたロケット、モーリスたちによって猿たちは脱出を試みます。シーザーは、大佐に復讐を果たそうとしますが、ちょうどその時、北部にいた別の軍隊が攻め込んでくるのでした。
</td></tr>
<tr><td>映
画
の
背
景</td><td>

○ この作品には、口の利けない謎の女の子が出てきます。その少女の名は「ノヴァ」。モーリスが、自動車シボレーのエンブレムから名づけました〔Ch.11, 51:38〕。実はこの名は、1968年の『猿の惑星』オリジナル版に出てきた口の利けない美女と同じ名前です。因みに「ノヴァ」とはラテン語で「新しい」を意味し、英語では「新星」を表します。

○ 移民問題、差別、テロリズム、新種の病原体といった現代社会の大きな問題が、本作の背景にあるのがわかります。猿の視点からそれらを俯瞰してみると、改めて人間の愚かな点がわかってくるでしょう。

○ 大佐の組織のシンボル「ＡΩ」とは何でしょう。実は「Ａ(アルファ)」「Ω(オメガ)」はギリシャ語の最初と最後の文字で、この二つを並べることで「すべて」「永遠」を表し、新約聖書には頻出する語です。そしてこのマークは、『続・猿の惑星(1970)』の核弾頭の羽に書かれていました。

○ 『猿の惑星』といえば、1968年の作品の衝撃的なラストシーンがあまりにも有名です。是非その作品を鑑賞されることをお薦めします。そして、この新シリーズはリブート版(リメイクとは違います)で、これはその3部作の最終章です。映画の中に前作までの内容に触れる箇所もありますが、前作品も観ておくと内容理解が深まります。
</td></tr>
<tr><td>映
画
情
報</td><td>

製　作　費：1億5,000万ドル　　　　　撮影場所：ヴァンクーヴァー、ブリティッシュコロンビア、カナダ等
製　作　年：2017年　　　　　　　　　　言　　　語：英語、米国手話
製　作　国：米国、カナダ、ニュージーランド　ジャンル：アクション、アドベンチャー、ドラマ、SF、スリラー
配給会社：20世紀フォックス(日本)　　　原作小説：「猿の惑星」ピエール・ブール
</td></tr>
</table>

124

War for the Planet of the Apes

（執筆）松葉　明

映画の見所

○ 昔と違い、特殊メイクや着ぐるみは一切使用されていません。猿たちはすべてCGで描かれています。このシステムはパフォーマンス・キャプチャーと呼ばれています。体毛の一本一本まで本物のように見えます。
○ サンフランシスコ近郊の動物園にいたバッド・エイプは、毛が抜け落ちて外見的には類人猿に近い形で表されています。そのため、防寒対策としてダウンジャケットを着ているところが笑いを誘います。
○ シーザーが復讐心を胸に、人間の町へ向かって馬を走らせる場面〔Ch.6, 28:16～〕は、西部劇を見ているようです。
○ ノヴァが傷ついたシーザーに水を与える場面〔Ch.19, 92:19～〕は、まるで『ベン・ハー(1959)』の中で、主人公が十字架を担がされたキリストに施すようです。

発売元：
20世紀フォックス ホーム エンターテイメント ジャパン
DVD価格：1,905円
Blu-ray価格：1,905円
（2019年7月現在、本体価格）

印象的なセリフ

○ Caesar　：Apes together strong.　（エイプ集まると強い）　〔Ch.4, 18:05～〕
○ Koba　　：Ape not kill ape.　（エイプはエイプを殺さない）〔Ch.9, 38:57～〕
○ Bad Ape：Human get sick. Ape get smart.　〔Ch.10, 48:44～〕
　　　　　　（人間は病気になる。エイプは利口になる）
　　毛の抜け落ちたチンパンジーのバッド・エイプが、シーザーに話します。'smart' は「痩せた」という意味ではなく、「賢い、利口な」という意味です。日本語の「スマート」の意味での英語は 'slim' となります。
○ Caesar　：They must pay.　（償わさせてやる）　〔Ch.13, 58:51〕
　　ルカを殺され怒りに燃えるシーザーがこう言います。するとモーリスは、
○ Maurice：You sound like Koba.　（コバみたいだ）　〔Ch.13, 59:00〕
　　シーザーは後に、"Maurice was right. I am like Koba."〔Ch.23, 111:47～〕と言っています。
○ Colonel：This is a holy war.　（これは聖戦だ）　〔Ch.17, 83:39～〕
　　本作の邦題になっていますね。
○ Maurice：You are Nova.　（お前はノヴァだよ）　〔Ch.21, 102:06～〕
　　ノヴァに "Ape? Me? Ape?" と聞かれたときに、今では母親のようなモーリスが優しく答えます。

公開情報

公開日：2017年 7月14日（米国）
　　　　 2017年10月13日（日本）
上映時間：139分
年齢制限：G（日本）、PG-13（米国）

DVD音声：英語、日本語吹替
DVD字幕：日本語、英語
関連作品：猿の惑星：創世記（ジェネシス）(2011)
　　　　　猿の惑星：新世紀（ライジング）(2014)

第8回映画英語アカデミー賞　候補映画

猿の惑星：聖戦記（グレート・ウォー）

英語の特徴	○ このシリーズの3部作では、言語習得の過程がわかります。まず、第1作の『創世記(2011)』では、映画の最後にシーザーが 'No' という言葉を発します。続く第2作『新世紀(2014)』では 'Home'、'Family'、'Future' 等、単語を使うようになって、そして本作では、ふつうに会話をするようになっています。また、この作品中では、モーリスのそれに注目してみましょう。手話しかできなかったモーリスが、最後には話せるようになっています。 ○ 猿たちの話す英語のほとんどは文法的に間違いのある英文です。それでも伝えたい内容は相手に十分に伝わります。正確な文でないと会話ができないと思っているシャイな日本人には、大いに参考になるのではないでしょうか。 ○ 言葉を発することのできない猿たちの場面が多いので、当然のことながら英語が登場する場面は限られてきます。ですからリラックスして集中して聞けるのではないでしょうか。 ○ 手話が多いので、字幕を日本語ではなく、英語字幕で視聴してはどうでしょう。中・高生にも意外と理解できる箇所は多いです。 　また、"Thank you"〔Ch.22, 104:51〕等、簡単な英語の手話を覚えてみるのもおもしろいと思います。中学校の英語の教科書の中には、巻末に掲載されているものもあります。
学習ポイント	正しい英語ではないけれど、相手にはこちらの意思が十分に伝わるエイプたちの話す英語を聞き取ってみましょう。 ○ シーザーと動物園から逃げてきたバッド・エイプとの会話です。〔Ch.10, 48:34～〕 Caesar ：Are there more like you?　（お前みたいのが他にもいるのか？） 　　　　　More apes from zoo.　（もっと動物園から逃げてきたのが） Bad Ape：Dead. All dead. Long time. Human get sick. Ape get smart. Then human kill ape. But not me. I run. 　　　　（死んだ。みんな死んだ。ずっと前に。人間病気になる。エイプ利口になる。それで人間エイプ殺す。でも俺は違う。俺は逃げた） 　手話の場面を英語字幕にして見てみましょう。 ○ 女の子を置きざりにできないとモーリスが言う場面です。　　〔Ch.7, 33:54～〕 Caesar ：We cannot take her, Maurice. （モーリス、あの娘を連れていけない） Maurice：I understand. But I cannot leave her. 　　　　（わかってる。でもあの娘を置きざりにできない） ○ モーリスとノヴァの会話です。　　　　　　　　〔Ch.21, 101:38～〕 Maurice：You are very brave.　（お前はとっても勇敢だよ） Nova 　：Brave!　（勇敢！）
スタッフ	製　　作：ピーター・チャーニン他　　　製作総指揮：メアリー・マクラグレン他 監　　督：マット・リーヴス　　　　　　撮　　影：マイケル・セレシン 脚　　本：マーク・ボンバック他　　　　音　　楽：マイケル・ジアッキーノ キャラクター・クリエイト：リック・ジャッファ他　編　　集：ウィリアム・ホイ他

猿の惑星：聖戦記（グレート・ウォー）

薦	○小学生　●中学生　●高校生　●大学生　●社会人	リスニング難易表	
お薦めの理由	○『猿の惑星』新シリーズ『創世記(2011)』、『新世紀(2014)』に続く3部作の完結編となります。前作以上によりリアルになった猿たちの動きに目が離せません。 ○ブルーレイ＆DVDのセットには、特典として、オリジナル版の『猿の惑星（1968）』のブルーレイが付いています。まだ観ていない方にはこれも必見です。 ○動物の視点から見た人間社会の歪みがわかります。つまり、人種差別、偏見等、現在の人間社会に起こっている問題点を、猿たちの視点から見ることができます。 ○監督のリーヴスと脚本担当のボンバックは、本作品製作のインスピレーションを得るために、過去の映画を数えきれないほどたくさん鑑賞したそうです。「映画の見所」のところで少し触れましたが、他にも『十戒(1956)』、『戦場にかける橋(1957)』、『大脱走(1963)』、『地獄の黙示録(1979)』が取り入れられているそうです。それがどの場面なのか、思い巡らせてみるのも楽しいと思います。	スピード	2
		明瞭さ	3
		米国訛	2
		米国外訛	2
		語彙	2
		専門語	2
		ジョーク	2
		スラング	2
		文法	2

発展学習	シーザーと大佐の会話を中心に聞き取ってみましょう。　　〔Ch.13, 62:55〜〕 Colonel：Have you finally come to save your apes? 　　　　　（やっと仲間の猿たちを助けにやってきたのか） Caesar：I came for you.　　　　　　　　　　（おまえに会いにきたんだ） Colonel：For me? Who did I kill that night?（俺に？あの晩俺は誰を殺した？） Caesar：My wife. My son.　　　　　　　　　（俺の妻。俺の息子だ） Colonel：I'm sorry. I was there for you. My god. Look at your eyes. Almost human. How did you know I was here? 　　　　　（すまんな。お前を殺しに行ったんだ。おいおい。なんて目をしてるんだ。ほとんど人間だ。俺がここにいるとどうやって知った？） Caesar：I was told you were coming. That more soldiers from the North ...would be joining you here. 　　　　　（お前が来ると聞いた。北からさらに兵士がやってきて、お前たちと合流すると） Colonel：Joining me?　　　　　　　　　　　（俺と合流だと？） Caesar：To finish us off. For good.　　　　（俺たちを皆殺しにするため。永遠に） Colonel：Who told you that? OK. Let's go.（誰が言った？まあいい。行くぞ）

キャスト	シーザー　　　　：アンディ・サーキス	ノヴァ　　　　　：アミア・ミラー
	大佐　　　　　　：ウディ・ハレルソン	ロケット　　　　：テリー・ノタリー
	バッド・エイプ　：スティーヴ・ザーン	レッド・ドンキー：タイ・オルソン
	モーリス　　　　：カリン・コノヴァル	ルカ　　　　　　：マイケル・アダムスウェイト

シェイプ・オブ・ウォーター

あらすじ	主人公のイライザは、米国の極秘施設であるオッカム航空宇宙センターで掃除婦として働いています。ある日、新しい研究チームの責任者であるホフステトラー博士と研究対象物がやって来ます。その生き物は人間と魚を合わせた半魚人（フィッシュマン）で、アマゾンから連れてこられました。イライザはその生き物に興味を持ち、ゆで卵を持って会いに行くようになり、2人は交流を深めていきます。ところがある警備員が2人の前に立ちはだかります。 　その警備員の名前はストリックランドで、研究対象のフィッシュマンを米国に連れてきた人物です。管理を任されていますが、フィッシュマンを虐待しているため、ある日反撃されて指を噛みちぎられてしまいます。なんとか指を縫合するも、その指は腐ちはてていきます。彼の運命とともに。 　その後ストリックランドが持ち込んだ生物が解剖されることになります。ホフステトラー博士は反対しますが、それは決定事項となり、その事実を知ったイライザは、向かいに住む友人のジャイルズに協力を依頼し、フィッシュマンを海へ逃がす計画を立てます。その後同僚のゼルダやホフステトラー博士も巻き込み、イライザは命がけで宇宙センターからフィッシュマンを盗み出し、自分の家にかくまうことにします。追っ手が迫る中、イライザは無事に彼を逃がすことができるのでしょうか。
映画の背景	監督のデル・トロが、この物語を作るきっかけとなった作品が『大アマゾンの半魚人』（*Creature from the Black Lagoon*, 1954）です。幼い頃にみたこの作品の半魚人とヒロインが結ばれることをずっと祈り続けていたそうです。決して結ばれることのない2人をなんとかしたいという気持ちで映画を作り続け、ようやくこの作品で監督の願いが叶いました。そこには作家のダニエル・クラウスの助けもあったようです。 　ダニエルとのふとした会話から、具体的な着想を得た監督でしたが、すぐにこの作品に取り掛かったわけではありませんでした。6年という歳月の中で、この複雑な物語をどう表現するか、模索しながら少しずつプロジェクトを進めていき、ついにサリー・ホーキンス、オクタヴィア・スペンサー、マイケル・シャノン、ダグ・ジョーンズという素晴らしい俳優たちのために脚本を丁寧に書き上げました。 　中でもダグ・ジョーンズは、デル・トロ監督とは『ミミック』（1997）からの付き合いとなります。『ミミック』では昆虫役でしたが、その後『ヘルボーイ』シリーズ（2004〜2008）、『パンズ・ラビリンス』（2006）、『クリムゾン・ピーク』（2015）を経て、今作で人間の女性と恋に落ちる繊細な役を見事に演じきりました。
映画情報	製 作 費：1,940万ドル　　　　　撮影場所：カナダ 製 作 年：2017年　　　　　　　言　　語：英語、ロシア語、仏語、米国手話 製 作 国：米国　　　　　　　　　ジャンル：ドラマ、ファンタジー、ロマンス他 配給会社：20世紀フォックス（日本）　使用楽曲："You'll Never Know"（Alice Faye）他

The Shape of Water

(執筆) 石垣　弥麻

映画の見所

　見所はたくさんありますが、「真のモンスターは誰、あるいは何か」というところです。

　映画の中でモンスターとして登場するのはフィッシュマンですが、彼は本当に「モンスター」と呼べる存在なのでしょうか。実験に利用するためにアマゾンから連れてこられましたが、現地では神と崇められていた崇高な存在です。彼は暴力で従わせようとするストリックランドから執拗に虐待されますが、人間の心を理解する優しい存在として描かれています。

　ではストリックランドが真のモンスターなのでしょうか。彼はただ職務を全うしているだけで、その背後には政府という巨大な組織があり、米ソの冷戦があります。

　その構図を考えていくと、2人は犠牲者でしかなく、本当に恐ろしい大きな力の存在に気付かされます。

発売元：
20世紀フォックス ホーム エンターテイメント ジャパン
DVD価格：1,905円
Blu-ray価格：1,905円
(2019年7月現在、本体価格)

印象的なセリフ

　イライザがフィッシュマンを助けたいとジャイルズに訴える場面での手話のセリフです。〔Ch.9, 45:50〜〕

"What am I? I move my mouth, like him. I make no sound, like him. What does that make me? All that I am…all that I've ever been…brought me here, to him. (中略) When he looks at me, the way he looks at me…he does not know what I lack…or how I am incomplete. He sees me for what I am, as I am. He's happy to see me, every time, every day. And now I can either save him…or let him die."
(私は何者？ 私は口を動かす、彼のように。私は声を出せない、彼のように。私を作りだしているものは何？ 今の私、そしてこれまでの私が私をここに連れてきてくれた、彼のところへ。(中略) 彼が私を見るとき、彼の私を見る目つきで、私に何が欠けているのか、そしていかに不完全かということは彼にはわからない。彼は私を私として見てくれる。ありのままの自分を。彼は幸せそうに私を見る。いつも。毎日。今なら私は彼を救えるの。そうしなければ死なせることになるわ)

　この言葉に耳を貸そうとしないジャイルズに向けて言うセリフが"If we do nothing, neither are we."(もし私たちが何もしなければ、私たちも人間じゃない)。

　ジャイルズは一旦はその場を離れますが、仕事に失敗し、パイの店の青年にも振られ、結局自分の居場所をなくしてフィッシュマンを助けることに決めます。

公開情報

公　開　日：2017年12月1日（米国）
　　　　　　2018年 3月1日（日本）
上映時間：123分
年齢制限：R15+（日本）、R（米国）

音　　声：英語、ロシア語、フランス語
DVD字幕：日本語、英語
受　　賞：アカデミー作品賞、監督賞、
　　　　　作曲賞、美術賞

第8回映画英語アカデミー賞　候補映画

シェイプ・オブ・ウォーター

<table>
<tr>
<td rowspan="1">英語の特徴</td>
<td>

　この作品の主人公であるイライザは、話すことができませんので、手話を使います。彼女の気持ちは、ジャイルズかゼルダによって代読されます。ジャイルズはこの物語の語り手でもあり、設定も60才の画家となっているため、ゆっくりと穏やかに話します。

　また、手話はイライザが恋をするフィッシュマンとの会話にも使用され、とても重要な役割を果たしています。他の人物との会話とは異なり、イライザがフィッシュマンと話す時はとてもシンプルで無駄を省いたやりとりになっています。

　それとは対照的に、ゼルダはせっかちで、やや早口な口調で仕事中ずっとイライザに話し続けています。彼女の世間話の中心は夫の悪口ですが、それほどスラングも多くなく、比較的聞き取りやすいと思います。

　そのほか、警備員のストリックランドと、ロシア人スパイであるホフステトラー博士は標準的な米国英語を話しますが、博士が徹底的に米国英語を訓練されているという役どころは想像できます。この作品で訛りが感じられるのはジャイルズが通うパイの店の店員の南部訛りですが、全体的には文法や発音など標準的な米国英語と言えるでしょう。サリー・ホーキンスは英国人ですが、この作品では話さないため、残念ながら彼女の英国英語を聞くことはできません。
</td>
</tr>
<tr>
<td>学習ポイント</td>
<td>

　好きな場面でセリフを覚えたり、シャドウイングする練習から始めるといいでしょう。ここではジャイルズの一人称の語りをみてみましょう。〔Ch.1, 1:49〜〕

"If I spoke about it — if I did — what would I tell you? I wonder. Would I tell you about the time? It happened a long time ago, it seems. In the last days of a fair prince's reign. Or would I tell you about the place? A small city near the coast, but far from everything else. Or, I don't know. Would I tell you about her? The princess without voice. Or perhaps I would just warn you, about the truth of these facts. And the tale of love and loss...and the monster who tried to destroy it all."

（もし私がそのことについて話をするなら、あなた方になんて言おうか。そう。時について話をしようか。昔々に起こった出来事。たぶん。美しい王子が治めていた国の終焉の時代。あるいは場所について話をしようか。海の近くにある小さな国。でも他には何もない場所。いや、わからない。彼女について話をしようか。声をなくした王女のことを。さて、あなた方に警告しておこう。これから話す出来事の真実を。愛と喪失の物語を。そして全てを壊そうとしたモンスターのことを）

　これは物語の始まりの場面ですが、子どもに聞かせるベッドタイムストーリーのような語りになっているのでとてもわかりやすい内容です。ジャイルズの語りは最初に取り組む学習としてはおススメです。
</td>
</tr>
<tr>
<td>スタッフ</td>
<td>

製　　作：J・マイルズ・デイル他　　　　原　　案：ギレルモ・デル・トロ他
監　　督：ギレルモ・デル・トロ　　　　　撮　　影：ダン・ローストセン
脚　　本：ギレルモ・デル・トロ　　　　　音　　楽：アレクサンドル・デスプラ
　　　　　ヴァネッサ・テイラー　　　　　編　　集：シドニー・ウォリンスキー
</td>
</tr>
</table>

シェイプ・オブ・ウォーター

薦	○小学生　○中学生　○高校生　●大学生　●社会人	リスニング難易表	
お薦めの理由	この作品はアウトサイダーの物語です。 　言葉を話せないイライザ、黒人のゼルダ、ゲイのジャイルズ、ロシア人スパイのホフステトラー博士、アマゾンから連れてこられたフィッシュマンと、社会の片隅でひっそり生きてきた人々の物語です。そんな人々をデル・トロ監督は暖かい眼差しで描き、見守っています。監督自身メキシコ人であるということから考えても、外から米国を見るという見方もできるでしょう。 　そのような人々を通して、監督は形のない愛を描きました。しかし一方で、映画の最初で、この物語が「愛と喪失の物語」であるとジャイルズは語っています。「喪失」とはいったいなんでしょうか。おそらくそこには一見アウトサイダーには見えないストリックランドを含め、人々が失ってきたものを、愛と同じように形のない、あるいは見えない形で描いたのでしょう。「愛と喪失」を繰り返しながら人は生きていきます。そんなことを改めて考えさせてくれる物語です。	スピード	3
		明瞭さ	3
		米国訛	3
		米国外訛	3
		語　彙	3
		専門語	3
		ジョーク	2
		スラング	2
		文　法	3
発展学習	物語の時代的な背景や人物について考えてみましょう。 　この物語の時代設定は1962年です。この時代の米国は戦後の好景気に沸く一方、ソビエトとの冷戦状態に陥り、共産主義者を徹底的に排除するマッカーシズムが起こります。この作品でも、フィッシュマンを巡る米ソの争いが描かれています。 　またこの時代は、黒人差別を撤廃するための公民権運動も行われていました。60年代に入り、ますます活発になっていく運動の様子は、テレビに流れる暴動の場面や、ジャイルズが通うパイの店の青年が、店に来た黒人に "Not the counter. Take out only. You can't sit there." と言って店から出て行くように告げる場面で具体的に表現されています。と同時に、ジャイルズに好意を示されたことにより、彼にも不快感を表し、"You should go, too. And don't come back. This is a family restaurant." と言って黒人同様店から出ていくよう告げます。〔Ch.10, 50:14～〕 　この時代、なんとか社会の枠の中で生きられるのはストリックランドに代表されるWASP（アングロ・サクソン系プロテスタント）の白人です。しかしそのストリックランドですら、絵に描いたような家や家族、車を持ちながら不安に押しつぶされそうになり、最後は死んでしまうという結末となっています。なんとも皮肉な結末ですが、このように、時代と人物について考えてみても面白いと思います。		
キャスト	イライザ・エスポジート：サリー・ホーキンス　　リチャード・ストリックランド： ゼルダ・フラー　　：オクタヴィア・スペンサー　　　　　　　　　　　　　マイケル・シャノン ジャイルズ・デュポン：リチャード・ジェンキンス　ロバート・ホフステトラー： フィッシュマン　　：ダグ・ジョーンズ　　　　　　　　　　　マイケル・スタールバーグ		

第8回映画英語アカデミー賞　候補映画

静かなる情熱　エミリ・ディキンスン

あ ら す じ	女子専門学校に通っていたエミリ・ディキンスンは、学校の教育方針（福音主義）に疑問を持ちながら過ごしていました。ある日家族が迎えに来て、エミリは学校を辞めることになります。以後彼女はアマストの生家で、両親や妹のラヴィニア達と暮らすことになり、変わった見識を持つ友人ヴライリング・バッファムとも交流を深めます。また、父の許可を得て夜中の静かな時間に詩作にふけります。エミリの詩は、父の助言もあり、地元の新聞に初めて掲載されます。 ハーバード大学を卒業し、弁護士となった兄のオースティンが結婚、子供が生まれます。その後、南北戦争が勃発し、兄は父の猛反対の中、出兵を決意します。帰還したオースティンは家族に奴隷解放宣言の様子を聞かせます。 しばらくして新しい牧師ワーズワースがアマストに妻と一緒にやってきます。エミリはほのかな恋心を抱き、彼に向けて詩作をし、手紙を書き送ります。 やがて父が亡くなり、バッファム嬢が結婚し、さらにはワーズワースがこの地を去ることになり、その知らせを受けたエミリは失望を抑えきれません。エミリはブライト病にかかり、次第に近いもの以外との交流を断つようになります。来客が来ても、顔を見せず、上階から声をかけるだけ。そうした中でも詩作には没頭し続けます。しかし、エミリの体調は悪化の一途をたどり、兄夫婦や妹が見守る中、息を引き取ります。
映 画 の 背 景	この作品は、19世紀の女性詩人エミリ・ディキンスン（1830-1886）の半生を描いたものです。エミリは、マサチューセッツ州アマストというところで生を受けました。舞台は、エミリが在籍する女学校で、教師に反抗する場面から始まります。女学校を退学してからは、生涯生家で過ごすことになります。父は弁護士、兄のオースティンも後に弁護士になります。母は病気がちで、妹のヴィニーは生家で両親や姉の世話を献身的に行います。 当時は現代よりはるかに男性優位の社会でした。このころ、英国作家ブロンテ姉妹の作品が話題となり、エミリも影響を受けたようです。しかし、当時ブロンテ姉妹の作品は刺激的な内容とされ、読む者は敬遠されました。その中でも、自立を求める女性たちが運動を起こし始めます。映画の中でも、エミリの意志の強さを見せる場面が見られます。エミリは福音主義や、男性優位の父権主義に反抗を示しますが、一方で宗教そのものを完全に否定するのでもなく、父や兄を尊敬してもいましたので、これらの主義に対する批判と受容の両方がこの作品には見られると思います。 エミリの詩で生前に出版されたものはわずか10編ですが、死後に1800もの詩が発見されました。この映画でも、部分的な引用も含めれば、20編もの詩が織り込まれています。エミリの詩は言葉の運びだけでなく、書き方も独特で、ダッシュ（－）やコンマ（,）が多用されています。
映 画 情 報	製 作 費：690万ユーロ　　　　　　　撮影場所：米国、ベルギー 製 作 年：2016年　　　　　　　　　言　　語：英語 製 作 国：英国、ベルギー、米国、カナダ　ジャンル：伝記、ドラマ 配給会社：アルバトロス（日本）　　　使用楽曲："Ah! Non Credea Mirarti"

132

A Quiet Passion

(執筆) 山本　幹樹

映画の見所

　詩人エミリ・ディキンスンが、天才詩人としてではなく、一人の人間として何に喜び何に苦しんだのか、丁寧に描かれていると思います。また、エミリを取り巻く周囲の人々、特に妹のヴィニーやバッファム嬢との対話にも注目したいところです。皆それぞれに哲学を持ち、時にはエミリと大いにぶつかることもあります。

　物語の進行と同時に、エミリの詩に触れることができます。エミリが自身の詩を読み上げているので、視聴者は、詩の朗読の方法を学び鑑賞することができますし、それらの詩がどのような場面で引用されているのか、注目すると面白いと思います。例えば兄夫婦に生まれた子供に、エミリが抱き抱えながら、I'm nobody! Who are you?（私は何者でもない。あなたは？）の詩で語りかける場面があります。その詩の意味や場面との関係などを考えながら見ていくと、さらに楽しめるでしょう。

発売元：
ミモザフィルムズ／ニューセレクト
DVD価格：3,800円
（2019年7月現在、本体価格）

印象的なセリフ

① The heart asks pleasure first,　　心はまず歓びを求める
　And then, excuse from pain;　　　次に痛みからの逃避
　And then, those little anodynes　　次に苦しみを鈍らせる
　That deaden suffering;　　　　　　鎮痛剤

　And then, to go to sleep;　　　　　次に睡眠
　And then, if it should be　　　　　次に
　The <u>will</u> of its Inquisitor,　　　　神のご意志ならば
　The liberty to die.　　　　　死ぬ自由を　〔Ch.2, 13:47～（字幕引用）〕

② Teacher　　:You have now come to the end of your second semester. Some of you <u>will</u> remain here to complete your education. Some of you <u>will</u> go out into the world.　　　　　　　　　　　　〔Ch.1, 0:57～〕

③ Emily　　　:<u>Will</u> you marry?
　Ms. Buffam :I suppose in time I <u>shall</u>. Isn't that what we all do, in the end?
　Emily　　　:I don't know. I can't imagine myself beyond my family.（中略）When you do marry... I <u>shall</u> miss you.
　Ms. Buffam :Of course you <u>shall</u> miss me. I refuse to be forgotten.〔Ch.4, 36:05～〕

＊下線は全て引用者。詳しい解説は「学習ポイント」を参照のこと。

公開情報

公 開 日：2017年4月 7日（英国）　　　音　　声：英語
　　　　　2017年7月29日（日本）　　　字　　幕：日本語
上映時間：125分　　　　　　　　　　　受　　賞：ケント国際映画祭グランプリ
年齢制限：G（日本）、PG-13（米国）　　ノミネート：BFIロンドン映画賞

第8回映画英語アカデミー賞　候補映画

静かなる情熱　エミリ・ディキンスン

英語の特徴	舞台は米国北部で、英語にはあまり訛りもなく、スラング、四文字言葉、暴力シーンも出てきません。語彙は生活に必要な身近なものに加え、自然、思想、宗教、などに関するものが登場します。会話の速度もゆっくり目だと思いますが、内容がとても哲学的です。特に信仰に関して、興味深い場面があります。以下はドキッとするような質問に独特な応答をするエミリとバッファム嬢のユニークさが現れています。エミリが Do you fear death?（死ぬのは怖い？）と問うと、バッファム嬢は No. But I fear Heaven. I'm afraid it <u>will</u> seem like an anticlimax. Perfection usually does.（いいえ、でも天国は怖いわ。期待はずれに思えるもの。完璧とは大抵そういうものよ）と答え、And what of Hell?（では地獄は？）と聞くと、I'm sure that <u>will</u> be even duller than Heaven. That <u>will</u> be the agony.（天国より退屈だと思うわ。苦痛でしょうね）と答えています〔Ch.3, 21:53〜〕。また、人々のセリフは詩的で、比喩や婉曲表現が多いです。エミリを訪ねてきたエモン氏が帰る際に次のように言います。Then <u>I'll</u> take my leave before any blood is spilt.（では血が流れる前に帰るとしましょう）、それに対してエミリは There are wounds which do not bleed, but which aggrieve nonetheless.（血を流さない傷もあるのですよ。それでも苦しめるの）と応酬しています〔Ch.9, 83:47〜〕。英語でもこういった遠回しな会話がされるのだという発見になりませんか。
学習ポイント	「印象的なセリフ」の①〜③を使って、詩の基本構造と助動詞 "will"、"shall" についてお話ししたいと思います。詩は、映画では音声でしか登場しませんが、まず、例に挙げた詩は4行ごとに連がまとまっており、行の初めは大文字です。また、2行目と4行目がそれぞれ同じ韻で終わっています。これを「韻を踏む」と言います。エミリの朗読を聞くとリズム（律）を感じると思います。最初の単語を弱く、次の単語を強くと、弱強を交互に発音しており、これを「普通律」と言います。訳は字幕を引用していますが、自分で訳してみるのもいいと思います。 　"will"、"shall" には、はいくつかの意味があります。"will" を使ったセリフは多く、映画では81カ所見られます。"shall" は17回出てきますが、使い方が難しいので、映画のセリフに学びましょう。②は女学校の院長先生のセリフです。「2学期末になりました。あなたがたのうち何人かはここに残って教育を受けます。何人かは世の中に出ることになります」この "will" には、「命令」の意味があります。つまり、必ずその通りにしなければならないというわけです。③の "will" は「意思」を表しています。それに対しここで使われている "shall" は、確実性を伴うので、強い「意思」を表します。このセリフからエミリとバッファム嬢の結婚観の違いに触れることができるでしょう。ちなみに①の下線はここでは名詞ですが、まさに「意思」という意味になります。

スタッフ			
製　作：ロイ・ボウルター		美　術：ムージェン・セップ	
ソル・パパドプウルス		撮　影：フロリアン・ホーフマイスター	
監　督：テレンス・デイヴィス		編　集：ピア・デ・チャウラ	
脚　本：テレンス・デイヴィス		衣　装：カトリーヌ・マルシャン	

134

薦	○小学生　　○中学生　　●高校生　　●大学生　　●社会人	リスニング難易表	
お薦めの理由	文学作品や作家を題材にした映画は、毎年少しずつ出ています。2時間前後で文学作品や作家の生涯（もちろん多少の脚色はありますが）を把握することができると考えれば、映画は気軽に文学に触れることができる身近なツールです。特にこの映画は、エミリ・ディキンスンの生涯や作品を鑑賞できるだけでなく、19世紀の文化や思想・哲学に触れることもできます。宗教哲学（福音主義）、南北戦争、女性の自立などが背景にあり、エミリを中心に人々はどのように考え暮らしていたのか、そして、それが今にどうつながっているのか、照らし合わせることもできます。 　例えば、当時のファッションに注目してもいいでしょう。19世紀の女性は裾の長いドレスの中に、スタイルを良く見せるために、ウエストを絞るコルセットという下着を付けていました。ドレスは優雅でもありますが、動きにくい面があります。つまり、女性の動きを限定し、身軽に動き回ることを良しとしなかった時代であったとも言えます。ファッションと女性進出との関りを見ていくのもいいかもしれません。	スピード	3
		明瞭さ	3
		米国訛	4
		米国外訛	2
		語　彙	4
		専門語	3
		ジョーク	2
		スラング	1
		文　法	3
発展学習	丁寧表現についても考えていきましょう。"Will you...?" で依頼を表すことができますが、注意が必要です。例えば、日本では目上の人に対して敬語を使い、依頼する際も、相手が目上か目下かで、言葉の使い方が変化します。例えば、上司が部下に書類作成を依頼する場合、「〇〇さん（君）この書類を何日までに出してくれないか」で通用します。しかし、英語では、立場が上か下かは関係なく、依頼の内容によって言い方が変わってきます。Emily は使用人にパンをオーブンから出すのを頼むときに、"Will you please get my bread out of the oven?"〔Ch.5, 39:06〕と、"please" を加えて、丁寧度を上げています。また、助動詞でも "would" や "could" を使うと丁寧度はもっと上がります。例えば、エミリの叔母が、彼女にピアノで何か弾いてほしいと頼みますが、とても丁寧な表現を用いています。"Would you play something, Emily?"〔Ch.2, 15:47〜〕つまり、依頼の内容が多少大変な場合、自分の立場が相手より上であっても丁寧な表現を用います。また、丁寧さを上げることで、相手が受け入れやすくなる面もあります。ですので、親子、教師と生徒、親しい友人同士の間で依頼する場合も、どちらの立場にあっても丁寧表現を使います。親に車で迎えに来てほしい場合にも、"Would (Could) you pick me up?" と丁寧に頼みましょう。他の映画でも、そのような場面もチェックしてみましょう。		
キャスト	エミリ・ディキンスン：シンシア・ニクソン　　　　　　　スーザン・ギルバート：ジョディ・メイ 　　　　　　　　　　エマ・ベル（青年期）　　　　　　ヴライリング・バッフアム：キャサリン・ベイリー ラヴィニア・ディキンスン：ジェニファー・イーリー　　オースティン・ディキンスン：ダンカン・ダフ エドワード・ディキンスン：キース・キャラダイン　　　ワーズワース：エリック・ローレン		

第8回映画英語アカデミー賞　候補映画

15時17分、パリ行き

あらすじ	2015年8月21日、ヨーロッパ旅行中の米国の3人の青年（スペンサー、アレク、アンソニー）は、テロに遭遇するとは夢にも思わず、次の目的地であるパリに向けて列車に乗ります。3人は同じ故郷出身の幼馴染でした。 　時は遡ること10年前の2005年のある日のこと、カリフォルニア州サクラメントの公立学校で、シングルマザーのスペンサーとアレクの母親が、担任教師から呼び出しを受けています。息子の2人にはADD（注意欠陥障害）の疑いがあり、薬の投与を受けた方がいいと言われ憤慨します。彼らは私立の学校へ転校して、そこで同じように問題児扱いされているアンソニーと出会うのでした。 　数年後、アンソニーは大学生になり、アレクは子どものころからの夢であった軍人になっていました。ただ一人、スペンサーは目標もなく過ごしていましたが、ある日空軍のパラレスキュー部隊に入ることを決意します。しかし、奥行き知覚検査に引っかかり、断念します。また、SERE（生存回避抵抗脱出）の指導教官を目指すものの、これも落第生の烙印を押されてしまいます。それでもスペンサーは救命処置を学び、柔術の腕前もあげていくのでした。 　そんな中、ポルトガルに駐在していたスペンサーは、2人にヨーロッパ旅行の話を持ちかけます。各地を回った末、3人は運命に導かれるかのように、15時17分アムステルダム発パリ行き国際高速列車に乗り込むことになります。
映画の背景	○ 過激派イスラム国（IS）とは？ 　　2014年6月末に、ISIS（イラク・シリア・イスラム国）の最高指導者アブ・バクル・バクダディが樹立を宣言して建てた国で、国際社会は認めていません。翌年の5月、過激派イスラム国は、シリア領の半分以上を制圧して、絶頂期を迎えていました。本作の事件はこの年にあたります。2018年現在、イスラム国の壊滅状態のニュースを耳にしますが、テロ事件はいまだに続いています。ISは略称です。 ○ 原作との違いは？ 　　映画では、スペンサー、アレク、アンソニーの3人の生い立ちについては描かれていますが、実行犯アイユーブの過去に触れていません。原作ではしっかりと描かれています。詳しく知りたい方は、ぜひ原作を読んでみてください。 ○ その後のヨーロッパは？ 　　この事件から16か月後の2016年12月、固く口を閉ざしていたアイユーブは、やっとISとの関りを話し始めました。その間に、2015年11月13日にパリ同時多発テロ、2016年3月22日にはブリュッセルでの連続爆破テロ事件が起きています。
映画情報	製 作 費：3,000万ドル　　　　　撮影場所：アトランタ（米国）、オランダ、イタリア他 製 作 年：2018年　　　　　　　言　　語：英語、仏語、アラビア語、独語、オランダ語 製 作 国：米国　　　　　　　　ジャンル：伝記、ドラマ 配給会社：ワーナー・ブラザース（日本）　原作小説：「15時17分、パリ行き」

The 15:17 to Paris

(執筆) 松葉　明

映画の見所

○ 本物づくし
　出演者、列車、車内の光まで、本物づくしで撮影されました。プロの俳優も自分自身を演じるのは難しいと言われていますが、当事者たちの演技は、まさか本人たちがと思えるような、玄人はだしです。

○ 映画内映画のような子ども時代
　本物づくしといっても、子ども時代を演じるのは不可能なので、それらは子役の俳優が演じています。アレクの少年時代は、『ワンダー 君は太陽』（2017）にも出演しているブライス・ガイザー君が演じています。

○ ヨーロッパ旅行
　3人のヨーロッパ旅行では、束の間の旅行気分が味わえます。コロッセオやトレビの泉のローマ、ベネチア、ベルリン、そしてアムステルダムの街並みが楽しめます。

発売元：
ワーナー・ブラザース ホームエンターテイメント
DVD価格：1,429円
Blu-ray価格：2,381円
（2019年7月現在、本体価格）

印象的なセリフ

○ Joyce　：My God is bigger than your statistics.　〔Ch.1, 4:40〕
　　（私の神様はあなた方の統計より偉大なの）
　担任教師に腹を立てたスペンサーの母ジョイスが発する言葉です。

○ Spencer：I don't know, ma'am. I just didn't want my family to find out that I'd died hiding underneath a desk.　〔Ch.4, 39:10〜〕
　　（わかりません。私はただ家族に、机の下で私が隠れて死んでいたと知られるのが嫌だっただけです）
　軍隊での講義中、不審者情報が入った時、スペンサーは教官の伏せる指示を無視して、ただ一人、ボールペンで立ち向かおうとしたのです。

○ Spencer：You ever just feel like life is just catapulting you towards something? Some greater purpose?　〔Ch.6, 57:36〜〕
　　（今までに人生が何かに向かって導かれているような気がしたことないか？　何か大きな目的に向かって？）
　ヨーロッパ旅行中、ベネチアのホテルの屋上で、スペンサーがアンソニーに言います。どこか、この映画の物語を暗示しています。

○ Alek　　：Spencer, go!（スペンサー、行け！）　〔Ch.8, 73:04〕
　テロリストに立ち向かうときに、アレクがスペンサーに発破をかけます。

公開情報

公 開 日：2018年 2月9日（米国）　　　DVD音声：英語、日本語吹替
　　　　　2018年 3月1日（日本）　　　DVD字幕：日本語、英語
上映時間：94分　　　　　　　　　　　最近のイーストウッド作品：
年齢制限：G（日本）、PG-13（米国）　アメリカン・スナイパー（2014）、ハドソン川の奇跡（2016）

第8回映画英語アカデミー賞　候補映画

15時17分、パリ行き

英語の特徴	○ 標準的な米国英語で、発音は明瞭で聞き取りやすくなっています。若者中心の会話が多いので、俗語、卑語は多いですが、いわゆるF-wordはほとんど登場しませんので、安心して教材として使えます。 ○ 3人の子ども時代では、下の「学習ポイント」で一例を紹介しているように、とても分かりやすく、英語学習初心者向けです。また、教師との会話の中では、生徒児童が問題行動を起こすと、教師自らが指導するのではなく、"Go to principal's room!" と言うだけの指導となります。日本の学校での生活指導とは全く違うことに、驚く先生たちは多いのではないでしょうか。 ○ テロとはどう綴るのでしょう。テロとはテロリズム（terrorism）の略で、何らかの政治的な目的を達成するために暴力や脅迫を用いることを指します。この語は実は仏語の 'terrorisme' が語源です。因みに末尾の 'e' は誤植ではありません。実は仏語を語源とする英単語は少なくないのです。本作はイタリア、ドイツ、オランダ、そしてフランスと舞台が移動しますので、それぞれの言葉を英語と比較してみるのもいいでしょう。 ○ 全体的に英語字幕はセリフに沿っています。ですから、英語音声・日本語字幕だけでなく、日本語音声・英語字幕、あるいは英語音声・英語字幕で鑑賞されてはどうでしょう。もちろん最後は英語音声・字幕なしでをお薦めします。
学習ポイント	3人の子ども時代のやりとりを聞き取ってみましょう。体育の授業で、スペンサーとアレクが、アンソニーに声をかける場面です。 Alek　　　:Hey, isn't that the kid from the principal's office?　　〔Ch.1, 7:46〜〕 　　　　　（ねえ、あの子校長室にいた子じゃない？） Spencer　:Yeah. Yeah, that's him. Hey, what's up? I'm Stone. First name Spencer. 　　　　　（そうだ。そうだ彼だ。ねえ、元気？僕ストーン。名前はスペンサー） Alek　　　:I'm Skarlatos. First name Alek. （僕スカラトス。名前はアレク） Anthony　:You always introduce yourselves like that? 　　　　　（君たちはいつもそんな風に自己紹介しているの？） Spencer　:No. Just wanted to show you we were on the same team. We're the kids 　　　　　 from Principal Akers' office. 　　　　　（いや。ただ君に同じチームだってことを教えたくて。僕らはエイカーズ校長 　　　　　 先生の部屋にいた子なんだ） Anthony　:Oh, that's right. Sorry, I spend a lot of time there. Did you ever get that 　　　　　 new hall pass？ Well, I'm Sadler. First name Anthony… 　　　　　（ああ、そっか。ごめん、僕しょっちゅうあそこにいるんだ。新しい退出許可 　　　　　 証もらった？　えっと、僕はサドラー。名前はアンソニー…）
スタッフ	製　　作：ティム・ムーア他　　　　　　美　　術：ケビン・イシオカ 製作・監督：クリント・イーストウッド　　撮　　影：トム・スターン 脚　　本：ドロシー・ブリスカル　　　　音　　楽：クリスチャン・ジェイコブ 原　　作：スペンサー・ストーン他　　　編　　集：ブルー・マーレイ

138

15時17分、パリ行き

薦	○小学生　●中学生　●高校生　●大学生　●社会人	リスニング難易表	
お薦めの理由	○ 本人たちが出演！ 　何ら事前の知識をもたずに鑑賞した私は、当の本人たちが演じていることを、最後の最後まで露ほども知らずに観ていました。主役の３人はもとより、なんと、銃で撃たれ重傷を負ったマーク・ムーガリアンは夫人と共に出演しています。もちろん、犯人と子役は違います。 ○ 最短時間の94分！ 　本作の上映時間は、イーストウッド監督作品最短時間の94分です。時間に無理なく、繰り返し視聴できます。早撮りで有名な彼は、間もなく米寿を迎えます。それでも次回作が待ち遠しいです。 ○ もし自分がテロに遭遇したら！ 　テロの問題は、いつ、どこで起こってもおかしくない昨今、もし自分が現場に居合わせたらどんな行動がとれるでしょうか？きっとそんなことを自問自答しながら鑑賞することになると思います。いつテロに出くわしても少しでも冷静さを失わないために。	スピード	2
		明瞭さ	2
		米国訛	2
		米国外訛	3
		語彙	2
		専門語	3
		ジョーク	2
		スラング	3
		文法	2

発展学習	３人が大人になったときのやりとりを聞き取ってみましょう。アムステルダムのカフェで、二日酔いの３人はその後のヨーロッパ旅行について話をします。 Alek　　：So you guys just wanna skip Paris?　　　　　　　〔Ch.7, 64:56〜〕 　　　　　（じゃあ、お前らはパリ抜きにしたいのか？） Anthony：Or at least delay it a little bit.　（それとも、少しだけ遅らすとか） Spencer：I'm starving.　　　　　　　　（俺は腹ペコだ） Anthony：Maybe it's like you were saying... life's kind of catapulting you towards something.（多分お前が言っていたように、人生に何かの方向に動かされているんだろうな） Spencer：Right now it's catapulting me towards some hangover food. 　　　　　（今は二日酔いに効く食べ物の方向に動かされているんだがね） Alek　　：Wait, what did you say?　　　　　（ちょっと待って、何て言ったんだ？） Spencer：I don't know, man. It was something I said in Venice. I was caught up in that European high. I'm not gonna lie.（知らねえよ。俺がベネチアで言ったことさ。あのヨーロッパでハイになってたんだ。正直に言うと） 　そしてこの後、運命の15時17分、アムステルダム発パリ行きの列車に乗り込むことになるのです。

キャスト	スペンサー・ストーン：本人　　　　　　　ハイディ　　　　：ジェナ・フィッシャー アレク・スカラトス　：本人　　　　　　　マイケル・エイカーズ校長：トーマス・レノン アンソニー・サドラー：本人　　　　　　　ヘンリー先生：Ｐ・Ｊ・バーン ジョイス　　　　　：ジュディ・グリア　　マーレイ先生：トニー・ヘイル

第8回映画英語アカデミー賞　候補映画

スクランブル

あらすじ

　異母兄弟のAndrew Foster（Scott Eastwood）とGarrett Foster（Freddie Thorp）は高級なクラシックカーを専門とする車泥棒です。ヨーロッパ全土を舞台に盗みを働き、INTERPOL（ICPO：International Criminal Police Organization）に目をつけられながらも、証拠を残していませんでした。今回、世界に2台しかないというイタリアの名車Bugatti 1937 アトランティック 57SCがオークションにかけられると知り、南フランスのマルセイユに向かいます。落札直後の輸送中を狙って略奪開始です！

　華麗な運転技術と計算し尽くされた計画でなんとか無事に手に入れることができたものの、その車を4,100万ドルもの高額で落札し、所有者となった人物は、高級車を自分自身の成功の証として収集している麻薬を扱うマフィアのボスJacomo Morier（Simon Abkarian）だったのです。彼は貧しかった幼少期の思い出を希少な名車を収集することで塗り替えようとしているのでした。そんな彼に、捕らえられた二人が命を助けてもらう代わりに提案したのは、Morierが恨み敵対する頭脳明晰なベルリンの大富豪Max Klemp（Clemens Schick）が所有するカーコレクションの中で最も価値ある推定3,800万ドルのFerrari 250 GTO 1962を盗んで引き渡すということでした。怒りを抑えられないMorierでしたが、提案された車の魅力に一週間の期限付きで承諾します。

映画の背景

　見所となる車：重要な役割の2台をはじめ一体どれぐらい価値があるのでしょう。
- Bugatti Type 57SC Atlantic（1937）/30億円以上：ブガッティが1934-40年に製造。37年式の「アトランティック」は、第二次世界大戦前の最も美しい自動車とされています。
- Ferrari 250 GTO（1962）/42億円：フェラーリが開発、1962-64年に39台のみ製造したスポーツカー。"250"は250cc×12気筒＝3,000ccエンジン、"GTO"はGran Turismo Omologato、GT選手権用公認モデルという意味です。
- Alfa Romeo 158（1938-50）/価格相場不明
- Aston Martin V8 Volante（1972-89）/2,000万～4,000万円
- Austin-Healey 100-6（1958-59）/800万～1,600万円
- BMW 327 cabriolet（1937-55）/1億2,000万～2億円
- Chevrolet Corvette C1（1954-62）/1,300万～2,200万円
- Ford Mustang（1964-68）/700万～1,600万円
- Jaguar E-type series1 4.2L（1966）/1,200万～3,400万円
- Jaguar XK120 drophead coupé（1953-54）/1,400万～3,200万円
- Porsche 356 Speedster（1955）/8,000万～1億4,000万円
- Shelby Cobra（1962-67）/8,000万～3億5,000万円

（価格は配給会社調べ）

映画情報

製　作　費：2,434万ユーロ　　　　　撮影場所：フランス
製　作　年：2017年　　　　　　　　　言　　語：英語、フランス語、スペイン語
製　作　国：フランス、米国、ベルギー　ジャンル：アクション、サスペンス、犯罪
配給会社：ギャガ（日本）　　　　　　使用楽曲："Show 'Em Who I Am" 他

Overdrive

(執筆) 石田　理可

映画の見所

この映画には大きな見所が2つあります。1つは、主人公のAndrew Fosterを演じるScott Eastwoodが米国のCarmel-by-the-Seaの元市長で俳優や監督でもあるClint Eastwoodの息子だということです。俳優二世として、親の七光りを浴びることなく、しかしながら父親の若い頃にそっくりな外見を生かして活躍する彼は、有望な役者の1人であることは間違いないでしょう。

そしてもう1つは、登場する車のほとんど全てが希少なクラシックカーだということです。その中でも特に貴重なヴィンテージ・クラシックカーは「映画の背景」で挙げたとおりです。この映画で使われている「価値ある走る芸術品」と称される美しい車たち。時価いくらぐらいするものなのか、おおよそだとは思いますが、その価値を分かった上で映画を観てみると、また違った意味で興味深く楽しめるかもしれません。

発売元：ギャガ
DVD価格：1,143円
Blu-ray価格：2,000円
(2019年7月現在、本体価格)

印象的なセリフ

主人公二人がなんとか解放され、帰路についた直後の会話です。米国英語、英国英語それぞれの面白い表現がたくさん登場します。　〔Ch.3, 19:37〜〕

Andrew：I'm gonna ask Steph to marry me.　Garrett：Now?　Andrew：Yeah.
Garrett：Really? That's great. I'm happy for you. I mean, she deserves better, but still. I'm taking the piss, all right? I want the best for you, brother.
Andrew：So you're okay with this?　Garrett：Of course… It's just…　Andrew：Here we go.
Garrett：It's a genuine concern. You get married. You have a kid. The whole thing goes tits-up. And I'm left holding the bag.
Andrew：We can't do this forever.
Garrett：But we can't stop in our prime. I'm sure Stephanie would agree with me. What did Dad say to us when he brought us together?
Andrew："You missed the first 15 years of being friends. Don't miss the next 50."
Garrett：So let's get back on our feet and do what we do best.

＊be gonna 〜 = be going to〜　＊take the piss：〈通常は〉おしっこをする→(…を) からかう
＊a genuine concern：本物の、心からの心配
＊tits-up：〈英俗〉逆さまに → go tits-up：死ぬ、終わる、失敗する
＊get back on our feet：〈直訳〉自分の足に戻ってくる→立ち直る

公開情報

公開日：2017年 8月11日（英国）　　　年齢制限：G（日本）、PG-13（米国）
　　　　2017年10月 6日（米国）　　　音　声：英語、日本語吹替
　　　　2017年 9月22日（日本）　　　字　幕：日本語
上映時間：94分　　　　　　　　　　　興行収入：1,328万7,185ドル

第8回映画英語アカデミー賞　候補映画

スクランブル

<table>
<tr>
<td rowspan="1">英語の特徴</td>
<td>

　この映画には英語圏以外の人物が数多く登場します。英語圏でも主人公であるAndrewは米国訛りですし、弟のGarrettは英国訛りです。彼らの仲間であるStephanie（Ana de Armas）にはスペイン語訛り、Devin（Gaia Weiss）にはフランス語訛りが聴き取れます。

　元々、フランスを舞台にフランスの大ヒット作品を作ってきたスタッフで作られた映画なので、俳優達もフランス語を母語とする人達が多く出演しているため、フランス語訛りがとても多く聞かれます。英語を母語とするのは主人公の二人だけといえるかもしれないほどです。爆弾を作ることに協力するLeon（Joshua Fitoussi）は英語を公用語とするイスラエル出身らしいですがやはり英語は母語ではありません。

　米国英語と英国英語の違いは単語自体の違いもありますが、"C"や"R"などの発音やイントネーションに現れます。またスペイン語やフランス語では母音の発音に、外来語を多く使う日本語と同じ様に英語からの借用語が多いヘブライ語ではアクセントの位置に母語からの影響が顕著にみられます。

　登場人物それぞれがどのような特徴のある英語を話しているか注意深く聴き取ってみましょう。あるいは、仕草やジェスチャーにも特徴がありますから、「何語を話しているんだろう」と口元を観察してリップリーディングしてみては。

</td>
</tr>
<tr>
<td>学習ポイント</td>
<td>

　この映画には、フランスが舞台だけに、英国英語で使われるスラング的表現がかなりみられます。同じ英語という言語を母語としていても、方言のように言語使用者によって使われる表現に特徴がみられます。一種の卑語的使用なので使用相手と場所に注意する必要があります。いくつかみてみましょう。

○big-ass ears〔Ch.1, 2:27～〕

　直訳すると「大きなお尻の耳」ですが、俗語でbig-assは「非常に大きい；高価な；太った」という意味です。*Jacomo Morierから解放された直後の会話

Andrew　　　　：Focus.

Garrett　　　　：All right, I heard you the first time.

Andrew　　　　：I bet you did, with those <u>big-ass ears</u>. That's us. You got this?

Garrett　　　　：There's nothing wrong with my ears. I've got dad's ears.

○kick in the ass〔Ch.5, 42:15～〕

　"kick ass"ではなく、"kick in the ass"。前置詞"in"に注意です。屈辱的な失望や挫折心を表します。*Laurent Morierが初めてMax Klempに対面した時のセリフ

Laurent Morier：Two years ago, I went to my cousin to ask for work. In front of all his men, he spun me around, <u>kicked me in the ass</u>.

　　　　　　　　*"kick in the behind"や"kick in the nuts"と類似

</td>
</tr>
<tr>
<td>スタッフ</td>
<td>

製　　作：ピエール・モレル　　　　　美　　術：アルノー・レ・ロクス

監　　督：アントニオ・ネグレ　　　　撮　　影：ローラン・バレ

脚　　本：マイケル・ブラント　　　　音　　楽：パルカル・ランガニュ

　　　　　デレク・ハース　　　　　　衣　　装：アニエス・ベジエ

</td>
</tr>
</table>

142

薦	○小学生　●中学生　●高校生　●大学生　●社会人	リスニング難易表	
お薦めの理由	戦後、日本経済を大きく成長させたのは、自動車産業の発展がその最たる理由の１つだと言っても過言ではないでしょう。最近の若者には「車離れ」がみられるそうですし、世界的に電気自動車が将来の主流だとも言われていますが、「かつて、こんなにも美しい素敵な車が生産されていたんだよ」と知って欲しいと思うのです。どれだけの人たちが車に憧れ、手に入れたいと願ったか。また、一時期F１（Formula One World Championship）がどれほど人気があり、どれだけの日本人がそのレースに歓喜したことか。 　この映画の最大の特徴は、希少なヴィンテージ・クラシックカーがたくさん登場し、それらを価値ある芸術品として扱い、所持することをステータスとしていることです。残念ながら、日本車が目立って活躍する場面はありません。 　この本を参考にしてくれる人たち自身、あるいはご両親やご祖父母の方たちと共に英語の勉強だけでなく、車について思い出を語っていただくきっかけとしても一緒にご覧になって欲しい映画なのです。	スピード	5
		明瞭さ	4
		米国訛	1
		米国外訛	4
		語彙	4
		専門語	3
		ジョーク	3
		スラング	3
		文法	4

発展学習	「学習ポイント」に続き、もう少し英国英語表現を紹介しましょう。〔Ch.2, 16:34〜〕 ○heavy：一般的には重量を表しますが、今回は量や、程度などを表します。 ○be born with a silver spoon in one's mouth：上流の生まれ、富貴の家に生まれる 　Garrett：Max Klemp was a third-generation <u>heavy</u> out of west Berlin. <u>Born with a silver spoon in his mouth</u>. ○turn out：〜だとわかる、〜の結果になる、物事が判明するという表現で、常識、当たり前だと思っていた事柄に反する場合に使用します。 　Garrett：<u>Turns out</u> he was the smart one in the family because at age 15, he started his MBA at the university of Munich, seven years younger than any other student. ○the bastard：〈古語・軽蔑的〉非嫡出子、庶子 → 〈米俗〉不愉快なやつ、嫌なやつ 　現在、非嫡出子は"an illegitimate child"、"a child born out of wedlock"、俗語としては、"love child"を用います。 　Morier ：Klemp. I know <u>the bastard</u> better than he knows himself. ○crossed me：渡る、交差するの意味もありますが、今回は「怒っている」です。 　Morier ：He <u>crossed</u> me on an important real estate deal in Berlin, which cost me dearly.

キャスト	アンドリュー・フォスター：スコット・イーストウッド　　マックス・クレンプ　：クレーメンス・シック ギャレット・フォスター：フレディ・ソープ　　　　　　ジャコモ・モリエール：シモン・アブカリアン ステファニー　　　　　：アナ・デ・アルマス　　　　レオン　　　　　　　：ジョシュア・フィットウシ デヴィン　　　　　　　：ガイア・ワイス　　　　　　ローラン・モリエール：アブラハム・ベラガ

第8回映画英語アカデミー賞　候補映画

スター・ウォーズ／最後のジェダイ

あらすじ	遠い昔、はるかかなたの銀河系で…。 　新共和国ができて約30年、この間に宇宙を完全に支配することを目指している邪悪なファースト・オーダーが台頭してきました。最高指導者スノークが率いるこのファースト・オーダーに戦いを挑むのは、新共和国のレイア・オーガナ将軍が率いる私設軍隊レジスタンスだけでした。ファースト・オーダーとレジスタンスの戦闘が激化する中、レイとチューバッカは重要な任務を負っていました。闇の力を操るスノーク最高指導者やカイロ・レンに立ち向かえるのはジェダイの力だけです。レイアは兄である伝説のジェダイ、ルーク・スカイウォーカーを見つけるように、チューバッカと共にレイを水の惑星オクトーへ送ったのでした。オクトーの孤島に隠居していた伝説のジェダイ・マスター、ルーク・スカイウォーカーを見つけたレイは、ライトセーバーをルークに差し出しますが、彼は目の前で放り投げてしまいます。レイは、レイアがルークの帰りを待っていることを伝えますが、ルークはレイアたちの元へ戻ることを拒否し、レイにこの孤島から去るよう最初は告げます。しかし、帝国軍との戦いで苦楽を共にした友人のチューバッカやR2-D2と再会し、R2に説得され悩んだ末に、ついにレイの修行を開始する決心をします。ダース・ベイダーを継ごうとするカイロ・レンとフォースを覚醒させたレイは「光」と「闇」のせめぎ合いの中にいます。果たしてジェダイは受け継がれるのでしょうか？
映画の背景	本作品は、世界的な人気を誇る映画『スター・ウォーズ』シリーズの新たな3部作の第2章です。今回の『スター・ウォーズ／最後のジェダイ』は、前作の『スター・ウォーズ／フォースの覚醒』からダイレクトに繋がってストーリーが展開されていて、前作のラストシーンはそのまま本作の冒頭シーンになっています。監督は、映画『LOOPER／ルーパー』で斬新なSF世界を創造したライアン・ジョンソンで、本作では、監督と脚本を両方担当しています。また、前作に引き続きマーク・ハミルやデイジー・リドリー、ジョン・ボイエガらが出演していて、ダース・ベイダーの後を引き継ごうとしているカイロ・レン、ルーク・スカイウォーカーから真実を知らされるレイ、レジスタンスたちの新ミッションや『スター・ウォーズ』ならではのドロイドや新キャラクターなど見所が満載となっています。ライアン・ジョンソン監督がインタビューの中でも述べているように、レイとカイロ・レンはほぼダブル主演です。「レイは光、カイロ・レンは闇。そして、カイロ・レンもまた青春期から大人に成長する過程にある。彼の青春は怒りに満ち、両親を否定し、そこから逃げたいと願う」と言うように、各キャラクターに最大の苦難を与えることで、レイもカイロ・レンもその成長過程を観客が共感できるという背景がこの映画には存在しています。その意味で、監督が本作のテーマを各キャラクターが自分の居場所を探している「青春期」として捉えていることもよく理解できます。

映画情報	製 作 年：2017年 製 作 国：米国 製作会社：ルーカスフィルム他 配給会社：Walt Disney Studios Motion Pictures	撮影場所：アイルランド、ボリビア、クロアチア他 言　　語：英語 ジャンル：SF、アクション、アドベンチャー 使用楽曲："Main Title and Escape"

144

Star Wars: The Last Jedi

(執筆) 寳壺　貴之

映画の見所

映画『スター・ウォーズ／最後のジェダイ』の見所として3点挙げます。第一にレイの両親の正体をカイロ・レンが明らかにする点です。レイは故郷の惑星ジャクーで両親を待ち続けていた前作からのヒロインです。しかし、カイロ・レンが告げたことが果たして真実なのかは次回作の見所となるでしょう。第二に、ジェダイは受け継がれるのかという点があります。レイとカイロ・レンの「光と闇」の関係性も含め、最後のジェダイとは本当は誰なのかも注目すべき点の1つです。第三に、登場人物の死です。『最後のジェダイ』で最もショッキングな出来事は、やはりルークの死です。『フォースの覚醒』で、ハン・ソロは我が子であるカイロ・レンによって身を貫かれます。ハン・ソロがそして今作ではルークが亡くなりますがこの「死」の意味を考えることも見所の一つです。

©Disney

発売元:ウォルト・ディズニー・ジャパン
MovieNEX価格：4,200円
(2019年7月現在、本体価格)

印象的なセリフ

（1）レイアがポーに戦闘をやめて帰還するように言いますが、ポーが言うことを聞かず、レイアがC-3POに話す場面です。
　　　Wipe that nervous expression off your face, 3 PO.
　　　（不安そうな顔をするのはやめなさい、3 PO）　　　〔Ch.4, 6:54〕

（2）冒頭の戦闘の後に、スノーク最高指導者がハックス将軍に述べる場面です。
　　　My disappointment in your performance cannot be overstated.
　　　（とんでもない失態をしてお前には失望しかない）　　　〔Ch.5, 12:33〕

（3）レイがルークを探し出し、ルークに言う場面です。
　　　We need your help.（あなたの力が必要です）　　　〔Ch.7, 15:16〕

（4）ルークは薄々、状況をフォースで理解していますがレイに尋ねる場面です。
　　　Falcon? Wait. Where's Han?
　　　（ファルコン号？待て。ハンはどこにいる？）　　　〔Ch.8, 19:02〕

（5）ルークがR2-D2に久しぶりに会った時に述べる場面です。
　　　Old friend. I wish I could make you understand. But I'm not coming back.
　　　（友よ。お前は分かっていないよ。戻る気はない）　　　〔Ch.14, 34:21〕

（6）マスター・ヨーダがルークを諭す場面です。
　　　Pass on what you have learned.（学んだことを伝えなさい）　　　〔Ch.32, 83:31〕

公開情報

公開日：2017年12月15日（米国）
　　　　2017年12月15日（日本）
上映時間：152分
年齢制限：G（日本）、PG-13（米国）

音　　声：英語
字　　幕：日本語
ノミネート：アカデミー視覚効果賞、録音賞、音響編集賞、作曲賞

第8回映画英語アカデミー賞　候補映画

スター・ウォーズ／最後のジェダイ

英語の特徴	この映画の英語の特徴としては日常会話的な比較的短い英語表現が使用されて分かりやすい場面と、『スター・ウォーズ』作品ならではの機械や戦闘そして宇宙に関する、多少難解で専門的な英語で表現されている場面があります。以下に、二つの場面で例を挙げます。第一に、俳優のセリフではないですが冒頭のオープニング・クロールで、"A long time ago in a galaxy far, far away..."から始まるこの表現は難解な語もなくよく分かります。その後の"The FIRST ORDER reigns. Having decimated the peaceful Republic, Supreme Leader Snoke now deploys his merciless legions to seize military control of the galaxy."（ファースト・オーダーが統治して共和国を破壊し、スノーク最高指導者は容赦ない攻撃をして武力で銀河を支配しようとしている）は専門的な表現になっています。第二に、ポー・ダメロンとフィンがハイパースペースでの追跡について会話をしている場面〔Ch.17, 41:52〜〕も同様です。Poe: Just give it to me one more time, simpler. Finn: So, the First Order's only tracking us from one Destroyer, the lead one. Poe: So we blow that one up? Finn: They'd only start tracking us from another Destroyer.ポーの「簡単に説明してくれ」や「吹き飛ばす？」という日常的な表現とフィンの「追跡を担うのは先頭の一隻だけ」や「他の艦が代わる」という専門的な表現は対照的です。
学習ポイント	第一に、『スター・ウォーズ』シリーズならではの、ドロイドの機械的で客観的な判断の英語表現を学習することができます。前述のポー・ダメロンとフィンがハイパースペースでの追跡について、危険を冒してでも任務を遂行するしかないと話している場面〔Ch.17, 42:44〕でC-3POが、"If I must be the sole voice of reason, Admiral Holdo will never agree to this plan."（理性的に考えると提督は認めません）と言います。ポーとフィンが可能性は高くないかもしれないがレジスタンスのために、敢えて危険な任務に取り組もうと感情が高ぶっているのに、冷静かつ機械的に判断するC-3POからは、法助動詞のmustを使いながらも客観的な思考を伝える表現を学習できます。しかし一方で、申し訳なさそうに話すC-3POの態度やしぐさから、機械なのになんて人間的であたたかく話すのだろうと興味を引かれます。 　第二に、前述のオープニング・クロールは"Only General Leia Organa's band of RESISTENCE fighters stand against the rising tyranny, certain that Jedi Master Luke Skywalker will return and restore a spark of hope to the fight."（レイア・オーガナ将軍のレジスタンスのみが暴君に立ち向かい、ジェダイ・マスターのルーク・スカイウォーカーが再び希望の灯をともすと確信していた）と続きます。この英語字幕の部分を利用して、声に出して読むことや意味把握の学習に応用できます。

スタッフ			
製　作：キャスリーン・ケネディ他		製作総指揮：J.J.エイブラムス他	
監　督：ライアン・ジョンソン		撮　影　：スティーヴ・イェドリン	
脚　本：ライアン・ジョンソン		編　集　：ボブ・ダクセイ	
原　作：ジョージ・ルーカス		衣　装　：マイケル・カプラン	

146

スター・ウォーズ／最後のジェダイ

薦	○小学生　○中学生　○高校生　●大学生　●社会人	リスニング難易表	
お薦めの理由	お薦めしたい理由を3点挙げます。第一に、このシリーズは家族や親子関係がテーマになりますが、本作でも主人公のカイロ・レンと伯父のルークとの関係や様々な家族関係に着目して見ていただきたいです。第二に、シリーズの中で重要な要素である師と弟子との関係性に焦点をおいて見ることができます。レイとルークとの修行の場面は勿論のこと、ルークが悩んだ時に師であるヨーダと交わす会話は圧巻です。第三に、『スター・ウォーズ』シリーズは全作を通じて壮大な宇宙を舞台にSFの世界観で描かれている一方、世界各地でロケが行われています。例えば、シリーズ第4作で出てきたルーク・スカイウォーカー家の原点の惑星タトゥイーンは、チュニジアのマトマタで撮影されています。今作でも、ルークとレイの出会いの惑星オクトーはアイルランドのスケリッグ・マイケルで、惑星クレートはボリビアのウユニ塩湖で、惑星カントニカの都市カント・バイトはクロアチアのドブロブニクで撮影されています。「絶景」という視点でもお薦めです。	スピード	3
		明　瞭　さ	3
		米　国　訛	3
		米　国　外　訛	4
		語　　　彙	3
		専　門　語	4
		ジョーク	3
		スラング	3
		文　　　法	3

発展学習	第一に、スヌーク最高指導者がカイロ・レンに述べる場面〔Ch.8, 17:13〕です。The mighty Kylo Ren. When I found you, I saw what all masters live to see. Raw, untamed power. And beyond that, something truly special. The potential of your bloodline. A new Vader. Now I fear I was mistaken. スヌークがカイロ・レンに出会った時、無敵で全てのマスターが望むものを彼に見て、血筋からも祖父のダース・ベイダーの跡を継げると思っていたのに、彼の心が揺れて見込み違いだったかもと言います。カイロ・レンはI've given everything I have to you. To the dark side.と、スヌークに全てを捧げ、父親のハンを殺したことも挙げて、暗黒面に入ったと言います。この映画の重要なテーマの一つでもある人間の「光」と「闇」について考察できます。 　第二に、レイにフォースを教えるルークが悩んだ場面でヨーダが現れます〔Ch.32, 83:31～〕。Pass on what you have learned. Strength, mastery. But weakness, folly, failure also. Yes, failure, most of all. The greast teacher, failure is. Luke, we are what they grow beyond. That is the true burden of all masters.強さ、熟達の業、弱さ、愚かさそして失敗も含めて学んだことをすべて伝えるよう言います。そして、失敗こそ一番大切で最高の師であり、師の真の責務は弟子から超えられることなのです。教師である私たちのみならず、人生の究極の真理をヨーダの表現から発展的に学ぶことができます。

キャスト	ルーク・スカイウォーカー：マーク・ハミル　　　フィン　　　　　　：ジョン・ボイエガ レイア・オーガナ：キャリー・フィッシャー　　　C-3PO　　　　　：アンソニー・ダニエルズ カイロ・レン　　　：アダム・ドライバー　　　　ポー・ダメロン　　：オスカー・アイザック レイ　　　　　　：デイジー・リドリー　　　　スヌーク最高指導者：アンディ・サーキス

スリー・ビルボード

あらすじ	米国ミズーリ州の架空の田舎町エビングの道路に、ある日突然３枚の大きな看板広告が張られます。７か月前に起こった Angela の暴行殺人事件を一向に解決しようとしない警察に業を煮やしたその母親 Mildred Hayse が、警察の怠慢を訴えるために出した看板でした。事態を知った Willoughby 署長は、Mildred を訪ね、捜査の進捗状況を説明したり、自分がガンを患っていることを知らせたりして看板を下ろすことを求めても、激しく罵られて追い返されます。人徳のある Willoughby を敬愛していた町の人たちは、そのほとんどが Mildred の敵に回ってしまい、息子の Robbie や、元夫の Charlie にまで看板を下ろすよう忠告されても、Mildred は全く聞く耳を持ちません。その後、Willoughby の自殺事件が発生すると、町の人々の反感はますます強まります。署長の自殺の原因はあの看板にあると考えた部下の Dixon 巡査は、Mildred の看板を作成した広告代理店の Welby を脅迫し、Welby を２階の窓から突き落とし、瀕死の重傷を負わせます。その夜、Mildred と Robbie は帰宅中に３枚の看板が燃えているのを目撃。２人の懸命な消火活動にもかかわらず、看板はほとんど燃えてしまいます。看板は警察による放火に違いないと考えた Mildred は、報復のため火炎瓶で警察署に放火。たまたま署内で音楽を聴きながら Willoughby の遺書を読んでいた Dixon は、火事に気が付かず大火傷を負います。ここからストーリーは思わぬ方向へ急展開していきます。
映画の背景	映画の冒頭に出てくる広告店の Red Welby が読んでいる本に注目してください。米国のカトリック女性作家 Flannery O'Connor の *A Good Man Is Hard to Find and Other Stories* という本です。映画評論家町山智浩も指摘するように、監督・脚本家の McDonagh は、この映画を作るに当たって、O'Connor の作品を下敷きにしていることを示しています。Mildred がある時看板の近くにふと現れた鹿に向かって語りかける "Because there ain't no God, and the whole world's empty and it doesn't matter what we do to each other? I hope not." 〔Ch.11, 45:32～〕という独り言は、その本の中に収められている同題の短編小説 "A Good Man Is Hard to Find" に登場する脱獄囚 The Misfit の語る "If He didn't, then it's nothing for you to do but enjoy the few minutes you got left the best way you can — by killing somebody or burning down his house or doing some other meanness to him." という言葉によって表される虚無的な世界観と共鳴するものがあります。グロテスクで暴力的かつポストモダン的な作風を描くのはこの監督の得意技のようですが、それによって、その対極にある愛や赦しを描出する手法は、*Mystery and Manners* というエッセイの中で、"[M]y subject in fiction is the action of grace in territory held largely by the devil." (The Noonday Press, p.118) と語る O'Connor との共通性を示すものです。
映画情報	製 作 費：1,500万ドル　　　　撮影場所：ノースカロライナ州シルヴァ 製 作 年：2017年　　　　　　言　　語：英語 製 作 国：米国、英国　　　　　ジャンル：サスペンス、ドラマ 配給会社：20世紀フォックス（日本）　使用楽曲："The Last Rose of Summer"

Three Billboards outside Ebbing, Missouri

〔執筆〕田中　浩司

映画の見所

第一の見所は、Mildredと彼女がその死を嘆き続けている娘Angelaとの家庭での生前のやり取りです。その人間関係に注目してください。二番目に、Dixonに窓から突き落とされ火傷を負わされて入院していたWelbyの病室に、もう一人の大火傷を負って、目以外の全身を包帯でぐるぐる巻きになった患者が運び込まれてきた場面。Welbyのその新患に対する態度と、二人の会話に注目してください。三番目は、Dixonが真犯人逮捕のために、身を呈してまで、その証拠を手に入れようと決心するに至る場面。そして最後にDixonがMildredと犯罪者を捕まえに行こうとする車中で二人が会話を交わす場面です。これらの場面にはこの映画を理解する上で大切な核心的なテーマが描かれています。これらの場面がなければ、この映画はただの殺伐とした暴力映画となってしまいます。

発売元：
20世紀フォックス ホーム エンターテイメント ジャパン
DVD価格：1,905円
Blu-ray価格：1,905円
（2019年7月現在、本体価格）

印象的なセリフ

本来は上欄の「映画の見所」に入れてもいい場面なのですが、自殺したWilloughby署長の遺書をDixonが読む場面では、その遺書に大変印象的なセリフが含まれていますので、その一部をここに紹介することにします。遺書を読んでいる最中に大変な事件が起こりますが、乱暴者のDixonがその後大きく変わるきっかけを与えたのは、この言葉です。

"But as long as you hold on to so much hate, then I don't think you're ever gonna become what I know you wanna become. A detective. …But what you need to become a detective is love. Because through love comes calm, and through calm comes thought. And you need thought to detect stuff sometimes, Jason. It's kinda all you need. You don't even need a gun. And you definitely don't need hate. Hate never solved nothing. But calm did. And thought did. Try it. Try it just for a change."　〔Ch.17, 78:33〜〕

また、元夫Charlieが、犯人や警察を憎み、常に心に憎しみと怒りを抱いている元妻Mildredに、19歳のガールフレンドの言葉を借りて語った次の言葉も印象的で、怒りが物事を解決することは決してないことを私たちに教えてくれます。

"All this anger, man, Penelope said to me the other day, 'It just begets greater anger,' you know? It's true."　〔Ch.19, 94:04〜〕

公開情報

公 開 日：2017年11月10日（米国）
　　　　　2018年 2月 1日（日本）
上映時間：115分
年齢制限：G（日本）、R（米国）
DVD音声：英語、日本語吹替
DVD字幕：日本語、英語
受　　賞：アカデミー主演女優賞、助演男優賞
ノミネート：アカデミー主要6部門

第8回映画英語アカデミー賞　候補映画

スリー・ビルボード

英語の特徴	会話頻度は高く、全編ほとんど会話の聞き取り学習に利用できます。会話スピードはかなり速いので、集中して聞く必要がありますが、発声・発音は明瞭ですので、聞き取りにくいということはありません。発音は米国発音、語彙は大学生以上のレベルが必要です。"I didn't torture nobody."〔Ch.7, 28:05〕など、学校文法では肯定扱いになる二重否定で否定の強調を表す英語や、"I don't think those billboards is very fair."〔Ch.4, 15:43〕など、複数形の主語を is で受ける非文法的な文も散見されます。学校文法が実際に使われている英語のすべてでないことを知り、記述文法との違いを認識するのにいい教材だと思います。四文字言葉、スラングも至るところに使われていますが、それらを無視しても内容を聞き取ることは可能ですし、英語の学習という観点からは、それらを一つ一つ理解する必要はないと思います。映画は全体的に暴力的で、悲惨な場面もあります。以上列挙したような事項は、どちらかと言えば、この映画が非教育的で推薦に値しないという烙印を押されてしまう理由になりかねないのですが、これらは殺伐とした現代社会をありのままに描くことによってしか描くことのできない、その深層にある大切なものを描こうとする映画の技法です。乱暴な言葉や憎しみの蔓延した場面を越えたところにこの映画のよさがありますので、それを学習者の英語力と鑑賞力によって掴み取ってほしいと願います。
学習ポイント	映画の中に女性の声で時折流れるきれいな歌 *The Last Rose of Summer* の歌詞を紹介しておきます。この歌は日本では、白菊を主題にした里見義の翻案による「庭の千草」という題名で知られていますが、元々は、アイルランドの詩人 Thomas Moore（1779-1852）の書いた詩です。この歌が選曲された理由には、監督・脚本・製作にあたった Martin McDonagh 自身がアイルランド人であることが関係していると思いますが、仲間の花が散った寂しい世界を歌う歌詞は、娘を失った主人公 Mildred の気持ちを表しているだけでなく、映画の雰囲気やテーマと深く関わっています。これを理解しておくと、映画の理解も深まると思います。スペースの関係で1番のみを記しておきます。 'Tis the last rose of summer,　　それは夏の最後のバラ Left blooming alone;　　　　　　一人咲き残っている All her lovely companions　　　　素敵な仲間たちはみな Are faded and gone;　　　　　　　色あせ、消えてしまった No flower of her kindred,　　　　同族の花は消え No rosebud is nigh,　　　　　　　バラのつぼみも一つとしてそばにいない To reflect back her blushes,　　はじらいを映し返したり Or give sigh for sigh.　　　　　　ため息を交し合っていた仲間たちは

スタッフ	製　作：マーティン・マクドナー	脚　本：マーティン・マクドナー
	グレアム・ブロードベント	撮　影：ベン・デイヴィス
	ピート・チャーニン	音　楽：カーター・バーウェル
	監　督：マーティン・マクドナー	編　集：ジョン・グレゴリー

150

スリー・ビルボード

薦	○小学生　　○中学生　　○高校生　　●大学生　　●社会人	リスニング難易表	
お薦めの理由	この映画を高校生以下の青少年に薦めるのはふさわしくないかもしれませんが、大学生・社会人には下記のような理由で、十分推薦するに値すると思われます。 (1) 会話に四文字言葉やセックスに関する言葉が多用されている映画ですが、それらを無視しても英語の聞き取りは可能であると実感できること、あるいはそれらを無視しても英語を聞き取ることができる能力を身に着けるのにふさわしい映画であること。 (2) また逆に、多くの米国映画でごく普通に使われているそのような言葉をこの映画を通じて学んでおけば、今後その他の映画英語を理解する上で役に立つこと。 (3) また、そのような卑俗な言葉の使われている映画を単なる低俗な映画として見なすことなく、その根底に流れている深い思想を読み取る経験をしておくことは、文学作品などを読む上でも役に立つこと。この映画は細部に主題を伝えるための工夫がしてあります。それを見つけるもこの映画を見る楽しみです。	スピード	5
		明瞭さ	3
		米　国　訛	4
		米国外訛	1
		語　　　彙	4
		専　門　語	3
		ジョーク	3
		スラング	3
		文　　　法	4

発展学習	映画の背景にはキリスト教と人々の不信仰の両方があることに気づくことができます。まず主人公 Mildred が頼んだ看板はイースターまでにはできると看板屋に言われます。イースターとはイエス・キリストの復活祭のことで、基本的には、春分の日の後の最初の満月の次の日曜日に祝われます。キリスト教徒の重要な記念祭なのですが、この看板がかかっていることに気づいてあわてて Dixon がかけてきた電話に対する Willoughby 署長の言葉に注目してください。電話を受けた時、署長はたまたま自宅でイースターの食事の最中だったのですが、その言葉には神を罵倒する言葉が含まれています。すなわち、神の復活を祝う食事をしながらも神を否定しているわけで、署長の心には真の信仰などないことがわかります。

Willoughby ： Dixon, you goddamn asshole. I'm in the middle of my goddamn Easter dinner.　　　　　〔Ch.2, 8:33〜〕

　次に Mildred の家に Montgomery 神父が訪れ、看板を下ろすよう、説得する場面に注目してください。彼女が以前は信仰を持っていた様子が窺われます。

Father Montgomery ： You know, Mildred, if you hadn't stopped coming to church, you'd have a little bit more understanding of the depth of people's feelings.　　　　　〔Ch.5, 20:37〜〕

キャスト	ミルドレッド・ヘイズ：フランシス・マクドーマンド ビル・ウィロビー　　：ウディ・ハレルソン ジェイソン・ディクソン：サム・ロックウェル アン・ウィロビー　　：アビー・コーニッシュ	レッド・ウェルビー： 　　　　　ケイレブ・ランドリー・ジョーンズ チャーリー：ジョン・ホークス ジェームズ：ピーター・ディンクレイジ

第8回映画英語アカデミー賞　候補映画

ドリーム

あらすじ	1961年、少女時代に類稀な数学の才能で周りを驚かせたアフリカ系米国人女性キャサリンは、同僚のドロシー、メアリーと共にバージニア州ハンプトンにあるNASA（米国航空宇宙局）のラングレー研究所に勤務しています。その年の人事異動で、キャサリンは臨時職ながら、解析幾何学の能力を買われて宇宙特別研究本部へ、メアリーは常勤のエンジニアとして技術部へ異動します。ドロシーは空席になっている管理職への昇進は見送られるものの、黒人女性計算手達が所属する西計算グループの実質的なまとめ役を果たしていきます。 　宇宙特別研究本部に配属されたキャサリンは、ハリソン本部長のリーダーシップもあり、直面する様々な困難を克服しながら、目標とする有人宇宙飛行実現のため、発射から帰還までの軌道計算の仕事に全力を尽くします。 　技術部に異動したメアリーは必要な資格取得のため、裁判所に請願書を出して、白人だけが通う高校で開講される講座の受講許可を勝ち取ります。 　西計算グループのまとめ役ドロシーは、IBMの大型計算機の導入を知り、コンピュータ言語 "FORTRAN" を独学で身につけ、他の計算手たちにプログラミングの指導をして雇用を継続させると共に、自身も昇進を果たします。 　翌1962年2月、キャサリン達の努力もあり、ジョン・グレンはフレンドシップ7で地球を周回し、米国初の有人宇宙飛行を果たして無事帰還します。
映画の背景	第二次世界大戦後、世界は米国を中心とした自由主義諸国と、当時のソ連を中心とした共産・社会主義諸国が対立する冷戦時代が始まり、米ソの核開発競争も激化。その過程でロケットの開発競争から宇宙開発競争も始まります。1957年10月4日、ソ連が世界初の人工衛星スプートニク1号の打ち上げに成功。さらに、ユーリ・ガガーリンが搭乗したボストーク1号で、1961年4月12日、人類史上初めて有人宇宙飛行を成功させます。 　宇宙開発競争でソ連に後れをとった米国は、1958年にエクスプローラー1号を打ち上げ、地球周回軌道に乗せることに成功します。そして、その年の7月にはNASAを立ち上げ、国の威信を懸けて宇宙開発を進めることになります。1961年1月にジョン・F・ケネディ大統領が就任すると、その年の5月には、60年代末までに人を月に送るという壮大な計画を発表し、開発のピッチが上がります。翌62年2月のフレンドシップ7による有人宇宙飛行成功から、米ソの宇宙開発競争における立場が逆転していくことになります。 　一方、米国内では1950年代中頃から公民権運動が活発になります。キング牧師達を中心に人種分離政策反対の運動が進んで、1964年には公民権法が成立することになりますが、映画で描かれている1961年から62年は、マイノリティーの人権問題が改善に向かう時期でもありました。
映画情報	製　作　費：2,500万ドル　　　　　　　撮影場所：アトランタ他 製　作　年：2016年　　　　　　　　　　言　　語：英語 製　作　国：米国　　　　　　　　　　　ジャンル：伝記、ドラマ、歴史 配給会社：20世紀フォックス（日本）　使用楽曲："Crave", "Runnin'"他

152

ドリーム

Hidden Figures

(執筆) 林　雅則

映画の見所	見所はたくさんありますが、以下の4つのシーンを挙げておきましょう。 ○ ハリソン本部長がキャサリンの訴えを聞いてトイレの差別看板を撤去するシーン。 ○ メアリーが白人だけの高校で開講される講座を受講する請願を裁判所に提出し、裁判長に認められるスピーチをするシーン。 ○ ジョン・グレンが搭乗前にハリソン本部長に、信頼しているのはIBMではなくキャサリンであることを告げるシーン。 ○ キャサリンのことを認めようとはせず、横柄な態度を取り続けていた主任のポールが、グレン帰還後のレポートを受け取る時に、彼女にそっとコーヒーを差し出すシーン。 なお、映画全編を通してファレル・ウィリアムスの楽曲が、国家プロジェクト実現に陰で奮闘するキャサリンたちを盛り立てています。	 発売元： 20世紀フォックス ホーム エンターテイメント ジャパン DVD価格：1,905円 Blu-ray価格：1,905円 （2019年7月現在、本体価格）

印象的なセリフ	ハリソン本部長は、キャサリンが日に何度か長い間席を外していることを不審に思って、彼女にどこに行っているのか尋ねると、トイレに行っていると答えるので、その異常な時間の長さを追及します。すると、キャサリンは、その理由と彼女の置かれている窮状を次のように訴えます。　〔Ch.15, 61:46〜〕 "There is no bathroom. There are no colored bathrooms in this building or any building outside the West Campus, which is half a mile away. Did you know that? …And I can't use one of the handy bikes. …And I work like a dog, day and night, living off of coffee from a pot none of you wanna touch! So, excuse me if I have to go to the restroom a few times a day." （トイレがありません。このビルにも、他のビルにも。非白人用のトイレは800メートル先の西エリアにしかないんです。ご存知でしたか？…自転車も使わせてもらえません。…誰１人触れようとしないポットのコーヒーを糧に、昼夜を問わず必死に働いています。だから、許してください。１日に何度かトイレに行くくらいは） この訴えを聞いた本部長は、コーヒーポットは共用にし、トイレは白人用、非白人用を示す看板を取り外して、肌の色に関係なく、どのトイレも自由に使えるようにします。

公開情報	公 開 日：2016年12月25日（米国） 　　　　　2017年 9月29日（日本） 上映時間：126分 年齢制限：G（日本）、PG（米国）	DVD音声：英語、日本語吹替 DVD字幕：日本語、英語 受　　賞：全米映画俳優組合キャスト賞 ノミネート：アカデミー作品賞、助演女優賞、脚色賞

ドリーム

英語の特徴	この映画は、一部プライベートな生活も描いてはいますが、米国初の有人宇宙飛行を目指すNASAを中心に描いていますので、ロケット打ち上げに関連する数学や物理学の難解な専門用語が多数使用されています。高度な議論の場面や、早口で応酬する場面が何度もあります。 　時代と共に中心的な意味が変わっていく特徴的な語として "computer" が使われています。今では機械の「コンピュータ（電子計算機）」を指すことが普通ですが、1961年当時は「計算する人」という意味で使われていたことが分かります。 　軽いジョークは頻繁に出てきますが、特に難解なものはありません。会話を弾ませる役割を果たし、楽しい雰囲気を作っています。"damn" は何度も出てきますが、その他の四文字言葉や下品な言葉、スラングの類はあまり出てきません。アフリカ系米国人のアクセントや、"y'all" などの南部訛りがあります。多くのセリフが比較的早口で話されていることもありますが、慣れていないと戸惑うかもしれません。また、米国外訛りも一部ありますが、こちらは比較的ゆっくり、明瞭に話されていますので、かえって聞き取りやすいでしょう。 　肯定を強調する二重否定を使った表現もありますが、文法的には非標準とされる、否定を強調するための二重否定が多く出てきます。同様に非標準ですが、"them" が "those" という意味で使われたり、"you was" という表現も出てきます。
学習ポイント	無線交信時には、聞き間違いを防ぐ目的などもあって独特の表現を使います。宇宙船フレンドシップ7に乗るジョン・グレンと管制センターとのやりとりから、いくつかの表現を学びましょう。 　遮熱版の異常を知らせる警告灯が点灯したまま大気圏に突入しますが、遮熱板が持ちこたえて危機を脱した後の交信で、ジョンはキャサリンの計算通りの軌道を飛行していることを確認し、ほっとするシーンでもあります。〔Ch.27, 115:15〜〕 CAPCOM: Friendship 7, do you copy? Over.　（聞こえるか？どうぞ） JOHN　：Loud and clear, CAPCOM.　（よく聞こえる） CAPCOM: Roger that. How are you doing?　（了解。そちらの状況は） JOHN　：My condition is good.　（コンディションは良好） CAPCOM: Roger that. Let's get you all the way home.（了解。回収に向かう） JOHN　：Roger that. Here's hoping these landing coordinates still hold. 　　　　（了解。着水地点がずれてないことを祈る） CAPCOM: Approaching 16.11984.　（緯度16.11984に向かっている） JOHN　：Roger.　（了解） 　なお、大気圏突入直前の交信では、ジョンが "yes" の意味で "affirmative"、"no" の意味で "negative" を使っています。

スタッフ			
製　　作	：ドナ・ジグリオッティ他	製作総指揮	：ジャマル・ダニエル他
監　　督	：セオドア・メルフィ	撮　　影	：マンディ・ウォーカー
脚　　本	：アリソン・シュローダー他	音　　楽	：ファレル・ウィリアムス他
原　　作	：マーゴット・リー・シェタリー	編　　集	：ピーター・ティッシュナー

ドリーム

薦	○小学生　●中学生　●高校生　●大学生　●社会人	リスニング難易表	
お薦めの理由	実話を基にした映画で、NASAで宇宙開発に携わったアフリカ系米国人女性3人の活躍を描いています。 　その中でも特に中心人物として描かれているキャサリンは、パイオニアとして長年に渡る宇宙開発への功績を認められて2015年、97歳で米国では文民に贈られる最高位の勲章とされる大統領自由勲章を受章しました。 　原題の"Hidden Figures"が表しているように、ほんの少し前まで彼女達は歴史に埋もれた存在でした。ただ、彼女達は公民権運動が盛んな時代を生きながらも運動とは一定の距離を置き、自らの置かれた状況の下でそれぞれの役割を果たすことによって、国家プロジェクトの実現に貢献したのです。 　確かに、彼女達はいずれも極めて優れた才能の持ち主ではありますが、彼女達の様々な困難に直面しても決して諦めることなく、ひたむきに努力して突破口を開いていこうとする姿や、常に前向きに明るく生き抜いていこうとする姿は、明日への希望や生きる勇気を与えてくれます。	スピード	4
		明瞭さ	3
		米国訛	3
		米国外訛	2
		語彙	4
		専門語	4
		ジョーク	2
		スラング	3
		文法	3

発展学習	○ メアリーの判事を説得する論法を学びましょう。　〔Ch.17, 72:25〜〕 　"I plan on being an engineer at NASA, but I can't do that without taking them classes at that all-white high school. And I can't change the color of my skin. So I have no choice but to be the first. Which I can't do without you, sir. Your Honor, out of all the cases you're gonna hear today, which one is gonna matter a hundred years from now? Which one is gonna make you the first?" 　（NASAの技術者になるには、白人の高校での受講が必要です。肌の色は変えられないので、黒人初になるしかありません。ぜひ、お力添えを。今日の案件で100年後に価値があるのは？判事も歴史に名を残せるのでは？） ○ ジョン・グレンの相手を思いやる表現を学びましょう。　〔Ch.10, 38:40〜〕 JOHN　　　　：Ladies, I didn't wanna run off without saying hello. ...And what do you ladies do for NASA? 　　　　　　　（皆さんともぜひ話がしたかった。…NASAでのお仕事は？） KATHARINE：Calculate your trajectories. Launch and landing. 　　　　　　　（打ち上げと帰還の軌道計算です） JOHN　　　　：You can't get anywhere without the numbers. 　　　　　　　（計算は成功には欠かせない仕事です）

キャスト	キャサリン・G・ジョンソン：タラジ・P・ヘンソン　　　ポール・スタッフォード：ジム・パーソンズ ドロシー・ヴォーン：オクタヴィア・スペンサー　　　　ヴィヴィアン・ミッチェル：キルスティン・ダンスト メアリー・ジャクソン：ジャネール・モネイ　　　　　　ルース　　　　　　　：キンバリー・クイン アル・ハリソン　　：ケビン・コスナー　　　　　　　　ジム・ジョンソン　　：マハーシャラ・アリ

155

第8回映画英語アカデミー賞　候補映画

パーティで女の子に話しかけるには

<table>
<tr>
<td>あ ら す じ</td>
<td>
パンクムーブメントに沸く1977年ロンドン郊外の街クロイドンを舞台にした物語です。パンクに夢中になっている内気な男子高校生エンは異性と無縁ながらも友人ヴィクとジョンの３人で「ファンジン」（同人誌）を作るなど楽しく過ごしています。ある日、偶然紛れ込んだパーティで、エンは個性的な少女ザンに出逢います。音楽やファッションの話で意気投合する二人でしたが、ザンは48時間以内に地球を退去しなければならないと言い出します。カラフルな服装をしているザンの仲間たちのことをエンは米国からやってきたカルト集団であると思いこんでいましたが、彼女たちは実は宇宙人であり観光のためにロンドンにやってきていたのです。ザンは仲間たちから抜け出してエンの家で一晩を過ごします。

有名なパンクロッカーであると勘違いされたザンはライブハウスのステージにあげられ最初こそまごついていたものの堂々たるパフォーマンスを披露します。ザンの種族には親に相当する「PT」に食べられてしまう慣習がありザンもその犠牲になる運命にあることを知ったエンはザンを救出する作戦を立てます。しかし、ザンはエンとの子どもを妊娠しており、子どもを産むためには地球を退去しなければならない決断を迫られます。苦渋の選択の結果、ザンは結局、地球を去ってしまいます。15年後の1992年、エンはザンと過ごした２日間を描いた小説を出版しサイン会を行っているところにザンの子どもたちが訪ねてきます。
</td>
</tr>
<tr>
<td>映 画 の 背 景</td>
<td>
1970年代英国を舞台にしたSF小説を原作としています。作者ニール・ゲイマン（1960年- ）は小説以外にもコミックブック（DCコミック『サンドマン』など）の原作や映画の脚本などを手がけています。短編小説（2006年）を原作としていることからも映画では冒頭の部分のみに相当するのですが、十代男子のエンと友人のヴィクがパーティで女の子たちと出会い、男子の幻想と実際の女の子たちの実像とがまるで異星人のようにかけ離れていることに気づくという物語をその30年後にエンが回想して書いたという設定が施されています。半自伝的作品に位置づけられる作品であり設定の1977年はゲイマン自身が17歳を過ごした年でした。

異なる価値観を持つ異星人との恋愛を描くSFロマンティック・コメディとして二人を繋ぐのが「パンク」であり、音楽、ファッションおよびその精神が物語の中で大きな役割をはたしています。1970年代後半の時代思潮を再現しながらも単なる懐かしい昔の物語としてではなく、新感覚の映像表現を交えつつSF的時空を創り上げています。また、監督のジョン・キャメロン・ミッチェル（1963年- ）は、性転換ロックシンガーを描いたオフ・ブロードウェイ・ミュージカル（1997年- 、日本版公演も人気）および映画『ヘドウィグ・アンド・アングリーインチ』（監督・脚本・主演、2001年）を代表作に持つことからも、疎外のテーマ、反骨の精神、音楽の使い方、SF的映像表現の演出も見所になるでしょう。
</td>
</tr>
<tr>
<td>映 画 情 報</td>
<td>
製 作 年：2017年　　　　　　　　撮影場所：シェフィールド（英国）
製 作 国：英国、米国　　　　　　　言　　語：英語
製作会社：See-Saw Films他　　　　ジャンル：SF、ロマンティック・コメディ
配給会社：A24（米国）、StudioCanal（英国）　使用楽曲："Between the Breaths"（Mitski）
</td>
</tr>
</table>

How to Talk to Girls at Parties

(執筆) 中垣恒太郎

映画の見所

パンクミュージックの隆盛期を舞台にした1970年代後半の男子高校生を主人公にしていることからも、パンクに代表される音楽やファッションなど十代の時に接するカルチャーがその後の人生に大きな影響をおよぼしうることがこの物語の重要なポイントとなっています。パンクの精神に触れたザンも彼女が生きる世界のあり方を大きく変容させていくことになります。SFロマンティック・コメディという風変わりなジャンルの物語ですが、パンクによって世界を変革し、純愛を貫く成長物語になっています。

親や友人、異性との関係がどう描かれているか、あるいは、異星人の世界や価値観を通して集団心理、社会通念のあり方を批判的に検討する姿勢も重要な観点になるでしょう。SFによる映像表現、1970年代の音楽やファッションの再現、懐古趣味に陥らないオリジナル曲の導入も魅力です。

発売元：ギャガ
DVD価格：3,800円
Blu-ray価格：4,800円
(2019年7月現在、本体価格)

印象的なセリフ

ザンが郷里の惑星に帰らなければならないこと、そればかりか親（PT）に食べられてしまう慣習があることを知り、内気なはずのエンが宇宙人たちを相手に毅然とした態度で自説を表明する場面は彼の成長をよく表しています。"We like to fall in love. And we try and fix what our parents fucked up. But you! What kind of parents are you?"（ぼくたちは恋におちてるんだ。親たちがダメならぼくたちが直してやらなくちゃ。でもあんたたちはいったいどんな親なんだ？）〔Ch.10, 79:50～〕。母親離れできないでいたエンが大人になる瞬間であり、守られていた立場から大事な相手を守りたいと決意し、奮闘する転換点です。

結局、その甲斐もむなしくザンはエンのもとを去ってしまうのですが、後日、仲間のジョンがはじめて女の子とデートをすることになり、ヴィクとエンに助言を求めます。ヴィクは、"Just... accept that you are nothing but a worthless initiate at her altar. That's how you build trust."（彼女の前では自分を世間知らずのクズだと思え。そうやって信頼を築くんだ）〔Ch.11, 91:15～〕と助言し、エンは、"Just remember that you're you, and she's her. And together... that'll be another thing."（忘れるな。おまえはおまえ。彼女は彼女だ。交わるとべつのものになる）〔Ch.11, 91:33～〕という言葉を送ります。デートの実用的な助言にならないとしても、エンは大人になるうえで掴んだことが確かにあったのでしょう。

公開情報

公開日：2018年 5月11日（英国）
　　　　2017年12月 1日（日本）
上映時間：103分
年齢制限：G（日本）、R（米国）
音　声：英語、日本語吹替
字　幕：日本語
ノミネート：カンヌ映画祭クィア・パルム長編映画部門、英国インディペンデント映画祭最優秀衣装デザイン賞

第8回映画英語アカデミー賞　候補映画

パーティで女の子に話しかけるには

<table>
<tr><td rowspan="2">英語の特徴</td><td>

英国を舞台にしていますが、英・米共同製作であり、スタッフ・キャストも混在しています。パンクに憧れるロンドン郊外に住む少年を主人公とする物語であり、性格が異なる仲間の友達との会話、それぞれの語り口、母親ら家族や大人たちと交わす会話、そして、異性である女の子と交わす会話から思春期の少年のふるまい、コミュニケーションの取り方も含めた言葉づかいを学ぶことができます。母親のことをうっとうしく思いながらも親離れできないでいる少年のもどかしさや甘え、仲間たちと話をする際の口調、好きなパンクについて女の子に語る際の熱を込めたやりとりなどに注目し、十代の少年の気持ちが語り方、ふるまい方にどのように反映されているかを探ってみるのもおもしろいでしょう。

</td></tr>
<tr><td>

内気なパンク少年という矛盾するような存在の少年を主人公とする物語ですが、その秘めた思いの強さは次の時代、次の世代に継承されていきます。若者による仲間内の会話が中心となっていますが、英語自体は全般的にわかりやすいものです。15年後の1992年、エンは作家になっています。ザンとの思い出を軸にした小説を刊行しサイン会をしているところに若者たちがやってきて、"We think we'd like to stay. We want to start a band."（僕たちはここにいたい。僕たちはバンドをはじめたいんだ）〔Ch.12, 94:40〜〕とエンに告げます。エンの青春時代の証であるパンクの精神は次世代に確実に受け継がれていったのです。

</td></tr>
<tr><td rowspan="3">学習ポイント</td><td>

はじめて異性を意識して接する十代の期待と不安、当惑などがSFの設定を通して繊細に描かれているのが本作品の特徴の一つです。自分のことさえよくわからない、だからこそ自分とは何かを探る段階である思春期の彼らにとって異性はまるで宇宙人のようによくわからない存在に映るものかもしれません。理解しえない相手の言動や感情の変化に戸惑いながら自分以外の他人と触れあうことで人は成長していくものです。わからないからこそ自分の気持ちや考えを伝える必要性と有効性を実感し、わかりあえる瞬間を大事に思うことができるのでしょう。

</td></tr>
<tr><td>

『パーティで女の子に話しかけるには』という題名は思春期の男の子が女の子と出会う淡い恋愛物語を想起させるものでしょうから、荒唐無稽な物語設定に多くの観客は戸惑うかもしれません。宇宙人の異性と恋におちてから別れるまでの48時間はSFロマンティック・コメディ版『ローマの休日』（*A Roman Holiday*, 1953）とでも称すべき少年の恋愛を通した成長物語になっています。

</td></tr>
<tr><td>

少年にとって異性とのやりとりはすべてが新鮮で、新しい感情、新しい体験の連続です。とまどいながらもお互いにひきつけられていく様子が魅力的に描かれています。"Do more punk to me."（もっと私にパンクして）〔Ch.3, 19:24〕というザンのセリフにあるように、ザンにとってはエンを通して触れるパンクが彼女の人生の大きな転機となります。異文化に触れ、他者を理解することを学ぶ物語でもあるのです。

</td></tr>
<tr><td rowspan="4">スタッフ</td><td>

監督・脚本：ジョン・キャメロン・ミッチェル　　撮　　影：フランク・G・デマーコ

脚　　本：フィリッパ・ゴスレット　　　　　　　音　　楽：ニコ・ミューリー

原　　作：ニール・ゲイマン　　　　　　　　　　　　　　ジェイミー・ステュワート

衣　　装：サンディ・パウエル　　　　　　　　　編　　集：ブライアン・A・ケイツ

</td></tr>
</table>

158

薦	○小学生　　○中学生　　●高校生　　●大学生　　●社会人	リスニング難易表	
お薦めの理由	SF短編小説を原作にした長編映画であることからも、原作からどのようにイメージを膨らませて映像化したのかを探ることも有効でしょう。翻訳（短編集『壊れやすいもの』所収、金原瑞人・野沢佳織訳）も刊行されています。読みやすい英語なので原書で読んでみることをお薦めします。 　若者文化の象徴となるパンク、そしてそもそも既存の価値観や体制に対して疑問を抱き、新しい世界を創造しようとする若者文化の精神は、21世紀現在、様々な要因から過去の時代の遺物とみなされてしまうものかもしれません。1970年代後半のロンドン郊外という特定の時代と場所を舞台にした物語であり、また、宇宙人との恋愛というSF的設定でありながら不思議と普遍的な十代の少年を主人公にした成長物語になっているのも本作品の魅力です。十代の少年をめぐる要素がここに込められており、社会通念を当たり前とせずに世界を変革していこうとする精神から私たちは多くを学び感じ取ることができるでしょう。世界が変わって見えてくるような不思議な味わいのある作品です。	スピード	4
		明瞭さ	4
		米国訛	3
		米国外訛	4
		語彙	3
		専門語	3
		ジョーク	4
		スラング	4
		文法	3

| 発展学習 | 　ザンが生きる世界では6つの色分けされたコロニー（「心・精神・声・意思・性・力」）があり、それぞれ「PT（保護者）」によるルールのもとで統制がなされています（監督インタビューによればインドのチャクラから着想されたとのこと）。彼らは滅びゆく運命にあるのですが、命を繋ぎ止めるために「PT」と呼ばれる親たちが子どもたちを食べることで種族を存続させるという慣習があり、ザンも含めてその慣習は彼らにとっては誰も疑うことなく継承されてきています。ザンがエンと出会い、妊娠しやがて母親になることでザンは新しいコロニーの「PT」という立場になります。ザンがエンとの交流を経て作り出すことになる新たな緑色のコロニーは「愛」を表します。奇想天外な設定のようでいて、現代の寓話として本作品の世界観、メッセージを読み解くのも醍醐味でしょう。エンやザンの立場であれば、どのようにふるまうかをめぐり意見交換をしてみるのも効果的です。
　「SF的想像力」は文学をめぐる想像力の中でももっとも先鋭的なものであり、ありえない設定を通して私たちの身の周りの世界のあり方を問い直し、仮想現実のシミュレーションによって世界をより良いものに変革していくためのヒントを与えてくれるものです。冴えないパンク音楽好きの少年の一人にすぎなかったはずの主人公エンが、異性の存在を通して異文化に触れることで彼自身も成長し、既存の価値観や固定観念を変革していく希望が込められています。 |

第8回映画英語アカデミー賞　候補映画

ハン・ソロ／スター・ウォーズ・ストーリー

あらすじ	宇宙を支配している銀河帝国が勃興して約10年、宇宙船の造船で有名な惑星コレリアは帝国の支配下にあり、情勢はとても厳しいものとなっていました。この映画は、物語の時系列的には『スター・ウォーズ エピソード４／新たなる希望』の10余年前の時代に当たる、壮大な本編ストーリーを補完するスピンオフ映画第２弾の作品です。 　これまでの『スター・ウォーズ』シリーズで、随一の悪党でありながら愛嬌のあるキャラクターで絶大な人気を博しているハン・ソロ。この作品では、過去のシリーズでハリソン・フォードが演じたハン・ソロの若かりし頃が明らかになります。アウトローなハン・ソロはいかにして愛すべきキャラクターになったのでしょうか。幼なじみで彼が愛した美女キーラや、彼の愛機ミレニアム・ファルコン号の所有者である悪友のランド・カルリジアンらとの出会い、カリスマ性を持つベケットのチームに加わり、自由を手に入れるため危険なミッションにも挑みます。そして、何といっても生涯の相棒のチューバッカとの初めての出会いも描かれています。映画のテーマはスペース・ウェスタンですが、ルークやレイアに出会う前のハン・ソロが内に秘めた正義感で様々な試練に立ち向かっていきます。果たして、キーラやベケットは最後にはハン・ソロと仲間になり得るのでしょうか。想像を絶した危機を彼はどのようにして乗り切るのでしょうか。
映画の背景	『ハン・ソロ／スター・ウォーズ・ストーリー』は「アンソロジー・フィルム（Anthology films）」という『スター・ウォーズ』の本編ストーリーを補完するスピンオフ映画群の第１作目『ローグ・ワン／スター・ウォーズ・ストーリー』(2016) に続く第２作目です。 　宇宙随一のアウトローでありながら、その愛くるしいキャラクターで映画『スター・ウォーズ』シリーズのファンからだけではなく、今も多くの人々から愛されているハン・ソロの若き日の姿を描いています。彼は女性からの人気も絶大で、ゆえに『スター・ウォーズ エピソード７／フォースの覚醒』(2015) でのハン・ソロの死は多くのファンを絶望に陥れたとも言えます。しかし、本作品がハン・ソロファンへの朗報となりました。 　監督は、名匠ロン・ハワード氏です。幼少の頃から子役として活躍し、監督としても多くの作品を手掛け、代表作映画『ビューティフル・マインド』では作品賞を含むアカデミー賞４部門に輝きました。ジョージ・ルーカス監督の映画『アメリカン・グラフィティ』(1972) にも出演していて、ルーカス監督と深い縁があります。実はルーカス氏から以前に、『スター・ウォーズ エピソード１／ファントム・メナス』(1999) の監督をオファーされていたハワード氏が本作品をどのように仕上げていったのかとても興味深いものがあります。
映画情報	製作費：3億ドル　　　　　　　　　配給会社：Walt Disney Studios Motion Pictures 製作年：2018年　　　　　　　　　撮影場所：スペイン、英国他 製作国：米国　　　　　　　　　　言　語：英語 製作会社：ルーカスフィルム他　　ジャンル：SF、アクション、アドベンチャー

160

Solo: A Star Wars Story

(執筆) 寶壺　貴之

映画の見所

映画『ハン・ソロ』は、『スター・ウォーズ』第1作目『スター・ウォーズ エピソード4／新たなる希望』（1977）より12〜3年前のストーリーを描く物語です。つまり、時系列上では『スター・ウォーズ』の初代三部作シリーズに繋がる過去のものということになります。この映画の見所を3点、挙げます。

第一に、若き日のハンを描いているこの作品で「ハン」と名乗っていた彼が、どのような経緯で「ハン・ソロ」となるのかという点です。

第二に、自由になりたいと願うハンは、愛する幼なじみのキーラと共に自由を獲得することができるのかという点です。

第三に、カリスマ性を持った謎の男のベケットに出会い、彼のチームと行動を共にする中で、若きハン・ソロは何を学びどのように自分を形成していくのかも見所の一つです。

発売元：ウォルト・ディズニー・ジャパン
MovieNEX価格：4,200円
（2019年7月現在、本体価格）

印象的なセリフ

（1）ハン・ソロがコアクシウムを盗んだ後にキーラに言う場面です。
Qi'ra, you always said one day we're gonna get out of here. 〔Ch.3, 3:09〕
（キーラ、いつも言っていたようにいつかここを出たがっていただろ）

（2）ハン・ソロが自分の目標についてキーラに話す場面です。
I'm gonna be a pilot.（パイロットになるんだ） 〔Ch.5, 6:46〕

（3）キーラがハン・ソロと逃げる時に言う場面です。
We won't have to take orders or be kicked around by anyone.
（私たちは誰の命令も聞かないし、虐げられもしない） 〔Ch.5, 6:53〕

（4）空港で、帝国軍への勧誘のアナウンスが流れる場面です。 〔Ch.6, 13:00〕
Be a part of something. Join the Empire.（熱き諸君、帝国軍へ来たれ）

（5）ハン・ソロは逃げるために帝国軍のパイロットになることを希望してその窓口で、家族はと尋ねられた時に答える場面です。
I don't have people. I'm alone.（家族はいない。一人だ） 〔Ch.7, 13:51〕

（6）戦地で助けてもらったハン・ソロがベケットに言う場面です。
Thanks for your help back there.（さっきはありがとう） 〔Ch.9, 16:26〕

（7）ヴァルがハン・ソロに人は一人では生きていけないと言う場面です。
Everybody needs somebody.（皆、一人じゃ生きていけない） 〔Ch.13, 28:46〕

公開情報

公　開　日：2018年5月25日（米国）
　　　　　　2018年6月29日（日本）
上映時間：135分
年齢制限：G（日本）、PG-13（米国）
音　　　声：英語
字　　　幕：日本語
ノミネート：アカデミー視覚効果賞
アスペクト比：2.39：1

ハン・ソロ／スター・ウォーズ・ストーリー

英語の特徴	主人公のハン・ソロを中心に、登場人物の会話のスピードは適度です。発音も明瞭で、他の『スター・ウォーズ』シリーズに比べても専門的な用語も少なく聞き取りやすい表現が多いです。英語の特徴として、以下の3点が挙げられます。 第一に、ハン・ソロが空港の窓口で、"Who are your people?"と尋ねられ、"I don't have people. I am alone."と答える場面〔Ch.7, 13:47〕や、チューバッカに向かって、ハン・ソロが一緒に逃げようと、"That's our one way off this mud ball."（この泥沼から抜け出すチャンスだ）と言う場面〔Ch.11, 23:09〕などからも、映像から視覚的に分かるようなシーンでは、比較的日常的な短い英語表現が使用されています。 第二に、『スター・ウォーズ』作品ならではの機械や戦闘に関するような場面では第一の特徴と反対に、日常会話的ではない客観的な英語で表現されているという特徴があります。例えば、冒頭のキーラとハン・ソロが逃げる場面でドロイドが、通行許可証を見せるように促す場面〔Ch.5, 7:30〕では、"This is a secure area. You must have proper clearance."と表現されます。 第三に、他のシリーズでC-3POがそうだったように、『ハン・ソロ』でも、ドロイドのL3-37が機械的に英語を話す場面もありますが、もう一方で機械なのに人間的に、"Oh, are we? And what if I don't elect go to Kessel?"（勝手に？私の意思は無視？）ととても人間的にごねて話すような場面〔Ch.23, 60:12〕もあるのが特徴です。
学習ポイント	最初の英語字幕を利用した学習方法を述べます。『スター・ウォーズ』シリーズでは、必ず"A long time ago in a galaxy far, far away...."「遠い昔はるかかなたの銀河系で…」という表現で始まりますが、その後の最初のスクリーンに出てくる英語での説明字幕を利用して学習を進めることができます。以下に、引用します。 It is a lawless time. CRIME SYNDICATES compete for resources—food, medicine, and HYPERFUEL. On the shipbuilding planet of CORELLIA, the foul LADY PROXIMA forces runaways into a life of crime in exchange for shelter and protection. On these mean streets, a young man fights for survival, but yearns to fly among the stars.... （それは法のない時代。複数の犯罪組織が、食料、薬、ハイパー燃料等の資源を巡って争っていた。造船で有名な惑星コレリアでは、レディ・プロキシマが逃亡者たちに、保護と引き換えに犯罪行為を強要していた。 そこで銀河を飛び回る日を夢見て必死に生きる一人の若者がいた） 第一にリーディング教材として読んでいくことができます。この部分を読み進めることでsummary的に学習できます。第二に、映像の文字を見ながらナレーション的に自分で発音する方法があります。第三に、自分で発音した声を録音しておいてそれを聴いて書き取る、ディクテーションの学習にも応用できます。
スタッフ	製　　作：キャスリーン・ケネディ他　　　製作総指揮：ローレンス・カスダン他 監　　督：ロン・ハワード　　　　　　　　撮　　影　：ブラッドフォード・ヤング 脚　　本：ジョナサン・カスダン他　　　　作曲・編曲：ジョン・パウエル キャラクター原案：ジョージ・ルーカス　　編　　集　：ピエトロ・スカリア

ハン・ソロ／スター・ウォーズ・ストーリー

薦	○小学生　　○中学生　　○高校生　　●大学生　　●社会人	リスニング難易表	
お薦めの理由	若きハン・ソロがどのように人間的に成長していくのかを見て取れるのがお薦めの理由です。この「成長」という意味で、彼に大きな影響を与えるのは以下の二人の人物です。 　第一に、幼なじみで恋をしているキーラとの関係です。キーラと一緒に惑星コレリアから脱出するつもりでしたが、それができず彼女を連れ戻すためにミッションをこなします。久しぶりに再会した彼女は自分が生き抜くために変わり果てていました。果たして、彼女との関係はどのように展開されるかがポイントになります。 　第二に、自由を手に入れるためベケットのチームに加わり、危険なミッションに臨みますがそのベケットの生き方からどのような影響を受けるかを見ていただくのもこの映画のポイントとなります。ベケットは、「誰も信じてはいけない」とハンに教えますが、果たしてそれをどのように受け止めるのでしょうか。後に、ハン・ソロがすべてのキャラクターの中でなぜ、とても愛されているのかにもつながる成長がここに見てとれます。	スピード	3
		明瞭さ	3
		米国訛	3
		米国外訛	4
		語彙	3
		専門語	4
		ジョーク	3
		スラング	3
		文法	3
発展学習	この映画でハン・ソロはチューバッカをはじめ、エピソード4に繋がる様々な人や物と出会います。以下の2つの場面を例に、発展学習の方法を提案します。 　第一に、映画『ハン・ソロ』では、何と言ってもその後も活躍するミレニアム・ファルコン号との出会いがあります。サヴァリーン精製所でハン・ソロは次のように言います〔Ch.37, 96:05〕。"Just did the Kessel Run in 12 parsecs."（ケッセル・ランを12パーセクで）ここを見た学習者は、必然的にエピソード4でのハン・ソロの有名なセリフ、"Fast ship? You've never heard of the Millennium Falcon? It's the ship that made the Kessel Run in less than 12 parsecs."（速い船かだって？ミレニアム・ファルコン号を知らないのか？ケッセル・ランを12パーセクで飛んだんだ）を思い出します。つまり、エピソード4も関連付けて学習できます。 　第二に、『スター・ウォーズ』シリーズの歴代の主人公と同様に、本作品でもハン・ソロの人間的成長が描かれています。前述のベケットが、"I trust no one. Assume everyone will betray you."〔Ch.37, 67:47〕と誰もが裏切るので皆を信じないことだとハンに説きますが、彼はそのような生き方はしません。荒くれ者だったハン・ソロですが、様々な人と出会い最後には人を信じ、仲間を助ける姿を学習できます。この若きハン・ソロの生き方が後々、ルークやレイアに出会い平和な世界のために協力して戦うことに繋がります。		
キャスト	ハン・ソロ　　：オールデン・エアエンライク　　トバイアス・ベケット：ウディ・ハレルソン キーラ　　　　：エミリア・クラーク　　　　　ランド・カルリジアン：ドナルド・グローヴァー ヴァル　　　　：タンディ・ニュートン　　　　L3-37：フィービー・ウォーラー＝ブリッジ チューバッカ：ヨーナス・スオタモ　　　　　ドライデン・ヴォス　：ポール・ベタニー		

第8回映画英語アカデミー賞　候補映画

ピーターラビット

<table>
<tr>
<td rowspan="1">あ
ら
す
じ</td>
<td>
ウサギのピーターは、フロプシー、モプシー、カトンテールの三姉妹と従兄の
ベンジャミン、その他大勢の仲間と毎日楽しく暮らしています。今は亡き父母に
近寄ってはいけないと言われていた隣のマグレガーさんの畑で今日もいたずらを
して捕まりますが、彼は心臓発作を起こして亡くなってしまいます。畑を自由に
使えると喜んだのも束の間、若い親戚、トーマス・マグレガーが家と土地を相続
し、売却するための下見に、ロンドンからやってきます。潔癖症のトーマスもま
た、ピーターたちを家や畑から追い出そうとします。
　ピーターたちの住む大きな木があるのは、動物が大好きな若い画家ビアの家の
庭です。ビアはいつもピーターたちを助けてくれますが、野生動物を害獣と呼
び、駆除することに躍起になるトーマスとも次第に仲が良くなってきます。
　ついにピーターたちとトーマスは全面戦争を始めます。フェンスに電流を流し
たり、巣穴に爆弾を仕掛けたりするトーマスにも立ち向かうピーターと仲間たち
でしたが、爆弾が爆発し、木が倒れ、ビアの家が壊れ、彼女が描きためた多くの
絵も台無しになってしまいます。
　トーマスは家を売却し、ビアも田舎を出て行こうとしましたが、ピーターは
トーマスを説得し、二人は初めて協力し合い、ビアを引き留めます。トーマスは
長年の夢だった自分のお店を始め、ビアも自分で描いた絵をその店に並べます。
</td>
</tr>
<tr>
<td>映
画
の
背
景</td>
<td>
英国だけでなく世界中の子供たちに愛されているピーターラビットは、ビアト
リクス・ポター（1866-1943）原作の絵本（1902）の主人公です。イングランド
北部の湖水地方の自然を愛したポターは、野生動物を観察し、絵を描いてお話を
作りました。脇役として出てくる仲間たち、カエルのジェレミー、ハリネズミの
ティギーおばさん、キツネどん、ブタのピグリン、アナグマのトミー、アヒルの
ジマイマ、街ネズミのジョニーなども絵本でおなじみの登場人物です。
　絵本では畑で野菜を取ってマグレガーさんに捕まるピーターですが、映画では
若いトーマスとの対決がメインで、追いかけられるスピードが速いことにピー
ターも驚きます。ビアも絵本には出てこない人物ですが、作者のビアトリクス・
ポターでしょう。若い男女の恋のストーリーも交えて、幅広い世代に親しまれ
る、現代的なストーリーになっています。
　映画の動物たちはCGで撮影されています。動物たちのセリフは英国やオース
トラリアの俳優たちによって表情豊かに話されます。
　ちなみに、湖水地方の街、ボウネス・オン・ウィンダミアには「ビアトリクス・ポ
ターの世界館」という名のアトラクション施設があり、ピーターラビットの世界
を体験することができます。ポターの家、ヒル・トップは現在ナショナルトラス
トによって管理運営され、一般公開されています。
</td>
</tr>
<tr>
<td>映
画
情
報</td>
<td>
製　作　費：5,000万ドル　　　　　　撮影場所：ロンドン、オーストラリア他
製　作　年：2018年　　　　　　　　　言　　　語：英語
製　作　国：米国、オーストラリア、英国　ジャンル：コメディ、アドベンチャー
配給会社：ソニー・ピクチャーズ エンタテインメント(日本)　使用楽曲："I Promise You"他
</td>
</tr>
</table>

Peter Rabbit

(執筆) 松原知津子

映画の見所

短い絵本の原作とは違う展開ですが、ビアをめぐる二人の男性、トーマスとウサギのピーターの対決、心情の変化、心の成長を経ての和解が見どころです。両親を早くに亡くして施設で育ったトーマスは、大都会ロンドンのハロッズデパートでの昇進を目指していたものの、夢かなわず、落ち込み、精神の混乱をきたします。その時、存在すら知らなかった大叔父の遺産を相続することになり、大自然に囲まれた田舎に一時的に生活を移すことになります。

マグレガーさんの死去により、畑を自分たちのものにしたと喜んでいたピーターたちは畑とビアをトーマスに取られると思い、本能的に彼を敵視し、全面戦争に突入します。けれども巣穴の爆破をきっかけに事態は急転し、最後にはビアも含めて皆が和解することになります。額を合わせて謝罪する場面も見どころです。

発売元:ソニー・ピクチャーズ エンタテインメント
DVD価格:1,886円
Blu-ray価格:2,381円
(2019年7月現在、本体価格)

印象的なセリフ

最初、ピーターたちに向かって "Out, you vermin!"「害獣は出ていけ!」〔Ch.5, 24:11〕と怒鳴るトーマスですが、ビアは "Rabbits are actually perfect creatures; They're generous, honest, pure. … You'll grow to love them."〔Ch.8, 43:08〕とピーターたちの良さを説きます。

彼はピーターたちとの戦いの最中にも、ビアには "They are angels. This is their place as much as ours. I learned that from you."〔Ch.12, 64:24〕と、彼女を喜ばせる言葉を口にし、動物を愛する彼女を傷つけないために、本心を隠します。

戦いの終盤、ピーターがボタンを押したために木が倒れ、ビアの家も壊れ、"I've wrecked our home. I've wrecked Bea's home. I'm a real home-wrecker. … I'm really sorry."〔Ch.14, 70:37〕と反省します。ピーターはロンドンまで行き、"I didn't think of anyone but myself. I'm sorry I electrocuted you. … Please come back. Not for me, for Bea."〔Ch.15, 76:45〕とこれまでのことを詫びてビアを引き留めてほしいとトーマスに頼みます。ピーターたちを害獣だと嫌っていたトーマスですが、ウィンダミアに急ぎ戻り、"You once said that everyone has a place in this world. This is your place. … Please forgive us. … There are a lot of things they can do that you don't know about."〔Ch.15, 78:52〜〕とビアを引き留めます。「僕たち(ピーターと僕)を許して」とビアに懇願し、ピーターたちの持つ力を認める姿には明らかに変化が見られます。

公開情報

公 開 日:2018年2月9日(米国)
　　　　2018年5月18日(日本)
上映時間:95分
年齢制限:G(日本)、PG(米国)

DVD音声:英語、日本語吹替
DVD字幕:日本語、英語
オープニング・ウィークエンド:2,500万ドル
興行収入:3億5,000万ドル(世界)

第8回映画英語アカデミー賞　候補映画

ピーターラビット

英語の特徴	英国英語に合わせたCGの動物の口の動きはわかりやすいでしょう。原作が子供向けの絵本なので、ピーターたち動物の言葉はやや早口ではありますが、セリフは短いです。マグレガーさんの畑に入ることは "easy peasy lemon squeezy"（英略式小児語）「とてもやさしい、らくちんだ」〔Ch.7, 31:30〕とピーターは言います。"vermin" や "rodent" などの単語をトーマスが言うのをピーターはオウム返しに言って怒りますが、怒ったあとで言葉の意味をベンジャミンに聞いて解説してもらうのは、ベンジャミンとピーターの知的レベルの差が現れていて面白いです。 　それに対して人間の大人同士のセリフは長く、独特な言い回しや難しい単語もいくつか出てきます。例えば、昇進の夢がかなわずに落ち込んでいるトーマスに "Get some dirt underneath your fingernails." 「田舎に行って農作業でもしてきたら？」〔Ch.4, 18:18〕と言うハロッズの支配人の言葉や、ホームセンターの店員がトーマスに言う "I'd say she anthropomorphizes 'em." 「彼女（ビア）はウサギを '擬人化' している（ので、ウサギ駆除はこっそりやれ）」〔Ch.8, 38:37〕という言葉などです。 　トーマスがピーターたちに農機具を振りかざしたり、トーマスが仕掛けた電気フェンスの配線をピーターたちが変えて、逆に彼が感電して放置されるシーン、ブラックベリーアレルギーを持つトーマスの口をめがけてブラックベリーを飛ばし、アナフィラキシーショックで倒れるシーンはやや残酷で要注意です。
学習ポイント	短文の名言がいくつかあります。映画の場面での使い方を考えましょう。 環境問題について、ピーターのセリフ "We don't inherit the Earth, we borrow it from our children." 「地球を相続したのではない、子供たちから借りているんだ」〔Ch.7, 37: 15〕ペットボトルに書いてあった言葉だと言っています。 　ピーターの父の言いつけは3番以外は守られていません。〔Ch.10, 53: 25～〕 1 . Never go into McGregor's garden.　　2 . Don't electrify a lady hedgehog. 3 . You can't put lipstick on a pig.　　4 . You can't out-clever a fox. 1 .の言いつけは、パイにされてしまった父の意味深い言いつけでしたが、ピーターは野生の本能でこれを破るところからこの映画が始まります。 2 .を守らなかったために、トーマスが仕掛けた電気フェンスに自らあえて挑むハリネズミのティギーおばさんの針が、後方で見守るみんなに刺さります。 3 .「豚に口紅」は、日本語で「豚に真珠」という、もとは新約聖書マタイ伝第7章にある "Cast not pearls before swine" 「貴重なものも価値のわからない物には無意味である」を思い起こさせます。常に食べているブタに口紅は塗れません。 4 .「キツネは知恵が回る」out-clever はoutwit, outflank（出し抜く）の意味でしょうか。キツネならぬトーマスの賢さを逆手にとって、彼が仕掛けた電気フェンスの装置を切り替えて、彼に仕掛けることに成功します。
スタッフ	製　　作：ウィル・グラック他　　　　　　美　　術：ロジャー・フォード 監　　督：ウィル・グラック　　　　　　　音　　楽：ドミニク・ルイス 原案・脚色：ウィル・グラック他　　　　　編　　集：クリスチャン・ガザル 原　　作：ビアトリクス・ポター　　　　　　　　　　ジョナサン・タッピン

166

ピーターラビット

薦	●小学生　　●中学生　　●高校生　　●大学生　　●社会人	リスニング難易表	
お薦めの理由	CGを用いた実写映画は、最近珍しくなくなってきましたが、自然な動きの野生動物と人間のやり取りがとてもかわいいです。大自然のウィンダミアと大都会ロンドンの対比や、ウィンダミアの自然と動物を愛するビアとロンドンで生活してきたトーマスがピーターたちを交えて近づいていく様子も見逃せません。 　街ネズミのジョニーは、ピーターたちにロンドン名物のタワーブリッジ、バッキンガム宮殿、衛兵の交代、ビッグベン、ロンドンアイを含めた現代の高層ビルを紹介します。20世紀初頭のビアトリクス・ポターが描いた田舎と21世紀のロンドンが融合して描かれています。 　この映画には21の曲が使われています。ピーターたちがトーマスとの戦いに備えて体力づくりをする場面で使われている 'Remember The Name' などのラップ音楽もCGの動物たちの動きに合わせて楽しめるでしょう。主題歌の 'I Promise You' は、ピーターの声優で歌手でもあるジェームズ・コーデンが歌っています。	スピード	3
		明瞭さ	2
		米国訛	2
		米国外訛	2
		語彙	3
		専門語	3
		ジョーク	3
		スラング	2
		文法	2
発展学習	トーマスとビアがピクニック先で行ったスクラブルゲーム（米国発の言葉遊びのボードゲーム。アルファベットが書かれたコマを使う）で作った単語は、彼らの性格、発想、考え方の違いを表していると言えます。Abandon, alone, bare, broken, help, lost, mud, mummy, numb, whyはトーマスが作った単語。心の奥に潜んだ寂しさが感じられます。一方、ビアはdance, flower, fiddle, glow, openness, sun, tea, そしてpotterという単語も作っています。ビアが勝ちを決めたのはtarradiddle（ちょっとしたうそ）という単語で、トーマスの知らない語でした。映像では一瞬しか見られませんので、DVDを止めて、確認すると良いでしょう。〔Ch.9, 44: 37～〕 　トーマスとピーターたちの全面戦争の結果、ピーターが誤ってボタンを押したために木の根元の巣穴が爆破され、ビアとトーマスが喧嘩別れすることになりますが、その後、ピーターの両親の肖像画が言ったと思われる言葉は愛の本質をついていると言えます。"Sharing love is not losing love. Love is infinite." 〔Ch.13, 68: 50〕妹たちが生まれたからと言ってピーターへの愛が減ったわけではないということは、トーマスが現れてもビアの自分達への愛が減るわけではない、と解釈できます。ピーターがビアや妹たち、仲間の動物に対して持っている感情について考えてみましょう。ピーターたちが額を合わせて謝罪するのはどんな時でしょうか。 　原作者についての映画『ミス・ポター』(2006)も参考になります。		
キャスト	ビア　　　　　　　　　：ローズ・バーン　　　　フロプシー(声)　　：マーゴット・ロビー トーマス・マグレガー：ドーナル・グリーソン　　モプシー(声)　　　：エリザベス・デビッキ ピーター(声)　　　　：ジェームズ・コーデン　　カトンテール(声)　：デイジー・リドリー ベンジャミン(声)　　：コリン・ムーディ　　　　マグレガー　　　　：サム・ニール		

第8回映画英語アカデミー賞　候補映画

ファウンダー　ハンバーガー帝国のヒミツ

あらすじ	1954年、52歳になるレイ・クロックは、マルチミキサーの営業販売員で、全米中を精力的に走り回っていました。ある日のこと、営業途中のドライブインで会社に電話をかけると、マルチミキサーを6台も注文するハンバーガー店があると言われます。てっきり何かの間違いと思い、早速そのお店に電話をすると、なんと8台に変更してほしいと言われてしまいます。 　レイはすぐに車を飛ばしてその店に向かいます。その店はカリフォルニア州郊外のサンバーナーディーノという都市にある店でした。店に着くと、すでにお客は長い列をつくっています。彼は早速その行列に並ぶと、不思議なことにそれほど待たされることなく彼の注文する順になりました。そこは注文すると、立ち所に品物が出てくる「マクドナルド」という店でした。 　食器もなく、食べるところも指定されずに店先の長椅子でハンバーガーを頬張っていると、味はどうかと尋ねられ、素直に美味しいと答えるレイ。声をかけてきた人物は、その店の店主のマクドナルド兄弟の兄、マック・マクドナルドでした。彼らの経営方法に関心をもったレイに、マックは弟のディックとともに、今までの経営方法を惜しげもなく語るのでした。その話に感心すると同時に、商売の戦略を思いつくレイに対し、始めは関心を示したマクドナルド兄弟でしたが、徐々に互いの考え方の溝は深まっていくことになるのでした。
映画の背景	○ 今では日本の至る所で目にする「マクドナルド」のお話です。日本人の子どもが米国に初めて行ったとき、「マクドナルド」の店を見て、米国にも「マック」があると言ったという笑い話があるくらい、日本でも馴染みがあります。 　また、「マクドナルド」という語は、米国の童謡マザー・グースのひとつ、'Old MacDonald Had a Farm' の「イー・アイ・イー・アイ・オー♪」で、世界的にも馴染みのある言葉なのです。 ○ 映画の時代背景は1950年代です。第二次世界大戦が終わり、ベトナム戦争の前で、米国が最も輝いていた時代といえるのではないでしょうか。この時代、米国では 'Motorization（モータリゼーション）'、すなわち車社会が進み、家族で車を使って移動することが増えたため、「マクドナルド」ハンバーガー店は、格好の場所となりました。 ○ 日本でのマクドナルド1号店は1971年の銀座店です。当初、米国本部は車での来店を考慮して、東京郊外を想定しましたが、日本では米国ほど車が普及していなかったため、都心の銀座になったとされています。そういえば、今は閉店となった筆者の実家近くの支店も、古い店だったので、駐車場もドライブスルーもありませんでした。 ○ 因みに、中国では1990年、ロシアでは1991年に1号店ができました。
映画情報	製 作 費：2,500万ドル　　　　　　　撮影場所：ジョージア州アトランタ他 製 作 年：2016年　　　　　　　　　　言　　語：英語 製 作 国：米国　　　　　　　　　　　ジャンル：伝記、ドラマ、歴史 配給会社：The Weinstein Company　使用楽曲："Springtime Serenade" 他

The Founder

(執筆) 松葉 明

映画の見所

○ マクドナルドの創業者は誰でしょう？
　これには多くの人がマクドナルド兄弟と答えるのではないでしょうか。真の創業者とは？？それがわかる見応え十分な作品です。
○ マクドナルド兄弟の弟のディックが、テニスコートを厨房に見立てて、作業の動線のアイディアをレイに語る場面〔Ch.2, 19:56～〕は、最も注目に値するところのひとつです。
○ マクドナルドのシンボル、金色のMのマーク、実はアーチ（Golden Arches）だったのです。ディックが描き、レイがその本物を見に行く場面〔Ch.3, 29:18～〕が出てきます。
○ レイがモーテルで自己啓発のために聴くレコード〔Ch.1, 5:24～〕は、ノーマン・ヴィンセント・ピールの 'The Power of the Positive'「積極的考え方の力」です。彼のベストセラー 'The Power of Positive Thinking' の出典です。

発売元：KADOKAWA
DVD価格：3,800円
Blu-ray価格：4,700円
（2019年7月現在、本体価格）

印象的なセリフ

カリスマ創業者と名高いレイ・クロックのセリフを集めてみました。
○ What do you say?　　　　（どうしますか？）　　　〔Ch.1, 2:09〕
　アイディアマンのレイは、いろいろなアイディアを営業で提案します。そして、その後に言うのがこのセリフです。繰り返し出てきます。
○ Franchise!　　　　　　　（フランチャイズだ！）　〔Ch.3, 25:47〕
　マクドナルド兄弟から、そのハンバーガー店の経緯を聞いた翌朝、再度店を訪れて二人に対して発する言葉です。この言葉の意味は「学習ポイント」の欄を参考にしてください。弟のディックはそれに反対し、その理由は 'quality control'「品質管理」〔Ch.3, 26:59〕ときっぱりと言います。
○ McDonald's can be the new American church.　　〔Ch.4, 35:24〕
（マクドナルドは新しい米国の教会になれるんだ）
　寝ても覚めても「マクドナルド」が頭から離れないレイが、マクドナルド兄弟にフランチャイズ化するように説得するときに言うセリフです。
○ That glorious name, McDonald's.　　　　　　　　〔Ch.11, 101:05〕
（素晴らしい名前だよ、マクドナルドは）
　マクドナルドが大成功を収めた理由を、レイがディックにトイレで語るときのセリフです。

公開情報

公開日：2017年 1月19日（米国）
　　　　2017年 7月29日（日本）
上映時間：115分
年齢制限：G（日本）、PG-13（米国）
音　声：英語
字　幕：日本語
興行収入：約2,400万ドル（世界）
　　　　　約9,000万円　（日本）

第8回映画英語アカデミー賞　候補映画

ファウンダー　ハンバーガー帝国のヒミツ

英語の特徴	○ 主人公のマイケル・キートンをはじめ、登場人物のほとんどは米国出身で、標準的な米国英語が使われています。 ○「お薦めの理由」のところにも書きましたが、「マクドナルド」が題材となっているので、場面設定はわかりやすく、親近感をもって視聴できると思われます。 ○ 日常生活での会話が中心となっていますが、語彙の点では上級者向けの教材です。初級者・中級者の人にとっては、繰り返し聴くというスタンスでいくことがいいと思います。 ○ 子役がほとんど出てこない、大人の会話ばかりなので英語学習初級者には極めて難しいと言わざるを得ません。そのため、馴染みのある語、語句は「学習ポイント」の欄を参考にしてください。また、どの中学校用の教科書にも、ファスト・フード店での店員とお客のやり取りが、会話の教材として取り上げられています。それは「発展学習」の欄に詳しく載せてあります。 ○「マクドナルド」を日本人が発音すると、ほとんどの米国人は聞き取れないと言われています。当然のことながら、本作の中では数えきれないくらいそれが発音されますので、どこにアクセントが置かれ、どのようなイントネーションかをしっかり聞き取って、発音してみましょう。
学習ポイント	この映画に関する基本的な語と語句を確認しましょう。 ○ 'founder' は「創業者」 　この映画のタイトルになっている単語です。中学校では 'found' は 'find'（見つける）という意味の過去・過去分詞形で習います。find-found-found と覚えた方も多いと思います。ですが、'found' は（創業する）という意味があることを覚えましょう。そして -er を語尾につけることによって、〜する人になるわけです。 ○「ファスト・フード」は 'fast food' で、注文してから「早く」その品物が出てくる食べ物という意味なので、'first food' ではありません。 ○ 'franchise' は（フランチャイズ）です。もはや日本語になっていて、敢えて日本語（独占販売権）にするとわかりにくくなってしまいます。この語はマクドナルドのようなファスト・フード店、コンビニエンス・ストア、そして学習塾でよく使われます。 ○ 'Lazy Susan'（回転台）〔Ch.2, 22:21〕 　テーブルの上に置かれた回転台のことで、中華料理店ではよく見かけます。 ○ 'french fries'（フレンチ・フライズ）は日本では「フライド・ポテト」！ 　各国でいろいろな呼び名があり、英国ではチップス（chips）、フランスではポム・フリット（pomme frites）、そして発祥の地と言われるベルギーではフリッツ（Frietjes）です。

スタッフ			
製　　作：ドン・ハンドフィールド他		製作総指揮：グレン・バスナー他	
監　　督：ジョン・リー・ハンコック		撮　　影：ジョン・シュワルツマン	
脚　　本：ロバート・シーゲル		音　　楽：カーター・バーウェル	
編　　集：ロバート・フレイゼン		美　　術：マイケル・コレンブリス	

170

薦	○小学生　●中学生　●高校生　●大学生　●社会人	リスニング難易表	
お薦めの理由	○ 何といっても話があの「マクドナルド」ですから、誰にでも興味・関心は高いものと思われます。	スピード	3
	○ 本作品の主人公レイ・クロック氏の著書『成功はゴミ箱の中に』は、ソフトバンクの孫正義氏、ユニクロの柳井正氏のバイブルと言われているそうです。それだけに本作中の彼の言葉の中には、現代ビジネスにも通じる示唆に富んだものが多いです。	明瞭さ	3
		米国訛	3
		米国外訛	2
	○ 主人公のレイ・クロックを演じるマイケル・キートンの演技が素晴らしいです。	語彙	3
	○ 今でこそ「マクドナルド」は不健康食品のイメージが強いですが、品質に拘るマクドナルド兄弟の商品への強い思いは、十分に伝わってきます。映画を観た後は、「マクドナルド」のハンバーガーを食べたくなるでしょう。	専門語	3
		ジョーク	2
	○ のどかで大らかだった米国が、アメリカンドリームの名のもとに、グローバリズムという過程を通して、徐々に歪んで（？）いくのがわかります。英語の授業だけではなく、社会科でも取り上げてもらいたい作品です。	スラング	3
		文法	3

発展学習	○ 中学英語でわかるハンバーガー店でのやりとりに挑戦！　　　　〔Ch. 1, 11:06〜〕
	Employee ： Hi, welcome to McDonald's, may I take your order? 　　　　　　（こんにちは、マクドナルドへようこそ。ご注文は？） Ray　　　 ： Yeah, give me a hamburger, french fries and a Coca-Cola. 　　　　　　（ああ、ハンバーガーとフライドポテト、そしてコカ・コーラを） Employee ： That'll be 35 cents, please.　　（35セントになります） Ray　　　 ： All right...　　　　　　　　（わかった） Employee ： Fifteen cents is your change. And here you are. 　　　　　　（15セントのお釣りです。　はい、どうぞ） Ray　　　 ： What's this?　　　　　　　（これは何だ？） Employee ： Your food.　　　　　　　　（お品です） Ray　　　 ： No, no, no. I just ordered.　（いやいや、注文したばかりだ） Employee ： And now, it's here.　　　　（で、この通り、出来上がりました） Ray　　　 ： You sure ? All right...　　（本当に？　わかった…） 　注文してから30分は待たされてきたレイは、注文と同時に30秒ぐらいで品物が出てくることに、驚きを禁じえません。これがファスト・フードの先駆けになるわけです。そして、この後のやりとりも面白いので聞き取ってみましょう。

| キャスト | レイ・クロック　　　　　：マイケル・キートン　　　ジョアン・スミス：リンダ・カーデリーニ
ディック・マクドナルド：ニック・オファーマン　　　ロリー・スミス：パトリック・ウィルソン
マック・マクドナルド　：ジョン・キャロル・リンチ　ハリー・ソナボーン：B・J・ノヴァク
エセル・クロック　　　　：ローラ・ダーン　　　　　フレッド・ターナー：ジャスティン・ランデル・ブルック |

第8回映画英語アカデミー賞　候補映画

プーと大人になった僕

あらすじ	サセックスのコテージの裏庭に通じる、100エーカーの森で、プー、ピグレット、イーヨー、ティガーたち仲間と楽しく過ごしたクリストファー・ロビンは、今ではもう大人になっていました。戦争を乗り越え、イヴリンという優しい妻とマデリンというかわいい娘と共にロンドンで暮らしています。ウィンズロウ商事の旅行かばん部門で、経営効率化マネージャー（Efficiency Manager）として忙しく働く日々。しかし、戦後の業績悪化の波が、彼の部門に押し寄せます。ある日クリストファーは、20パーセントのコスト削減案を、週明けの会議で提出するよう命令されます。そこで案が出せなければ、彼の部門は潰されてしまうという大ピンチ。しかし、その週末には、家族でサセックスのコテージに出かけるという大切な予定が。やむなく、彼は妻と子どもを説得し、コテージ行きを中止、妻と娘は二人だけで出かけることになります。家族との溝はますます深まるばかり。二人を送り出したクリストファーのもとに、突然プーが現れ、森の仲間がみんないなくなったと説明します。時間を気にしながらも、クリストファーは、プーを森に戻し、そこで昔のように皆の心配事を解決します。彼が仕事に戻った後、大切な書類を忘れていったことに気づいた仲間達は、クリストファーを助けるため、偶然出会ったマデリンと共に、ロンドンへ書類を届ける旅に出ることに！仕事でも家庭でもトラブル続きのクリストファーにどんな結末が訪れるのでしょうか？
映画の背景	この作品は、1926年に発表されたアラン・アレクサンダー・ミルン原作の児童文学『クマのプーさん』（Winnie-the-Pooh）と、ディズニー・アニメーション「くまのプーさん」をもとに製作されました。クリストファー・ロビンとプーの感動的な別れを描いたラストシーンから始まるその後の物語を、ウォルト・ディズニーが実写映画化したものです。 　舞台は、戦後の英国・ロンドンと、クリストファー・ロビンが子ども時代を過ごしたサセックスのコテージの裏庭に続く100エーカーの森。プーや仲間たちがのどかに過ごすこの場所は、サセックス州に実在する田園地帯「アッシュダウンの森」がモデルだと言われています。他方、大人になったクリストファー・ロビンが働く大都市ロンドンは、第二次世界大戦後の雑踏・喧騒を象徴する場所として描かれており、この対照的な描写も作品の特徴となっています。 　タイトルとなっているChristopher Robinは、原作の主人公ですが、ミルンの息子の実名であることはよく知られています。登場するキャラクター（プー、ピグレット、イーヨー、ティガー、ラビット、ルー）のほか、森の仲間がおそれている架空の動物Heffalump（小説ではゾゾ、ディズニーではズオウと訳されている）やWoozle（ヒイタチ: weaselイタチをもじった造語）はすべて、原作に忠実に描かれています。
映画情報	製 作 費：7,500万ドル　　　　　　撮影場所：英国 製 作 年：2018年　　　　　　　　言　　語：英語 製 作 国：米国　　　　　　　　　ジャンル：ファンタジー、ファミリー 配給会社：ウォルト・ディズニー・ジャパン(日本)　使用楽曲："Could This Be Love" 他

172

Christopher Robin

(執筆)兼元　美友

映画の見所

「何もしない」ことが大好きだった子ども時代から、大きく変わってしまった大人のクリストファー・ロビン。この映画で重要なのは、大切なものを忘れてしまったクリストファーの前に、再びプーが現れ、彼が大切なものを取り戻すきっかけになるというストーリーでしょう。

大切なメッセージが、プーや森の仲間たち、クリストファーの子ども時代、そして彼の家族に象徴されています。逆に、ずるくて大切なものを忘れさせるWoozle（ヒイタチ）の具現化が、ウィンズロウ商事の2代目、副社長ジャイルズ・ウィンズロウで、これらが対照的な構図で描かれます。キーワードの「何もしない」ということが、クリストファー・ロビンを取り巻く様々な問題をどのように解決していくのか、爽快感さえ感じるラストもこの映画の大切な見所の1つです。

発売元：ウォルト・ディズニー・ジャパン
MovieNEX価格：4,200円
（2019年7月現在、本体価格）

印象的なセリフ

森の仲間たちと楽しく遊んでいた子ども時代のクリストファーの一番好きなことは、何もしないこと。　　〔Ch.2, 6:19～〕

Doing nothing often leads to the very best something.
（"何もしない"は 最高の何かにつながる）

寄宿学校に入ることになったクリストファーとプーの別れのシーンで、彼は次のように話します。「子ども時代からの卒業」という誰しもが経験する成長が、感傷的なセリフで表現されています。

I'm not going to do nothing anymore.（僕はもう"何もしない"ができなくなる）

「何もしない」という大切なメッセージとは真逆の言葉が、ウィンズロウ商事の上司ジャイルズ・ウィンズロウから発せられます。　〔Ch.4, 15:55～〕

Dreams don't come for free, Robin.（夢はタダじゃない）
Nothing comes from nothing.（何もしないと 何も生まれない）

努力の大切さを表現している格言に思えますが、皮肉なことに、この言葉が、クリストファーと家族を追い詰めていくことになります。

映画のラストで、一番好きな「今日」について話すプーのセリフも印象的です。

Yesterday, when it was tomorrow...it was too much day for me.　〔Ch.13, 98:03～〕
（昨日 まだ今日が"明日"だった時は 手が届かないと思ってた）

公開情報

公 開 日：2018年8月3日（米国）
　　　　　2018年9月14日（日本）
上映時間：104分
年齢制限：G（日本）、PG（米国）
音　　声：英語
字　　幕：日本語
ノミネート：アカデミー視覚効果賞、ピープルズ・チョイス・アワード ファミリー映画賞

第8回映画英語アカデミー賞　候補映画

プーと大人になった僕

<table>
<tr>
<td rowspan="1">英語の特徴</td>
<td>

　全編、英国英語が用いられています。主人公の話し方は、比較的ゆっくりで明瞭ですし、どのセリフも短く、全体的に理解しやすい英語となっています。スラングや文法違反もほぼなく、模範的な英国英語を学ぶには最適な教材といえるでしょう。

　一方で、キャラクターたちの言葉には、可愛らしい言い間違いが多々あります。

　We're going on an <u>expotition</u> to <u>Lon Don</u>.

　「"ロン・ドン"にトンケンする」　　　　　　　　　　　　　　　〔Ch.10, 76:37〕

expedition（探検）の間違いですが、この語が含まれているマデリンの書き置きを見て、彼女が一人ではないとクリストファーが確信するというシーンもあります。

　"On an <u>expotition</u> to father's work, got his papers. Be back soon."

　「書類を届けに<u>トンケン</u>します」　　　　　　　　　　　　　〔Ch.10, 77:14〕

言い間違いが日本語字幕や吹き替えでどのように表現されているのか、注目してみるのも面白いものです。

　また、<u>haycorn</u>「トンクリ」（acorn「ドングリ」のこと）のような言い間違いと、次のような造語（言い間違いではないですが、物語では、空想上の動物という設定です）に共通して見られるのはどのような現象でしょうか？

　Heffalump(s)「ズオウ」（elephant「ゾウ」から）

いずれも、本来の語の発音をベースに、語頭に"h"をつけた類似音です。

</td>
</tr>
<tr>
<td>学習ポイント</td>
<td>

　英語で買い物などをする際に便利な表現を学習しましょう。クリストファー・ロビンが切符を買うシーンで次のように言います。　　　　　　〔Ch.6, 30:38〜〕

　<u>I'd like</u> a <u>return ticket</u>, please? To Hartfield in Sussex.

　「サセックスのハートフィールドまでの往復切符を1枚下さい」

I'd like ＋ [欲しい物・数]を言うだけで、「～を下さい」という表現ができます。pleaseをつけるとより丁寧です。「切符」を表す英語には、米国・英国それぞれに特有の語があります。どちらでも通じはしますが、使い分けができるといいですね。

	片道切符	往復切符
英	a single ticket	a return ticket（米では、帰りの切符の意）
米	a one-way ticket	a round(-trip) ticket

　相手に何かを差し出しながら言う、Here we/you are.という表現もよく使います。「はい、どうぞ」の意味です。

　And still two minutes to <u>spare</u>. So, good, yes?「発車までまだ2分あるよね？」

　<u>On the dot</u>, sir. 「（ええ）ちょうど」

上のやり取りの下線部分は、日本人学習者にはなかなか思いつかない表現ではないでしょうか。使いこなせるようになりましょう。

</td>
</tr>
<tr>
<td>スタッフ</td>
<td>

製　　作：ブリガム・テイラー他　　　　　製作総指揮：レネ・ウルフ他

監　　督：マーク・フォースター　　　　　撮　　影：マティアス・クーニスヴァイゼル

脚　　本：アレックス・ロス・ペリー　　　音　　楽：ジェフ・ザネリ

　　　　　トム・マッカーシー他　　　　　　　　　　　ジョン・ブライオン

</td>
</tr>
</table>

174

プーと大人になった僕

薦	●小学生　●中学生　●高校生　●大学生　●社会人	リスニング難易表	
お薦めの理由	かわいいキャラクターたちの大冒険が描かれているこの作品は、小学生や若い学習者たちが十分に楽しめるものでしょう。また、大人になり、やらなければいけないことを多く抱えて初めて、この作品が伝えようとしていることを十分に理解できるという面もあります。日々の自分の生活を俯瞰し、子ども時代を振りかえり、人生において何が大切なのかを考え直す貴重な機会を与えてくれるのではないでしょうか。 　家族を守るために毎日一生懸命仕事をしているはずなのに、その仕事のために家族とふれあう大切な時間が削られていく現状。仕事に追われ笑顔も見せなくなったクリストファーを心配し、彼を少し休ませたいと願う妻イヴリンと、父のすすめる寄宿学校に本当は行きたくない、家族と一緒に暮らしたいと願う娘マデリン。そして、二人の気持ちに気づかないクリストファー。典型的な問題を抱える家族にプーたち森の仲間が出会うことで、どんな化学変化が起きるのか？楽しみにご覧ください。	スピード	3
		明瞭さ	3
		米国訛	1
		米国外訛	1
		語彙	3
		専門語	3
		ジョーク	1
		スラング	1
		文法	2

発展学習	数は多くはないですが、クリストファーが出社している場面で、いくつかのビジネスに関する重要表現を学習することができます。 Christopher：The good news is that I've found some <u>cuts</u>. But it's not going to be easy. We'll have to <u>reduce overheads</u>...and find cheaper <u>suppliers</u>. 　　　　　　There'll be <u>sacrifices</u> to be made in terms of our <u>workforce</u>. 　　　　　（<u>経費の削減</u>は可能ですが、簡単ではありません。 　　　　　<u>間接費</u>を削り、安い<u>業者</u>を探さなければなりません。 　　　　　<u>戦力面</u>でも<u>犠牲</u>が出ることになります）　　　〔Ch.11, 84:44〜〕 下線部はいずれも、頻出の単語です。この提案は、上司から急かされて渋々作ったものですが、映画の最後で、クリストファーは全く違った案を提示することになります。英語表現も含めて、確認してみてください。 　また、「英語の特徴」の項目で述べた通り、この映画で用いられているセリフはどれも短く、標準的で比較的易しいため、オーバーラッピングやシャドーイングの練習にも利用しやすいでしょう。一般に、映画教材をシャドーイングするとなると、かなりハードルが高いものですが、この映画ではそれが可能です。ただし、言い間違いのない人間のセリフを対象にしてください。米国英語に比べると英国英語の教材は少ないですから、この映画はその貴重なひとつになることでしょう。

キャスト	クリストファー・ロビン：ユアン・マクレガー　　プー／ティガー：ジム・カミングス（声） イヴリン・ロビン：ヘイリー・アトウェル　　　　ピグレット　　：ニック・モハメッド（声） マデリン・ロビン：ブロンテ・カーマイケル　　　イーヨー　　　：ブラッド・ギャレット（声） ジャイルズ・ウィンズロウ：マーク・ゲイティス　ラビット　　　：ピーター・キャパルディ（声）

第8回映画英語アカデミー賞　候補映画

ベイビー・ドライバー

<table>
<tr><td>あ ら す じ</td><td>　ベイビーはジョージア州アトランタに住んでいる若者です。彼が幼少時に、車の事故で両親が死亡し、彼自身も後遺症として耳鳴りが残り、音楽を聴くことでそれを和らげています。家では録音した周囲の会話をリミックスした音楽を作成し、聴覚障害者の里親ジョセフの世話をしています。ベイビーは強盗組織のボス、ドクの車を盗んだせいで背負った借金を返済するために、組織の専属ドライバーとして生活しています。慎重に選んだプレイリストを車に同期させ、ワイルドな運転で逃走できるベイビーの才能をドクは評価し、必ずベイビーをドライバーに任命します。ある日、ベイビーはダイナーでウェイトレスのデボラと出会い、意気投合します。借金を完済する仕事を終え、ピザの配達員の仕事に就き、デボラとデートを重ねます。ベイビーがデボラと一緒に人生を過ごすことが最終的な自由だと感じ始めた矢先、ドクは彼に別の仕事を強制します。その仕事を断ろうとするベイビーにドクは仕事を引き受けなければ、デボラとジョセフを傷つけると脅迫します。ベイビーは仕方なく協力することを承諾しましたが、ドクの計画を守るにはあまりにも気性が荒く不安定な凶悪犯チームと組まされてしまいました。生き残るためには、ベイビーのスキル、賢明さ、大胆さの全てが必要になります。例え能力を最大限発揮するための音楽を聴いていても、物事が手に負えなくなっていく中、ベイビーは愛する人たちを守ることができるでしょうか。</td></tr>
<tr><td>映 画 の 背 景</td><td>　最近は『War for the Planet of the Apes』や『Transformers: The Last Knight』などのように小説を原作に持つものや、シリーズものとして前作を基に実写化されるいわゆる原作ものが増えています。そんな中、上記二作品と同年に公開された『Baby Driver』の脚本はオリジナルです。カーチェイスのシーンはCGIをほとんど利用せずに、実際にスタントマンによって行われました。米ウェブサイト、UPROXXのChristian Longによる監督への2017年のインタビューによると、「逃走シーンでベイビーが、米国ニューヨーク州出身のロックバンド、The Jon Spencer Blues Explosionの曲、「ベルボトム」の音に合わせて動いていたが、そのような動きをカーチェイス映画のオープニングシーンで利用したい」と20代の時に考えていたそうです。そして、この案はこの映画よりも前に、監督が製作したMint Royaleのミュージック・ビデオ、「ブルー・ソング」(2003)で、音楽と体の動きを合わせながら、銀行強盗と車で逃走する男のシーンで映像化されました。これらのコンセプトが本作の原案となったのです。また、撮影全体を通してエルゴート以外の俳優たちもイヤホンをつけ、音楽と動きを一致させる様に指示されていました。更に、現実性を生み出すために、監督は、実際銀行強盗に関わっていた経歴があるライターのジョー・ロヤを強盗シーンの相談役として任命しました。本作でロヤは警備員役として出演しています。背景を理解して鑑賞するとユーモアを含んだ皮肉が感じ取れます。</td></tr>
<tr><td>映 画 情 報</td><td>製 作 費：3,400万ドル
製 作 年：2017年
製 作 国：米国、英国
配給会社：ソニー・ピクチャーズ エンタテインメント(日本)　　製作場所：アトランタ、ジョージア州、米国
言　　語：英語
ジャンル：アクション、犯罪
使用楽曲："Bellbottoms", "Harlem Shuffle"他</td></tr>
</table>

176

Baby Driver

(執筆) 上原寿和子

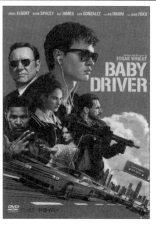

発売元:ソニー・ピクチャーズ エンタテインメント
DVD価格：1,886円
Blu-ray価格：2,381円
(2019年7月現在、本体価格)

映画の見所

映画の冒頭では、銀行強盗の逃走ドライバーとしてベイビーは真っ赤なスバル・インプレッサWRXに乗り、自身で選曲した「ベルボトム」(The Jon Spencer Blues Explosion) に合わせ、計画性が高いアクション満載な逃走をします。

次にベイビーがデボラと初対面のシーンでは「B-A-B-Y」(Carla Thomas) がBGMとして流れ、ベイビーが普通の生活に戻れる希望を醸し出します。二人はロマンチックに触れ合い、これまでのアクションシーンとは裏腹にふわふわした気持ちになれます。デボラとの出会いでベイビーは犯罪の道から離れ、正当な人生を生きる願望が強くなります。

最後に、映画のクライマックスではバディの選曲「Brighton Rock」(Queen) をBGMとして、駐車場内でベイビーとバディの激しいチェイスがあり、デボラの度胸も試されるシーンです。

印象的なセリフ

ドクはベイビーの才能を高く評価しています。次のセリフでは「devil」は「優れた」を意味します。また「behind the wheel」は「運転手」を指します。

Doc: He's a good kid and (a) devil behind the wheel. What the hell else more do you need to know? 〔Ch.2, 9:44〕

次に、デボラと普通の暮らしを求めるベイビーにドクが新しい仕事を提案するシーンで次のセリフを言います。Goodfellas Pizzeriaというピザチェーンと自分自身を称賛したGreat fellaをかけ、さらに「ピザの生地」と「金」という二つの意味を持つdoughを使うことで、語彙を上手に操っていることがわかります。

Doc: Why slave away delivering Goodfellas pizzas just to afford a night out here, when you could make all the dough with a great fella. Me. 〔Ch.7, 45:11〕

最後に、ベイビーが借金を返済しても、ドクが彼の人生を支配することは変わらないと脅迫するセリフを紹介します。ベイビーは愛する人に傷ついて欲しくないので、仕方なく彼の人生を大きく左右する仕事を引き受けることにしました。

Doc: So I'm of the thinking that you are my lucky charm and that I'm not doing this job without you. Now, I don't think I need to give you a speech about what happens when you say no, how I could break your legs and kill everyone you love, because you already know that, don't you? 〔Ch.7, 46:00〕

公開情報

公開日：2017年6月28日（米国）
　　　　2017年8月19日（日本）
上映時間：113分
年齢制限：G（日本）、R（米国）
DVD音声：英語、日本語吹替
DVD字幕：日本語、英語
ノミネート：アカデミー編集賞、音響編集賞、録音賞

第8回映画英語アカデミー賞　候補映画

ベイビー・ドライバー

英語の特徴	映画を通して語彙は初心者レベルですが、イディオムやスラングが多いので注意が必要です。語彙は逃走に必要な用語（heist, getaway）や、暴力用語（shootout, kill）、四文字用語（shit, fuck）が頻繁に使われます。本編におけるスラングは一般的なスラング（You aced it.：完璧（な仕事）だった、I don't like taking candy from Baby.：大事にしているものを取り上げる。ここではベイビーの借金分のお金を指す、Don't go crazy with that.：それ（金）を盛大に使うな）やギャングスラング（Some day you'll get blood on your hands：人の殺害に関与する、roll in the dirt.：身を賭ける）と警察官スラング（freeze or we'll shoot ：止まれ、さもないと撃つぞ）などがあります。主人公を含め、登場人物は基本的に米国発音です。デボラ役のジェームズは英国出身ですが、音声コーチの指導で米国南部訛りで話します。フォックスやドク、バディ、グリフも多くの暴力用語やスラングを使います。グリフはところどころ間違った文法で話します。（...it don't wash off〔正: it doesn't〕、I ain't saying he's not great〔正：I'm not saying〕）。ベイビーは仕事中は特に口数が少ないです。デボラは比較的ゆっくりで聴きやすいです。ジョークもあります。例えば、共犯者の一員、J.Dは以前は'Hate'と腕に入れ墨していましたが、就職で不利なため、eを消してもらい、就活の進捗をベイビーに問われたところ、"Who doesn't like hats?"と回答するシーンがあります。
学習ポイント	まずは予告編を見て、様々なセリフのシャドーイングをしてみましょう。次にどのようなシーンがあるか日本語で説明してみます。チャレンジ編として英語でも説明してみます。また、事前に登場人物について調べておくことで、どこで誰にどのような出来事があったか説明しやすくなります。 例：ダイナー（カフェ）のシーンでは逃走ドライバーのベイビーがウェイトレスのデボラと出会い、自分はお抱え運転手（chauffer）であると自己紹介するが、デボラは彼が有名人やお金持ちのお抱え運転手を務めていると勘違いした。また、まさか犯罪集団と関連があることなど想像もしていなかった。 　「英語の特徴」でもピックアップした逃走用語、暴力用語、四文字用語などの学習をして本編に関する語彙を増やしましょう。さらに、キーフレーズやスラングの学習をしてみます。ベイビーが借金返済に必要な最後の仕事を終え、ドクから解放されると思ったその時に、ドクは新たな仕事を持ちかけ、脅迫の意味で次のフレーズを言います。Wheelを二度使う言葉遊びでベイビーに決断を迫ります。 Doc ：So what's it gonna be? Behind the wheels or in a wheelchair? 　　　（さあどうだ？運転席か車椅子か？） Baby：The first one.　　　　　　　　　　　　　　　　　　〔Ch.7, 46:17〕 このように他のシーンでもキーフレーズを通して学習に繋げましょう。

スタッフ	製　作：ニラ・パーク 　　　　ティム・ビーヴァン他 監　督：エドガー・ライト 脚　本：エドガー・ライト	製作総指揮：エドガー・ライト他 撮　影：ビル・ポープ 音　楽：スティーヴン・プライス 編　集：ポール・マクリス他	

178

ベイビー・ドライバー

薦	○小学生　　○中学生　　○高校生　　●大学生　　●社会人	リスニング難易表	
お薦めの理由	ベイビーによって慎重に選ばれたプレイリストを同期した車を運転する逃走シーンの多くは『Mad Max』(1979)、『The Fast and the Furious』(2001)、『The Transporter』(2002)とそれらの続編の様に派手なカーチェイス映画好きにはたまりません。俳優の動作の殆どが、サウンドトラックとシンクロしています。それを可能にするため、俳優たちは音源を聴きながら撮影しました。さらにブレーキ音、銃声音、サイレンなども音楽と合致し、編集者の映像編集の腕も輝く一作です。ベイビーが常にイヤホンをしながら曲に合わせて動き、踊り、歌い、エアギターなどをしますが、ミュージカルのような感覚ではなく、自然な雰囲気が映像化されています。ベイビーが聴いている曲を映画鑑賞者が一緒に聴き、ベイビーの視点でより映画に没頭することができるこれまでにないカーチェイス、アクション、ロマンス映画です。オリジナリティーに溢れ、飽きのこないストーリー性が高いミュージックビデオと言っても過言ではありません。	スピード	3
		明瞭さ	3
		米国訛	2
		米国外訛	1
		語彙	3
		専門語	2
		ジョーク	3
		スラング	5
		文法	3

発展学習	監督のインタビューを聞きながら、監督の映画に対する思いや映画の背景を知ることで見る側も映画への思いが強くなり、本編による英語学習をより楽しむことができます。学習意欲も高まり、映画を何度も見たくなることでしょう。まずは「YouTube, Edgar Wright, Baby Driver, Interview」と検索します。適当な動画を選び、まず英語字幕ありで聞き、次に字幕なしで聞きなおし、要点がつかめているかどうか自分で要約して確認しましょう。また、聞き取った内容を他の学習者に話してみます。ポイントとしては、発表している情報に間違いがないか、様々な動画を見て他の学習者と確認し合いましょう。聞き取りが苦手な場合は「YouTube エドガー・ライト インタビュー」と検索し、日本語字幕ありで観賞しながら、情報収集し、メモを取りましょう。例えばインタビューでは「監督が音楽好きでなぜ今回のような選曲にしたかや、フォックスは提供された脚本以外にアドリブを追加していること、カーチェイス・シーン映像の撮影が困難であったこと、また、予告編ではR word（知恵遅れ）がmentalの言葉に録音し直されたほど、非常にデリケートな語彙であること」などが分かってきます。次に、動画ではなく、インタビュー記事を熟読し、その中で気に入ったフレーズや知らない単語などを書き取り、音読してみましょう。監督以外にスタッフやキャストのインタビューでもこの学習を繰り返すことで発展学習とすることができます。

キャスト	ベイビー：アンセル・エルゴート　　　　　ダーリン：エイザ・ゴンザレス デボラ　：リリー・ジェームズ　　　　　　バッツ　：ジェイミー・フォックス ドク　　：ケヴィン・スペイシー　　　　　グリフ　：ジョン・バーンサル バディ　：ジョン・ハム　　　　　　　　　ジョセフ：CJ・ジョーンズ

第8回映画英語アカデミー賞　候補映画

ボブという名の猫　幸せのハイタッチ

<table>
<tr>
<td>あ ら す じ</td>
<td>近年、特に若者たちによる麻薬などへの薬物依存症が問題視されています。薬物依存の怖さは依存状態になるのに時間はかからないのに、そこから立ち直るには、大変な時間と治療を必要とする点にあります。この映画は、薬物中毒の路上生活者の主人公が社会復帰するまでの実話が基になっています。主人公のジェイムズはミュージシャンを目指し、路上ライブを行う毎日。お金も家もなくふらついているところに、かつての麻薬仲間バズと出会い、麻薬を勧められます。ジェイムズは誘惑に負け、再び麻薬に手を染めてしまうのです。そんな彼をソーシャルワーカーのヴァルは見捨てることなく、定期的な面接を条件に住居を用意します。さてジェイムズの新居に予期せぬ来客が。しかもこの来客、窓から入り、ジェイムズのコーンフレークを勝手に食べてしまいます。そう、来客は猫だったのです。ボブと名付けられたこの茶トラの猫はジェイムズの新居が気に入ったようです。ジェイムズもかいがいしく世話をします。そのうちジェイムズはボブの世話をすることに生きがいを感じるようになります。収入を得るため、ジェイムズはビッグイシューの販売員として働く決意をします。しかし、かつての麻薬仲間バズ、新たなロマンスの相手ベティ、そしてジェイムズの母親とは離婚して別の女性と再婚した実の父親との関係…。複雑に絡み合う人間関係の中、ジェイムズは更正できるのでしょうか。</td>
</tr>
<tr>
<td>映 画 の 背 景</td>
<td>映画の舞台は現在のロンドンです。一度でもロンドンを訪れたことのある人は懐かしいと思われる景色をたくさん見ることができます。ジェイムズはアパートからコベントガーデンまでダブルデッカーバス（ロンドン名物赤い二階建てバス）に乗ります。バスから、トラファルガー広場などを見ることができます。映画を観ながらロンドン観光もできますよ。
　「あらすじ」でも書いたように、この映画は実話に基づいており原作があります。モデルとなったジェイムズ・ボーエンの書いた *A Street Cat Named Bob: How One Man and His Cat Found Hope on the Streets*（Hodder & Stoughton出版 2012年）は英国で1千万部を超える大ヒットを記録しました。それほど難しい英語ではありませんし、一度映画を観てから読むとすんなり読めそうです。ぜひ英語で読んでみてください。日本語訳『ボブという名のストリートキャット』（服部京子訳辰巳出版 2013年）もありますので、ご参考にしてください。
　英国では、薬物の過剰摂取による死亡者の増加が懸念されています。ジェイムズはボブと出会う前薬物に手を出し、逮捕されてしまいます。しかし、目覚めたとき彼は病院にいて、ヴァルが迎えに来るのです。このように逮捕後、薬物中毒者を拘留するのではなく、ソーシャルワーカーなどに引き渡し、これからの更生までの話し合いを重ねます。薬物中毒からの更生への一案と言えます。</td>
</tr>
<tr>
<td>映 画 情 報</td>
<td>製作費：800万ドル　　　　　　撮影場所：ロンドン
製作年：2016年　　　　　　　　言　　語：英語
製作国：英国　　　　　　　　　ジャンル：ドラマ、コメディ
配給社：コムストック・グループ（日本）　原　　作：*A Street Cat Named Bob*</td>
</tr>
</table>

A Street Cat Named Bob

(執筆) 山﨑　僚子

映画の見所

猫好きにはたまらない映画と言えるでしょう。「アニマルセラピー」といって猫と一緒に患者さんを励ます試みを行っている病院がある、と聞いたことがあります。猫は自由を好み、人間の思い通りには動いてくれません。しかし、そばにいてくれることで人を癒すことができるようです。猫の魅力を再確認できる映画です。

映画の舞台は、観光都市ロンドンです。しかし映画には麻薬の売人や、路上生活者がごみをあさる場面など、観光ではあまり目にすることのないロンドンを見ることができます。ネガティブな見所ではありますが、目をそらしてはいけない現実なのではないでしょうか。

「映画の背景」でご紹介した、原作を書いた「本物の」ジェイムズ・ボーエンが、映画のある場面に登場します。さて、どの場面でしょう？　最後まで気を付けて観てくださいね。

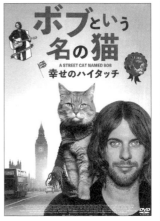

発売元：コムストック・グループ
DVD価格：3,800円
Blu-ray価格：4,700円
(2019年7月現在、本体価格)

印象的なセリフ

Chapter 12 でジェイムズがボブへの想いを語る場面があります〔81:55～〕。

Val　　： You can't do it on your own.
James　： I'm not. I got him. He got me this far. The other day we were out selling papers and this guy came up to us, really well dressed... And I just thought that they wouldn't want to share the pavement with me before. He called me, "sir". "Sir, do you mind if I take your picture?" No one's ever called me sir before. And it's because of Bob. He's shown me what life could be like.

ジェイムズを本気で心配するソーシャルワーカーのヴァルですが、ジェイムズはボブと二人なら乗り越えられると言っています。そう思えるようになった出来事をヴァルに話しています。"Sir" や "Do you mind if...?"（～しても構いませんか？）といった表現は、確かに目上の人や、知らない人に声をかけるときの丁寧な言葉遣いです。ジェイムズはボブと出会う前は、そんな風に声をかけられることもなかったと言っています。呼びかけ方、表現によって相手が自分のことをどう思っているのかがわかります。私たちが、英語話者と話すときも、相手と気持ちよくコミュニケーションをとるためにも、表現の幅を広げ、適切な表現の選択をしたいですね。

公開情報

公開日：2016年11月4日（英国）
　　　　2017年 8月26日（日本）
上映時間：103分
年齢制限：G（日本）
音　声：英語（ドルビーデジタル）
字　幕：日本語
受　賞：英国ナショナルフィルムアワード
　　　　最優秀英国映画賞

第8回映画英語アカデミー賞　候補映画

ボブという名の猫　幸せのハイタッチ

英語の特徴	薬物中毒者の更生の物語ですので、薬物に関連する英語も登場しますが、ジェイムズはドラッグの売人ではありませんので、麻薬の隠語表現が出てくるわけではありませんし、暴力的な場面も少ないです。ジェイムズを演じるルーク・トレッダウェイはイングランド人です。他の主要登場人物も英国英語を話します。特にヴァルを演じるジョアンヌ・フロガットは非常に美しい英国英語を話します。"can't" の発音などに注意して聞いてみましょう。普段、米国映画や米国ドラマを観て英語学習している方は、米国英語と英国英語の違いを楽しむこともできそうです。 この映画を通して、発音だけではなく英国独特の表現も知ることができます。映画の冒頭で、小銭をくれた人にジェイムズが "Cheers" と言います。Cheers は「乾杯」という意味でご存知の方は多いと思います。英国では軽い "Thank you" の意味で使われます。またお金の授受の際、"quid" という単語が多く使われていることに気が付くはずです。この quid も英国のカジュアルな表現で、pound（ポンド）と同義です。特に若い世代の人たちは、会話の中でよく使います。覚えておくといいと思います。 映画ではジェイムズがボブに話しかける場面が多くあります。大人同士の会話より、ゆっくり話しますのでリスニング入門にぴったりです。
学習ポイント	「英語の特徴」で、薬物に関する用語が出てくると書きました。そのような用語に普段から慣れ親しんでいる人は少ないかと思いますので、いくつかご紹介しておきましょう。addict という単語は映画を通して頻繁に使われます。この単語は、「（薬物などに）中毒になる」という意味の動詞と「（薬物への）依存者、中毒者」という名詞としても使われます。そして、od という単語をジェイムズとヴァルがよく使います。Chapter 2 をご覧ください。ヴァルは "And addicts who stop the methadone treatment and go back to heroin, - have a higher percentage of od'ing."〔8:14〕、"Fall off the methadone and it's more likely you'll od the next time you do heroin."〔8:20〕と薬物依存の怖さを説明します。addict は先ほどご説明しましたね。それでは od（od'ingはodにingがついた形です）はどのような意味だと思いますか？答えは overdose（薬物などを過剰摂取する）です。ヴァルは「治療を止めてヘロインに手を出すと、高い確率で過剰摂取してしまう」とジェイムズに警告しているのです。私たちのような非英語話者が、映画で英語を学習する時、気を付けておかなければいけないことがあります。それは話される全ての単語を知っている必要はない、ということです。大切なことは、会話の流れから、知らない単語の意味を推測する力をつけることです。今回の場合でも、たとえ od という単語を知らなくても、文脈から類推できるといいですね。
スタッフ	製　　作：アダム・ローストン　　　　製作総指揮：ダミアン・ジョーンズ他 監　　督：ロジャー・スポティスウッド　　撮　　影：ピーター・ウンストーフ 脚　　本：ティム・ジョン他　　　　　音　　楽：デヴィッド・ハーシュフェルダー 原　　作：ジェイムズ・ボーエン　　　編　　集：ポール・トシル

182

ボブという名の猫　幸せのハイタッチ

薦	○小学生　　○中学生　　●高校生　　●大学生　　●社会人	リスニング難易表	
お薦めの理由	この映画のテーマは「薬物依存からの更生」です。近年では、日本においてもカラフルな色の薬物やサプリメント感覚で薬物に手を染めてしまう若者も多いと聞きます。この映画の中で、ジェイムズはヘロインの依存症を治療するためより有害性の低いメサドンを服用します。その後薬物から一切手を引く（"get clean"）ために、メサドンも止める断薬をする決意をします。「学習ポイント」でご紹介したヴァルのセリフにもあるように、メサドンを断つ過程は、想像を絶する苦しみを伴います。ジェイムズが苦しむ場面は、小学生など年齢の低い学習者には刺激が強すぎるかもしれません。一方で高校生や大学生などを対象に、薬物依存の怖さを伝える手段になりそうです。また、この映画ではヴァルのように薬物依存症の専門家が依存者と定期的に面談を行う場面が散見されます。薬物依存者の社会への復帰をいかに支援すればよいかを考えるきっかけを与えてくれる映画でもあります。このような理由から高校生以上の英語学習者にお薦めしたいです。	スピード	2
		明瞭さ	2
		米国訛	1
		米国外訛	3
		語　彙	3
		専門語	3
		ジョーク	2
		スラング	3
		文　法	2

発展学習	Chapter 2 でジェイムズを案じるヴァルは上司に相談しますが、上司は依存症で苦しむ人はたくさんいるのになぜジェイムズにだけ肩入れするのか不思議がります。その時ヴァルは "I think this is his last shot."〔10:51〕と答えます。shot はここでは「試み」という意味です。ジェイムズにとって「これが最後のチャンスに思える」から放っておけないと言っています。shot を使って、Give it a shot. という表現もできますよ。「やってみなよ」という意味ですね。ただ、これまでやったことのないことに誰かが挑戦するときにしか使えませんので注意してください。 　Chapter 5 のヴァルとジェイムズの会話を聞いてみましょう。ボブと出会い、隣人のベティとも仲良くなり始めているジェイムズは、ヴァルとの面談をすっぽかしてしまいます。新しい人生を歩み始めようとしているジェイムズに、"You can't take on too much too fast."〔32:22〕、"It's baby steps, James. You're not ready for a relationship."〔32:44〕と説得します。take on は「引き受ける」という意味ですので、「そんなに早くしょい込みすぎてはだめ」と注意しているのですね。baby steps は例えば take baby steps で「少しずつ前進する」という意味です。ガールフレンドをつくるには早すぎる、ゆっくりいきましょう、と諭しています。時に私たちは生き急いでしまいがちです。ヴァルのアドバイスを心に留めておきたいですね。

キャスト	ジェイムズ・ボーエン：ルーク・トレッダウェイ　　メアリー　：キャロライン・グッドール ベティ　　　　　　：ルタ・ゲドミンタス　　　ヒラリー　：ベス・ゴダード ヴァル　　　　　　：ジョアンヌ・フロガット　　ボブ　　　：ボブ ジャック・ボーエン：アンソニー・ヘッド　　　　バズ　　　：ダレン・エヴァンス

第8回映画英語アカデミー賞　候補映画

マンマ・ミーア！　ヒア・ウィー・ゴー

あらすじ	ドナの愛娘ソフィは、紺碧のエーゲ海に浮かぶ、美しいカロカイリ島のホテル「ベラ・ドナ」のオープニング・パーティーの準備に大忙しです。しかし、ニューヨークでホテル経営を学んでいる夫のスカイとは、危機的な状況にありました。 そんな折、ソフィは妊娠に気づきます。彼女は、最近亡くなった若き日の母と自分を重ね、母がどんな思いで自分を生んで育てたのかを思い巡らすのでした。 時代は変わって、1979年、若きドナはオックスフォード大学の卒業式を迎えます。母である歌手のルビーは、娘の卒業式に来るはずもなく、ドナは自分探しの旅に出る決意をします。ドナは親友のロージーとターニャに見送られ、一人パリへと旅立つのでした。 ドナはパリの宿泊先のホテルで、若きハリーに出会い、ギリシャのカロカイリ島に向かうフェリーに乗り遅れた彼女は、若きビルに出会います。さらに、カロカイリ島では若きサムと運命的な出会いをそれぞれするのでした。 時は現代に戻ります。ソフィのもとに駆けつけたロージーとターニャは、亡きドナの愛娘ソフィにホテルを案内され喜びます。しかし、突然の嵐でフェリーは欠航し、パーティーに参加する予定の人々は来られません。3人のパパのうち、サムはいるのですが、ハリーは東京に、ビルはストックホルムにそれぞれ仕事で来られない状況です。また、不在の夫スカイとの関係はどうなるのでしょうか。
映画の背景	○ 前作（2008）から10年の時を経て、オリジナルキャストが全員集合して完成しました。今回は登場人物たちの人生にスポットをあてた構成になっています。また、前作のエンディング・クレジットでは、ソフィの歌う「サンキュー・フォー・ザ・ミュージック」が流れていました。本作ではその曲から始まります。 ○ ミュージカル「マンマ・ミーア！」日本での初公演は、2002年12月1日、劇団四季によって初上演されました。 ○ 'Mamma Mia!' とは、どういう意味か知っていますか？これはイタリア語で、「私のお母さん」が原義ですが、英語の"Oh my god"にあたり、"Here we go again"（またなの）がついて、「なんてこと、またなの！」が本作のタイトルの意味になるのです。 ○ 東京〔Ch.11, 55:30～〕とストックホルム〔Ch.11, 57:06～〕が少しだけ登場します。東京では、無駄のような長い会議が強調されているのが少し残念に思われます。西洋から見て、日本はまだこんな感じなのでしょうか。 ○ 衣装に着目しましょう。本作のトレードマークとも言えるドナのオーバーオール〔Ch.8, 42:29～〕はこんな形で誕生したのです。 ○ Ch.2は、英国が誇るオックスフォード大学の卒業式が舞台です。主人公のドナはその総代であることから、極めつけの才媛であったことがわかります。
映画情報	製作費：7,000万ドル　　　　　　撮影場所：クロアチア、英国他 製作年：2018年　　　　　　　　　言　　語：英語、フランス語、ギリシャ語 製作国：英国、米国　　　　　　　ジャンル：コメディ、ミュージカル、ロマンス 配給会社：Universal Pictures　　　使用楽曲："When I Kissed the Teacher"他

184

Mamma Mia! Here We Go Again

(執筆) 松葉 明

映画の見所

- 本作では過去と現在が交錯する場面が多く出てきます。また、絵画から現実の世界へ変化する〔Ch.4, 19:15〕など、演出の手法が見事でとても美しいです。
- アバのメンバーの2人がカメオ出演しています。ビョルン・ウルヴァースが大学の教師〔Ch.2, 4:11〕として、ベニー・アンダーソンがレストランのピアノ奏者〔Ch.4, 23:26〕です。
- ドナとソフィの人生がオーバーラッピングするところが感動的です。娘が母と同じような出産を経験する〔Ch.19, 100:00〜〕ことで、母親への理解度がグーンと高まるわけです。思わず涙ぐんでしまうでしょう。
- カロカイリ島は架空の島ですが、全編を通して、エーゲ海の美しい自然に魅了されるでしょう。
- Ch.20は全員勢揃いでのハイライトです。

発売元:
NBCユニバーサル・エンターテイメント
DVD価格：1,429円
Blu-ray価格：1,886円
(2019年7月現在、本体価格)

印象的なセリフ

- Life is short, the world is wide, and I wanna make some memories.
  （人生は短く世界は広い、私は思い出をつくりたいの）　〔Ch.2, 7:59〕
  　若きドナがターニャとロージーに向かって言います。そしてここから彼女の旅が始まるのです。
- You have one of those smiles that makes the rest of the world smile, too.
  （君の笑顔は世界中を笑顔にするね）　〔Ch.6, 29:13〕
  　若きビルが、ヨットの中でドナに向かって言うセリフです。これに対して、ドナは、"There are two kinds of seducer"（2種類の女ったらしがいるわ）と言います。やはりビルのこのセリフは、口説き文句に聞こえるのでしょう。
- It's that it's your choice how to live the rest of your life. Do what makes your soul shine. 〔Ch.14, 65:37〕
  （残りの人生の生き方は自分で選んで、自分が幸せになる道を）
  　ターニャとロージーが、親友ドナの忘れ形見の娘ソフィを慰めるときに言います。
- I have never felt closer to my mom. 〔Ch.14, 83:21〕
  （私はこんなにママを近くに感じたことはない）
  　妊娠したことを、夫スカイに伝える直前のソフィのセリフです。

公開情報

公開日：2018年 7月20日（米国）	DVD音声：英語、日本語吹替
2018年 8月24日（日本）	DVD字幕：日本語、英語
上映時間：114分	前　作：マンマ・ミーア！(2008)
年齢制限：G（日本）、PG-13（米国）	オープニングウィークエンド：3,495万2,180ドル

第8回映画英語アカデミー賞　候補映画

マンマ・ミーア！　ヒア・ウィー・ゴー

英語の特徴	○ 話される英語も歌われる歌詞も、全体的に平易で聞き取りやすいです。口ずさみながら英語を覚えることができます。しかも、歌詞の中には'hypnotize'（催眠術をかける）〔Ch.13, 66:20〕や'invincible'（無敵の）〔Ch.19, 69:30〕等、難易度の高いものもありますので、語彙力を高めることができます。 ○ Sophie：I wish I could ask her. I wish she was here.　〔Ch.1, 2:29〜〕 （ママにきけたらなぁ。ママがここにいてくれたらなぁ） と、仮定法のお手本となるような文が出てきます。最後の場面でも、ソフィが"I wish she was here."と同じセリフを言います。すると祖母のルビーが"She is."（いるわよ）〔Ch.19, 98:50〜〕と答えています。英語の文法が学べます。 ○ 嵐の中、小屋の中で暴れる馬を宥めるために駆けつけた若きサムとドナ。サムは"I'm a trained veterinarian."（僕は獣医だ）と言うと、ドナに"Really?"と言われ、"No. No, I'm an architect. But don't tell this guy that."（いや違う、建築家だ。でも奴（馬のこと）には言うなよ）〔Ch.8, 40:35〕と言います。緊迫した場面でも、こんなジョークは言えるようになりたいですね。それでは次のジョークを楽しんでみてください。"Which one ?"（どっちの？）〔Ch.14, 81:10〕と、"Only this time we know who the father is."（今回は父親がわかっているところは違う）〔Ch.14, 83:38〕です。その場面を観れば容易に理解できます。
学習ポイント	全編を通して、歌で英語を覚えてしまいましょう。登場順に紹介します。 ① *Thank You For The Music* サンキュー・フォー・ザ・ミュージック〔Ch.1, 01:19〜〕 ② *When I Kissed The Teacher* ホェン・アイ・キッスト・ザ・ティーチャー〔Ch.2, 04:19〜〕 ③ *One Of Us* ワン・オブ・アス　　　　　　　　　　　　　　　　〔Ch.3, 11:02〜〕 ④ *Waterloo* 恋のウォータールー　　　　　　　　　　　　　　　〔Ch.4, 20:58〜〕 ⑤ *SOS*　SOS　　　　　　　　　　　　　　　　　　　　　　〔Ch.5, 26:00〜〕 ⑥ *Why Did It Have To Be Me* ホワイ・ディド・イット・ハフ・トゥ・ビー・ミー〔Ch.6, 30:00〜〕 ⑦ *I Have A Dream* アイ・ハヴ・ア・ドリーム　　　　　　　　　〔Ch.7, 37:09〜〕 ⑧ *Kisses Of Fire* キッシィズ・オブ・ファイア　　　　　　　　〔Ch.8, 42:41〜〕 ⑨ *Andante, Andante* アンダンテ、アンダンテ　　　　　　　　〔Ch.9, 44:49〜〕 ⑩ *The Name Of the Game* きらめきの序曲　　　　　　　　　　〔Ch.10, 51:20〜〕 　②は大学の卒業式で、ドナがターニャとロージーとともにサプライズでノリノリに歌い、最後はなんと学長までも歌い出します。 　④はドナとハリーがパリのレストランで、ナポレオンの最後の戦いをコミカルに歌います。 　そして⑨は、ドナがラザロスの食堂で、手始めの曲として歌い始めます。彼女はジャズ風に、官能的に歌っています。ラテン諸国で人気のある曲です。
スタッフ	製　　作：ジュディ・クレーマー他　　　　撮　　影：ロバート・イェーマン 監　　督：オル・パーカー　　　　　　　　音楽監督：マーティン・コッシュ 原　　案：キャサリン・ジョンソン他　　　編　　集：ピーター・ランバート 原　　曲：ＡＢＢＡ（アバ）　　　　　　　振　　付：アンソニー・ヴァン・ラースト

マンマ・ミーア！　ヒア・ウィー・ゴー

薦	●小学生　　●中学生　　●高校生　　●大学生　　●社会人	リスニング難易表	
お薦めの理由	○ 本作のDVDは＜英語歌詞字幕付き＞を選べることができ、映画を観ながらカラオケのように歌うことができます。また、チャプターひとつに1曲となっているので、選曲も容易です。アバのファンなら、まさに楽しみながら英語を学べる作品なのです。 ○ 誰とこの作品を観たいですか？もちろん、一人でも十分に楽しめますが、友人、恋人とともに。そして家族と。特に母・娘には、結婚・出産・母と娘の絆がテーマなので、是非観てほしい作品となっています。 ○ 人生で一度は訪れたい紺碧の海と降り注ぐ太陽のエーゲ海。美しい自然が満載です。 ○ 若きドナの服装に着目してみてください。彼女のトレードマークのオーバーオールはもちろんのこと、キャミソールやワンピース、さらにブルーを基調にしたバックに映える家具や食器類。女性はきっと真似したくなり、インスタ映えすること確実です。 ○ 前作を観ていなくても十分に楽しむことができます。	スピード	2
		明 瞭 さ	2
		米 国 訛	2
		米 国 外 訛	3
		語　　彙	2
		専 門 語	2
		ジョーク	2
		スラング	2
		文　　法	2

発展学習	「学習ポイント」からの続きです。 ⑪ *Knowing Me, Knowing You* ノウウィング・ミー・ノウウィング・ユー 〔Ch.11, 53:55～〕 ⑫ *Mamma Mia* マンマ・ミーア 〔Ch.12, 60:28～〕 ⑬ *Angel Eyes* エンジェル・アイズ 〔Ch.13, 65:44～〕 ⑭ *Dancing Queen* ダンシング・クイーン 〔Ch.14, 76:07～〕 ⑮ *Hasta Mañana* 落ち葉のメロディ 〔Ch.15, 84:51～〕 ⑯ *Hole In Your Soul* ホール・イン・ユア・ソウル 〔Ch.16, 87:00～〕 ⑰ *I've Been Waiting For You* アイブ・ビーン・ウェイティング・フォー・ユー 〔Ch.17, 89:58～〕 ⑱ *Fernando* 悲しきフェルナンド 〔Ch.18, 93:44～〕 ⑲ *My Love, My Life* マイ・ラブ、マイ・ライフ 〔Ch.19, 99:22～〕 ⑳ *Super Trouper* スーパー・トゥルーパー 〔Ch.20, 103:35～〕 　⑭は是非、歌詞を見ないで歌えるようにしてみましょう。オスカー女優シャーリーズ・セロンさんも来日されたときに、本学会顧問の戸田奈津子さんたちとカラオケで歌っていたそうです。⑰のソフィの歌声とその背景にはグッときます。 　そして⑲では、この物語が一巡して完結し、本作の主題となる母と娘の絆が描かれます。思わず涙する人も多いはず。⑳は⑭と並んでノリのいい曲です。この映画を観てこの曲を好きになった人も多いです。

キャスト	ソフィ　：アマンダ・セイフライド	ターニャ　：クリスティーン・バランスキー
	サム　：ピアース・ブロスナン	ロージー　：ジュリー・ウォルターズ
	ハリー　：コリン・ファース	若きドナ　：リリー・ジェームズ
	ビル　：ステラン・スカルスガルド	ドナ　：メリル・ストリープ

第8回映画英語アカデミー賞　候補映画

ミッション：インポッシブル／フォールアウト

あらすじ	IMF（特殊作戦部）に所属するイーサン・ハントは、ベルリンの地で、マフィアからお金と引き換えにプルトニウムを手に入れる指令を受けます。しかし、国際テロ組織シンジケートの奇襲に遭い、プルトニウムを奪われてしまいました。 　CIAの敏腕エージェント、ウォーカーとともにパリに飛んだイーサンは、プルトニウム奪回のため、謎の女性ホワイト・ウィドウに接触し、警察に拘束中のシンジケートのボス、ソロモン・レーンを脱獄させることになります。ソロモンを暗殺しようとする元MI6（英国情報局秘密情報部）のイルサの妨害を受けながらも、なんとかソロモン・レーンを確保しますが、ウォーカーの裏切りで彼を取り逃がすことになるのでした。 　イーサンは、ソロモンに取り付けた発信器を頼りに、ベンジー、ルーサー、そして、味方になったイルサとともに彼らを追うのでした。ソロモンたちの向かった先はインド北部のカシミール地方でした。その地は、かつてシンジケートが天然痘ウィルスをばらまいた地で、もしこの地で核爆発が起れば、水源が汚染され、世界人口の3分の1が失われることになるのです。そして、そこには医療キャンプで働くイーサンの元妻ジュリアがいるのでした。爆弾はルーサー、ベンジー、そしてイルサの3人が確保しますが、起爆装置はウォーカーが持ってヘリコプターで脱出します。イーサンもヘリコプターで追跡します。果たしてその行方は？
映画の背景	○ シリーズ6作目の最新作です。このシリーズの特徴のひとつは、監督が毎回変わることでしたが、本作は前作『ローグ・ネイション』（2015）と同じクリストファー・マッカリーです。これはトム・クルーズの要望でした。マッカリー監督は、今までに似い、前作とは全く違う映像スタイルにしたそうです。 ○ 過去の作品へのオマージュも多く出てきます。フリークライミングとバイクでのチェイスは第2作の、遠隔ナビでトムが走るシーンは第3作のものです。また、妻役のミシェル・モナハンも久々に登場します。 ○ アクションシーンの多くを自ら行うトム・クルーズは、今回もあのシーン〔Ch.10, 94:30〕で足首を骨折しました。はじめ、医者は完治するまで9か月としていましたが、トム・クルーズは理学療法等を取り入れて、6週間後には撮影を再開したそうです。 ○ このシリーズを、肯定的に楽しめる人は、シリーズが進むにつれて進化するアクションを十分楽しめると思います。が、逆にこんなことはありえない、こんなに上手くいくはずがない（常識的に考えれば確かにその通りなのですが）と否定的に観てしまうと、楽しめない作品となってしまうでしょう。 ○ その進化するアクションは、ヘイロージャンプとヘリコプターチェイスに代表されます。
映画情報	製 作 費：1億7,800万ドル　　　　　　撮影場所：パリ、ノルウェー、英国他 製 作 年：2018年　　　　　　　　　　言　　語：英語、仏語 製 作 国：米国、中国　　　　　　　　ジャンル：アクション、アドベンチャー、スリラー 配給会社：Paramount Pictures　　　 使用楽曲："The Mission: Impossible Theme"

Mission: Impossible - Fallout

(執筆) 松葉　明

発売元：
NBCユニバーサル・エンターテイメント
DVD価格：1,429円
Blu-ray価格：1,886円
(2019年7月現在、本体価格)

映画の見所

○ とにもかくにもトム・クルーズ演じるイーサン・ハントが走る、走る。動きの基本ともいえる「走り」を今年56歳になる彼自身が体現している〔特にCh.10, 91:35〜〕ことが一番の見所といえるでしょう。

○ パリのバイクでの疾走シーン〔Ch.6, 56:38〜〕は、トム・クルーズ本人の発想だそうです。それにしてもすごいです。因みにそのバイクは、スポンサーとなったBMW社の R nineT Scramber 1170ccです。

○ 元妻ジュリアとの再会のシーン〔Ch.12, 107:10〜〕では、このシリーズに親しんでいる方にはグッとくるのではないでしょうか。

○ ヘリコプターでの雪山の追跡シーン〔Ch.12, 112:15〜〕は、どうやって撮影したのかと思うほどの迫力あるシーンが満載です。また、トイレでの格闘〔Ch.4, 29:53〜〕も必見です。

印象的なセリフ

○ まずは定番のこのセリフをどうぞ。
If you or any members of your IMF team are caught or killed, the Secretary will disavow any knowledge of your actions. Good luck, Ethan. This message will self-destruct in five seconds.　　　　　　　　　　　　　　〔Ch.1, 4:37〜〕
（君もしくは君の仲間が捕まり殺されても、当局は一切関知しないものとする。幸運を、イーサン。なお、このメッセージは5秒後に消滅する）
　主人公のイーサン・ハント演じるトム・クルーズが、IMFからミッション（指令）を受ける時に言われる決まり文句です。彼らの厳しい世界が窺われます。それと同時に、この後のイーサンの活躍する場面を思うと、心はわくわくします。
　本作では残念ながら出てきませんが、圧倒的に不利な状況で敵と戦ったイーサンが、残り1〜2秒で世界危機を救った時に言うセリフ"Mission accomplished!"（ミッション、完了！）は、前々作『ゴースト・プロトコル』(2011)〔Ch.18, 117:40〕では出てきました。

○ イーサンの名言です。
I'll figure it out!　（何とかする！）　　　　〔Ch.12, 112:02〕 & 〔Ch.13, 116:04〕
　絶体絶命に追い込まれても、弱音を吐かないイーサンの性格がよくわかります。ある意味無鉄砲としか思えなくもないですが。

公開情報

公 開 日：2018年7月27日（米国）
　　　　　2018年8月 3日（日本）
上映時間：147分
年齢制限：G（日本）、PG-13（米国）

DVD音声：英語、日本語、ヒンディー語、タイ語
DVD字幕：日本語、英語、韓国語、タイ語他
前 々 作：M:I 4 ゴースト・プロトコル(2011)
前　　作：M:I 5 ローグ・ネイション(2015)

第8回映画英語アカデミー賞　候補映画

ミッション：インポッシブル／フォールアウト

英語の特徴	○ 発音は標準的な米国英語が多いです。アクション映画ですが、会話は多く出てきます。そして、文法的にも参考になるセリフも多いです。 ○ 道案内 　　ベンジーがタブレットを使ってイーサンに指示をする場面〔Ch.10〕は、中学の英語の授業で使う道案内の語句が出てきます。'Go across the street'〔94:03〕、'Go straight'〔94:47〕、'Turn right'〔94:57〕、'Turn left'〔95:05〕等です。 ○ 現在完了形 　　中学校で習うものの、日本人にはなかなか使いこなせない現在完了形。本作の中では比較的はっきりと、聞き取りやすく出てきます。 Alan　：I've ruined your day, haven't I?　　　　　　　　　　〔Ch.9, 86:30〕 　　　　（いいところを邪魔したかな？） Luther：Ethan, the countdown has started.　　　　　　　　　〔Ch.12, 111:31〕 　　　　（イーサン、カウントダウンが始まった） Ilsa　：You've never looked better.　　　　　　　　　　　　〔Ch.15, 139:22〜〕 　　　　（あなたも元気そうね） ○〔Ch.7, 61:35〜〕では、イーサンとパリ市警の女性警官との間の簡単なフランス語のやりとりを聞くことができます。英語字幕が出ます。
学習ポイント	まずはタイトルの意味を理解しましょう。'Mission：Impossible'とは、（指令：不可能な）となります。「ミッション・インポッシブル」と思って、語順が逆ではないかと思われた方もいるかもしれませんが、間違いではありません。それに、仏語をはじめとして、1語でも後置修飾の形をとる言語は多いです。 　　さて、このシリーズの4作目から副題がつきます。'Ghost Protocol'は（亡霊の規約）、つまり米国政府から見放され、孤立無援となってしまう主人公イーサン・ハントを表しています。 　　続く5作目は'Rogue Nation'で（ならず者の国家）です。そして、6作目となる本作'Fallout'は（死の灰／副産物／（予期せぬ）結果）を意味します。この語は、ソロモン・レーンが"The fallout of all your good intentions"（お前の善意が世界に死の灰を降らすのだ）〔Ch.7, 69:28〕とイーサンに言うところで出てきます。 　　主人公イーサン・ハントは、米国中央情報局（CIA：Central Intelligence Agency）の特殊作戦部（IMF：Impossible Mission Force）で、諜報活動（espionage）と暗殺（assassination）を行うエージェント（agent：秘密情報員／スパイ）です。 　　また、イーサンが言う、破壊活動（sabotage）、大量殺人（mass murder）〔Ch.5, 42:34〕や、後半の起爆装置（detonator）〔Ch.11, 99:35〕も知っておくとリスニングでの理解力は高まります。
スタッフ	製　　作　：J・J・エイブラムス他　　　　　　撮　影：ロブ・ハーディ 製作・監督・脚本：クリストファー・マッカリー　　音　楽：ローン・バルフ 原　　作　：ブルース・ゲラー『スパイ大作戦』　　編　集：エディ・ハミルトン 製作総指揮：デヴィッド・エリソン　他　　　　　特殊効果：ニール・コーボールド

190

ミッション：インポッシブル／フォールアウト

薦	●小学生　　●中学生　　●高校生　　●大学生　　●社会人	リスニング難易表	
お薦めの理由	○ 何といってもハラハラドキドキ満載で、とにかく面白い。その一言に尽きます。今年56歳になるトム・クルーズが、ここまで自らアクションシーンを演じられるとは驚くばかりです。いつまでも、ある程度の体型は維持したいものです。私をはじめ、多くの中年男性に希望と勇気を与えてくれます。映画を観終えた後、筋力トレーニングを再開する人たちはきっといるでしょう。 ○ ベルリン、パリ、そしてロンドンと、ヨーロッパの街並みが出てきます。米国と違い、道幅が狭いところでのカー・チェイスは楽しめます。特に、凱旋門を取り巻くラウンドアバウトでの逆走は本当に迫力があります。もちろん、最後のヘリコプター・チェイスも。 ○ 前作がこのシリーズ最高傑作で、それ以上のものは作られないと言われていたのを見事に覆しています。トム・クルーズ自ら幾度も練習したという25,000フィートからのヘイロージャンプ（The Halo Jump：高高度降下低高度開傘）〔Ch.3, 24:08〜〕も見応え十分です。	スピード	2
		明瞭さ	2
		米国訛	2
		米国外訛	3
		語彙	2
		専門語	3
		ジョーク	2
		スラング	2
		文法	2

発展学習	気の利いた、または面白いセリフの聞き取りに挑戦しましょう。 ○ Benji：It's just the job. No hard feelings.（仕事なんだ。悪く思うな）〔Ch.9, 86:23〜〕 　　ベンジーがウォーカーに言います。これは直前〔82:24〜〕にウォーカーがイーサンに向かって言ったものです。 ○ Benji：What are you waiting for?（何を待ってるんだ？）　　〔Ch.10, 95:24〜〕 　Ethan：I'm jumping out a window!（窓から飛び降りようとしてるんだ！） 　Benji：What do you mean, you're jumping out of a...（飛ぶってどういう…） 　　　　　Oh, sorry. I had it in 2 D. Good luck! 　　　　　（あぁ、ごめん。2 Dで見ていた。がんばれ！） 　　タブレットを見ているベンジーと、全速力でウォーカーを追いかけるイーサン。 ○ Ilsa　：What the hell is he doing?（彼は何する気？）　　〔Ch.12, 112:07〜〕 　Benji：I find it best not to look.（見ない方がいいぞ） 　　ヘリコプターに向かって走るイーサンを見ての、イルサとベンジーの会話です。 ○ Julia：And I sleep soundly at night knowing you always will be. 　　　　　（あなたがいるから、夜も安心して眠れるわ）　　〔Ch.15, 137:15〜〕 　　元妻ジュリアの、イーサンへの強い信頼度の高さが表れています。

キャスト	イーサン・ハント　　　　　：トム・クルーズ　　イルサ・ファウスト：レベッカ・ファーガソン オーガスト・ウォーカー：ヘンリー・カヴィル　　ソロモン・レーン　：ショーン・ハリス ルーサー・スティッケル：ヴィング・レイムス　　エリカ・スローン　：アンジェラ・バセット ベンジー・ダン　　　　　：サイモン・ペッグ　　ホワイト・ウィドウ：ヴァネッサ・カービー

第8回映画英語アカデミー賞　候補映画

女神の見えざる手

<table>
<tr>
<td rowspan="1">あ
ら
す
じ</td>
<td>
　本作は、米国首都ワシントンでその名を轟かすキャピタルヒル屈指の俊才ロビイスト、エリザベス・スローン（リズ）を主人公とする政治スリラーです。
　超一流ロビー会社に身を置くリズは、勝つためなら手段を選ばない冷酷非道なロビイスト。ある日、潤沢な資金を有する銃保有擁護団体の代表がリズのもとを訪れ、銃規制法を廃案に持ち込むためには女性支持基盤の強化が必要だと訴え、リズと彼女の所属会社に協力を懇願します。しかし、彼の口をついて出る女性への不見識な言葉を聞き流せなかったリズは、横柄な態度で依頼を一蹴、社長の逆鱗に触れ解雇の危機にさらされてしまいます。しかしその直後、リズはあろうことか所属会社の敵となる銃規制賛成派の格下ロビー会社に移籍を決意し、元いた超大手ロビー会社と銃保有擁護団体を相手に、熾烈な戦いを繰り広げていく道を選ぶのです。
　移籍によって右腕の女性部下を失ったリズですが、次の職場でも優秀なエズメを見出し熱心に教育します。新しい職場で仲間と信頼関係を築き始めたリズでしたが、テレビ討論の生放送中、仲間の信頼を失墜させる暴挙に出てしまいます。リズの手腕により銃規制法案賛成派は順調に数を増やしていきますが、度を越えた手法は思わぬ悲劇を招き、リズはまんまと反対派の謀略に陥ってしまうのです。
　上院聴聞会に召喚されるリズ、果たして規制法案とリズの運命や如何に。
</td>
</tr>
<tr>
<td>映
画
の
背
景</td>
<td>
　本作をよりよく理解するために、「ブレイディ法」、「憲法修正第2条」、「全米ライフル協会」について簡単に紹介します。本作だけでなく、米国社会問題を扱った作品や大統領選挙の争点の理解にも非常に役立ちます。
1.ブレイディ法（Brady Act）：1993年11月成立、翌2月施行の銃規制法で、レーガン元大統領暗殺未遂事件で銃弾を受け半身不随となったブレイディ元報道官らが中心となって成立にこぎつけた法律です。以来、購入者のバックグラウンドチェックが義務付けられました。〔Ch.3, 20:02〕で登場します。
2.憲法修正第2条：憲法制定の1787年からその4年後までに追加された条項の一つで、人民の武装権を保障しています。"A well regulated Militia, being necessary to the security of a free State, the right of the people to keep and bear Arms, shall not be infringed."（規律ある民兵は、自由な国家の安全にとって必要であるから、人民が武器を保有し、また携帯する権利は、これを侵してはならない）〔Ch.2, 11:20〕何度も登場するキーワードです。
3.全米ライフル協会（NRA）：全米に約400万の会員を持つ銃規制反対団体で、建国の歴史からの伝統を重んじ、"Guns don't kill people, people kill people."（銃ではなく、人が人を殺す）をスローガンとしています。作中言及はありませんが、Chapter 2登場のサンフォードがNRA会長ではないかと考えられます。
</td>
</tr>
<tr>
<td>映
画
情
報</td>
<td>
製　作　費：1,300万ドル　　　　　　　撮影場所：カナダ・トロント、米国ワシントンD.C.
製　作　年：2016年　　　　　　　　　　言　　　語：英語
製　作　国：米国、フランス　　　　　　ジャンル：スリラー
配給会社：キノフィルムズ／木下グループ（日本）　　使用楽曲：マックス・リヒター
</td>
</tr>
</table>

Miss Sloane

(執筆) 水野 資子

映画の見所

冷血非道なリズの周りに、彼女に心底傾倒する優秀な若者が数多く存在するのは一体なぜでしょうか。コール=クラヴィッツ&ウォーターマン時代の右腕ジェイン、ピーターソン=ワイアット社へリズと共に移籍したロス、ローレン、アレックス、フランクリン、また忘れてはいけない重要人物が、エスコートのフォードです。

理由の一つに考えられることは、リズの部下の資質を見抜く先見能力と育成能力です。恐らく最も新人であるフランクリンには、歯に衣着せぬ指導をしますが、移籍先の部下に対する態度との違いから考えれば、彼の潜在能力を見越しての熱血指導であるとも考えられます。

また、フォードとジェインは、リズが無意識に隙を見せてしまう数少ない登場人物で、リズの脆さこそ彼女の最大の魅力であることを観客に気づかせてくれる、大変重要な役柄です。

発売元:
キノフィルムズ／木下グループ
DVD価格:3,900円
Blu-ray価格:4,800円
(2019年7月現在、本体価格)

印象的なセリフ

1. 日本でも憲法改正が議論されていますが、日本における議論にも通じる部分がある、大変興味深いセリフです。

   LIZ : The Second Amendment was signed in a time when the average life expectancy was 38, and it was common practice for our Founding Fathers to resolve their differences at dawn in a gunfight. What may have been perfectly sensible in those alien times is wholly inadequate to solve the problems of the present.

   PAT : The United States Constitution has stood the test of time. It's authored to confer unimpeachable rights, which don't change depending on which way the wind's blowing. (中略)

   LIZ : Nothing is unimpeachable, not even the Constitution. It's ironic that the very statement of rights you're so quick to invoke is, in fact, an "Amendment!" 〔Ch.8, 73:01〕

2. 今日のリズの人格を形成した背景が窺える、極めて重要なセリフです。

   FORD : I'm just surprised by what a natural bull-shitter you are.

   LIZ : I grew up lying, Ford. Didn't want to, I had to. That's why I excel at it. It's a skill I would have happily traded for a normal life. 〔Ch.9, 83:32〕

公開情報

公 開 日:2016年11月25日(米国)
　　　　　2017年10月20日(日本)
上映時間:132分
年齢制限:G(日本)、R(米国)
音　　声:英語、日本語
字　　幕:日本語
受　　賞:英国脚本家組合アワード最優秀脚本賞
ノミネート:ゴールデン・グローブ主演女優賞

第8回映画英語アカデミー賞　候補映画

女神の見えざる手

英語の特徴	一般的な映画のセリフは、実際の会話スピードよりも少しゆっくりと話される傾向にありますが、本作品はリアルなスピードで展開します。その上、内容も専門的なので、米国銃問題・米国憲法・ロビイスト活動についての背景知識が多少あったとしても、一度で聴き取るには非常にハードルの高い英語が使われています。しかし、ほとんどの登場人物がロビイスト・弁護士・政治家・ニュースキャスターなど、人前ではっきりと話すことが求められる職業なので、話し方は極めて明瞭で、発音も美しく、耳心地の良い英語で学習することができます。懸命に内容を理解しようと視聴を繰り返していく内に、主人公リズの聴き取りやすい英語が耳に残ります。同時にセリフの音読を行えば、美しい発音の習得にも役立ちます。 　セリフ中には、機知に富んだ表現や専門用語とともに、数々の罵り言葉が出てきます。相手に打撃を与えるために、敵を罵倒しながら論駁することがロビイストたちの日常なのでしょう。ただし、そういった表現を相手や場面を選ばず、そのまま真似て使用するのは大変危険ですので、注意が必要です。 　作品中、会話のスピードが緩やかになるのが、エスコートのフォードや、ラストのシーンで弁護士ダニエルとリズが話す場面です。リズが人間性を不意に見せるこれらの場面では、言葉のスピード・明瞭性・声量が落ち、血の通った暖かな英語に変化します。これらのシーンのリズの話し方に是非注目して下さい。
学習ポイント	映画を用いた英語学習は継続が鍵ですので、まずは、「アウトプットの場」を作りましょう。「3文あらすじ、3文感想、習得表現3つ、好きなセリフ3つ」等、継続可能な雛型を設け、友達同士、SNSで情報発信すると良いでしょう。 　次に、本作品を通しては「難易度の高い表現の習得」と「発音の向上」を目指しましょう。知的な言葉を明瞭に話す主人公リズのセリフを中心に、以下のステップに沿って学習を進めてみてはいかがでしょうか。 1. 日本語字幕と英語音声で視聴、全体像を把握。 2. ネット上で無料公開されている脚本を入手（Miss Sloane, Screenplayで検索）、ワード等のテキストエディタに貼り付け。（使用範囲は各サイト規定に従う） 3. 脚本を見ながら再視聴。難しい表現、物語の理解上鍵となるセリフに下線。 4. 冒頭に登場する次のセリフ3文が、それぞれ作中のどの場面を意味しているのか探す。〔Ch.1, 00:54〕 "Lobbying is about foresight; about ①<u>anticipating your opponents' moves and devising counter measures.</u>②<u>The winner plots one step ahead of the opposition, and plays their trump card just after they play theirs.</u>③<u>It's about making sure you surprise them and they don't surprise you.</u>" 5. SNSでアウトプット。お気に入りのセリフは暗唱してしまいましょう。
スタッフ	製　作：ベン・ブラウニング　　　　製作総指揮：クロード・レジェ他 監　督：ジョン・マッデン　　　　　撮　　影：セバスチャン・ブレンコフ 脚　本：ジョナサン・ペレラ　　　　音　　楽：マックス・リヒター 原　作：ジョナサン・ペレラ　　　　編　　集：アレクサンダー・バーナー他

194

薦	○小学生　　○中学生　　○高校生　　●大学生　　●社会人	リスニング難易表	
お薦めの理由	英語教材として使用する場合、CEFR-B2（英検準1級・TOEIC 800点程度）以上の上級者向けの内容です。しかし日本語字幕を用いれば、法学部学生や、米国社会問題に興味がある社会人も、楽しみながら勉強できる物語です。 　本作品の教材としての特徴は、第一に、上級者にとって学習しがいのある言語レベルであること。第二に、日本では馴染みの薄いロビー活動を、物語の展開を楽しみながら理解することができること。第三に、2018年米国中間選挙の争点の一つとなっていた銃規制問題に絡む利権や憲法解釈問題を考えるきっかけとなることです。 　英語力はある一定レベルまで伸びると、それ以降は、単に語彙力や文法力の強化だけでは劇的に伸びることはありません。こういった社会問題や歴史などの言語外知識を深めることが次のステージへの架け橋となります。またスピード感のある言葉を処理するには、大量の情報をインプットしアウトプットする習慣が必要です。本作は、一歩上を目指す、中上級学習者にお薦めの一本です。	スピード	5
		明瞭さ	5
		米国訛	4
		米国外訛	3
		語　彙	4
		専門語	5
		ジョーク	3
		スラング	3
		文　法	4

| 発展学習 | 　本作品をヒューマンドラマとして楽しんだ学習者は課題（A）、本作品を通して米国の銃問題に興味を持った学習者は課題（B）に取り組んでみてください。
　（A）ラストシーンで建物から出てきたリズの目線が何かの動きを追い、誰かを見つけたかのように描かれています。彼女はそこに誰を見つけたのでしょうか。推論を三つ立て、それぞれの推論に対してなぜそのように考えたのか、物語中の具体的な場面とセリフを抜きだして、各推論の論拠としなさい。
　（B）合衆国憲法修正第2条について、その内容とそれが制定された米国建国の歴史的背景をまとめなさい。また修正第2条と今日の米国銃問題、及び銃規制強化の関係についても説明しなさい。但し、3つの固有名詞（Columbine, Charleston, NRA）と数字を用いながら説明すること。
　（A）については推論に限らず、ストーリーの解釈にさらに深みを与えるようなアイデアでも構いません。想像力を発揮して考えてみてください。（B）については、調べ学習の素材として、マイケル・ムーア監督作品『ボウリング・フォー・コロンバイン』（原題：*Bowling for Columbine*）というドキュメンタリー映画をお薦めします。米国銃問題を理解するのに適した分かりやすい作品で、『先生が薦める英語学習のための特選映画100選—大学生編』（フォーインスクリーンプレイ事業部出版, 2017年）にも収録されています。 |

| キャスト | リズ　　　　：ジェシカ・チャステイン
ロドルフォ　：マーク・ストロング
エズメ　　　：ググ・バサ=ロー
ジェイン　　：アリソン・ピル | パット　　　：マイケル・スタールバーグ
デュポン　　：サム・ウォーターストン
スパーリング：ジョン・リスゴー
サンフォード：チャック・シャマタ |

第8回映画英語アカデミー賞　候補映画

リメンバー・ミー

あらすじ	本作品の舞台は、メキシコの伝統的な暮らしをしている地域です。現世と死者の世界とが並行し、ある種繋がった世界として描かれます。本作品の物語は、メキシコに古くから伝わり、町全体がお祭りムードに包まれる死者の日がキーポイントとなって展開していきます。死者の日の夜間にのみ死者は現世と死者の世界とを行き来することができ、家族に会うことが出来ます。先祖代々音楽を禁じている家系に生まれた、ギターを愛し音楽が大好きな12歳の少年ミゲルが、伝説のミュージシャンであるエルネスト・デラクルスのギターに触れてしまったことで時空を超えて死者の世界に迷い込みます。そこで自身の家系ルーツを知り、音楽を禁じるに至った先祖の蟠（わだかま）りを溶かしていくという冒険活劇のような一面があります。その一方で、その過程の中で精神的に大人になっていく通過儀礼の要素が濃い成長物語でもあります。死者の世界に迷い込んだミゲルは現世に一定時間内に戻らなければならず、日の出を迎えると二度と現世には戻れなくなります。そのために、二つのミッションが課せられます。死者の日が終わる日の出までにひいひいおじいちゃんであるヘクターから許しを貰うこと、またヘクターの写真を持ち帰って祭壇に飾ることです。二つのミッションを達成し、無事に現世に戻ったミゲルが自分の力で先祖代々音楽嫌いという家族の因習までをも変えていく物語です。
映画の背景	ここでは、本作の物語世界により浸るための背景情報を紹介します。例えば、ミゲルがヘクターに連れられてきた死者の世界のリハーサル会場で出会うのは、映画『フリーダ』（2002）にもなったかの有名なメキシコの現代絵画を代表する画家フリーダ・カーロです。彼女が生前ショロ犬を愛していたというエピソードから、ミゲルの相棒ダンテを可愛がるシーンがあります。また、ミゲルが憧れる伝説のミュージシャン、デラクルスにはモデルがいます。メキシコの有名な歌手であるペドロ・インファンテです。彼は俳優でもあり大変な人気を集めていましたが、飛行機事故で39歳という若さでこの世を去りますので、多くの点でペドロの人生がデラクルスに投影されているといえます。 　本作の監督であるリー・アンクリッチはインタビューで「本作にはミュージカル的要素はない」と発言していますが、物語には歌唱シーンが多く登場します。ミュージカル映画と呼ばれる作品の歌唱シーンでは形式上、物語の時間的進行が止まったり、そのため登場人物が観客に向かってアイコンタクトを送ってきたりするとされますが、本作の歌唱シーンはこの形式には当てはまらずむしろ、歌唱シーンの存在が物語を動かすための装置となっています。本作は歌唱シーンをふんだんに物語内に取り入れつつも、一般的なミュージカル形式を採っている他のディズニー映画とは一線を画しています。
映画情報	製作費：1億7,500万ドル　　　　　　製作会社：Walt Disney Pictures 製作年：2017年　　　　　　　　　　　　　　　　　Pixar Animation Studios 製作国：米国　　　　　　　　　　　言　語：英語、スペイン語 配給社：Walt Disney Studios Motion Pictures　　ジャンル：アニメ、冒険、ファミリー、ファンタジー

Coco

(執筆) 近江　萌花

映画の見所

本作品は10にも及ぶ印象的な歌唱シーンが見所です。デラクルス、ヘクター、ママ・イメルダの歌唱シーンがそれぞれ2回ずつ登場し、ミュージシャンになることを夢みている主人公ミゲルの歌唱シーンは4回あります。彼の歌唱シーンは、ミゲル自身が将来を思い描く理想に最も近い姿になれる瞬間であり、また日頃の抑圧から解放され自分自身を肯定できる場所（ステージ）でもあります。例えば、死者世界の歌唱コンテストにおけるシーンでは、ステージ上で心から楽しみながら歌うことに没頭しているミゲルの姿が、既にミゲルに感情移入している観客は、あたかもミゲルを応援するコンサートに来ているような臨場感と、抑圧からの解放感も彼と一緒に味わえます。本作は歌唱シーンだけを切り取って見てもコンサートMTVのようにも楽しめる作品ではないでしょうか。

©Disney

発売元：ウォルト・ディズニー・ジャパン
MovieNEX価格：4,000円
（2019年7月現在、本体価格）

印象的なセリフ

ここで取り上げる印象的なセリフには、ミゲルが家族から受けている抑圧の全てが詰まっています。ミゲル自身が最も受け入れ難い現実を踏み絵のように誓約させられるシーンで、このセリフを皮切りに物語が大きく動き始めます。自分の将来を夢見る12歳の少年が意に反する将来を他者によって承服させられることは極めて厳しいのであり、少年の熱中する対象や夢を否定される苦しさに感情移入する人も多いのではないでしょうか。死者の日当日、ミゲルは祭壇の前で靴磨きから靴職人への昇格人事を家族から告げられますが、ミゲルにとって喜ばしい人事ではないところに、父親が言質を取るかのように「And a Rivera is?（リヴェラ家といえば？）」と聞き、ミゲルは「A shoemaker...through and through.（靴屋…どこを切っても）」と萎えた表情で答えます。ミゲルの家族は、これまで高祖父が家族よりも音楽を優先し蒸発したことで壊れかけた家族を高祖母が靴屋を通して復活させたことから、家のしきたりや靴屋としての成功が家族の最上位の目標となっていて、そこに支障となる家族個人の夢や幸せは尊重されません。また、家族はミゲルの幸せを願って靴屋になってほしいと言いますが、その実このセリフは、質問をしているようで回答内容に選択肢はなく、ミゲルの音楽に対する思いは考慮の対象にもしてもらえません。このいわゆる矛盾に満ちたコミュニケーション（ダブルバインド）にミゲルは押しつぶされる寸前なのでした。

公開情報

公　開　日：2017年11月22日（米国）
　　　　　　2018年　3月16日（日本）
上映時間：105分
年齢制限：G（日本）、PG（米国）
オープニングウィークエンド：5,080万2,605ドル（米国）
興行収入：2億972万6,015ドル（米国）
受　　　賞：アカデミー歌曲賞、長編アニメ賞
　　　　　　ゴールデン・グローブアニメーション作品賞

第8回映画英語アカデミー賞　候補映画

リメンバー・ミー

英語の特徴	本作は幅広い年代に人気のあるディズニーピクサーの作品です。幼児も含む全年齢対象作品であるためにスラングやジョークはあまり登場しません。また、メキシコを舞台としているため、「Día de los Muertos（死者の日）」、「Hola（こんにちは）」や「Muchas gracias（どうもありがとう）」など、スペイン語をそのまま用いたセリフが多く登場します。おばあちゃんがミゲルのことを「Miguelito」と親愛を込めたあだ名で呼んだりするなど、スペイン語由来の語彙が使われています。また、話中に登場する歌唱シーンでは、歌詞のほとんどがスペイン語になっているので、事前にスペイン語に関する知識を学んでおくとよりセリフへの理解が深まると思います。スペイン語語彙以外の英語の語彙や表現に関しては、難解な語句は登場しません。また、ミゲルを始めとした主要キャスト複数名の声優として実際にメキシコ人を起用しているので、登場人物の多くがネイティブのスペイン語話者らしい訛りのある英語を話しています。ですのであまりリエゾンの強くない言い回しのセリフが多く、話すスピードも早くはないので明瞭であると言えます。死者の国に住む死者たちは骸骨ですが、表情や口の動きが豊かであり声を加工されてもいないので明瞭で聞き取りやすいと思われます。文法的な観点としては、重文や複文が乱立するような複雑な文法や文構造はほとんど使用されていないので比較的平易であると言えるでしょう。

学習ポイント

　ここで取り上げるのは本作のセリフ内に登場する第5文型についてです。英語は単語の配置によって意味が変わる言語ですから、学習者にとって文型を知るということは重要で、特に第5文型に慣れることは、英語をより早く正確に理解できる手助けになるはずです。また、英検二級またはTOEIC500点以上を目指す学習者にとって、文構造や文型の理解は向き合わなければならない障壁でもあります。そこで、この学習ポイントでは、第5文型を楽しく発見、理解する練習をしましょう。表には、横にセリフに登場する第5文型をとっている動詞、縦に第5文型のCの形での分類、になっています。表中の数字は出現回数です。この表を活用して、本作を英語字幕で鑑賞し、まず表の動詞が出てくる文に目を向け、第5文型をとっている文であるかを判別します。その際、動詞とCの形に注意して判別していきましょう。省略や倒置などはカウントしていません。

	have	make	let	want	leave	hear	get	tear	help	keep	call	tell
SVOC		5		1	3			1		1	4	
SVO+to do				5								2
SVO+do	1	8	8		1	1	1		1			
SVO+doing				1						1		
SVO+done	1						1					

スタッフ

製　　作：ダーラ・K・アンダーソン	脚　　本：エイドリアン・モリーナ
監　　督：リー・アンクリッチ	マシュー・オルドリッチ
エイドリアン・モリーナ	製作総指揮：ジョン・ラセター
美　　術：ティム・エバット	音楽制作　：マイケル・ジアッキーノ

薦	●小学生　　●中学生　　○高校生　　○大学生　　●社会人	リスニング難易表	
お薦めの理由	本作品は、小学生と中学生、社会人が共感しやすい要素の多い作品です。主人公のミゲルは12歳の少年という設定で、10歳辺りで起こると言われる「自分は何でも出来る」といった万能感の喪失、つまり自分にもできないことはあるんだという現実を知りその自覚を始める年頃です。本物語で描かれる自らのミュージシャンになりたい夢を家族から否定されるというミゲルが直面する壁は、まさに夢を見続けるか現実を見てあきらめるかの通過儀礼であるともいえます。その大きな壁に直面し、それを自ら乗り越えようと必死にもがくミゲルの姿に、近い年代である小中学生は共感を覚えるのではないでしょうか。また、家庭を持ち子育てをする親世代にもミゲルは共感の対象になるのではないでしょうか。夢に向かって奮闘するミゲルの姿に、まだ夢を諦めるには早すぎると応援したくなるのは私だけでしょうか。ミゲルに共感できる少年期から思春期の世代はもちろん社会人もまたミゲルに感情移入して鑑賞できるディズニーらしいファミリーアドベンチャー作品です。	スピード	2
		明瞭さ	3
		米国訛	1
		米国外訛	4
		語彙	3
		専門語	4
		ジョーク	2
		スラング	1
		文法	3

発展学習	この映画から、舞台になっているメキシコのhistorical and cultural background（歴史文化的背景）やancient civilization（古代文明）に由来するメキシコのviews on life and death（死生観）を学べます。また、ここでは部分的にアカデミックな用語を英単語にして解説します。メキシコ人の死に対するイメージは、古代文明時代の「死は新しい命へと生まれ変わる一つの過程」という思想に由来するとされます。映画内でもそのイメージは死者世界のカラフルな華やかさにrepresentation（表象）されています。当時は太陽の消滅を先延ばす目的で心臓を捧げるritual（儀式）が行われており、sacrifice（生贄）となった人はapotheosis（神格化）されたため、その死は名誉なことだとされたようです。また、メキシコの先住民は「生者は死者に、死者は生者に囲まれて生きている」というtwo sides of the same coin（表裏一体）の世界観を持っており、それが映画のラストシーンで実際には見えていない死者の姿がvisualization（可視化）された辺りに見て取れます。さらに、作品内で「Día de los Muertos / Day of the Dead（死者の日）」に亡くなったancestor（先祖）が帰って来られるように先祖の写真を祀り花で色どり鮮やかに道を作りますが、日本でも似た目的でObon / the Buddhist All Soul's Day（お盆）に迎え火や送り火を焚きCucumber Horses and Eggplant Cows（馬や牛に見立てた「精霊馬」）を作るので、理解し易いはずです。

キャスト	ミゲル　　　　　：アンソニー・ゴンザレス　　　　　　エレナ　　　　　：レニー・ヴィクター
	ヘクター：ガエル・ガルシア・ベルナル　　　　　　　ママ・ココ　　　：アナ・オフェリア・ムルギア
	エルネスト・デラクルス：ベンジャミン・ブラット　　フリーダ・カーロ：ナタリア・コルドバ＝バックリー
	ママ・イメルダ　　　：アラナ・ユーバック　　　　　パパ　　　　　　：ハイメ・カミーユ

第8回映画英語アカデミー賞　候補映画

レディ・バード

|あらすじ|　2002年、米カリフォルニア州サクラメント。カトリック系の私立高校に通う17歳のクリスティンは、卒業を控え進路その他に悩み多き日々を過ごしています。"レディ・バード"と名乗り、友だちや家族にもその名で呼ぶよう強要するほどのこだわりよう。とりわけ勉強が好きなわけでも成績がよいわけでもないのですが、ただただダサい田舎から脱出したいという思いから大都会に憧れ、高望みながらも文化の香り高き東海岸の大学への進学を目指しています。しかし家庭は裕福ではなく、生計を立てるために働き詰めの母マリオンとは、ことあるごとにぶつかり合います。いつも陰で支えてくれるのはやさしい父親ラリーですが、その失業によりますます家計は厳しくなってしまいます。レディ・バードは地元の公立大学を強く勧める母には内緒で、なんとか奨学金を得て進学しようと（不正な手段も講じつつ）奮闘します。

　高校生活最後の１年を楽しもうと、学校のシスターの勧めもあり、親友のジュリーとともに学校のミュージカルのオーディションに参加。役を得たレディ・バードは、共演者の男子に一目ぼれ。公演は大成功をおさめ、順調そうに見えた２人ですが、ショッキングな事実が発覚し、たちまち失恋。その後学校で人気の女子と仲良くなり、新しいボーイフレンドもでき、ジュリーとは疎遠になってしまいます。レディ・バードは果たして希望の大学に行けるのでしょうか。|

|映画の背景|【米国大学受験事情】
　米国では大学進学のための日本のようないわゆる入学試験はなく、面接や出願書類で合否の審査がおこなわれます。主人公は、イエール大学など東海岸の「リベラル・アーツ・カレッジ」への進学を希望していますが、学校の進路指導担当者（guidance councelor）にSATのスコアは意外にもよかったけれど、この成績ではまず無理だと鼻であしらわれます。レベルも学費もトップレベルの大学群なのです。SATというのは、大学進学希望者対象の基礎学力を測る共通テストScholastic Assessment Testのことで、米国内で年間７回実施されています。大学への出願には一般に、このスコアと高校での学業成績の平均GPA（Grade Point Average）の提出が求められるほか、課外活動なども重視されます。

　また米国に国立大学はありませんが、私立大学より格段に学費が安いのが公立（州立または市立）大学です。主人公の母が言う"in-state tuition"（「印象的なセリフ」参照）は、州立大学において州内出身者に適用される学費のことで、州外者より金額がかなり抑えられています。母の推すCity Collegeとは、地元のSacramento City College（作品中SCCとも呼ばれています）という実在の大学。"community college"（コミュニティ・カレッジ）という本来、地域住民の成人教育を目的とした公立の２年制短期大学です。|

| 映画情報 | 製 作 費：1,000万ドル
製 作 年：2017年
製 作 国：米国
配給会社：東宝東和（日本） | 撮影場所：サクラメント（カリフォルニア州）
言　　語：英語、スペイン語
ジャンル：コメディ、ドラマ
使用楽曲："GBOY"（Backlive） |

200

Lady Bird

(執筆) 長岡 亜生

映画の見所

『20センチュリー・ウーマン』(2016年)、『フランシス・ハ』(2012年) などで知られる個性派女優グレタ・ガーウィグ初の単独監督作。監督によると、物語の主軸は母と娘の物語であり、当初の仮題は "Mothers and Daughers"（母と娘）だったということです。

中心となるのは主人公と母との確執で、2人の口論は絶えませんが、母のことを他人から批判されると擁護してしまう娘の言動や、さりげなく母の愛情が示される場面（手紙にも要注目）、2人の間をとりもつ、存在感ある主人公のやさしい父からも目を離せません。

監督がこだわりを見せたというスマホ普及以前の高校生たちの生活はもちろん、2000年代初頭の米社会がうまくとらえられ、苦しい中産階級の暮らし、リストラ、就職難事情などがリアルに描かれます。

発売元：
NBCユニバーサル・エンターテイメント
DVD価格：1,429円
Blu-ray価格：1,886円
(2019年7月現在、本体価格)

印象的なセリフ

いきなり冒頭から母娘の激しい口論が始まります。大学見学からの帰途、母の運転する車中でのシーンです。　*Lady Bird (LB)、Marion (M)〔Ch.1, 02:46～04:00〕

LB: I don't even want to go to school on this state anyway. I hate California. I want to go to the East Coast.
（州内の学校はいや。カリフォルニアは嫌い。東海岸がいい）

M: Your Dad and I will barely be able to afford *in-state tuition.
（うちは州内の学費ですら払えるかどうか）*「映画の背景」参照

LB: There are loans, scholarships! . . . I want to go where culture is, like New York. . . .
（学生ローンだって、奨学金だってあるし！　文化の匂いがするところに行きたいの。ニューヨークみたいな……）

M: You couldn't get into those schools anyway. . . . You can't even pass your driver's test. . . . The way that you work, or the way that you don't work, you're not even worth state tuition . . . . You should just go to *City College. . .
（どうせそんな大学には入学できない。運転免許の試験でも落ちるのに……そんな勉強の仕方、というか勉強してないし、州内の学費だってもったいないくらい……黙って市立大学に行けばいいのよ）*「映画の背景」参照

このあとうんざりしたレディ・バードが咄嗟にとる驚くべき行動とは……

公開情報

公 開 日：2017年11月3日（米国）
　　　　　2018年 6月1日（日本）
上映時間：95分
年齢制限：PG-12（日本）、R（米国）
DVD音声：英語、日本語
DVD字幕：日本語、英語
受　　賞：ゴールデン・グローブ主演女優賞・作品賞
ノミネート：アカデミー作品賞他4部門

第8回映画英語アカデミー賞　候補映画

レディ・バード

<table>
<tr>
<td rowspan="1">英語の特徴</td>
<td>
標準的な米国英語で発音は概して明瞭ですが、リアルな高校生の日常会話は発話スピードも速めです。主人公をめぐる口論シーンは、ヒートアップしてさらにスピードも速くなるため、聞きとりはなかなか難しいといえます。レディ・バード役の女優シアーシャ・ローナンはアイルランド出身で、米国英語には苦戦したとのことですが、もっとも苦労したのは"perfect"の発音だったと語っています。

文法は標準的で一切逸脱はありません。語彙は難解なものはほとんどありませんが、主人公が通う高校がカトリック系であるため、祈祷のことばや読み上げられる聖書からの一節など特殊な語彙が出てくることがあります。また授業風景では、科目特有の語句が登場します。数学の授業では、(x+3)(x+2)の解法はつぎのように説明されます："Start simple with x plus three times x plus two.　Now if we use F.O.I.L., where do we start? . . ." "FOIL"とは、first, outer, inner, last（最初、外側、内側、最後）の略で、かけて足す順番をあらわします。firstは最初の項どうし（ここではxとx）をかけるということ。

高校生の喫煙、アルコール、ドラッグ使用場面や、過激ではありませんが性的な話題や場面も多少あり、性的な語彙やスラング（deflower, boobsなど）、四文字言葉もかなり出てきます。また女子高校生の会話中シスターへの陰口で、女性に対する下品な蔑称が用いられます。
</td>
</tr>
<tr>
<td>学習ポイント</td>
<td>
基本的な語彙や文法が用いられる会話が多く学習に役立ちます。ドレスを選ぶ母娘のやりとりを見てみましょう。　　　　　　　　〔Ch.15, 67:56～69:06〕
LB：I love it. （〔試着室から出てドレス姿を鏡で見ながら〕ステキ）
M ：Is it too pink? What? （ピンクすぎない？　何よ?）
LB：Why can't you say I look nice? （なんで似合うって言ってくれないの?）
M ：I thought you didn't even care what I think. （ママの意見なんか気にしないでしょ）
LB：I still want you to think I look good. （それでも似合うって言ってほしい）
M ：Okay, I'm sorry, I was telling you the truth. Do you want me to lie?
　　（わかった。悪かったわ。本当のことを言っただけなの。うそをつけばいいの?）
LB：No, I mean. <u>I just wish . . . that you liked me.</u> （そうじゃなくて……ただママに好かれたいの）　＊仮定法（現実に反することを願うときの表現）
M ：Of course I love you. （もちろん愛してるわ）
LB：But do you like me? （でも私のこと好き?）
M ：I want you to be the very best version of yourself that you can be.
　　（最高のあなたになってほしいの）
LB：<u>What if</u> this is the best version? （今の私が最高だったら?）
　　＊「～ならどうか」という意味の慣用句
</td>
</tr>
<tr>
<td>スタッフ</td>
<td>
製　　作：スコット・ルーディン他　　　製作総指揮：リラ・ヤコブ
監督・脚本：グレタ・ガーウィグ　　　　撮　　影：サム・レヴィ
美　　術：クリス・ジョーンズ　　　　　音　　楽：ジョン・ブライオン
衣　　装：エイプリル・ネイピア他　　　編　　集：ニック・ヒューイ
</td>
</tr>
</table>

202

レディ・バード

薦	○小学生　　○中学生　　●高校生　　●大学生　　●社会人	リスニング難易表	
お薦めの理由	悩み多き女子高生が主人公のみずみずしい青春映画。2000年代初頭の高校生の生活、揺れ動く心情がユーモアたっぷりに描かれ、学校や家庭での日常的な会話表現を学べます（一部過激な表現などもありますが）。どちらかといえば女子向けですが、けっして青春真っただ中の人たちだけに訴える作品ではありません。 　友人関係や進路、家族にまつわる悩み、恋愛への興味と不安（LGBTの要素も含まれます）は国を超えて共通です。大人のみなさんは遠い過去を振り返り懐かしい気持ちに浸れるでしょう。都会に憧れ田舎を脱出したいという主人公の心情にも、あらゆる世代の人が共感できるはずです。ドタバタ喜劇のなかに、ほろりとさせられる場面もあり、子を思う親の立場から観ても味わい深い作品です。 　監督の出身地でもある舞台カリフォルニア州北部サクラメントの美しい風景も楽しめます。作品の冒頭と結末で同じような風景が映し出されますが、結末では主人公の視点から少し見え方が変わってくるでしょう。	スピード	4
		明瞭さ	3
		米国訛	5
		米国外訛	1
		語彙	3
		専門語	2
		ジョーク	3
		スラング	4
		文法	3

発展学習	主人公の家庭では家計が苦しいこともあり、金銭にまつわる話題が頻出します。一例をみてみましょう。　　　　　　　　　　　〔Ch.12, 54:43〜56:20〕 　学校で暴言を吐き停学処分になった娘を叱責する母は、早口で畳みかけます：How does this happen? Everything we do is for you. Everything. You think I like driving that car around. Do you? . . . You think I like working double shifts at the psych hospital? . . . <u>Do you have any idea what it cost to raise you? How much you're just throwing away every day?</u>（親の苦労も知らないで。好きであんな車に乗ってると思うの？　好きで夜勤してるって？　毎日いくらかかると思ってるの？） 　＊it costs A〈金額〉to ～：～するのにAかかる, throw away：無駄遣いする 　反撃に出る娘：Give me a number! . . . You give me a number for how much it cost to raise me, and I'm going to get older and make a lot of money and <u>write you a check for what I owe you</u> so that I never have to speak to you again. （育ててくれるのにいくらかかるの？　大人になって稼いだらきっちり返すから） 　＊check：小切手, what I owe you：私の借金（あなたに借りているお金） 　他にも母は、ベッドで読みたいから雑誌を買ってくれとせがむ娘に "That's something rich people do. We're not rich people." などと、裕福な人びとと自分たちは違うということをことさら強調しては、娘をたしなめます。

キャスト	クリスティン"レディ・バード"マクファーソン：　　マリオン・マクファーソン：ローリー・メトカーフ 　　　　　　　　　　　　　　シアーシャ・ローナン　　ダニー・オニール　　　：ルーカス・ヘッジズ ラリー・マクファーソン：トレイシー・レッツ　　　ジュリー・ステファンス： カイル・シャイブル：ティモシー・シャラメ　　　　　　　　　　ビーニー・フェルドスタイン

203

第8回映画英語アカデミー賞　候補映画

ロング, ロングバケーション

<table>
<tr><td>あ　ら　す　じ</td><td>　ある夏の日、マサチューセッツ州に住む老夫婦が旅に出かけます。古いキャンピングカーを走らせ向かう先は、フロリダ州キーウエスト。運転するのは元国語教師の夫ジョン、助手席でナビゲーションするのはおしゃべり好きな妻エラ。二人はジョンが敬愛する文豪ヘミングウェイの家を目指します。一方、息子のウィルと娘のジェーンは両親が旅に出かけたことを知り気が気ではありません。なぜなら、父親はアルツハイマー、母親は末期ガンを患っていたからです。子供たちの心配をよそに、老夫婦は昔訪れた場所に立ち寄りながら、のんびりとルート1（国道1号線）を南下していきます。夜は映写機で家族の写真を見ながら昔を懐かしみます。道中、認知症の症状が現れるジョンの言動にエラは振り回されます。エラ自身も末期ガンの痛みを薬で抑えながら旅を続けます。ある日、エラはジョンとの会話からジョンが隣の奥さんと浮気していたことを知るのです。怒り心頭のエラは近くの介護施設へジョンを無理やり置いていくのですが、しばらくして迎えに行きます。旅が再び続けられ、二人は最終目的地に到着します。観光地化したヘミングウェイの家でジョンはまたエラとはぐれてしまいます。一方、エラは病状が悪化し倒れ、病院に搬送されます。エラがいないことに気づいたジョンは何とか搬送先の病院に辿り着き、エラを病院から連れ出します。キャンピングカーに戻った二人はどのようにこの旅を完結させるのでしょう。</td></tr>
<tr><td>映　画　の　背　景</td><td>　この作品は2009年に出版されたマイケル・ザドゥリアンの小説The Leisure Seekerが映画化されたものです。日本語版『旅の終わりに』（小梨直／訳）は2017年に東京創元社から出ています。The Leisure Seekerは、妻のエラがキャンピングカーにつけた名前です。ウィネベーゴ社のキャンピングカー（1975年型インディアン）はエラが両親からもらったもの。夫婦にとって家族旅行の思い出がいっぱい詰まった車です。古くなったこのキャンピングカーは老夫婦と重なります。小説では、夫婦はデトロイトを出発し、カリフォルニアのディズニーランドへ向かいます。ルート66（国道66号線）を走らせ、大陸を横断するのです。キャンピングカーが運転できないエラはアルツハイマーのジョンに運転させます。案の定、ジョンはひやっとするような運転を度々します。他の車と接触しそうになったり、エラのペットボトルのキャップを開けようとし、蛇行運転してしまい、警察に注意されてしまいます。極めつけは、息子と電話で話をしているエラを置いて出発してしまうのです。年老いた両親をサポートする息子（ウィル）と娘（ジェーン）にも葛藤があります。実家に近いウィル（古道具屋）は、週末だけやってくるジェーン（大学教授）に不満をぶちまけます。電話のやり取りから、家族の人間模様が浮き彫りにされます。映画では丁度、全米が11月の大統領選挙に向けて盛り上がっている時期と重なります。</td></tr>
<tr><td>映　画　情　報</td><td>製 作 費：1,500万ユーロ
製 作 年：2017年
製 作 国：イタリア、フランス
配給会社：Sony Pictures Classics

撮影場所：ヘミングウェイの家、ビッグパインキー他
言　　語：英語
ジャンル：アドベンチャー、コメディ他
使用楽曲："It's too late"（キャロル・キング）</td></tr>
</table>

The Leisure Seeker

(執筆) 井上　裕子

映画の見所

映画の後半、体調不良のためエラがジョンにお腹が空いたら冷蔵庫に入っているものを食べるようにいう場面があります。その直後、ジョンがエラをリリアン（隣の奥さん）と勘違いします。いつものエラならジョンの勘違いを訂正するのですが、この場面ではそのままリリアンの振りをします。ジョンはまさに二人の関係を終わらせようと浮気相手に別れを告げているのでした。エラはリリアンの振りをし、巧妙に当時の状況を引き出します。そして、二人の関係が2年近く続いていたこと、エラが二番目の子供を妊娠している時期だったことを知ります。ジョンを介護施設に預けた夜、昔の写真を見ていたエラは腑に落ちます。幼かったジェーンも二人の関係を知っていたことを。ジョンは浮気相手に「本当に愛しているのはエラ」「エラは僕にとって全てだ」と吐露します。

発売元：ギャガ
DVD価格：1,143円
（2019年7月現在、本体価格）

印象的なセリフ

○ 偶然、二人はジョンの教え子に出会います。当時のことをよく覚えているジョンにエラが皮肉を言います。〔Ch.3, 27:09〜〕
You can't remember the names of your own kids, but you do remember that Jenny was always laughing. I'm speechless. I mean, what goes on in that head of yours?
（自分の子供たちの名前は覚えられないのに、ジェニー（教え子）がいつも笑っていたことは覚えているのね。呆れて何もいえないわ。あなたの頭どうなっているの？）

○ 朝起きると、ジョンの姿が見えません。エラはキャンプ場の係員と一緒にジョンを探し回ります。パラソルの下で海を眺めながらチョコアイスを食べているジョンを見つけ、抱きつき泣き出すエラ。どうして泣いているのかと聞くジョンにエラが答えます。〔Ch.6, 48:43〜〕
Because you weren't there and I, I wouldn't know how to live without you. Not for one minute. Now listen. Listen. We must not be separated, OK. Do you understand? Because we don't have much time left.
（朝起きるとあなたの姿がなかったからよ。あなたなしでどうやって生きていけばいいのかわからないわ。私たち、片時も離れちゃだめなの。わかった？もう残された時間はあまりないのよ）

公開情報

公開日：2018年3月9日（米国）
　　　　2018年1月26日（日本）
上映時間：112分
年齢制限：PG-12（日本）、R（米国）
DVD音声：英語
DVD字幕：日本語
受　賞：カプリ・ハリウッド国際映画祭キャスト賞他

第8回映画英語アカデミー賞　候補映画

ロング, ロングバケーション

英語の特徴	全体的に聴き取りやすい標準的な米語です。エラ役のヘレン・ミレンは英国出身ですが、南部訛りの英語を話しています。おしゃべり好きな中流家庭の老婦人の口調を上手く捉えています。一方、ジョン役のドナルド・サザーランド（カナダ出身）は、記憶錯誤と正気の切り替えを好演しています。子供のように同じ言葉を繰り返したり、自分の好きな文豪の話となると饒舌になったりします。全体的に老夫婦のゆっくりした会話は聴き取りやすく、家庭に関する内容が多いので難しくありません。特にジョンの質問に対し、エラは子供を諭すように話します。専門用語は出てきませんが、マサチューセッツ、ペンシルバニア、サウス・カロライナと言った州名やSmoky Mountains（国立公園）やSix Flags（テーマパーク）といった観光地名が出てきます。また、ヘミングウェイ、ジョイス、メルヴィル、チャンドラー、フォークナーといった作家の名前も出てきます。ロナルド・レーガンやウォルター・モンデールといった政治家、マーロン・ブランド（俳優）やO. J. シンプソン（元アメリカンフットボール選手）は、二人が生きてきた時代で有名な人々です。スラングでは一般的なbuck（ドル）、Zip it!（黙って！）などが使われています。You're killing me!も会話でよく使われる表現です。ここでは「もう勘弁してくれよ！」といったニュアンスです。その他に強盗の場面、ウィルが両親の居場所を確認している場面等で少々下品なスラングが出てきます。
学習ポイント	朝起きると、ジョンの姿がないことに気づいたエラ。キャンプ場の受付係にジョンの外見を説明し、探すのを手伝ってほしいと懇願する場面があります。人を探す時に参考になる表現です。　　　　　　　　　　　　〔Ch.6, 47:18〜47:55〕 ○ Excuse me, you haven't <u>by any chance</u> seen my husband? 　（すみません。ひょっとして主人を見かけませんでしたか？） 　　＊by any chance：もしかして、ひょっとして ○ He's a tall <u>distinguished-looking</u> gentleman <u>with</u> white hair and glasses. 　（背が高くて品のいい白髪の眼鏡をかけた紳士なんです） 　　＊distinguished-looking：品のあるように見える、凛々しそうに見える 　　＊with〜：特徴や身に付けているものを表す前置詞 ○ <u>I'm afraid</u> I'm gonna（going to）need your help. 　（あなたの助けが必要になりそうだわ） 　　＊I'm afraid〜：好ましくないことや言いにくいことを言い出す時の表現 ○ Please, <u>I wouldn't ask you if it was</u> not so important. Please. 　（大したことじゃなかったら頼まないわ。お願いだから） 　　＊現在の事実と反対の仮定：If＋主語＋動詞の過去形, 主語＋would/could/might/should＋動詞の原形。if it <u>was</u> は口語表現。本来はwere。
スタッフ	製　　作：マルコ・コーエン他　　　　　製作総指揮：アレッサンドロ・マスケローニ他 監　　督：パオロ・ヴィルズィ　　　　　撮　　影：ルカ・ビガッツィ 脚　　本：ステファン・アミドン他　　　音　　楽：カルロ・ヴィルズィ 原　　作：マイケル・ザドゥリアン　　　編　　集：ヤーコポ・クアドリ

206

ロング，ロングバケーション

薦	○小学生　　○中学生　　●高校生　　●大学生　　●社会人	リスニング難易表	
		スピード	2
		明瞭さ	2
		米国訛	2
		米国外訛	2
		語　　彙	2
		専門語	1
		ジョーク	2
		スラング	3
		文　　法	2

<table>
<tr><td>お薦めの理由</td><td>　老いと死は必ず訪れるもの。本作品は終活のロードムービーと言えます。人生の幕が下りようとしている時、あなたはそのまま静かに死を待ちますか？それとも何か行動をとりますか？映画に出てくる老夫婦は、家族との思い出が詰まったキャンピングカーで最後の旅に出かけます。末期ガンの妻とアルツハイマーの夫が無謀な旅を決行するのです。状況は深刻ですが、名優が演じる夫婦の旅は笑いを誘います。妻役のヘレン・ミレンはアカデミー主演女優賞やエミー賞、トニー賞を受賞している実力派です。一方、夫役のドナルド・サザーランドは名脇役として知られるベテラン俳優です。夫が正気の時とそうでない時の夫婦のやり取りが絶妙です。また、子供たち（姉と弟）の会話、父と娘の会話、母と息子の会話から微妙な家族の人間関係が描かれています。英語は聴き取りやすく、リラックスして楽しめる映画です。一部の性的表現・描写を除けば、中学生以下でも楽しめます。映画では実際のヘミングウェイの家も出てきます。</td></tr>
</table>

発展学習	劇中では作家や作品の名前が頻繁に出てきます。発展学習として、興味のある作家について調べ、作品に触れてみるのもよいかもしれません。 ○ No silly, he was a writer. Didn't he commit suicide?　〔Ch.2, 16:30〕 　（ばかね。ヘミングウェイは作家よ。自殺したんじゃなかった？） 　　エラはキャンプ場で出会った若い夫婦に、自分たちがキーウエストにあるヘミングウェイの家に向かっていることを話します。 ○ Did you know that Tennessee Williams had a house in Key West too?〔Ch.3, 28:08〕 　（テネシー・ウィリアムズもキーウエストに家があったの知ってた？） 　　テネシー・ウィリアムズは *A Streetcar Named Desire* 『欲望という名の電車』でも有名な劇作家です。 ○ And I'd forgotten it, oh dear.（忘れてしまった）　　　〔Ch.2, 76:46〜77:10〕 　"The old man was dreaming about lions."（「老人はライオンの夢をみていた」） ○ There is a quote of William Faulkner where he says: Hemingway was one of the bravest and the best. 　（フォークナーは、ヘミングウェイは勇敢で一流の作家の一人だと言っています） 　　ウェイトレスの卒業論文は『老人と海』についてだったのです。

キャスト	エラ・スペンサー　　　：ヘレン・ミレン	リリアン　　　　　：ダナ・アイヴィー
	ジョン・スペンサー　　：ドナルド・サザーランド	ダン・コールマン：ディック・グレゴリー
	ウィル・スペンサー　　：クリスチャン・マッケイ	ジェニファー　　　：カースティ・ミッチェル
	ジェーン・スペンサー：ジャネル・モロニー	テリー　　　　　　：マーク・ファヤルド

2018年に日本で発売開始された主な
映画DVD一覧表

2018年に日本で発売開始された主な映画DVD一覧表（邦題50音順）

邦題	原題	あらすじ
アイ, トーニャ 史上最大の スキャンダル	I, TONYA	貧しい家庭で厳しく育てられたトーニャ・ハーディングは、努力と才能で全米トップフィギュアスケーターに昇りつめ、2度の五輪にも出場するが、92年に元夫が、彼女のライバル選手を襲撃して負傷させる事件を引き起こしたことから、彼女のスケーター人生は転落を始める。
アイ・アム・タレント	I AM THALENTE	9歳で家を飛び出しホームレスとなり、南アフリカのスケートパークで暮らしてきた少年タレント・ビエラ。彼のスケートボーディングを見たプロスケーターが援助を申し出る。本作は、プロスケートボーダーを目指し渡米したタレントを追ったヒューマン・ドキュメンタリー。
アイリーン・グレイ 孤高のデザイナー	GRAY MATTERS	「物の価値は、創造に込められた愛の深さで決まる」アイリーンは、アイルランドの貴族の家に生まれ、単身パリに渡る。日本人工芸家・菅原精造と出会い生まれた、漆を取り入れた斬新な家具は、当時のシーンで話題を呼ぶ…。生涯に渡り自らのスタイルを貫いた、気高く勇敢なクリエイター。
アトミック・ブロンド	ATOMIC BLONDE	1989年、東西冷戦末期のベルリン。世界情勢に多大な影響を及ぼす極秘情報が記載されたリストが奪われ、英国秘密情報部MI6は凄腕エージェント、ロレーンにリスト奪還を命じる。リストを狙い集結する各国のスパイ。誰が味方で誰が敵なのか。そしてロレーンと世界の運命は。
あなたの旅立ち、 綴ります	THE LAST WORD	ビジネスの成功で財を成したハリエットは、80代になり死への不安から自身の訃報記事を生前に用意しようと考える。地元の若い新聞記者に執筆を依頼するが、わがままで自己中心的な彼女をよく言う人はおらず、理想とはほど遠い記事が出来上がる。そこで彼女は「最高の訃報記事」のため自分を変えようと決意する。
アバウト・レイ 16歳の決断	3 GENERATIONS	16歳になり、身も心も男の子として生きたいと決断したレイ。ホルモン治療の資料を手渡されたシングルマザーのマギーは動揺し、同居するレズビアンの祖母もレイのことをイマイチ理解できない。マギーはついに治療同意書のサインを得るため、別れた夫に会いに行くが…。
アベンジャーズ／ インフィニティ・ ウォー	AVENGERS: INFINITY WAR	マーベル・ヒーローが集結するアクション大作「アベンジャーズ」シリーズ第3作。6つ集めれば世界を滅ぼす力を手にするとされる「インフィニティ・ストーン」を狙い地球に襲来した宇宙最強の敵サノスに対し、アベンジャーズは全滅の危機に陥るほどの戦いを強いられる。
アメイジング・ ジャーニー 神の小屋より	THE SHACK	マックは最愛の娘ミッシーが連続殺人犯の犠牲となって以来、絶望の淵にいた。ある日、ポストに犯行現場である山小屋に彼を招待する奇妙な手紙が届く。警戒しつつも小屋へと向かった彼は、そこで謎めいた3人の男女と出会い、想像を絶する不思議な体験をするのだった…。

（英語ベースの映画に限る。DVD等の発売会社と本体価格は2019年7月現在のものです）

スタッフ	キャスト	その他	DVD等
製作：スティーヴン・ロジャース他 監督：クレイグ・ギレスピー 脚本：スティーヴン・ロジャース	トーニャ：マーゴット・ロビー ラヴォナ：アリソン・ジャネイ ジェフ：セバスチャン・スタン	配給：30West 上映時間：120分 製作年：2017年 製作国：米 第90回アカデミー助演女優賞受 賞他2部門ノミネート	ショウゲート DVD価格：3,800円 Blu-ray価格：4,700円
製作：ナタリー・ジョンズ他 監督：ナタリー・ジョンズ 脚本：ナタリー・ジョンズ	タレント・ビエラ トニー・ホーク ケニー・アンダーソン	配給：Laid Back Corporation （日本） 上映時間：78分 製作年：2016年 製作国：南ア・米	レイドバック・コーポレーション DVD価格：3,800円
製作：メアリー・マクガキアン他 監督：マルコ・オルシーニ 脚本：マルコ・オルシーニ	ナレーション：メアリー・マクガキアン ジェニファー・ゴフ フィリップ・ガーナー	配給：Transformer（日本） 上映時間：75分 製作年：2014年 製作国：アイルランド	トランスフォーマー DVD価格：3,800円
製作：エリック・ギタ―他 監督：デヴィッド・リーチ 脚本：カート・ジョンスタッド	ロレーン：シャーリーズ・セロン パーシヴァル：ジェームズ・マカヴォイ ラサール：ソフィア・ブテラ	配給：Focus Features 上映時間：115分 製作年：2017年 製作国：米・独・スウェーデン	ハピネット DVD価格：4,000円 Blu-ray価格：5,000円
製作：カーク・ダミコ他 監督：マーク・ペリントン 脚本：スチュアート・ロス・フィンク	ハリエット：シャーリー・マクレーン アン：アマンダ・セイフライド エリザベス：アン・ヘッシュ	配給：Bleecker Street Media 上映時間：108分 製作年：2017年 製作国：米	ポニーキャニオン DVD価格：3,800円 Blu-ray価格：4,700円
製作：ゲイビー・デラル 監督：ゲイビー・デラル 脚本：ゲイビー・デラル	レイ：エル・ファニング マギー：ナオミ・ワッツ ドリー：スーザン・サランドン	配給：The Weinstein Company 上映時間：92分 製作年：2016年 製作国：米	ファントム・フィルム DVD価格：3,900円 Blu-ray価格：4,800円
製作：ケヴィン・ファイギ 監督：アンソニー・ルッソ他 脚本：クリストファー・マルクス他	トニー・スターク/アイアンマン： ロバート・ダウニー・Jr. スティーブ・ロジャース/キャプテン・アメリカ： クリス・エヴァンス ナターシャ・ロマノフ/ブラック・ウィドウ： スカーレット・ヨハンソン	配給：Walt Disney Studios Motion Pictures 上映時間：149分 製作年：2018年 製作国：米 第91回アカデミー視覚効果賞ノミネート	ウォルト・ディズニー・ジャパン MovieNEX価格：4,200円
製作：ブラッド・カミングス他 監督：スチュアート・ヘイゼルダイン 脚本：ジョン・フスコ他	マック・フィリップス：サム・ワージントン ウィリー：ティム・マグロウ ミッシー・フィリップス：アメリー・イーヴ	配給：Lionsgate 上映時間：132分 製作年：2017年 製作国：米	ニューセレクト/クロックワークス DVD価格：3,800円

2018年に日本で発売開始された主な映画DVD一覧表（邦題50音順）

邦題	原題	あらすじ
アメリカン・アサシン	AMERICAN ASSASSIN	最愛の恋人とバカンスを楽しんでいる時、突如、無差別テロ事件に遭遇して恋人を失った青年ミッチはテロリストへの復讐に人生の全てを捧げる男へと変貌する。やがてCIAにスカウトされ、鬼教官スタン・ハーリーのもとで過酷な訓練をこなしていくミッチだが…。
ALONE アローン	MINE	テロリスト暗殺のミッションに失敗した米国兵マイクは、3000万以上もの地雷が埋まる土地に足を踏み入れてしまう。仲間はマイクの目の前で爆死し、彼自身も地雷を踏んでしまい、援軍が到着するまでの52時間、1ミリたりとも動くことのできない絶体絶命の窮地に立たされる。
アンロック 陰謀のコード	UNLOCKED	CIAの尋問のスペシャリストだったアリス・ラシーンは、ある受刑者を「完落ち」に追い込めず多数のテロ犠牲者を出してしまったことをきっかけに前線から退いていた。そんなある日、バイオテロ計画の情報を握る容疑者が逮捕され、アリスは尋問官としてCIAに呼び戻される。
IT イット "それ"が見えたら、終わり。	IT	S・キングの代表作を映画化。静かな田舎町で児童失踪事件が相次いでいた。内気な少年ビルの弟も、ある大雨の日に、おびただしい血痕を残して姿を消した。自分を責め、悲しみにくれるビルの前に現れた「それ」を目撃して以来、ビルは「それ」の恐怖にとり憑かれる。
犬ヶ島	ISLE OF DOGS	犬インフルエンザが蔓延した近未来の日本。犬たちはゴミ処理場の島「犬ヶ島」に隔離されることに。12歳のアタリは愛犬スポッツを捜すため、たった1人で犬ヶ島へ向かう。『グランド・ブダペスト・ホテル』のウェス・アンダーソン監督によるストップモーションアニメ。
インクレディブル・ファミリー	INCREDIBLES 2	彼らはどこにでもいるフツーの家族ではない。パパもママも3人の子供も、それぞれ異なるスーパーパワーを持つちょっと変わった家族。フツーに日常を過ごしたい。けれどヒーローとして困った人を助けたい。家事も育児も世界の危機も驚異のスキルと家族の絆で乗り越えろ。
ヴァレリアン 千の惑星の救世主	VALERIAN AND THE CITY OF A THOUSAND PLANETS	西暦2740年。銀河をパトロールする連邦捜査官のヴァレリアンとローレーヌは、あらゆる種族が共存する「千の惑星の都市」、アルファ宇宙ステーションを訪れる。しかしその深部には宇宙を揺るがす邪悪な陰謀や、歴史から抹殺されようとしていたある秘密が隠されていた。
ウイスキーと 2人の花嫁	WHISKY GALORE	第二次世界大戦中のスコットランド。戦況が悪化しウイスキーの配給が止められ、トディー島で暮らす結婚を控えた姉妹は、周囲からウイスキーなしの結婚式はあり得ないと反対されてしまう。そんな中、大量のウイスキーを積んだ貨物船が島の近くで座礁する事件が発生する。

212

（英語ベースの映画に限る。DVD等の発売会社と本体価格は2019年7月現在のものです）

スタッフ	キャスト	その他	DVD等
製作：ニック・ウェクスラー他 監督：マイケル・クエスタ 脚本：スティーヴン・シフ他	ミッチ・ラップ：ディラン・オブライエン スタン・ハーリー：マイケル・キートン ゴースト：テイラー・キッチュ	配給：CBS Films 上映時間：112分 製作年：2017年 製作国：米	キノフィルムズ／木下グループ DVD&Blu-ray価格：3,990円
製作：ピーター・サフラン 監督：ファビオ・レジナーロ他 脚本：ファビオ・レジナーロ他	マイク：アーミー・ハマー ジェニー：アナベル・ウォーリス トミー：トム・カレン	配給：Well Go USA Entertainment 上映時間：106分 製作年：2016年 製作国：米・西・伊	パルコ DVD価格：3,900円 Blu-ray価格：4,800円
製作：ロレンツォ・ディ・ボナヴェンチュラ他 監督：マイケル・アプテッド 脚本：ピーター・オブライエン	アリス・ラシーン：ノオミ・ラパス ジャック・オルコット：オーランド・ブルーム エミリー・ノウルズ：トニ・コレット	配給：Lionsgate Premiere 上映時間：98分 製作年：2017年 製作国：チェコ・スイス・英・米	キノフィルムズ／木下グループ DVD価格：3,900円 Blu-ray価格：4,800円
製作：ロイ・リー他 監督：アンディ・ムスキエティ 脚本：チェイス・パーマー他	ペニーワイズ：ビル・スカルスガルド ビル：ジェイデン・リーバハー ベバリー：ソフィア・リリス	配給：New Line Cinema 上映時間：135分 製作年：2017年 製作国：米・加	ワーナー・ブラザース ホームエンターテイメント DVD価格：1,429円 Blu-ray価格：2,381円
製作：ウェス・アンダーソン他 監督：ウェス・アンダーソン 脚本：ウェス・アンダーソン他	チーフ：ブライアン・クランストン アタリ：コーユー・ランキン レックス：エドワード・ノートン	配給：Fox Searchlight Pictures 上映時間：101分 製作年：2018年 製作国：米・独 第91回アカデミー長編アニメ賞、作曲賞ノミネート	20世紀フォックス ホーム エンターテイメント ジャパン DVD価格：1,905円 Blu-ray価格：1,905円
製作：ジョン・ウォーカー他 監督：ブラッド・バード 脚本：ブラッド・バード	Mr.インクレディブル/ボブ： クレイグ・T・ネルソン イラスティガール/ヘレン：ホリー・ハンター ヴァイオレット：サラ・ヴァウエル	配給：Walt Disney Studios Motion Pictures 上映時間：118分 製作年：2018年 製作国：米 第91回アカデミー長編アニメ賞ノミネート	ウォルト・ディズニー・ジャパン MovieNEX価格：4,000円
製作：ヴィルジニー・ベッソン＝シラ 監督：リュック・ベッソン 脚本：リュック・ベッソン	ヴァレリアン：デイン・デハーン ローレリーヌ：カーラ・デルヴィーニュ フィリット司令官：クライヴ・オーウェン	配給：STX Entertainment 上映時間：137分 製作年：2017年 製作国：仏・中・ベルギー・独・UAE・米	キノフィルムズ／木下グループ DVD価格：3,800円 Blu-ray価格：4,700円
製作：アラン・J・ワンズ他 監督：ギリーズ・マッキノン 脚本：ピーター・マクドゥガル	ジョセフ：グレゴール・フィッシャー ペギー：ナオミ・バトリック カトリーナ：エリー・ケンドリック	配給：Cartilage Films 上映時間：98分 製作年：2016年 製作国：英	ソニー・ピクチャーズ エンタテインメント DVD価格：3,800円

2018年に日本で発売開始された主な映画DVD一覧表（邦題50音順）

邦題	原題	あらすじ
ウィンストン・チャーチル ヒトラーから世界を救った男	DARKEST HOUR	連合軍が北フランスの港町ダンケルクの浜辺で窮地に陥る中、ヒトラーとの和平交渉か徹底抗戦か、就任したばかりの英国首相チャーチルの手にヨーロッパ中の運命が委ねられる…。チャーチルの首相就任からダンケルクの戦いまでの知られざる4週間。アカデミー2部門受賞。
ウインド・リバー	WIND RIVER	ワイオミング州にあるネイティブアメリカンの保留地ウインド・リバー。ここで野生生物局の職員として活動している地元の白人ハンター、コリーはある日、雪の上で凍りついているネイティブアメリカンの少女の死体を発見する。少女は亡くなったコリーの娘の親友だった。
ヴェンジェンス	VENGEANCE: A LOVE STORY	ニコラス・ケイジが刑事でありながら法で裁けぬ悪を成敗する処刑人に扮したアクション。湾岸戦争で活躍した元軍人の刑事ジョンは、長年の相棒を亡くして失意の底にいたが、あるパーティーで知り合ったシングルマザーの女性との交流を通し、次第に活力を取り戻していく。
ザ・ウォール	THE WALL	イラク戦争を舞台にスナイパーに狙われた米兵の極限下の戦いを描いたサバイバルスリラー。米兵のアイザックとマシューズは、瓦礫の中の大きな壁に潜む敵を狙っていたが、5時間まったく動きがなく、様子を見るために壁に近づいたところ、想定外の場所から銃撃される。
エイリアン：コヴェナント	ALIEN: COVENANT	リドリー・スコット監督が自身の傑作『エイリアン』の前日譚を描いた『プロメテウス』の続編。滅びゆく地球から脱出し、人類移住計画を託された宇宙船コヴェナント号は、人類の新たな楽園となるであろう未知の惑星に到着する。そこには想像を絶する脅威が存在していた。
絵文字の国のジーン	THE EMOJI MOVIE	スマホの中にある絵文字たちが暮らす町「テキストポリス」。自分の役割である不機嫌顔の「ふーん」ができない落ちこぼれ絵文字のジーン。ある日、ついに初仕事の日を迎えるが、やっぱり「ふーん」顔とはまったく違うヘンテコな顔をしてしまい、スマホの中は大混乱に…。
エルミタージュ美術館 美を守る宮殿	HERMITAGE REVEALED	世界3大美術館といわれる、フランスのルーヴル、米国のメトロポリタン、そしてロシアのエルミタージュ。その中でも最も古い世界最大級の美術館エルミタージュ美術館の真の姿に迫り、その誇りと250年もの時を超えて、今なお特別な存在であり続ける理由を明らかにする。
オーシャンズ8	OCEAN'S EIGHT	G・クルーニーが演じたダニー・オーシャンの妹デビーが主役の「オーシャンズ」シリーズ女性版。女性だけの個性派犯罪ドリーム・チームが、全世界に生中継されている「メットガラ」を舞台に、1億5,000万ドルの宝石を盗み出す前代未聞の計画に挑むさまをスリリングに描く。

（英語ベースの映画に限る。DVD等の発売会社と本体価格は2019年7月現在のものです）

スタッフ	キャスト	その他	DVD等
製作：ティム・ビーバン他 監督：ジョー・ライト 脚本：アンソニー・マクカーテン	ウィンストン・チャーチル： 　　　ゲイリー・オールドマン クレメンティーン・チャーチル： 　　　クリスティン・スコット・トーマス エリザベス・レイトン：リリー・ジェームス	配給：Focus Features 上映時間：125分 製作年：2017年 製作国：英・米・中 第90回アカデミー主演男優賞他 1部門受賞他4部門ノミネート	NBCユニバーサル・エンターテイメント DVD価格：1,429円 Blu-ray価格：1,886円
製作：ベイジル・イヴァニク他 監督：テイラー・シェリダン 脚本：テイラー・シェリダン	コリー・ランバート：ジェレミー・レナー ジェーン・バナー：エリザベス・オルセン マット：ジョン・バーンサル	配給：Lionsgate Home Entertainment 上映時間：107分 製作年：2017年 製作国：英・加・米	ハピネット DVD価格：4,000円 Blu-ray価格：5,000円
製作：ニコラス・ケイジ他 監督：ジョニー・マーティン 脚本：ジョン・マンキーウィッツ	ジョン・ドロモア：ニコラス・ケイジ ティーナ：アンナ・ハッチソン ジェイ・カートパトリック：ドン・ジョンソン	配給：FilmRise 上映時間：99分 製作年：2017年 製作国：米	ワーナー・ブラザース ホームエンターテイメント DVD&Blu-ray価格：3,990円
製作：デイヴィッド・バーティス 監督：ダグ・リーマン 脚本：ドウェイン・ウォーレル	アレン・アイザック： 　　　アーロン・テイラー＝ジョンソン シェイン・マシューズ：ジョン・シナ ジューバ：ライト・ナクリ	配給：Amazon Studios 上映時間：90分 製作年：2017年 製作国：米	ワーナー・ブラザース ホームエンターテイメント DVD価格：1,429円 Blu-ray価格：1,667円
製作：デヴィッド・ガイラー他 監督：リドリー・スコット 脚本：ジョン・ローガン他	デヴィッド/ウォルター： 　　　マイケル・ファスベンダー ダニエルズ：キャサリン・ウォーターストン オラム：ビリー・クラダップ	配給：Twentieth Century Fox 上映時間：121分 製作年：2017年 製作国：米・英	20世紀フォックス ホームエンターテイメント ジャパン DVD価格：1,905円 Blu-ray価格：1,905円
製作：ミシェル・レイモ・クーヤテ 監督：トニー・レオンディス 脚本：トニー・レオンディス他	ジーン：T・J・ミラー ハイタッチ：ジェームズ・コーデン ジェイル・ブレイク：アンナ・ファリス	配給：Columbia Pictures 上映時間：86分 製作年：2017年 製作国：米	ソニー・ピクチャーズ エンタテインメント DVD価格：3,800円 Blu-ray価格：4,743円
製作：マージー・キンモンス 監督：マージー・キンモンス 脚本：マージー・キンモンス	館長：ミハイル・ピオトロフスキー 建築家：レム・コールハース 彫刻家：アントニー・ゴームリー	配給：Fine Films（日本） 上映時間：83分 製作年：2014年 製作国：英	ファインフィルムズ DVD価格：3,900円
製作：スティーヴン・ソダーバーグ他 監督：ゲイリー・ロス 脚本：ゲイリー・ロス他	デビー・オーシャン：サンドラ・ブロック ルー：ケイト・ブランシェット ダフネ・クルーガー：アン・ハサウェイ	配給：Warner Bros. 上映時間：110分 製作年：2018年 製作国：米	ワーナー・ブラザース ホームエンターテイメント DVD価格：1,429円 Blu-ray価格：2,381円

2018年に日本で発売開始された主な映画DVD一覧表（邦題50音順）

邦題	原題	あらすじ
オール・セインツ 幸せのはじまり	ALL SAINTS	ビジネスマンから牧師に転身したマイケル・スパーロックは、テネシー州のオール・セインツ教会の閉館を命じられる。母国の紛争を逃れて米国へやってきたミャンマーからの難民が教会を訪れ始め、彼らを目の当たりにしたマイケルは、自分に課せられた試練の啓示を受ける。
オリエント急行 殺人事件	MURDER ON THE ORIENT EXPRESS	傑作ミステリーを超豪華キャストで描くゴージャスなエンターテイメント。豪華寝台列車オリエント急行に乗車した名探偵ポアロ。しかしその夜、米国人富豪のラチェットが何者かに殺害されてしまう。捜査を開始したポアロだが、乗客全員には完璧なアリバイがあった…。
女と男の観覧車	WONDER WHEEL	1950年代、遊園地のレストランでウェイトレスとして働く元女優のジニー。夫婦喧嘩が絶えず、息子も問題ばかりで、満たされない日々が続いていた。そんな中、脚本家志望の若者ミッキーと出会い、彼との道ならぬ恋に忘れかけていた夢が再燃していくジニーだったが…。
オンリー・ザ・ブレイブ	ONLY THE BRAVE	堕落した日々を過ごしていたブレンダンは、恋人の妊娠をきっかけに森林消防団に入隊。地獄のような訓練の毎日を過ごしながらも、信頼を築いた仲間たちの支えの中で少しずつ成長していく。そんな彼らを待ち受けていたのは、山を丸ごと飲み込むような巨大山火事だった。
怪物はささやく	A MONSTER CALLS	母親と2人暮らしの13歳の少年コナー。母親は不治の病のために余命わずかで、しつけに厳しい祖母とはソリが合わず、学校でも孤立して、毎夜悪夢にうなされる日々を送っていた。そんなある日、不気味な大木の怪物が現われ、不思議な物語を語り始めるのだったが…。
彼女が目覚めるその日まで	BRAIN ON FIRE	憧れの新聞社で働く21歳のスザンナは、1面を飾る記者になる夢へと突き進んでいた。恋人を両親に紹介し、仕事も恋も順調だ。ところが、「それ」は足音もなく突然やって来た。物忘れがひどくなり、トップ記事になるはずの大切な取材で、とんでもない失態を犯してしまう。
奇跡の絆	SAME KIND OF DIFFERENT AS ME	美術商として成功を収めたロンは自身の不倫の罰としてホームレスのためのボランティアに同行することに。そこで出会った黒人のホームレス、デンバーとの交流を通し、不平等や運命の非情さを知るが、そんな中、妻にガンが見つかる…。人間の心の美しさを描いた実話に基づく作品。
gifted ギフテッド	GIFTED	フランクは、天才数学者だったが志半ばで自殺してしまった姉の一人娘、メアリーを養っている。彼女は、先天的な数学の天才児「ギフテッド」であり、周りは特別な教育を受けることを勧める。フランクは「メアリーを普通に育てる」という姉との約束を守っていたが…。

（英語ベースの映画に限る。DVD等の発売会社と本体価格は2019年7月現在のものです）

スタッフ	キャスト	その他	DVD等
製作：スティーヴ・ゴーマー他 監督：スティーヴ・ゴーマー 脚本：スティーヴ・アーマー	マイケル・スパーロック牧師：ジョン・コーベット エイミー・スパーロック：カーラ・ブオノ フォレスト：バリー・コービン	配給：Columbia Pictures 上映時間：108分 製作年：2017年 製作国：米	ソニー・ピクチャーズ エンタテインメント DVD価格：3,800円
製作：リドリー・スコット他 監督：ケネス・ブラナー 脚本：マイケル・グリーン	エルキュール・ポアロ：ケネス・ブラナー エドワード・ラチェット：ジョニー・デップ ドラゴミロフ侯爵夫人：ジュディ・デンチ	配給：Twentieth Century Fox 上映時間：113分 製作年：2017年 製作国：米・マルタ共和国	20世紀フォックス ホームエンターテイメント ジャパン DVD価格：1,905円 Blu-ray価格：1,905円
製作：レッティ・アロンソン他 監督：ウディ・アレン 脚本：ウディ・アレン	ジニー：ケイト・ウィンスレット ハンプティ：ジム・ベルーシ ミッキー：ジャスティン・ティンバーレイク	配給：Amazon Studios 上映時間：101分 製作年：2017年 製作国：米	バップ DVD価格：3,800円 Blu-ray価格：4,800円
製作：マイケル・メンシェル他 監督：ジョセフ・コシンスキー 脚本：ケン・ノーラン他	エリック・マーシュ：ジョシュ・ブローリン ブレンダン・マクドナウ：マイルズ・テラー デュエイン・スタインブリンク：ジェフ・ブリッジス	配給：Columbia Pictures 上映時間：134分 製作年：2017年 製作国：米	ギャガ DVD価格：3,800円 Blu-ray価格：4,800円
製作：ベレン・アティエンサ他 監督：J・A・バヨナ 脚本：パトリック・ネス	コナー・オマリー：ルイス・マクドゥーガル 怪物：リーアム・ニーソン 祖母：シガニー・ウィーバー	配給：Focus Features 上映時間：109分 製作年：2016年 製作国：米・西	ギャガ DVD価格：1,143円 Blu-ray価格：2,000円
製作：シャーリーズ・セロン 監督：ジェラルド・バレット 脚本：ジェラルド・バレット	スザンナ・キャハラン：クロエ・グレース・モレッツ スティーヴン：トーマス・マン ローナ・ナック：キャリー＝アン・モス	配給：Broad Green Pictures 上映時間：89分 製作年：2016年 製作国：加・アイルランド	KADOKAWA DVD価格：3,800円
製作：メアリー・ペアレント他 監督：マイケル・カーニー 脚本：マイケル・カーニー他	デビー：レニー・ゼルウィガー ロン：グレッグ・キニア デンバー：ジャイモン・フンスー	配給：Paramount Pictures 上映時間：119分 製作年：2017年 製作国：米	NBCユニバーサル・エンターテイメント DVD価格：1,429円
製作：カレン・ランダー他 監督：マーク・ウェブ 脚本：トム・フリン	フランク・アドラー：クリス・エヴァンス イブリン・アドラー：リンゼイ・ダンカン ボニー・スティーブンソン：ジェニー・スレイト	配給：Fox Searchlight Pictures 上映時間：101分 製作年：2017年 製作国：米	20世紀フォックス ホームエンターテイメント ジャパン DVD価格：1,905円 Blu-ray価格：1,905円

2018年に日本で発売開始された主な映画DVD一覧表（邦題50音順）

邦題	原題	あらすじ
ギフト 僕がきみに 残せるもの	GLEASON	元アメフトのスター選手スティーヴ・グリーソンは、難病ALS（筋萎縮性側索硬化症）を宣告される。直後に、妻との間に初めての子供を授かったことが判明し、我が子を抱きしめることができるのかわからない厳しい現実を前に、グリーソンは我が子に向けてビデオダイアリーを撮りはじめる。
君の名前で 僕を呼んで	CALL ME BY YOUR NAME	83年、夏。家族に連れられて北イタリアの避暑地にやって来た17歳のエリオは、大学教授の父が招いた24歳の大学院生オリヴァーと出会う。一緒に泳いだり、自転車で街を散策したり、音楽を聴いたりして過ごすうちに、エリオはオリヴァーに特別な思いを抱くようになっていく。
きみへの距離、 1万キロ	EYE ON JULIET	アフリカの石油パイプライン。そこで石油泥棒を監視しているのは小さなクモ型ロボット。それを1万キロ離れた米国から遠隔操作しているゴードンは、ロボットを介してある女性と出会う。彼女は恋人がいるのに、親が決めた男性と無理やり結婚させられようとしていた。
キングスマン ゴールデン・ サークル	KINGSMAN: THE GOLDEN CIRCLE	人類抹殺計画から世界を救って1年、世界最強のスパイ機関、キングスマンのエグジーは一流エージェントに成長していた。だがある日、謎の組織ゴールデン・サークルから突然攻撃を受け、キングスマンの拠点は壊滅。エグジーとメカニック担当のマーリンが生き残るが…。
KUBO クボ 二本の弦の秘密	KUBO AND THE TWO STRINGS	三味線の音色で折り紙に命を与え、意のままに操るという、不思議な力を持つ少年・クボ。幼い頃、闇の魔力を持つ祖父にねらわれ、助けようとした父親は命を落とした。クボは、最果ての地まで逃れ母と暮らしていたが、更なる闇の刺客によって母さえも失くしてしまう。
グレイテスト・ ショーマン	THE GREATEST SHOWMAN	19世紀半ばの米国。妻と子供たちを幸せにするため、挑戦と失敗を繰り返してきたバーナムは、ついに唯一無二の個性を持つ人々を集めたショーをヒットさせる。さらにオペラ歌手ジェニーの米国公演を成功させ、一流のプロモーターとして世間から認められようとするが…。
グッバイ・ クリストファー・ ロビン	GOODBYE CHRISTOPHER ROBIN	作家のアラン・ミルンは、第一次世界大戦から帰還後PTSDに苦しみ、妻は愛想を尽かして出て行ってしまう。息子クリストファー・ロビンとの散歩中にぬいぐるみを使って創り出したキャラクターたちを基に「くまのプーさん」を発表すると、一気に世間の注目を集めるが…。
結婚まで1％	PERMISSION	ブルックリンに暮らすアンナとウィルは、恋愛におけるすべての経験で、お互いが初めての相手だった。なんとなく結婚を意識し始めた2人だが、友人たちから「お互いしか知らなくて、本当にいいのか」と問われ、浮気をすることで互いの愛情を確かめることにするが…。

（英語ベースの映画に限る。DVD等の発売会社と本体価格は2019年7月現在のものです）

スタッフ	キャスト	その他	DVD等
製作：スコット・フジタ他 監督：クレイ・トゥイール 脚本：クレイ・トゥイール	スティーヴ・グリーソン ミシェル・ヴァリスコ・グリーソン マイク・グリーソン	配給：Open Road Films (II) 上映時間：111分 製作年：2016年 製作国：米	トランスフォーマー DVD価格：3,800円
製作：ルカ・グァダニーノ他 監督：ルカ・グァダニーノ 脚色：ジェームズ・アイヴォリー	エリオ・パールマン：ティモシー・シャラメ オリヴァー：アーミー・ハマー Mr.パールマン：マイケル・スタールバーグ	配給：Sony Pictures Classics 上映時間：132分 製作年：2017年 製作国：米・ブラジル・伊・仏 第90回アカデミー脚色賞受賞他 3部門ノミネート	カルチュア・パブリッシャーズ DVD価格：3,900円 Blu-ray価格：4,800円
製作：ピエール・エヴァン 監督：キム・グエン 脚本：キム・グエン	ゴードン：ジョー・コール アユーシャ：リナ・エル・アラビ カリム：ファイサル・ゼグラッド	配給：Aya Pro（日本） 上映時間：91分 製作年：2017年 製作国：加・仏・モロッコ	彩プロ DVD価格：3,800円
製作：マシュー・ヴォーン他 監督：マシュー・ヴォーン 脚本：ジェーン・ゴールドマン他	エグジー：タロン・エガートン ハリー・ハート：コリン・ファース ポピー：ジュリアン・ムーア	配給：Twentieth Century Fox 上映時間：140分 製作年：2017年 製作国：英・米	20世紀フォックス ホーム エンターテイメント ジャパン DVD価格：1,905円 Blu-ray価格：1,905円
製作：アリアンヌ・サトナー他 監督：トラヴィス・ナイト 脚本：マーク・ハイムズ他	クボ：アート・パーキンソン サル：シャーリーズ・セロン クワガタ：マシュー・マコノヒー	配給：Focus Features 上映時間：103分 製作年：2016年 製作国：米 第89回アカデミー視覚効果賞、 長編アニメ賞ノミネート	ギャガ DVD価格：1,143円 Blu-ray価格：2,000円
製作：ローレンス・マーク他 監督：マイケル・グレイシー 脚本：ジェニー・ビックス他	P・T・バーナム：ヒュー・ジャックマン チャリティ・バーナム：ミシェル・ウィリアムズ フィリップ・カーライル：ザック・エフロン	配給：Twentieth Century Fox 上映時間：104分 製作年：2017年 製作国：米 第90回アカデミー歌曲賞ノミネート	20世紀フォックス ホーム エンターテイメント ジャパン DVD価格：3,800円 Blu-ray価格：4,700円
製作：スティーヴ・クリスチャン他 監督：サイモン・カーティス 脚本：フランク・コットレル・ボイス他	A・A・ミルン：ドーナル・グリーソン ダフネ・ミルン：マーゴット・ロビー オリーブ：ケリー・マクドナルド	配給：Fox Searchlight Pictures 上映時間：107分 製作年：2017年 製作国：英	20世紀フォックス ホーム エンターテイメント ジャパン DVD価格：1,905円 Blu-ray価格：1,905円
製作：ブライアン・クラーノ他 監督：ブライアン・クラーノ 脚本：ブライアン・クラーノ	アンナ：レベッカ・ホール ウィル：ダン・スティーヴンス グレン：ジェイソン・サダイキス	配給：Good Deed Entertainment 上映時間：98分 製作年：2017年 製作国：米・加	アット エンタテインメント DVD価格：3,800円

2018年に日本で発売開始された主な映画DVD一覧表（邦題50音順）

邦題	原題	あらすじ
ゲット・アウト	GET OUT	黒人青年の写真家クリスは、白人の恋人ローズの実家へ招待されるが、娘の恋人が黒人であることを彼女の両親はまだ知らないため不安を隠せない。いざ実家へ着くと、そんな不安とは裏腹に過剰な歓迎を受けるが、クリスは黒人の使用人がいることに妙な違和感を覚える。
ゲティ家の身代金	ALL THE MONEY IN THE WORLD	73年、石油王として巨大な富を有する実業家ジャン・ポール・ゲティの17歳の孫ポールが、ローマで誘拐され、1,700万ドルという巨額の身代金を要求する電話がかかってくる。しかし、希代の富豪であると同時に守銭奴としても知られたゲティは、身代金の支払いを拒否する。
ゴールド／金塊の行方	GOLD	鉱山事業に失敗し、破産寸前に追い込まれた金鉱採掘者ケニー・ウェルズは、謎めいた地質学者と組み、インドネシアの山奥で巨大金脈を発見する。一攫千金の夢を成し遂げたケニーは一躍時の人となるが、170億ドルの金塊が一夜にして消えたというニュースが飛び込んでくる。
ゴッホ　最期の手紙	LOVING VINCENT	印象派の巨匠ゴッホの死の謎を、全編油絵風のアニメーションで描き、解き明かしていく異色のサスペンスドラマ。郵便配達人ジョゼフの息子アルマンは、父の友人で自殺した画家のゴッホが弟テオに宛てた手紙を託される。テオに手紙を渡すためパリへと向かうが…。
ザ・サークル	THE CIRCLE	世界No.1シェアを誇る超巨大SNS企業〈サークル〉。憧れの企業に採用され、奮起する新人のメイは、ある事件をきっかけに、創始者でありカリスマ経営者のイーモンの目に留まり、自らの24時間をすべて公開するという新サービス〈シーチェンジ〉のモデルケースに大抜擢される。
さよなら、僕のマンハッタン	THE ONLY LIVING BOY IN NEW YORK	大学を卒業して親元を離れたトーマスは、アパートの隣室に越してきた、W.F.ジェラルドと名乗る不思議な中年男性と親しくなり、人生のアドバイスを受けるようになる。謎めいた隣人と父の愛人ジョハンナとの出会いは、退屈で平凡だったトーマスの人生に変化をもたらす。
猿の惑星：聖戦記（グレート・ウォー）	WAR FOR THE PLANET OF THE APES	『猿の惑星』をリブートした『猿の惑星：創世記』『猿の惑星：新世紀』に続くシリーズ第3弾。高度な知能を得た猿と人類が全面戦争に突入してから2年。猿たちを率いるシーザーは森の奥の砦に身を潜めていたが、ある晩、人間たちの奇襲で妻と長男の命を奪われてしまう。
30年後の同窓会	LAST FLAG FLYING	ベトナム戦争を経験した元軍人のドクは、1年前に妻に先立たれ、2日前には一人息子をイラク戦争で亡くしてしまう。悲しみに暮れる彼が頼ったのはベトナム戦争の戦友2人だった。遺体を連れ帰る旅の中で悪友時代の固い絆を取り戻し、喪失の悲しみを乗り越えていく。

（英語ベースの映画に限る。DVD等の発売会社と本体価格は2019年7月現在のものです）

スタッフ	キャスト	その他	DVD等
製作：ジェイソン・ブラム他 監督：ジョーダン・ピール 脚本：ジョーダン・ピール	クリス・ワシントン：ダニエル・カルーヤ ローズ・アーミテージ：アリソン・ウィリアムズ ディーン・アーミテージ： 　　　　ブラッドリー・ウィットフォード	配給：Universal Pictures 上映時間：104分 製作年：2017年 製作国：米・日 第90回アカデミー脚本賞受賞他 3部門ノミネート	NBCユニバーサル・エンターテイメント DVD価格：1,429円 Blu-ray価格：1,886円
製作：クリス・クラーク他 監督：リドリー・スコット 脚本：デヴィッド・スカルパ	アビゲイル・ハリス：ミシェル・ウィリアムズ フレッチャー・チェイス：マーク・ウォールバーグ ジャン・ポール・ゲティ： 　　　　クリストファー・プラマー	配給：Sony Pictures Releasing 上映時間：133分 製作年：2017年 製作国：米・伊・英 第90回アカデミー助演男優賞ノミネート	KADOKAWA DVD価格：3,800円 Blu-ray価格：4,700円
製作：マシュー・マコノヒー他 監督：スティーヴン・ギャガン 脚本：パトリック・マセット他	ケニー・ウェルス：マシュー・マコノヒー マイケル・アコスタ：エドガー・ラミレス ケイ：ブライス・ダラス・ハワード	配給：TWC-Dimension 上映時間：121分 製作年：2016年 製作国：米	ソニー・ピクチャーズ エンタテインメント DVD価格：3,800円 Blu-ray価格：4,743円
製作：ヒュー・ウェルチマン他 監督：ドロタ・コビエラ他 脚本：ドロタ・コビエラ他	フィンセント・ファン・ゴッホ： 　　　　ロベルト・グラチーク アルマン・ルーラン：ダグラス・ブース ポール・ガジェ：ジェローム・フリン	配給：Good Deed Entertainment 上映時間：95分 製作年：2017年 製作国：英・米・ポーランド 第90回アカデミー長編アニメ賞ノミネート	パルコ DVD価格：4,800円 Blu-ray価格：5,800円
製作：ジェームズ・ボンソルト他 監督：ジェームズ・ボンソルト 脚本：ジェームズ・ボンソルト他	メイ：エマ・ワトソン ベイリー：トム・ハンクス タイ：ジョン・ボイエガ	配給：STX Entertainment 上映時間：110分 製作年：2017年 製作国：米・UAE	ギャガ DVD価格：1,143円 Blu-ray価格：2,000円
製作：アルバート・バーガー他 監督：マーク・ウェブ 脚本：アラン・ローブ	トーマス・ウェブ：カラム・ターナー ジョハンナ：ケイト・ベッキンセイル イーサン・ウェブ：ピアース・ブロスナン	配給：Roadside Attractions 上映時間：88分 製作年：2017年 製作国：米	バップ DVD価格：3,800円 Blu-ray価格：4,800円
製作：ピーター・チャーニン他 監督：マット・リーヴス 脚本：マーク・ボンバック他	シーザー：アンディ・サーキス 大佐：ウディ・ハレルソン バッド・エイプ：スティーヴ・ザーン	配給：Twentieth Century Fox 上映時間：139分 製作年：2017年 製作国：米・加・ニュージーランド 第90回アカデミー視覚効果賞ノミネート	20世紀フォックス ホーム エンターテイメント ジャパン DVD価格：1,905円 Blu-ray価格：1,905円
製作：リチャード・リンクレイター他 監督：リチャード・リンクレイター 脚本：リチャード・リンクレイター他	ラリー・“ドク”・シェパード：スティーヴ・カレル サル・ニーロン：ブライアン・クランストン リチャード・ミューラー：ローレンス・フィッシュバーン	配給：Amazon Studios 上映時間：125分 製作年：2017年 製作国：米	ショウゲート DVD価格：3,900円 Blu-ray価格：4,800円

2018年に日本で発売開始された主な映画DVD一覧表（邦題50音順）

邦題	原題	あらすじ
しあわせの絵の具 愛を描く人 モード・ルイス	MAUDIE	子供の頃から重度のリウマチを患っているモード。孤児院育ちで学もないエベレット。そんなはみ出し者の2人は互いを認め合い、結婚する。部屋の壁に描いたニワトリの絵がきっかけで、モードの絵は評判を呼び、やがてニクソン大統領から依頼が来るまでになるが…。
ザ・シークレットマン	MARK FELT: THE MAN WHO BROUGHT DOWN THE WHITE HOUSE	米国史上初めて任期半ばで辞任に追い込まれたニクソン大統領。その引き金となったウォーターゲート事件の捜査指揮にあたったFBI副長官マーク・フェルトは、ホワイトハウスが捜査妨害をしていることを察知し、事件自体がホワイトハウスの陰謀によるものであることを悟る。
シェイプ・オブ・ ウォーター	THE SHAPE OF WATER	1962年、米国。政府の極秘研究所で清掃員として働くイライザはある日、施設に運び込まれた不思議な生きものを盗み見てしまう。幼い頃のトラウマからイライザは声が出せないが、「彼」とのコミュニケーションに言葉は必要なかった。次第に二人は心を通わせ始めるが…。
ジオストーム	GEOSTORM	度重なる自然災害を防ぐため、全世界の天候を制御する気象コントロール衛星が開発され、世界の天候は完璧に管理されていた。ところが、ある日、衛星が暴走を始め、リオ・デジャネイロが寒波に、香港が地割れに、ドバイが洪水に…空前絶後の災害に見舞われ始める。
静かなる情熱 エミリ・ディキンスン	A QUIET PASSION	19世紀半ばのマサチューセッツ州。エミリは、静寂の時間の中で、ひたすらに詩を綴っていた。父の口添えもあり、自身の詩が地元新聞に初めて掲載され、喜ぶエミリだったが…。全世界に熱狂的なファンを持つ、女性詩人エミリ・ディキンスンの生涯を描く感動作。
シドニー・ホールの 失踪	THE VANISHING OF SIDNEY HALL	シドニー・ホールは、高校生の時に執筆した小説が予想外のヒットとなり、売れっ子作家の道を歩んでいた。しかし、その内容は賛否両論を呼び、彼はついに跡形もなく失踪してしまう。それから5年、米国内の書店では彼の本が燃やされる不審な連続放火事件が発生していた。
死の谷間	Z FOR ZACHARIAH	核戦争により死の灰に覆われた世界。アンは放射能汚染を免れた小さな谷で愛犬とともに暮らしていた。ある日、ジョンという生存者と出会い、2人は共同生活の中で互いの距離を縮めていった。しかし、もう1人の生存者であるケイレブが現れたことからその生活は一変し…。
ジャコメッティ 最後の肖像	FINAL PORTRAIT	1964年、パリ。個展が始まったばかりのジャコメッティが米国人の作家で美術評論家のロードに、「肖像画のモデルになってほしい」と声を掛けた。憧れの作家直々の指名に名誉と好奇心を感じたロードは、2日あれば終わるとの言葉を信じて巨匠のアトリエへ向かう。

（英語ベースの映画に限る。DVD等の発売会社と本体価格は2019年7月現在のものです）

スタッフ	キャスト	その他	DVD等
製作：ボブ・クーパー他 監督：アシュリング・ウォルシュ 脚本：シェリー・ホワイト	モード：サリー・ホーキンス エベレット：イーサン・ホーク サンドラ：カリ・マチェット	配給：Sony Pictures Classics 上映時間：116分 製作年：2016年 製作国：加・アイルランド	松竹 DVD価格：3,800円
製作：ピーター・ランデズマン他 監督：ピーター・ランデズマン 脚本：ピーター・ランデズマン	マーク・フェルト：リーアム・ニーソン オードリー・フェルト：ダイアン・レイン ビル・サリバン：トム・サイズモア	配給：Sony Pictures Classics 上映時間：103分 製作年：2017年 製作国：米	クロックワークス DVD価格：3,800円 Blu-ray価格：4,700円
製作：J・マイルズ・デイル他 監督：ギレルモ・デル・トロ 脚本：ギレルモ・デル・トロ他	イライザ・エスポジート：サリー・ホーキンス ゼルダ・フラー：オクタヴィア・スペンサー ジャイルズ・デュポン：リチャード・ジェンキンス	配給：Fox Searchlight Pictures 上映時間：123分 製作年：2017年 製作国：米 第90回アカデミー作品賞他3部門受賞、他9部門ノミネート	20世紀フォックス ホームエンターテイメント ジャパン DVD価格：1,905円 Blu-ray価格：1,905円
製作：ディーン・デブリン他 監督：ディーン・デブリン 脚本：ディーン・デブリン他	ジェイク・ローソン：ジェラルド・バトラー マックス・ローソン：ジム・スタージェス サラ・ウィルソン：アビー・コーニッシュ	配給：Warner Bros. 上映時間：109分 製作年：2017年 製作国：米	ワーナー・ブラザース ホームエンターテイメント DVD価格：1,429円 Blu-ray価格：2,381円
製作：ロイ・ボウルター他 監督：テレンス・デイヴィス 脚本：テレンス・デイヴィス	エミリ・ディキンスン：シンシア・ニクソン ラヴィニア・ディキンスン：ジェニファー・イーリー エドワード・ディキンスン：キース・キャラダイン	配給：Music Box Films 上映時間：125分 製作年：2016年 製作国：英・ベルギー・米・加	ミモザフィルムズ／ニューセレクト DVD価格：3,800円
製作：ローガン・ラーマン 監督：ショーン・クリステンセン 脚本：ショーン・クリステンセン他	シドニー・ホール：ローガン・ラーマン メロディ：エル・ファニング シドニーの母：ミシェル・モナハン	配給：A24 上映時間：119分 製作年：2017年 製作国：米	ソニー・ピクチャーズ エンタテインメント DVD価格：3,800円
製作：トビー・マグワイア他 監督：クレイグ・ゾベル 脚本：ニサール・モディ	アン・バーデン：マーゴット・ロビー ジョン・ルーミス：キウェテル・イジョフォー クレイブ：クリス・パイン	配給：Grindstone Entertainment Group 上映時間：98分 製作年：2015年 製作国：米・アイスランド・スイス	ハーク DVD&Blu-ray価格：4,743円
製作：ゲイル・イーガン他 監督：スタンリー・トゥッチ 脚本：スタンリー・トゥッチ	ジャコメッティ：ジェフリー・ラッシュ ロード：アーミー・ハマー カロリーヌ：クレマンス・ポエジー	配給：Sony Pictures Classics 上映時間：90分 製作年：2017年 製作国：英	キノフィルムズ／木下グループ DVD価格：3,800円 Blu-ray価格：4,700円

2018年に日本で発売開始された主な映画DVD一覧表（邦題50音順）

邦題	原題	あらすじ
ジャスティス・リーグ	JUSTICE LEAGUE	完全無欠のヒーロー「スーパーマン」亡き後の世界。宇宙からステッペンウルフの侵略の魔の手が迫っていた。もう一人のヒーロー、バットマンは、世界滅亡の危機をいち早く察知。一人じゃ世界は救えない！バットマンは、そのつきぬけた力で、つきぬけたチームをつくる！
15時17分、パリ行き	THE 15:17 TO PARIS	2015年に起きたパリ行き特急列車内で554人の乗客全員をターゲットにした無差別テロ襲撃事件。事件当時、武装した犯人に立ち向かった勇敢な3人がそれぞれ自分自身の役で主演している。実際の事件現場で撮影に挑んだ究極のリアリティーを徹底追求した前代未聞の意欲作。
ジュマンジ ウェルカム・トゥ・ジャングル	JUMANJI: WELCOME TO THE JUNGLE	居残り中の4人の高校生たちは、「ジュマンジ」というソフトが入った古いテレビゲーム機を発見する。早速遊ぼうとする4人だったが、キャラクターを選択した途端にゲームの中に吸い込まれ、危険なジャングルに放り込まれてしまう。『ジュマンジ』（1995）の続編。
ジュラシック・ワールド 炎の王国	JURASSIC WORLD: FALLEN KINGDOM	3年前の惨劇以来、人間が放棄した「ジュラシック・ワールド」の恐竜たちが野生化し、島中に棲息範囲を広げて生き続けていた。しかし島の火山活動が活発化し、大噴火が迫っていることが明らかとなる。パークの元運用管理者クレアは、恐竜たちの救出に向かうが…。
人生は シネマティック！	THEIR FINEST	1940年、第二次世界大戦下の英国。独軍からの空爆が激しさを増す中、英国政府は国民の戦意を高める宣伝映画を企画。そして、1人の女性に白羽の矢が立つ。これまで一度も執筆経験のないコピーライターの秘書が、脚本を書くことになるが、数々のトラブルが待ち受けていた。
スイス・アーミー・マン	SWISS ARMY MAN	無人島に遭難した青年ハンクは、絶望して命を断とうとしたとき、打ち上げられた男の死体を発見する。死体からはガスが出ており、浮力があることに気付いたハンクは、死体にまたがり無人島脱出を試みる。ダニエル・ラドクリフが死体役を演じた異色のサバイバル劇。
スクランブル	OVERDRIVE	誰も思いつかない手口で、いかに美しく、そして完璧に車を盗むかをモットーにする高級クラシックカー専門の強盗団・フォスター兄弟。今回のターゲットは世界に2台しかない37年型ブガッティ。しかし、作戦は失敗に終わり、マフィアによって、兄弟は囚われの身となってしまう。
スター・ウォーズ／最後のジェダイ	STAR WARS: THE LAST JEDI	ついにフォースが覚醒したレイはルーク・スカイウォーカーのもとで修行を重ね、やがてダース・ベイダーを継ごうとするカイロ・レンとの決戦に挑んでいく。「光」と「闇」がせめぎ合い、それぞれの運命に立ち向かいながら、銀河を舞台にした壮絶なバトルが始まる！

（英語ベースの映画に限る。DVD等の発売会社と本体価格は2019年7月現在のものです）

スタッフ	キャスト	その他	DVD等
製作：ジェフ・ジョンズ 他 監督：ザック・スナイダー 脚本：ジョス・ウェドン 他	バットマン：ベン・アフレック スーパーマン：ヘンリー・カビル ワンダーウーマン：ガル・ガドット	配給：Warner Bros. 上映時間：120分 製作年：2017年 製作国：米	ワーナー・ブラザース ホームエンターテイメント DVD価格：1,429円 Blu-ray価格：2,381円
製作：クリント・イーストウッド 他 監督：クリント・イーストウッド 脚本：ドロシー・ブリスカル	スペンサー・ストーン（本人役） アレク・スカラトス（本人役） アンソニー・サドラー（本人役）	配給：Warner Bros. 上映時間：94分 製作年：2018年 製作国：米	ワーナー・ブラザース ホームエンターテイメント DVD価格：1,429円 Blu-ray価格：2,381円
製作：マット・トルマック 他 監督：ジェイク・カスダン 脚本：クリス・マッケナ 他	スペンサー：ドウェイン・ジョンソン フリッジ：ケヴィン・ハート ベサニー：ジャック・ブラック	配給：Columbia Pictures 上映時間：119分 製作年：2017年 製作国：米	ソニー・ピクチャーズ エンタテインメント DVD価格：1,886円 Blu-ray価格：2,381円
製作：ベレン・アティエンサ 他 監督：J・A・バヨナ 脚本：デレク・コノリー 他	オーウェン：クリス・プラット クレア：ブライス・ダラス・ハワード フランクリン：ジャスティス・スミス	配給：Universal Pictures 上映時間：128分 製作年：2018年 製作国：米	NBCユニバーサル・エンターテイメント DVD価格：1,429円 Blu-ray価格：1,886円
製作：スティーヴン・ウーリー 他 監督：ロネ・シェルフィグ 脚本：ギャビー・チャッペ	カトリン・コール：ジェマ・アータートン トム・バックリー：サム・クラフリン アンブローズ・ヒリアード：ビル・ナイ	配給：EuropaCorp USA 上映時間：117分 製作年：2016年 製作国：英・スウェーデン	キノフィルムズ／木下グループ DVD価格：3,800円 Blu-ray価格：4,700円
製作：ローレンス・イングリー 他 監督：ダニエルズ 　（ダニエル・クワン、ダニエル・シャイナート） 脚本：ダニエルズ 　（ダニエル・クワン、ダニエル・シャイナート）	メニー：ダニエル・ラドクリフ ハンク：ポール・ダノ サラ：メアリー・エリザベス・ウィンステッド	配給：A24 上映時間：97分 製作年：2016年 製作国：米・スウェーデン	カルチュア・パブリッシャーズ DVD価格：3,800円 Blu-ray価格：4,700円
製作：ピエール・モレル 監督：アントニオ・ネグレ 脚本：マイケル・ブラント 他	アンドリュー・フォスター：スコット・イーストウッド ギャレット・フォスター：フレディ・ソープ ステファニー：アナ・デ・アルマス	配給：Paramount Pictures 上映時間：94分 製作年：2017年 製作国：仏・ベルギー・米	ギャガ DVD価格：1,143円 Blu-ray価格：2,000円
製作：キャスリーン・ケネディ 他 監督：ライアン・ジョンソン 脚本：ライアン・ジョンソン	ルーク・スカイウォーカー：マーク・ハミル レイア・オーガナ：キャリー・フィッシャー カイロ・レン：アダム・ドライバー	配給：Walt Disney Studios Motion Pictures 上映時間：152分 製作年：2017年 製作国：米 第90回アカデミー視覚効果賞他 3部門ノミネート	ウォルト・ディズニー・ジャパン MovieNEX価格：4,200円

2018年に日本で発売開始された主な映画DVD一覧表（邦題50音順）

邦題	原題	あらすじ
スリー・ビルボード	THREE BILLBOARDS OUTSIDE EBBING, MISSOURI	ミズーリ州の田舎町を貫く道路に並ぶ、3枚の看板広告。そこには、地元警察への批判メッセージが書かれていた。7か月前に何者かに娘を殺されたミルドレッドが、何の進展もない捜査状況に腹を立て、警察に喧嘩を売ったのだ。そして事態は予想外の方向へと向かい始める。
スリープレス・ナイト	SLEEPLESS	2011年製作の同名映画のリメイク。ヴィンセント刑事は相棒と共謀し、マフィアでカジノ王のルビーノから25キロものコカインを強奪。しかし、内部調査官のブライアント、さらにルビーノとの取引を予定していた麻薬組織のボスからもヴィンセントはマークされてしまう。
セントラル・インテリジェンス	CENTRAL INTELLIGENCE	高校時代はスーパースターだったが、今はしがない中年会計士のカルヴィン。そんな彼に突如、当時おデブでいじめられっ子だったボブから20年ぶりに会いたいとの連絡が。しぶしぶ会いに行くと、彼の前に現れたのは、マッチョな肉体へと変貌を遂げていたボブの姿だった！
セリーナ　炎の女	SERENA	1929年、ジョージは多くの従業員を抱える製材所を営んでいた。彼とセリーナは、夫婦として、ビジネスパートナーとして絶大な信頼関係で結ばれているが、セリーナが夫の隠された過去と自らが背負った運命に直面した時、彼女の愛はすべてを破壊する狂気へと姿を変えていく。
ダークタワー	THE DARK TOWER	ニューヨーク。少年ジェイクは毎夜同じ夢にうなされていた。「巨大なタワー」、「拳銃使いの戦士」そして「魔術を操る黒衣の男」、ある日、この現実世界と夢で見た「中間世界」と呼ばれる異界が時空を超えて繋がっている場所を発見する。すべては実在したのだ！
ダウンサイズ	DOWNSIZING	人口が増え、住みづらくなってしまった地球。科学の進化によって、なんと人間を1/14に縮小する技術が発見された。低収入でストレスの多い日々を送る夫婦、ポールとオードリーは、大金持ちで、大豪邸に住めるダウンサイズされた世界に希望を抱き、13cmになる決意をするが…。
タナー・ホール 胸騒ぎの誘惑	TANNER HALL	全寮制学校の女子寮タナー・ホールで親友たちと楽しく暮らすフェルナンダのもとに、苦手な幼なじみのヴィクトリアが入寮してくる。ヴィクトリアの奔放な行動にフェルナンダたちも刺激され…。10代の女の子たちの友情や恋愛を生き生きと描いた青春ガールズムービー。
デヴィッド・リンチ アートライフ	DAVID LYNCH: THE ART LIFE	家族と過ごした幼少期、「マルホランド・ドライブ」の美術監督で親友のジャック・フィスクのこと、代表作「イレイザーヘッド」など、リンチ自身が語る自らの「悪夢」の源流。幅広いジャンルで独特の世界観を誇るデヴィッド・リンチの創作の謎に迫ったドキュメンタリー。

（英語ベースの映画に限る。DVD等の発売会社と本体価格は2019年7月現在のものです）

スタッフ	キャスト	その他	DVD等
製作：マーティン・マクドナー他 監督：マーティン・マクドナー 脚本：マーティン・マクドナー	ミルドレッド・ヘイズ：フランシス・マクドーマンド ビル・ウィロビー：ウディ・ハレルソン ジェイソン・ディクソン：サム・ロックウェル	配給：Fox Searchlight Pictures 上映時間：115分 製作年：2017年 製作国：米・英 第90回アカデミー主演女優賞他 1部門受賞他4部門ノミネート	20世紀フォックス ホーム エンターテイメント ジャパン DVD価格：1,905円 Blu-ray価格：1,905円
製作：ロイ・リー他 監督：バラン・ボー・オダー 脚本：アンドレア・バーロフ	ヴィンセント：ジェイミー・フォックス ブライアント：ミシェル・モナハン ルビーノ：ダーモット・マローニー	配給：Open Road Films (II) 上映時間：95分 製作年：2017年 製作国：米	キノフィルムズ／木下グループ DVD価格：3,800円 Blu-ray価格：4,700円
製作：スコット・スチューバー他 監督：ローソン・マーシャル・サーバー 脚本：アイク・バリンホルツ他	ボブ：ドウェイン・ジョンソン カルヴィン：ケヴィン・ハート パメラ・ハリス：エイミー・ライアン	配給：Warner Bros. 上映時間：107分 製作年：2016年 製作国：米・中	インターフィルム DVD価格：3,900円 Blu-ray価格：4,800円
製作：スザンネ・ビア他 監督：スザンネ・ビア 脚本：クリストファー・カイル	セリーナ：ジェニファー・ローレンス ジョージ：ブラッドリー・クーパー ギャロウェイ：リス・エヴァンス	配給：Magnolia Pictures 上映時間：109分 製作年：2014年 製作国：米・仏・チェコ	ハーク DVD&Blu-ray価格：4,743円
製作：ロン・ハワード他 監督：ニコライ・アーセル 脚本：ニコライ・アーセル他	ローランド：イドリス・エルバ ウォルター/黒衣の男：マシュー・マコノヒー ジェイク：トム・テイラー	配給：Sony Pictures Releasing 上映時間：95分 製作年：2017年 製作国：米	ソニー・ピクチャーズ エンタテインメント DVD価格：1,886円 Blu-ray価格：2,381円
製作：アレクサンダー・ペイン他 監督：アレクサンダー・ペイン 脚本：アレクサンダー・ペイン他	ポール：マット・デイモン オードリー：クリステン・ウィグ ドゥシャン：クリストフ・ヴァルツ	配給：Paramount Pictures 上映時間：135分 製作年：2017年 製作国：米	NBCユニバーサル・エンターテイメント DVD価格：1,429円 Blu-ray価格：1,886円
製作：フランチェスカ・グレゴリーニ他 監督：フランチェスカ・グレゴリーニ他 脚本：フランチェスカ・グレゴリーニ他	フェルナンダ：ルーニー・マーラ ケイト：ブリー・ラーソン ヴィクトリア：ジョージア・キング	配給：Anchor Bay Films 上映時間：95分 製作年：2009年 製作国：米	彩プロ DVD価格：3,800円
製作：ジョン・グエン他 監督：ジョン・グエン他	デヴィッド・リンチ ルーラ・リンチ エドウィーナ・リンチ	配給：Absurda 上映時間：88分 製作年：2016年 製作国：米・デンマーク	アップリンク DVD価格：3,800円

2018年に日本で発売開始された主な映画DVD一覧表（邦題50音順）

邦題	原題	あらすじ
デッドプール2	DEADPOOL 2	最愛の恋人ヴァネッサを取り戻し、お気楽な日々を送るデッドプールの前に、未来からやってきたマシーン人間のケーブルが現れる。ヴァネッサの希望を受けて良い人間になることを決意したデッドプールは、ケーブルが命を狙う謎の力を秘めた少年を守る決意をするが…。
デトロイト	DETROIT	黒人たちの不満が爆発して起こった67年のデトロイト暴動。3日目の夜、若い黒人客たちでにぎわうモーテルの一室から銃声が響く。デトロイト市警をはじめとする数人の白人警官が捜査手順を無視し、客たちを脅迫。誰彼構わず自白を強要する不当な強制尋問を展開していく。
トゥームレイダー ファースト・ミッション	TOMB RAIDER	アンジェリーナ・ジョリーを一躍有名にした作品を新たに映画化。資産家で冒険家の父が行方知れずになって7年。ひとり娘のララ・クロフト（A・ヴィキャンデル）は、父の残した暗号を解き、父が日本の古代の女王ヒミコが葬られたという、絶海の孤島に向かったことを知る。
ドリーム	HIDDEN FIGURES	1962年に米国人として初めて地球周回軌道を飛行した宇宙飛行士ジョン・グレンの功績を影で支えた、NASAの3人の黒人系女性スタッフの知られざる物語を描いたドラマ。黒人であるが故の理不尽な境遇にあっても夢を追い続け、3人はやがてNASAの歴史的な偉業に携わることとなる。
トレイン・ミッション	THE COMMUTER	会社から突然、解雇された60歳のマイケルは、失意の中、いつもの電車で帰路につくが、車内で見知らぬ女性から「100人の乗客から1人のある人物を見つけ出せば、多額の報酬を払う」と話しかけられる。妻を人質に取られ、依頼を受けざるを得なくなったマイケルだが…。
ナインイレヴン 運命を分けた日	9/11	9.11米同時多発テロ事件を、世界貿易センタービル内部の視点から描いた人間ドラマ。ワールド・トレード・センタービルのエレベーターの中にいた実業家のジェフリーと離婚調停中の妻イヴは、ビルに飛行機が衝突したことにより北棟の38階辺りに閉じ込められてしまう。
ニューヨーク、愛を探して	MOTHERS AND DAUGHTERS	女性カメラマンのリグビーがファインダー越しに撮影してきたマンハッタンでは、日々様々な女性たちの人生が送られていた。そして、妻子ある男性と別れたばかりのリグビーの身にも思いがけない妊娠が発覚。人生の転機に直面した女性たちは、どのような生き方を選ぶのか。
ネイビーシールズ ナチスの金塊を奪還せよ！	RENEGADES	1995年、紛争末期のサラエボ。強引な戦略で敵の将軍を拉致、敵に囲まれたら戦車で大暴走とやりたい放題のネイビーシールズの5人。そんな中、湖に沈んだナチスの金塊の話を耳にする。それさえあれば、戦争に苦しむ避難民を救えると懇願され、5人も作戦を立てることに。

（英語ベースの映画に限る。DVD等の発売会社と本体価格は2019年7月現在のものです）

スタッフ	キャスト	その他	DVD等
製作：サイモン・キンバーグ他 監督：デヴィッド・リーチ 脚本：レット・リース他	デッドプール/ウェイド：ライアン・レイノルズ ケーブル：ジョシュ・ブローリン ヴァネッサ：モリーナ・バッカリン	配給：Twentieth Century Fox 上映時間：120分 製作年：2018年 製作国：米	20世紀フォックス ホーム エンターテイメント ジャパン DVD価格：1,905円 Blu-ray価格：1,905円
製作：ミーガン・エリソン他 監督：キャスリン・ビグロー 脚本：マーク・ボール	ディスミュークス：ジョン・ボイエガ クラウス：ウィル・ポールター デメンズ：ジャック・レイナー	配給：Annapurna Distribution 上映時間：142分 製作年：2017年 製作国：米	バップ DVD価格：3,800円 Blu-ray価格：4,800円
製作：グレアム・キング 監督：ロアー・ウートッグ 脚本：ジェニーヴァ・ロバートソン＝ドワレット	ララ・クロフト：アリシア・ヴィキャンデル リチャード・クロフト：ドミニク・ウェスト マサイアス・ヴォーゲル：ウォルトン・ゴギンズ	配給：Warner Bros. 上映時間：118分 製作年：2018年 製作国：米・英	ワーナー・ブラザース ホームエンターテイメント DVD価格：1,429円 Blu-ray価格：2,381円
製作：ドナ・ジグリオッティ他 監督：セオドア・メルフィ 脚本：アリソン・シュローダー他	キャサリン・G・ジョンソン：タラジ・P・ヘンソン ドロシー・ヴォーン：オクタヴィア・スペンサー メアリー・ジャクソン：ジャネール・モネイ	配給：Twentieth Century Fox 上映時間：126分 製作年：2016年 製作国：米 第89回アカデミー作品賞他2部門ノミネート	20世紀フォックス ホーム エンターテイメント ジャパン DVD価格：1,905円 Blu-ray価格：1,905円
製作：アンドリュー・ローナ他 監督：ジャウマ・コレット＝セラ 脚本：バイロン・ウィリンガー他	マイケル：リーアム・ニーソン ジョアンナ：ヴェラ・ファーミガ マーフィー：パトリック・ウィルソン	配給：Lionsgate 上映時間：105分 製作年：2018年 製作国：仏・米	ギャガ DVD価格：3,800円 Blu-ray価格：4,700円
製作：ダリア・ウェインゴート他 監督：マルティン・ギギ 脚本：マルティン・ギギ他	ジェフリー：チャーリー・シーン イヴ：ジーナ・ガーション ティナ：オルガ・フォンダ	配給：Atlas Distribution Company 上映時間：89分 製作年：2017年 製作国：米	松竹 DVD価格：3,800円 Blu-ray価格：4,700円
製作：スティーヴ・キング他 監督：ポール・ダドリッジ 脚本：ペイジ・キャメロン	リグビー：セルマ・ブレア ミリー：スーザン・サランドン ニーナ：シャロン・ストーン	配給：Screen Media Films 上映時間：91分 製作年：2016年 製作国：米	ハーク DVD価格：3,800円
製作：リュック・ベッソン他 監督：スティーヴン・クォーレ 脚本：リチャード・ウェンク他	マット・バーンズ：サリヴァン・ステイプルトン スタントン・ベイカー：チャーリー・ビューリー ラーラ・シミッチ：シルヴィア・フークス	配給：STX Entertainment 上映時間：106分 製作年：2017年 製作国：仏・ベルギー・独・米	カルチュア・パブリッシャーズ DVD価格：3,800円 Blu-ray価格：4,700円

2018年に日本で発売開始された主な映画DVD一覧表（邦題50音順）

邦題	原題	あらすじ
ノクターナル・アニマルズ	NOCTURNAL ANIMALS	スーザンは夫とともに経済的には恵まれながらも心は満たされない生活を送っていた。ある週末、20年前に離婚した元夫から、彼が書いた小説が送られてくる。精神的弱さを軽蔑していたはずの元夫の小説に、非凡な才能を読み取るスーザン。彼はなぜ小説を送ってきたのか。
パーティで女の子に話しかけるには	HOW TO TALK TO GIRLS AT PARTIES	パンクなのに内気な少年エンは、偶然もぐりこんだパーティで、反抗的な瞳が美しい少女ザンと出会う。大好きなセックス・ピストルズやパンクファッションの話に共感してくれるザンと、たちまち恋におちるエン。だが、ふたりに許された自由時間は48時間しかなかった。
パシフィック・リムアップライジング	PACIFIC RIM UPRISING	「KAIJU」群と巨大兵器イェーガーの戦争から10年、世界は混沌としながらも、平和を取り戻そうとしていた。ある日、PPDC（環太平洋防衛軍）の会議が開催されているところに、正体不明のイェーガーが襲撃をかける。それが人類を滅亡の危機にさらす新たなる戦争の始まりだった。
パターソン	PATERSON	ニュージャージー州パターソン市で暮らすバス運転手のパターソン。朝起きると妻にキスをしてからバスを走らせ、帰宅後には愛犬と散歩へ行ってバーで1杯だけビールを飲む。単調な毎日に見えるが、詩人でもある彼の目にはありふれた日常のすべてが美しく見える。
パディントン2	PADDINGTON 2	今やすっかり「ロンドンっ子」となったパディントン。100歳の誕生日を迎える育ての親のルーシーおばさんに、世界に一冊しかない絵本を贈るため働き始めるパディントン。ところがある日、絵本が盗まれ、現場に居合わせたパディントンは容疑者として逮捕されてしまう。
バトル・オブ・ザ・セクシーズ	BATTLE OF THE SEXES	全米女子テニス・チャンピオンのビリー・ジーンは、女子の優勝賞金が男子の1／8であることに反発し、仲間たちと「女子テニス協会」を立ち上げる。世間でも男女平等の機運が高まる中、困難を乗り越え、女子だけの大会の開催にこぎつけるビリー・ジーンだったが…。
バリー・シールアメリカをはめた男	AMERICAN MADE	天才的な操縦技術を誇り、民間航空会社のパイロットとして何不自由ない暮らしを送っていたバリーの元に、CIAのエージェントがスカウトに現れる。CIAの極秘作戦に加わる事となったバリーは、その過程で伝説の麻薬王らと接触し、麻薬の運び屋としてもその才能を見せ始める。
ハン・ソロ／スター・ウォーズ・ストーリー	SOLO: A STAR WARS STORY	『スター・ウォーズ』シリーズの知られざる物語を明らかにするアナザーストーリー第2弾で、ハン・ソロの若き日の姿を描くSFアドベンチャー。ルークやレイアと出会う前のハン・ソロが、アウトローながら内に秘めた正義感で数々の試練に立ち向かっていく姿を描く。

（英語ベースの映画に限る。DVD等の発売会社と本体価格は2019年7月現在のものです）

スタッフ	キャスト	その他	DVD等
製作：トム・フォード他 監督：トム・フォード 脚本：トム・フォード	スーザン：エイミー・アダムス エドワード／トニー：ジェイク・ギレンホール レイ：アーロン・テイラー＝ジョンソン	配給：Focus Features 上映時間：116分 製作年：2016年 製作国：米 第89回アカデミー助演男優賞ノミネート	NBCユニバーサル・エンターテイメント DVD価格：1,429円 Blu-ray価格：1,886円
製作：ハワード・ガートラー他 監督：ジョン・キャメロン・ミッチェル 脚本：ジョン・キャメロン・ミッチェル他	ザン：エル・ファニング エン：アレックス・シャープ ボディシーア：ニコール・キッドマン	配給：A24 上映時間：103分 製作年：2017年 製作国：英・米	ギャガ DVD価格：3,800円 Blu-ray価格：4,800円
製作：トーマス・タル他 監督：スティーヴン・S・デナイト 脚本：エミリー・カーマイケル他	ジェイク・ペントコスト：ジョン・ボイエガ ネイト・ランバート：スコット・イーストウッド アマーラ・ナマニ：ケイリー・スピーニー	配給：Universal Pictures 上映時間：111分 製作年：2018年 製作国：米・英・中・日	NBCユニバーサル・エンターテイメント DVD価格：1,429円 Blu-ray価格：1,886円
製作：ジョシュア・アストラカン他 監督：ジム・ジャームッシュ 脚本：ジム・ジャームッシュ	パターソン：アダム・ドライバー ローラ：ゴルシフテ・ファラハニ ドク：バリー・シャバカ・ヘンリー	配給：Bleecker Street Media 上映時間：118分 製作年：2016年 製作国：米・仏・独	バップ DVD価格：3,800円 Blu-ray価格：4,800円
製作：デヴィッド・ハイマン 監督：ポール・キング 脚本：ポール・キング他	パディントン：ベン・ウィショー ヘンリー・ブラウン：ヒュー・ボネヴィル メアリー・ブラウン：サリー・ホーキンス	配給：Warner Bros. 上映時間：104分 製作年：2017年 製作国：英・仏	キノフィルムズ／木下グループ DVD&Blu-ray価格：4,500円
製作：クリスチャン・コルソン 監督：ヴァレリー・ファリス他 脚本：サイモン・ボーフォイ	ビリー・ジーン・キング：エマ・ストーン ボビー・リッグス：スティーヴ・カレル マリリン・バーネット：アンドレア・ライズブロー	配給：Fox Searchlight Pictures 上映時間：122分 製作年：2017年 製作国：英・米	20世紀フォックス ホーム エンターテイメント ジャパン DVD価格：1,905円 Blu-ray価格：1,905円
製作：ブライアン・グレイザー他 監督：ダグ・リーマン 脚本：ゲイリー・スピネッリ	バリー・シール：トム・クルーズ シェイファー：ドーナル・グリーソン ルーシー：サラ・ライト	配給：Universal Pictures 上映時間：115分 製作年：2017年 製作国：米・日	NBCユニバーサル・エンターテイメント DVD価格：1,429円 Blu-ray価格：1,886円
製作：キャスリーン・ケネディ他 監督：ロン・ハワード 脚本：ジョナサン・カスダン他	ハン・ソロ：オールデン・エアエンライク キーラ：エミリア・クラーク ヴァル：タンディ・ニュートン	配給：Walt Disney Studios Motion Pictures 上映時間：135分 製作年：2018年 製作国：米 第91回アカデミー視覚効果賞ノミネート	ウォルト・ディズニー・ジャパン MovieNEX価格：4,200円

2018年に日本で発売開始された主な映画DVD一覧表（邦題50音順）

邦題	原題	あらすじ
ピーターラビット	PETER RABBIT	たくさんの仲間に囲まれ、画家のビアという優しい親友もいるウサギのピーター。しかし、大都会ロンドンから潔癖症のマクレガーが引っ越してきてから、ピーターの幸せな生活は一変。動物たちを追い払いたいマクレガーとピーターの争いは日に日にエスカレートしていく。
The Beguiled ビガイルド 欲望のめざめ	THE BEGUILED	南北戦争下のヴァージニア州で女子寄宿学園に通うエイミーは、森の中で負傷した北軍兵士を発見する。敵兵の出現に戸惑う生徒に対し、園長は手当てをするため学園へ連れて帰るよう指示。突然現れた男性に若き乙女たちは興味津々。次第に学園の中で愛憎が渦巻いていく。
ビッグ・シック ぼくたちの大いなる目ざめ	THE BIG SICK	パキスタン出身でシカゴに暮らすクメイルは、米国人の大学院生エミリーと付き合っていたが、同郷の花嫁しか認めない厳格な母親に従い見合いをしていたことがバレて破局。ところが数日後、エミリーは原因不明の病で昏睡状態に陥ってしまう。実話をもとに描いたコメディドラマ。
否定と肯定	DENIAL	1994年、米国アトランタにあるエモリー大学でユダヤ人女性の歴史学者デボラ・E・リップシュタットの講演が行われていた。彼女は自著で英国の歴史家デイヴィッド・アーヴィングが訴える大量虐殺はなかったとする「ホロコースト否定論」の主張を真っ向から否定していた。
ビニー　信じる男	BLEED FOR THIS	うぬぼれ屋のボクサー、ビニーは世界タイトルを獲得するが、自動車事故が原因で医師から選手生命の終わりを告げられ、周囲の人々はビニーのそばを離れていく。しかし自らの復活を信じるビニーはトレーナーの指導のもと、命懸けのトレーニングに励み、王座奪還を目指す。
ビューティフル・デイ	YOU WERE NEVER REALLY HERE	元軍人のジョーは行方不明者捜索のスペシャリスト。トラウマに苦しみ、自殺願望を抱えながらも、危険な汚れ仕事で生計を立て、年老いた母を世話していた。ある日、警察沙汰にしたくない州上院議員から、娘のニーナを売春組織から取り戻してほしいという依頼が舞い込む。
ヒューマン・ハンター	THE HUMANITY BUREAU	西暦2030年、資源の枯渇や食糧危機で世界の文明が崩壊。米国は国境を閉鎖し、「人民省」を設立し国民を管理するようになっていた。ノア・クロスは政府が指定する排除対象者を収容地区に強制移住させる任務を担う「ヒューマン・ハンター」として、ある親子を追跡し始める。
ファウンダー ハンバーガー帝国のヒミツ	THE FOUNDER	マクドナルドの創業者レイ・クロックを描いた実話をもとにしたドラマ。1954年、シェイクミキサーのセールスマン、レイに8台もの注文が飛び込む。注文先はマックとディックのマクドナルド兄弟が経営するカリフォルニア州にあるバーガーショップ「マクドナルド」だった。

（英語ベースの映画に限る。DVD等の発売会社と本体価格は2019年7月現在のものです）

スタッフ	キャスト	その他	DVD等
製作：ウィル・グラック他 監督：ウィル・グラック 原案・脚色：ウィル・グラック他	ピア：ローズ・バーン トーマス・マクレガー：ドーナル・グリーソン ピーター（声）：ジェームズ・コーデン	配給：Columbia Pictures 上映時間：95分 製作年：2018年 製作国：米・豪・英	ソニー・ピクチャーズ エンタテインメント DVD価格：1,886円 Blu-ray価格：2,381円
製作：ソフィア・コッポラ他 監督：ソフィア・コッポラ 脚本：ソフィア・コッポラ	マクバニー伍長：コリン・ファレル ミス・マーサ：ニコール・キッドマン エドウィナ：キルスティン・ダンスト	配給：Focus Features 上映時間：93分 製作年：2017年 製作国：米	TCエンタテインメント DVD価格：3,800円 Blu-ray価格：4,800円
製作：バリー・メンデル 監督：マイケル・ショウォルター 脚本：エミリー・V・ゴードン他	クメイル：クメイル・ナンジアニ エミリー：ゾーイ・カザン ベス：ホリー・ハンター	配給：Amazon Studios 上映時間：120分 製作年：2017年 製作国：米 第90回アカデミー脚本賞ノミネート	ギャガ DVD価格：1,143円
製作：ゲイリー・フォスター他 監督：ミック・ジャクソン 脚本：デヴィッド・ヘア	デボラ・E・リップシュタット： 　　レイチェル・ワイズ デヴィッド・アーヴィング：ティモシー・スポール リチャード・ランプトン：トム・ウィルキンソン	配給：Bleecker Street Media 上映時間：110分 製作年：2016年 製作国：英・米	ツイン DVD価格：3,980円 Blu-ray価格：4,700円
製作：ブルース・コーエン他 監督：ベン・ヤンガー 脚本：ベン・ヤンガー	ビニー：マイルズ・テラー ケビン：アーロン・エッカート ルイーズ：ケイティ・セイガル	配給：Open Road Films (II) 上映時間：117分 製作年：2016年 製作国：米	KADOKAWA DVD価格：3,800円 Blu-ray価格：4,700円
製作：リン・ラムジー 監督：リン・ラムジー 脚本：リン・ラムジー	ジョー：ホアキン・フェニックス ジョーの母：ジュディス・ロバーツ ニーナ・ヴォット：エカテリーナ・サムソノフ	配給：Amazon Studios 上映時間：90分 製作年：2017年 製作国：英・仏・米	クロックワークス DVD価格：3,900円 Blu-ray価格：4,800円
製作：ケヴィン・デ ウォルト他 監督：ロブ・キング 脚本：デイブ・シュルツ	ノア・クロス：ニコラス・ケイジ レイチェル・ウェラー：サラ・リンド アダム：ヒュー・ディロン	配給：Minds Eye International 上映時間：94分 製作年：2017年 製作国：加	ワーナー・ブラザース ホームエンターテイメント DVD価格：1,429円
製作：ドン・ハンドフィールド他 監督：ジョン・リー・ハンコック 脚本：ロバート・シーゲル	レイ・クロック：マイケル・キートン ディック・マクドナルド：ニック・オファーマン マック・マクドナルド：ジョン・キャロル・リンチ	配給：The Weinstein Company 上映時間：115分 製作年：2016年 製作国：米	KADOKAWA DVD価格：3,800円 Blu-ray価格：4,700円

2018年に日本で発売開始された主な映画DVD一覧表（邦題50音順）

邦題	原題	あらすじ
ファントム・スレッド	PHANTOM THREAD	英国ファッションの中心的存在として社交界から脚光を浴びる、仕立屋のレイノルズは、若きウェイトレスと出会う。互いに惹かれ合い、レイノルズは彼女をミューズとして昼夜問わず取り憑かれたようにドレスを作り続ける。しかし、完璧で規律的だった日常は狂い始め…。
プーと大人になった僕	CHRISTOPHER ROBIN	世界中で愛され続けるくまのプーさんと大親友クリストファー・ロビンのその後を映画化したファンタジー・ドラマ。大人になり仕事に追われるクリストファー・ロビンが、プーさんや森の仲間たちと奇跡の再会を果たしたことで、忘れていた大切な何かを思い出していく。
フェリシーと夢のトウシューズ	BALLERINA（仏）／LEAP!（米）	エル・ファニングとデイン・デハーン、歌手カーリー・レイ・ジェプセンが声優を務める、バレリーナを夢見る少女の姿を描いたアニメーション作品。19世紀末のフランス。踊ることが大好きなフェリシーはバレリーナとしてパリ・オペラ座の舞台に立つことを夢見ていた。
不都合な真実2 放置された地球	AN INCONVENIENT SEQUEL: TRUTH TO POWER	気候は変わる。真実は変わらない。アカデミー賞を受賞した『不都合な真実』から10年。元米副大統領アル・ゴアは次世代の「気候チャンピオン」養成のために戦い続けている。地球温暖化に警鐘を鳴らしつつも、問題の解決にはまだ間に合うという驚くべき事実が示される。
ブラックパンサー	BLACK PANTHER	創造を絶する最新テクノロジーをもつアフリカの秘境「超文明国ワカンダ」。ここには世界を変えてしまうほどのパワーを持つ鉱石「ヴィブラニウム」が存在する。若き国王ティ・チャラは漆黒の戦闘スーツをまとい、ブラックパンサーとして祖国の秘密を狙う敵に立ち向かう。
フラットライナーズ	FLATLINERS	医学生のコートニーは、好奇心で「禁断の臨死実験」に挑む。死後の世界を垣間見た彼女には、不思議な能力が覚醒し、仲間たちは競い合うかのように臨死時間を延ばしエスカレートしていく。だが臨死《7分》が過ぎた時、取り返しのつかない凄惨な現象が彼らに襲いかかる。
プラハのモーツァルト 誘惑のマスカレード	INTERLUDE IN PRAGUE	1787年、プラハ。若手オペラ歌手スザンナと出会ったモーツァルトは、その美貌と才能に大いに魅了される。一方、スザンナもモーツァルトが妻帯者と知りながら、その天才ぶりに引き付けられずにはいられなかった。しかし、オペラのパトロンもまた、スザンナを狙っていて…。
ブリグズビー・ベア	BRIGSBY BEAR	子供の頃から毎週届く教育ビデオ「ブリグズビー・ベア」だけを見て育ったジェームス。しかしある日、両親が逮捕されてしまう。これまで両親だと思っていた男女は、実は誘拐犯だったのだ。ジェームスは初めて外界で、「本当の家族」と一緒に暮らすことになるが…。

（英語ベースの映画に限る。DVD等の発売会社と本体価格は2019年7月現在のものです）

スタッフ	キャスト	その他	DVD等
製作：ポール・トーマス・アンダーソン他 監督：ポール・トーマス・アンダーソン 脚本：ポール・トーマス・アンダーソン	レイノルズ・ウッドコック： 　　ダニエル・デイ＝ルイス アルマ・エルソン：ヴィッキー・クリープス シリル：レスリー・マンヴィル	配給：Focus Features 上映時間：130分 製作年：2017年 製作国：米・英 第90回アカデミー衣装デザイン賞受賞他5部門ノミネート	NBCユニバーサル・エンターテイメント DVD価格：1,429円 Blu-ray価格：1,886円
製作：ブリガム・テイラー他 監督：マーク・フォースター 脚本：アレックス・ロス・ペリー他	クリストファー・ロビン：ユアン・マクレガー イヴリン・ロビン：ヘイリー・アトウェル マデリン・ロビン：ブロンテ・カーマイケル	配給：Walt Disney Studios Motion Pictures 上映時間：104分 製作年：2018年 製作国：米 第91回アカデミー視覚効果賞ノミネート	ウォルト・ディズニー・ジャパン MovieNEX価格：4,200円
製作：ローラン・ゼトゥンヌ他 監督：エリック・サマー他 脚本：エリック・サマー他	フェリシー：エル・ファニング ヴィクター：デイン・デハーン オデット：カーリー・レイ・ジェプセン	配給：The Weinstein Company 上映時間：89分 製作年：2016年 製作国：仏・加	キノフィルムズ／木下グループ DVD&Blu-ray価格：4,500円
製作：ジェフ・スコール他 監督：ボニー・コーエン他 脚本：アル・ゴア	アル・ゴア ジョージ・W・ブッシュ ドナルド・トランプ	配給：Paramount Pictures 上映時間：98分 製作年：2017年 製作国：米	NBCユニバーサル・エンターテイメント DVD価格：1,429円 Blu-ray価格：1,886円
製作：ケヴィン・ファイギ 監督：ライアン・クーグラー 脚本：ライアン・クーグラー他	ティ・チャラ／ブラックパンサー： 　　チャドウィック・ボーズマン エリック・キルモンガー： 　　マイケル・B・ジョーダン ナキア：ルピタ・ニョンゴ	配給：Walt Disney Studios Motion Pictures 上映時間：135分 製作年：2018年 製作国：米 第91回アカデミー作曲賞他2部門受賞他4部門ノミネート	ウォルト・ディズニー・ジャパン MovieNEX価格：4,000円
製作：マイケル・ダグラス他 監督：ニールス・アルデン・オプレヴ 脚本：ベン・リプリー	コートニー：エレン・ペイジ レイ：ディエゴ・ルナ マーロー：ニーナ・ドブレフ	配給：Columbia Pictures 上映時間：110分 製作年：2017年 製作国：米・加	ソニー・ピクチャーズ エンタテインメント DVD価格：1,886円 Blu-ray価格：2,381円
製作：ハンナ・リーダー他 監督：ジョン・スティーブンソン 脚本：ジョン・スティーブンソン他	モーツァルト：アナイリン・バーナード スザンナ：モーフィッド・クラーク サロカ男爵：ジェームズ・ピュアフォイ	配給：Nettai Museum（日本） 上映時間：103分 製作年：2017年 製作国：チェコ・英	ミッドシップ DVD価格：3,800円
製作：フィル・ロード他 監督：デイヴ・マッカリー 脚本：ケヴィン・コステロ他	ジェームズ：カイル・ムーニー エミリー：クレア・デインズ テッド（偽父）：マーク・ハミル	配給：Sony Pictures Classics 上映時間：97分 製作年：2017年 製作国：米	ソニー・ピクチャーズ エンタテインメント DVD&Blu-ray価格：4,743円

2018年に日本で発売開始された主な映画DVD一覧表（邦題50音順）

邦題	原題	あらすじ
ブレードランナー 2049	BLADE RUNNER 2049	2049年、LA市警のブレードランナー「K」はある事件の捜査中に、人間とレプリカントの社会を、そして自らのアイデンティティを崩壊させかねないある事実を知る。鍵となる男とは、かつて優秀なブレードランナーとして活躍し、30年間行方不明になっていたデッカードだった。
THE PROMISE 君への誓い	THE PROMISE	アルメニア人青年ミカエルは、イスタンブールの大学でアルメニア人女性アナと出会うが、アナには米国人ジャーナリストの恋人がいた。150万人が犠牲となったオスマン帝国によるアルメニア人大量虐殺事件に翻弄されながらも、壮絶な人生を生き抜いた3人の男女の物語。
フロリダ・プロジェクト 真夏の魔法	THE FLORIDA PROJECT	定住する家を失った6歳の少女ムーニーと母親ヘイリーは、ディズニーワールドのすぐ側にあるモーテルでその日暮らしの生活をしている。そんなムーニーの日常が、ある出来事をきっかけに大きく変わり始める。貧困層の人々の日常を6歳の少女の視点から描いた人間ドラマ。
ベイビー・ドライバー	BABY DRIVER	天才的なドライビングテクニックで犯罪者の逃走を手助けする「逃がし屋」をしているベイビーは、子供の頃の事故の後遺症で耳鳴りに悩まされている。しかし、音楽によって外界から遮断させることで耳鳴りが消え、驚くべき運転能力を発揮することができるのだった！
ベスト・バディ	JUST GETTING STARTED	リタイアした紳士淑女たちが楽しく余生を過ごす楽園リゾートでボスの座に君臨する総支配人のデュークだったが、秘密めいたカウボーイ、レオの入居と本社から送られてきた女性ボス、スージーによってその座が脅かされ、更には昔裏切ったギャングに命を狙われる事態に！
ベロニカとの記憶	THE SENSE OF AN ENDING	60歳を過ぎ、独り静かに引退生活を送るトニー。ある日、40年前に別れた当時の恋人ベロニカの母親だという女性から日記を託される。思いもよらない遺品から、長い間忘れていた青春時代の記憶が呼び覚まされ、若くして自殺した親友や初恋にまつわる真実がひも解かれていく。
ペンタゴン・ペーパーズ 最高機密文書	THE POST	ベトナム戦争が泥沼化し、国民の間に疑問や反戦の気運が高まっていた71年、ベトナム戦争を分析・記録した国防省の最高機密文書（ペンタゴン・ペーパーズ）の存在がスクープされる。ワシントン・ポスト紙の発行人・社主キャサリン・グラハムも文書の入手に奔走するが…。
ホース・ソルジャー	12 STRONG	2001年9月11日の翌日、ネルソン大尉は、最も危険な対テロ戦争の最前線部隊に志願し、特殊作戦の隊長に任命される。わずか12人でアフガニスタンへ乗り込み、テロ集団の拠点マザーリシャリーフを制圧するのだ。だが、現地に着いた彼らに、次々と予期せぬ危機が襲いかかる。

（英語ベースの映画に限る。DVD等の発売会社と本体価格は2019年7月現在のものです）

スタッフ	キャスト	その他	DVD等
製作：アンドリュー・A・コソーヴ他 監督：ドゥニ・ヴィルヌーヴ 脚本：マイケル・グリーン他	K：ライアン・ゴズリング デッカード：ハリソン・フォード ジョイ：アナ・デ・アルマス	配給：Warner Bros. 上映時間：163分 製作年：2017年 製作国：米・英・ハンガリー・加 第90回アカデミー撮影賞、視覚効果賞受賞他3部門ノミネート	ソニー・ピクチャーズ エンタテインメント DVD価格：1,886円 Blu-ray価格：2,381円
製作：エリック・エスライリアン他 監督：テリー・ジョージ 脚本：テリー・ジョージ他	ミカエル：オスカー・アイザック アナ：シャルロット・ルボン クリス：クリスチャン・ベイル	配給：Open Road Films (II) 上映時間：134分 製作年：2016年 製作国：米・西	エイベックス・ピクチャーズ DVD価格：3,900円 Blu-ray価格：5,900円
製作：ショーン・ベイカー他 監督：ショーン・ベイカー 脚本：ショーン・ベイカー他	ムーニー：ブルックリン・プリンス スクーティ：クリストファー・リヴェラ ディッキー：エイデン・マリック	配給：A24 上映時間：112分 製作年：2017年 製作国：米 第90回アカデミー助演男優賞ノミネート	クロックワークス DVD価格：3,800円 Blu-ray価格：5,300円
製作：ニラ・パーク他 監督：エドガー・ライト 脚本：エドガー・ライト	ベイビー：アンセル・エルゴート デボラ：リリー・ジェームズ ドク：ケヴィン・スペイシー	配給：TriStar Pictures 上映時間：113分 製作年：2017年 製作国：米・英 第90回アカデミー編集賞他2部門ノミネート	ソニー・ピクチャーズ エンタテインメント DVD価格：1,886円 Blu-ray価格：2,381円
製作：ビル・ガーバー他 監督：ロン・シェルトン 脚本：ロン・シェルトン	デューク：モーガン・フリーマン レオ：トミー・リー・ジョーンズ スージー：レネ・ルッソ	配給：Broad Green Pictures 上映時間：92分 製作年：2017年 製作国：米	ハピネット DVD価格：3,900円
製作：デヴィッド・M・トンプソン他 監督：リテーシュ・バトラ 脚本：ニック・ペイン	トニー・ウェブスター：ジム・ブロードベント ベロニカ・フォード：シャーロット・ランプリング マーガレット・ウェブスター：ハリエット・ウォルター	配給：CBS Films 上映時間：108分 製作年：2017年 製作国：英	ソニー・ピクチャーズ エンタテインメント DVD&Blu-ray価格：4,743円
製作：スティーブン・スピルバーグ他 監督：スティーブン・スピルバーグ 脚本：リズ・ハンナ他	キャサリン・グラハム：メリル・ストリープ ベン・ブラッドリー：トム・ハンクス トニー・ブラッドリー：サラ・ポールソン	配給：Twentieth Century Fox 上映時間：116分 製作年：2017年 製作国：英・米 第90回アカデミー作品賞、主演女優賞ノミネート	NBCユニバーサル・エンターテイメント DVD価格：1,429円 Blu-ray価格：1,886円
製作：ジェリー・ブラッカイマー他 監督：ニコライ・フルシー 脚本：テッド・タリー他	ミッチ・ネルソン大尉：クリス・ヘムズワース ハル・スペンサー准尉：マイケル・シャノン サム・ディラー：マイケル・ペーニャ	配給：Warner Bros. 上映時間：130分 製作年：2018年 製作国：米	ギャガ DVD価格：3,800円 Blu-ray価格：4,700円

2018年に日本で発売開始された主な映画DVD一覧表（邦題50音順）

邦題	原題	あらすじ
僕のワンダフル・ライフ	A DOG'S PURPOSE	ゴールデンレトリバーの子犬ベイリーは、命を救ってくれた少年イーサンと固い絆で結ばれていく。やがて寿命を終えたベイリーは、愛するイーサンにまた会いたい一心で生まれ変わりを繰り返し、ようやくイーサンに出会えたベイリーは、自身に与えられたある使命に気づく。
ボス・ベイビー	THE BOSS BABY	とある三人家族の元にやってきたのは黒いスーツでビシッとキメた赤ちゃん「ボス・ベイビー」。7歳のティムの弟として迎え入れられたはずの彼は、普通じゃない。見た目は赤ちゃん、知能は大人だったのだ。兄弟となった二人は世界を揺るがす巨大な陰謀に挑むことになる。
ボストン ストロング ダメな僕だから英雄になれた	STRONGER	2013年のボストンマラソン爆弾テロ事件で両脚を失う被害を受けたジェフ・ボーマンの実話を映画化。テロ事件の犯人特定に一役買ったことで一躍脚光を浴びるも、両脚を失うという大きな傷を追ったボーマンが、恋人や家族に支えられ、困難を乗り越えて再生していく姿を描く。
ボブという名の猫 幸せのハイタッチ	A STREET CAT NAMED BOB	ロンドンでプロのミュージシャンを目指すジェイムズは、夢を果たせず、薬物に依存、家族にも見放され、ホームレスとしてどん底の生活を送っていた。そんな彼のもとに迷い込んできた一匹の野良猫。足をケガしていたその猫を、ジェイムズは有り金をはたいて看病する。
マイティ・ソー バトルロイヤル	THOR: RAGNAROK	アベンジャーズの一員として地球を守るために戦ってきたソー。彼の前に突如現れたのは、「死の女神・ヘラ」。アベンジャーズのメンバーですら持ち上げることができない、ソーの究極の武器・ムジョルニアをいとも簡単に破壊すると、圧倒的なパワーでアスガルドへ攻撃をはじめる。
マザー・テレサからの手紙	THE LETTERS	1946年、インド・カルカッタ。ロレット修道女会の修道女テレサはある日、神からの啓示を受けたとして、修道院を離れスラム街で活動を開始する。次第にその活動は評価されるようになるが、心に深い闇を抱える彼女は、精神的な指導者エグザム神父らに手紙をしたためていた。
マノロ・ブラニク トカゲに靴を作った少年	MANOLO: THE BOY WHO MADE SHOES FOR LIZARDS	英国発のシューズブランド「マノロ・ブラニク」。エレガントかつ「世界で唯一走れるピンヒール」とも言われるパーフェクトシューズは、世界的人気を博す。天才デザイナー、ブラニクの創作過程をつまびらかにし、ガーデニングを愛する個人としての素顔も明らかにする。
マンマ・ミーア！ ヒア・ウィー・ゴー	MAMMA MIA! HERE WE GO AGAIN	エーゲ海に浮かぶギリシャの美しい島「カロカイリ島」。ソフィは母ドナとの夢だった新築ホテルをついに完成させ、それを祝うオープニング・パーティーの準備に奔走していた。しかし夢を叶えた一方で、ニューヨークに滞在中の夫スカイとのすれ違いに不安を抱えていた。

（英語ベースの映画に限る。DVD等の発売会社と本体価格は2019年7月現在のものです）

スタッフ	キャスト	その他	DVD等
製作：ギャヴィン・ポローン 監督：ラッセ・ハルストレム 脚本：W・ブルース・キャメロン他	8歳のイーサン：ブライス・ゲイサー カルロス：ジョン・オーティス 10代のイーサン：K・J・アパ	配給：Universal Pictures 上映時間：100分 製作年：2017年 製作国：米・インド	NBCユニバーサル・エンターテイメント DVD価格：1,429円 Blu-ray価格：1,886円
製作：ラムジー・ナイト 監督：トム・マクグラス 脚本：マイケル・マッカラーズ	ボス・ベイビー：アレック・ボールドウィン ティム：マイルズ・バクシ 大人のティム：トビー・マグワイア	配給：Twentieth Century Fox 上映時間：97分 製作年：2017年 製作国：米 第90回長編アニメ賞ノミネート	NBCユニバーサル・エンターテイメント DVD価格：1,429円 Blu-ray価格：1,886円
製作：トッド・リーバーマン他 監督：デヴィッド・ゴードン・グリーン 脚本：ジョン・ポローノ	ジェフ・ボーマン：ジェイク・ギレンホール エリン・ハーリー：タチアナ・マスラニー パティ・ボーマン：ミランダ・リチャードソン	配給：Roadside Attractions 上映時間：119分 製作年：2017年 製作国：米	カルチュア・パブリッシャーズ DVD価格：3,800円 Blu-ray価格：4,700円
製作：アダム・ローストン 監督：ロジャー・スポティスウッド 脚本：ティム・ジョン他	ジェイムズ・ボーエン：ルーク・トレッダウェイ ベティ：ルタ・ゲドミンタス ヴァル：ジョアンヌ・フロガット	配給：Cleopatra Entertainment 上映時間：103分 製作年：2016年 製作国：英	コムストック・グループ DVD価格：3,800円 Blu-ray価格：4,700円
製作：ケヴィン・ファイギ 監督：タイカ・ワイティティ 脚本：エリック・ピアソン	ソー：クリス・ヘムズワース ロキ：トム・ヒドルストン ヘラ：ケイト・ブランシェット	配給：Walt Disney Studios Motion Pictures 上映時間：131分 製作年：2017年 製作国：米	ウォルト・ディズニー・ジャパン MovieNEX価格：4,000円
製作：ウィリアム・リード他 監督：ウィリアム・リード 脚本：ウィリアム・リード	エグザム神父：マックス・フォン・シドー ブラグ神父：ルトガー・ハウアー テレサ：ジュリエット・スティーヴンソン	配給：Cinema West Films 上映時間：118分 製作年：2014年 製作国：米	ソニー・ピクチャーズ エンタテインメント DVD価格：3,800円
製作：ニール・ツァイガー他 監督：マイケル・ロバーツ 脚本：マイケル・ロバーツ	マノロ・ブラニク アナ・ウィンター リアーナ	配給：Music Box Films 上映時間：89分 製作年：2017年 製作国：英	コムストック・グループ DVD価格：3,800円
製作：ジュディ・クレーマー他 監督：オル・パーカー 脚本：オル・パーカー	ソフィ：アマンダ・セイフライド サム：ピアース・ブロスナン ハリー：コリン・ファース	配給：Universal Pictures 上映時間：114分 製作年：2018年 製作国：英・米	NBCユニバーサル・エンターテイメント DVD価格：1,429円 Blu-ray価格：1,886円

2018年に日本で発売開始された主な映画DVD一覧表（邦題50音順）

邦題	原題	あらすじ
ミッション：インポッシブル／フォールアウト	MISSION: IMPOSSIBLE – FALLOUT	トム・クルーズの代名詞、大人気アクション・シリーズの第6弾。何者かによってプルトニウムが盗まれ、奪還を命じられたイーサンの作戦は失敗に終わる。3つの都市を標的にした同時核爆発テロの危機が迫る中、IMFとともにその阻止に奔走するイーサンだったが…。
ミッドナイト・サン タイヨウのうた	MIDNIGHT SUN	17歳のケイティは、太陽の光に当たれない「XP」という病を抱えていた。昼間は家から出られず時間が経つのを待つだけの日々。彼女の唯一の楽しみは毎夜ギターを片手に駅前まで行き、通行人を相手に歌を歌うことだった。そんなある日彼女はチャーリーと運命の恋をする。
メイズ・ランナー 最期の迷宮	MAZE RUNNER: THE DEATH CURE	巨大迷宮から脱出するために3年もの歳月を費やしたトーマスたちだったが、謎は深まるばかり。捕らわれた仲間ミンホを救い出すため、そして自分たちが閉じ込められた理由を突き止めるために、彼らは決死の覚悟で伝説の迷宮に逆侵入することを決意する。シリーズ完結編。
女神の見えざる手	MISS SLOANE	辣腕ロビイストのエリザベスは、銃擁護派団体から仕事を依頼される。女性の銃保持を認めるロビー活動で、新たな銃規制法案を廃案に持ち込んでくれというのだ。信念に反する仕事はできず、銃規制派のロビー会社へ移籍するが、事態は予測できない方向へ進んでいく。
モリーズ・ゲーム	MOLLY'S GAME	モーグルの五輪候補だったモリーは選考会で負傷し、アスリートの道を諦める。その後、勤務先のボスからアンダーグラウンドのポーカーゲームの助手を頼まれ、やがて彼女はその才覚で26歳にして自分のゲームルームを開設するが、10年後、FBIにより逮捕されてしまう。
モンスター・ホテル クルーズ船の恋は危険がいっぱい?!	HOTEL TRANSYLVANIA 3: SUMMER VACATION	働きづめのドラキュラを見かねたメイヴィスの提案で、一行はモンスターご用達の豪華客船クルーズの旅へと繰り出した。乗り気ではなかったドラキュラだったが、船長のエリカに心トキメキ、ご機嫌に。一方、メイヴィスは謎めいたエリカに不信感を抱き、警戒するのだが…。
ユダヤ人を救った動物園 アントニーナが愛した命	THE ZOOKEEPER'S WIFE	第二次世界大戦中、動物園の園長夫妻が300人ものユダヤ人の命を救った実話を映画化。1939年の秋、ドイツの侵攻を受けたワルシャワで欧州最大規模を誇る動物園を営んでいたヤンとアントニーナ夫妻は、ユダヤ人たちを動物園の檻に忍びこませるという驚くべき策を実行する。
ラッキー	LUCKY	2017年9月に他界した名優ハリー・ディーン・スタントンの最後の主演作となる人生ドラマ。スタントン自身を思わせる一匹狼の偏屈老人が、風変わりな町の人々ととりとめのない日々を過ごしながらも、静かに死と向き合っていく姿をユーモアを織り交ぜしみじみと綴る。

（英語ベースの映画に限る。DVD等の発売会社と本体価格は2019年7月現在のものです）

スタッフ	キャスト	その他	DVD等
製作：クリストファー・マッカリー他 監督：クリストファー・マッカリー 脚本：クリストファー・マッカリー	イーサン・ハント：トム・クルーズ オーガスト・ウォーカー：ヘンリー・カヴィル ルーサー・スティッケル：ヴィング・レイムス	配給：Paramount Pictures 上映時間：147分 製作年：2018年 製作国：米・中	NBCユニバーサル・エンターテイメント DVD価格：1,429円 Blu-ray価格：1,886円
製作：ジョン・リカード他 監督：スコット・スピアー 脚本：エリック・カーステン	ケイティ：ベラ・ソーン チャーリー：パトリック・シュワルツェネッガー モーガン：クイン・シェパード	配給：Open Road Films (II) 上映時間：92分 製作年：2018年 製作国：米	バップ DVD価格：3,800円 Blu-ray価格：4,700円
製作：ウィク・ゴッドフリー他 監督：ウェス・ボール 脚本：T・S・ノーリン	トーマス：ディラン・オブライエン テレサ：カヤ・スコデラーリオ ニュート：トーマス・ブロディ＝サングスター	配給：Twentieth Century Fox 上映時間：142分 製作年：2018年 製作国：米	20世紀フォックス ホーム エンターテイメント ジャパン DVD価格：1,905円 Blu-ray価格：1,905円
製作：ベン・ブラウニング 監督：ジョン・マッデン 脚本：ジョナサン・ペレラ	リズ：ジェシカ・チャスティン ロドルフォ：マーク・ストロング エズメ：グゲ・バサ＝ロー	配給：EuropaCorp USA 上映時間：132分 製作年：2016年 製作国：米・仏	キノフィルムズ／木下グループ DVD価格：3,900円 Blu-ray価格：4,800円
製作：マーク・ゴードン他 監督：アーロン・ソーキン 脚本：アーロン・ソーキン	モリー・ブルーム：ジェシカ・チャスティン チャーリー・ジャフィー：イドリス・エルバ モリーの父：ケヴィン・コスナー	配給：STX Entertainment 上映時間：140分 製作年：2017年 製作国：米・加・中 第90回アカデミー脚色賞ノミネート	キノフィルムズ／木下グループ DVD価格：3,900円 Blu-ray価格：4,800円
製作：ミシェル・マードッカ 監督：ゲンディ・タルタコフスキー 脚本：ゲンディ・タルタコフスキー他	ドラキュラ：アダム・サンドラー メイヴィス：セレーナ・ゴメス ジョナサン：アンディ・サムバーグ	配給：Columbia Pictures 上映時間：97分 製作年：2018年 製作国：米	ソニー・ピクチャーズ エンタテインメント DVD価格：1,410円 Blu-ray価格：1,800円
製作：ジェフ・アッバリー他 監督：ニキ・カーロ 脚本：アンジェラ・ワークマン	アントニーナ・ジャビンスキ： 　　　　　ジェシカ・チャスティン ヤン・ジャビンスキ：ヨハン・ヘルデンベルグ ルッツ・ヘック：ダニエル・ブリュール	配給：Focus Features 上映時間：127分 製作年：2017年 製作国：チェコ・英・米	ファントム・フィルム DVD価格：3,800円 Blu-ray価格：4,800円
製作：ダニエル・レンフルー・ベアレンズ他 監督：ジョン・キャロル・リンチ 脚本：ローガン・スパークス他	ラッキー：ハリー・ディーン・スタントン ハワード：デヴィッド・リンチ ボビー・ローレンス：ロン・リヴィングストン	配給：Magnolia Pictures 上映時間：88分 製作年：2017年 製作国：米	アップリンク DVD価格：3,800円

2018年に日本で発売開始された主な映画DVD一覧表（邦題50音順）

邦題	原題	あらすじ
Love, サイモン 17歳の告白	LOVE, SIMON	サイモンは明るい家族に囲まれて暮らす普通の高校生。しかし、実はゲイであるという秘密を抱えていた。ある日、学校に匿名のブルーというゲイの同級生がいることを知り、思い切って彼に連絡を取る。メールのやりとりをする中、次第にブルーに惹かれていくが…。
ランペイジ 巨獣大乱闘	RAMPAGE	86年発売のアーケードゲーム「RAMPAGE」をベースにしたパニックアクション。ある実験が失敗し、ゴリラ、オオカミ、ワニの3頭が、さまざまな動物の長所を取り入れた遺伝子によって巨獣化。軍による攻撃も効果がなく、巨獣たちはやがて大都会シカゴへで破壊活動を繰り広げる。
リメンバー・ミー	COCO	ミュージシャンを夢見る天才ギター少年ミゲル。だが彼の一族は代々、音楽を禁じられていた。ある日、ミゲルは先祖たちが暮らす「死者の国」に迷い込んでしまった。日の出までに元の世界に戻らないと、ミゲルの体は消えてしまう！そしてたどり着く、一族の「秘密」とは？
レッド・スパロー	RED SPARROW	母親の病気の治療費のためにロシア諜報機関の一員になることを決意したドミニカ。ハニートラップや心理操作を武器とするスパイ「スパロー」として鍛え上げられた彼女は、米国のCIA捜査官に接近し、ロシア政府内に潜むスパイの名を聞き出すという危険な任務を与えられる。
レディ・バード	LADY BIRD	2002年、サクラメント。閉塞感溢れる片田舎のカトリック系高校から大都会ニューヨークへの大学進学を夢見る自称「レディ・バード」のクリスティン。高校生活最後の一年、友達や彼氏や家族について、自分の将来について、心が大きく揺れ動く。そして、クリスティンが出した答えとは。
レディ・プレイヤー1	READY PLAYER ONE	貧富の格差が激化し、多くの人々が荒廃した街に暮らす2045年。世界中の人々がアクセスするVRの世界「OASIS」に入り、理想の人生を楽しむことが若者たちの唯一の希望だった。そんなある日、大富豪ジェームズ・ハリデーの莫大な遺産をめぐる謎解きゲームが加熱していく。
ローガン・ラッキー	LOGAN LUCKY	米国最大のモーターカーイベント、NASCARレースを舞台に、一攫千金を狙った計画に挑む強盗団の姿を描くクライムエンターテイメント。足が不自由で仕事を失い、家族にも逃げられ失意の人生を送るジミー・ローガンは、NASCARレース開催中に大金を盗み出すという大胆な計画を練る。
ローズの秘密の頁 （ページ）	THE SECRET SCRIPTURE	精神科医のグリーンは、赤ん坊殺しの罪で精神障害犯罪者として40年もの間病院に収容されている老女ローズを看ることに。彼女は罪を否認し、大切にしている聖書の中に何十年も密かに日記を書きつづっていた。興味を抱いたグリーン医師に、彼女は自分の人生を語り始める。

（英語ベースの映画に限る。DVD等の発売会社と本体価格は2019年7月現在のものです）

スタッフ	キャスト	その他	DVD等
製作：ウィク・ゴッド フリー他 監督：グレッグ・バーランティ 脚本：エリザベス・バーガー他	サイモン：ニック・ロビンソン エミリー：ジェニファー・ガーナー ジャック：ジョシュ・デュアメル	配給：Twentieth Century Fox 上映時間：110分 製作年：2018年 製作国：米	20世紀フォックス ホームエンターテイメント ジャパン DVD価格：1,905円 Blu-ray価格：1,905円
製作：ブラッド・ペイドン他 監督：ブラッド・ペイドン 脚本：ライアン・イングル他	デイビス・オコイエ：ドウェイン・ジョンソン ケイト・コールドウェル博士：ナオミ・ハリス クレア・ワイデン：マリン・アッカーマン	配給：Warner Bros. 上映時間：107分 製作年：2018年 製作国：米	ワーナー・ブラザース ホームエンターテイメント DVD価格：1,429円 Blu-ray価格：2,381円
製作：ダーラ・K・アンダーソン 監督：リー・アンクリッチ他 脚本：エイドリアン・モリーナ他	ミゲル：アンソニー・ゴンザレス ヘクター：ガエル・ガルシア・ベルナル エルネスト・デラクルス：ベンジャミン・ブラット	配給：Walt Disney Studios Motion Pictures 上映時間：105分 製作年：2017年 製作国：米 第90回アカデミー歌曲賞、長編アニメ賞受賞	ウォルト・ディズニー・ジャパン MovieNEX価格：4,000円
製作：ピーター・チャーニン 監督：フランシス・ローレンス 脚本：ジャスティン・ヘイズ	ドミニカ：ジェニファー・ローレンス ネイト：ジョエル・エガートン ワーニャ：マティアス・スーナールツ	配給：Twentieth Century Fox 上映時間：139分 製作年：2018年 製作国：米	20世紀フォックス ホームエンターテイメント ジャパン DVD価格：1,905円 Blu-ray価格：1,905円
製作：スコット・ルーディン他 監督：グレタ・ガーウィグ 脚本：グレタ・ガーウィグ	クリスティン・"レディ・バード"・マクファーソン：シアーシャ・ローナン ラリー・マクファーソン：トレイシー・レッツ カイル・シャイブル：ティモシー・シャラメ	配給：A24 上映時間：95分 製作年：2017年 製作国：米 第90回アカデミー作品賞他4部門ノミネート	NBCユニバーサル・エンターテイメント DVD価格：1,429円 Blu-ray価格：1,886円
製作：スティーブン・スピルバーグ他 監督：スティーブン・スピルバーグ 脚本：アーネスト・クライン他	パーシヴァル：タイ・シェリダン アルテミス：オリビア・クック ノーラン・ソレント：ベン・メンデルソーン	配給：Warner Bros. 上映時間：140分 製作年：2018年 製作国：米 第91回アカデミー視覚効果賞ノミネート	ワーナー・ブラザース ホームエンターテイメント DVD価格：1,429円 Blu-ray価格：2,381円
製作：グレゴリー・ジェイコブズ他 監督：スティーヴン・ソダーバーグ 脚本：レベッカ・ブラント	ジミー・ローガン：チャニング・テイタム クライド・ローガン：アダム・ドライバー マックス・チルブレイン：セス・マクファーレン	配給：Fingerprint Releasing 上映時間：119分 製作年：2017年 製作国：米	ソニー・ピクチャーズ エンタテインメント DVD&Blu-ray価格：4,743円
製作：ノエル・ピアソン他 監督：ジム・シェリダン 脚本：ジム・シェリダン他	スティーヴン・グリーン：エリック・バナ ローズ・F・クリア：ヴァネッサ・レッドグレイヴ 若かりしローズ：ルーニー・マーラ	配給：Vertical Entertainment 上映時間：108分 製作年：2016年 製作国：アイルランド	彩プロ DVD価格：3,800円

2018年に日本で発売開始された主な映画DVD一覧表（邦題50音順）

邦題	原題	あらすじ
ロープ 戦場の生命線	A PERFECT DAY	1995年、停戦直後のバルカン半島。ある村で井戸に死体が投げ込まれ、大切な水が汚染されてしまう。急を要する事態に「国境なき水と衛生管理団」のメンバーが死体の引き上げに乗り出すが、肝心のロープが手に入らず、一本のロープを求めて地雷原を東奔西走することに…。
ロング, ロングバケーション	THE LEISURE SEEKER	夫婦生活はや半世紀、元文学教師のジョンと妻のエラ。子供たちは巣立ち、人生の旅に終わりが見えてきた今、夫婦水入らずで心残りを遂げる旅に出る時がきた。愛車のキャンピングカーで、ジョンが敬愛するヘミングウェイの家を目指して二人はひたすら南下していく。
ロンドン, 人生はじめます	HAMPSTEAD	ロンドン郊外ハムステッドの高級マンションでひとり暮らす未亡人エミリー。今になって亡き夫の浮気や借金が発覚し、気苦労が絶えない日々が続いていた。ある日、双眼鏡で屋根裏部屋から近所の風光明媚な公園を眺めていて、謎めいた髭もじゃの男性に興味を抱く。
私はあなたのニグロではない	I AM NOT YOUR NEGRO	トランプ政権が発足した米国で、あるドキュメンタリー映画が異例のヒットを記録した。米国黒人文学を代表する作家、ボールドウィンの同名作を映画化した本作は、公民権運動のリーダー、マルコムXやキング牧師の生き様を追いながら、米国の人種差別と暗黒の歴史に迫る。
ワンダー　君は太陽	WONDER	10歳で初めて小学校に通い始めた少年オーガストの「ワンダー」な日々を描く。生まれつき顔に障がいがあるオギーの素晴らしい旅が、彼の家族、クラスメイト、さらに多くの人々の心を一つにつないでいく。人とは異なる特徴を持つからこそ、見つけられる幸せがある。
ワンダー・ウーマンとマーストン教授の秘密	PROFESSOR MARSTON AND THE WONDER WOMEN	「ワンダー・ウーマン」の生みの親で、嘘発見器を発明した心理学者でもあるウィリアム・モールトン・マーストン教授の人生を描く伝記ドラマ。研究に没頭するマーストン教授、妻、助手オリーブの三人。教授は二人の進歩的な女性に感化され、新たなヒロイン像を考案する。
ワンダーストラック	WONDERSTRUCK	1977年、ミネソタ。母親を交通事故で亡くした少年ペンは、遺品の中から、会ったことのない実父に関する手がかりを見つける。その50年前、1927年のニュージャージー。聴覚障害の孤独な少女ローズは厳格な父親と暮らしていた。2人の物語は、やがて不思議な縁で結びつき…。

（英語ベースの映画に限る。DVD等の発売会社と本体価格は2019年7月現在のものです）

スタッフ	キャスト	その他	DVD等
製作：フェルナンド・レオン・デ・アラノア他 監督：フェルナンド・レオン・デ・アラノア 脚本：フェルナンド・レオン・デ・アラノア	マンブルゥ：ベニチオ・デル・トロ ビー：ティム・ロビンス カティヤ：オルガ・キュリレンコ	配給：IFC Films 上映時間：106分 製作年：2015年 製作国：西	中央映画貿易 DVD価格：3,800円
製作：マルコ・コーエン他 監督：パオロ・ヴィルズィ 脚本：ステファン・アミドン他	エラ・スペンサー：ヘレン・ミレン ジョン・スペンサー：ドナルド・サザーランド ウィル・スペンサー：クリスチャン・マッケイ	配給：Sony Pictures Classics 上映時間：112分 製作年：2017年 製作国：伊・仏	ギャガ DVD価格：1,143円
製作：ロバート・バーンスタイン他 監督：ジョエル・ホプキンス 脚本：ロバート・フェスティンガー	エミリー：ダイアン・キートン ドナルド：ブレンダン・グリーソン フィオナ：レスリー・マンヴィル	配給：IFC Films 上映時間：102分 製作年：2017年 製作国：英・ベルギー	ソニー・ピクチャーズ エンタテインメント DVD価格：4,743円
製作：ラウル・ペック他 監督：ラウル・ペック 脚本：ラウル・ペック	キング牧師 マルコムX サミュエル・L・ジャクソン	配給：Magnolia Pictures 上映時間：93分 製作年：2016年 製作国：米・仏・ベルギー・スイス 第89回アカデミードキュメンタリー長編賞ノミネート	マジック・アワー DVD価格：3,800円
製作：デヴィッド・ホバーマン他 監督：スティーヴン・チョボスキー 脚本：スティーヴン・コンラッド他	イザベル・プルマン：ジュリア・ロバーツ ネート・プルマン：オーウェン・ウィルソン オーガスト（オギー）： 　ジェイコブ・トレンブレイ	配給：Lionsgate 上映時間：113分 製作年：2017年 製作国：米・香港 第90回アカデミーメイクアップ＆ヘアスタイリング賞ノミネート	キノフィルムズ／木下グループ DVD価格：3,900円 Blu-ray価格：4,800円
製作：テリー・レナード他 監督：アンジェラ・ロビンソン 脚本：アンジェラ・ロビンソン	ウィリアム・モールトン・マーストン： 　ルーク・エヴァンス エリザベス・マーストン：レベッカ・ホール オリーブ・バーン：ベラ・ヒースコート	配給：Annapurna Pictures 上映時間：108分 製作年：2017年 製作国：米	ソニー・ピクチャーズ エンタテインメント DVD&Blu-ray価格：4,743円
製作：ジョン・スロス他 監督：トッド・ヘインズ 脚本：ブライアン・セルズニック	ベン：オークス・フェグリー ローズ：ミリセント・シモンズ リリアン・メイヒュー：ジュリアン・ムーア	配給：Amazon Studios 上映時間：116分 製作年：2017年 製作国：米	KADOKAWA DVD価格：3,800円

会則

第1章 総則

第1条 本学会を映画英語アカデミー学会（The Academy of Movie English、略称TAME）と称する。

第2条 本学会は、映画の持つ教育研究上の多様な可能性に着目し、英語Educationと新作映画メディアEntertainmentが融合したNew-Edutainmentを研究し、様々な啓蒙普及活動を展開するなどして、我が国の英語学習と教育をより豊かにすることを目的とする。

第3条 本学会は教育界を中心に、映画業界・DVD業界・DVDレンタル業界・IT業界・放送業界・出版業界・雑誌業界、その他各種産業界（法人、団体、個人）出身者が対等平等の立場で参画する産学協同の新しいタイプのIT学会である。

第4条 映画英語アカデミー賞の細則は別に定める。

第5条 本学会の事務局を名古屋市・出版社スクリーンプレイ社に置く。

第2章 事業

第6条 本学会は第2条の目的を達成するため、以下の事業を行なう。
①毎年、新作映画メディアの「映画英語アカデミー賞」を決定する。
②学会誌「映画英語アカデミー賞」を発行する。
③ポスターやチラシ、新聞雑誌広告など、多様な広報活動を行う。
④映画メディア会社の協力を得て、各種映画鑑賞と学習会を開催する。
⑤新作映画メディアの紹介、ワークシート作成およびその閲覧をする。
⑥大会（総会）、講演会および研究会の開催または後援をする。
⑦第2条の目的に添うその他の事業。

第3章 会員

第7条 本学会には会則を承認する英語教師の他、誰でも入会できる。

第8条 会員は会費を納めなければならない。既納の会費及び諸経費はいかなる理由があっても返還しない。

第9条 会員は一般会員、賛助会員および名誉会員とする。
①会員は本学会の会則を承認する個人とする。会員は学会誌を無料で受け取ることができる。ただし、その年度の会費納入が確認された会員に限る。
②賛助会員は本学会の会則を承認する企業等とし、1名の代表者を登録し、1名分の会員と同等の資格を有するものとする。
③名誉会員は本学会の活動に特別に寄与した個人とし、理事会の推薦に基づき、会長が任命する。

第10条 会費は年額（税抜）で会員3,000円、賛助会員20,000円、名誉会員は免除とする。

第11条 会員登録は所定の方法により入会を申し込んだ個人または企業等とする。

第12条 会員資格の発生は本学会の本部または支部がこれ

を受理した日とする。

第13条 会員資格の消滅は以下の通りとする。
①会員・賛助会員・名誉会員は本人（または代表者）により退会の意思が通達され、本学会の本部または支部がこれを受理した日とする。
②新入会員は、会員資格発生日より2ヶ月以内に初年度会費納入が確認されなかった場合、入会取り消しとする。
③会費の未納入が3年目年度に入った日に除籍とする。除籍会員の再入会は過去未納会費全額を納入しなければならない。

第14条 本学会の会則に著しく違反する行為があった時は、理事会の3分の2以上の同意をもって当会員を除名することができる。

第15条 学会誌を書店等購入で（または登録コード紹介で）、映画英語アカデミー賞の趣旨に賛同され、所定の期間と方法で応募し、事務局審査の上、登録した個人を「臨時会員」とし、次回一回限りの投票権が与えられることがある。

第4章 役員

第16条 本学会は以下の役員を置く。
①会長　　　　1名
②副会長　　　若干名
③専務理事　　必要人数
④理事　　　　支部総数
⑤顧問　　　　若干名
⑥会計監査　　2名

第17条 各役員の役割は以下の通りとする。
①会長は本学会を代表し、業務を総理する。
②副会長は会長を補佐し、会長に事故ある時はその職務を代行する。
③専務理事は小学校・中学校・高等学校・大学の各部会長、選考委員会、大会、映画英語フェスティバル、学会誌、事務局、各種業界出身者で構成し、それらの重要活動分野に関する業務を役割分担総括する。
④事務局担当専務理事（事務局長）は本学会の事務を統括し、学会事業の円滑な執行に寄与する。
⑤理事は理事会を構成し、各地方の実情・意見を反映しながら、本学会の全国的活動に関する事項を論議する。
⑥顧問は本学会の活動に関する著作権上または専門的諸課題について助言する。
⑦会計監査は学会の決算を監査する。

第18条 各役員の選出方法ならびに任期は以下の通りとする。
①会長は理事会の合議によって決定され、総会で承認する。
②副会長は専務理事の中から理事会で互選され、総会で承認する。
③専務理事は本学会に1年以上在籍している者より、理事会が推薦し、総会によって承認された会員とする。

④理事は原則として都道府県支部長とし、支部の決定の後、理事会に報告・承認により、自動的に交代する。

⑤顧問は本学会の活動に賛同する会社（団体）または個人の中から、理事会が推薦し、総会によって承認された担当者（個人）とする。

⑥会計監査は理事以外の会員の中より会長がこれを委嘱する。

⑦役員の任期は、承認を受けた総会から翌々年度の総会までの2年間、1期とする。ただし、会長の任期は最大連続2期とする。他の役員の再任は妨げない。

⑧役員に心身の故障、選任事情の変更、その他止むを得ない事情の生じた時、会長は理事会の同意を得てこれを解任できる。

第5章 理事会

第19条　①理事会は会長、（副会長）、専務理事、理事、（顧問、名誉会員）にて構成する。

②理事会は会長が必要と認めた時、あるいは、理事会構成員の4分の1以上からの請求があった時に、会長がこれを召集する。

③理事会は原則としてメール理事会とし、出席理事会を開催する事がある。出席理事会は委任状を含む構成員の2分の1以上が出席しなければ議決することができない。

④理事会の議長は事務局長がその任に当たり、事務局長欠席の場合は副会長とする。

⑤理事会の議決は、メール理事会は賛否返信の構成員、出席理事会は出席構成員の過半数で決し、可否同数の時は会長の決するところによる。

⑥顧問ならびに名誉会員は理事会に出席し助言することができ、出席の場合に限り（委任状は無効）構成員の一員となり、議決権を有する。

第6章 委員会

第20条　本学会は映画英語アカデミー賞選考委員会を常設する。委員会の詳細は細則に定める。

第21条　本学会は理事会の下にその他の委員会を臨時に置くことがあり、委員会の詳細は理事会の議決によって定める。

第7章 全国大会

第22条　①定例全国大会は原則としてメール開催とし、1年に1回、会長が召集する。

②理事会の要請により、会長は臨時全国大会を開催することができる。

③必要に応じて、会員出席の全国大会を開催する事がある。

第23条　全国大会は（会員）総会、映画英語アカデミー賞の発表、映画鑑賞、研究発表および会員の交流の場とする。研究発表者は理事会より依頼された会員・非会員、あるいは理事会に事前に通告、承認された会員とする。

第24条　総会に付議すべき事項は、以下の通りとする。

①活動報告と活動計画の承認

②会計報告と予算案の承認

③役員人事の承認

④会則（細則）改正の承認　⑤その他

第25条　総会の議決は、メール全国総会は賛否返信の会員、出席総会は出席会員の過半数で決し、可否同数の時は会長の決するところによる。

第8章 会計

第26条　事務局長は会計および事務局員を任命し、理事会の承認を得る。

第27条　本学会の経費は会員の会費、学会誌出版による著作権使用料収入、講演会等の収入及び寄付の内から支弁する。

第28条　学会業務に要した経費は、理事会が認めた範囲で支払われる。

第29条　本学会の会計年度は毎年3月1日に始まり、翌年2月末日に終わる。

第30条　会計は年度決算書を作成し、会計監査の後、理事会に提出し、その承認を得なければならない。

第9章 支部

第31条　本学会は理事会の承認の下、都道府県別に支部を設けることができる。その結成と運営方法については別に定める。

第32条　支部は必要に応じて支部の委員会を設けることができる。

第33条　理事会は本学会の趣旨・目的、あるいは会則に著しく反する支部活動があったときは、理事会の3分の2以上の同意をもって支部の承認を取り消すことができる。

第10章 会則の変更及び解散

第34条　本会則を変更しようとする時は理事会において決定した後、総会で承認されなければならない。

第35条　本学会を解散しようとする場合は構成員の3分の2以上が出席した理事会において、その全員の同意を得た後、総会で承認されなければならない。

第11章 責任の範囲

第36条　本学会は学会の公認・後援、及び依頼のもとに行われた行為であっても、その結果起こった損失に対してはいかなる責任も問われない。また、会員は学会に補償を請求することができない。

第12章 付則

第37条　本学会は第1回映画英語アカデミー賞が映画英語教育学会中部支部によって開始され、本学会の基礎となったことに鑑み、同学会中部支部会員（本学会の結成日時点）は、本人の入会申込があれば、本学会結成日より満2年間、本学会会員としての資格が与えられるものとする。会費の納入は免除とする。ただし、学会誌の受け取りは有料とする。

第38条　書籍「第1回映画英語アカデミー賞」に執筆者として協力されたその他の地方の著者も前条同様とする。

第39条　本会則は2019年（平成31年）3月23日に改定し、即日施行する。

運営細則（映画英語アカデミー賞細則）

第1章 総則

第1条　本賞を映画英語アカデミー賞（The Movie English Academy Award）と称する。

第2条　本賞は、米国の映画芸術科学アカデミー（Academy of Motion Picture Arts and Sciences、AMPAS）が行う映画の完成度を讃える"映画賞"と異なり、外国語として英語を学ぶ我が国小・中・高・大・社会人を対象にした、教材的価値を評価し、特選する"映画賞"である。

第3条　本賞を映画の単なる人気投票にはしない。特選とは文部科学省「新学習指導要領」の学校種類別外国語関係を参考とした教育的な基準で選出されるべきものとする。

第2章 対象映画の範囲

第4条　本賞は前年1月1日から12月31日までに、我が国で発売開始された英語音声を持つ、新作映画メディアを対象とする。

第5条　新作とは、我が国での映画館上映のあるなしに関わらず、映画メディア発売開始が我が国で初めてのものを意味し、再販売等は含まないものとする。

第6条　映画とは映画館で上映されるために製作された動画作品のことであり、テレビで放映されるために作成されたテレビ映画その他を含まない。

第7条　メディアとは学習教材として一般利用できる、原則的にDVDを中心とするブルーレイ、3Dなど、同一映画の電子記録媒体の総体である。

第8条　日本映画のメディアで英語音声が記録されている場合は対象に含む。

第3章 選考委員会

第9条　選考委員会は会長、副会長、ノミネート部会長によって構成する。

第10条　選考委員会の議長は選考委員会担当専務理事がその任にあたる。

第11条　選考委員会に付議すべき事項は以下とする。

①ノミネート映画の決定
②投票方法と集計方法の詳細
③投票結果の承認
④特別賞の審議と決定
⑤その他本賞選考に関わる事項

第12条　選考委員会の決定は多数決による。同数の

場合は会長が決する。

第4章 ノミネート部会

第13条　選考委員会の下に小学生・中学生・高校生・大学生部会を編成する。

第14条　各部会の部会長は専務理事である。

第15条　各部会の部員は会員の中から自薦・他薦とし、部会長が推薦し、選考委員会が決定する。

第16条　部会の決定は、所定の方法により、各部員の最大3作までのノミネート推薦を受けての多数決による。同数の場合は部会長が決する。

第5章 候補映画の選抜と表示

第17条　本賞の候補映画は、DVD発売開始直後、まず事務局で選抜される。

第18条　選抜は学習かつ教育教材としてふさわしいと評価できるものに限る。

第19条　選抜DVDは、学会ホームページで表示する。

第20条　表示後、会員は選抜に漏れた映画DVDを、事務局に追加提案できる。

第6章 ノミネート映画

第21条　選考委員会は毎年1月上旬に、ノミネート映画を審査、決定する。

第22条　選考委員会の審査は以下の方法による。

①各部会から、『R指定』等を考慮して、3作以上の映画タイトルの提案を受ける。
②同一映画が重複した場合はいずれかの部会に審査、調整、補充する。
③各部会の最終ノミネートは原則として3作とする。
④選考委員会は部会からのノミネート提案映画を過半数の評決をもって否決することができる。
⑤また、過半数の賛成をもって追加することができる。

第7章 会員投票

第23条　投票は本学会会員による。

第24条　投票の対象は選考委員会によって決定されたノミネート映画のみとする。

第25条　投票期間は毎年、1月下旬から2月末日までとする。

第26条　投票の集計作業は原則として毎年3月1日、非公開かつ選考委員会立ち会いで、事務局長責

任の下、事務局により厳正に行う。

第27条　投票結果は各部とも1票でも多い映画をもって確定、同数の場合は部会長が決し、選考委員会の承認を受ける。

第28条　投票総数ならびに得票数はこれを公開しない。

第29条　投票方法と集計方法の詳細は選考委員会によって定める。

第8章　発表

第30条　本賞は毎年3月初旬、受賞映画を発表する。

第31条　発表は適切な日時、場所、手段と方法による。

第32条　受賞の対象者は、その映画メディアを製作した関係者全員であり、発表時点に、我が国でその映画メディアを発売している会社を表彰することがある。

第9章　学会誌「映画英語アカデミー賞」

第33条　学会誌の、学会内での発行責任者は会長である。

第34条　学会誌の、学会内での編集責任者は学会誌担当専務理事である。

第35条　ただし、書店販売書籍としての、学会外での発行者は出版会社の代表者であり、「監修　映画英語アカデミー学会」と表示する。

第36条　総合評価表（A5サイズ、見開き4ページ編集）
①学会HPで映画DVDが表示されたら、原則、その後2ヶ月を期限として総合評価表原稿を募集する。
②原稿は所定の見開き4ページ書式パソコンデータ原稿に限る。
③応募は本年度会費を納入したことが確認された会員に限る。
④応募期限終了後、学会誌担当専務理事は一定の基準により、その映画の担当部会を決し、その部会長に採用原稿の決定を諮問する。
⑤総合評価表の具体的項目と編集レイアウトは学会誌担当専務理事が出版会社と協議の上、適時、変更することができる。

第37条　部会別査読委員
①部会長は、部会内に若干名にて査読委員会を編成する。
②査読委員会は学会誌担当専務理事から諮問のあった原稿を精査する。
③部会長は査読委員会の報告に従って、採用原稿を決定する。
④部会長は採用に至らなかった原稿には意見を付して会員に返却する。

第38条　詳細原稿（A5サイズ、約30頁）
①部門別アカデミー賞映画が決定されたら、学会誌担当専務理事は原則、各部会長を責任者として詳細原稿を依頼することがある。
②詳細原稿は所定のページ書式エクセル原稿に限る。
③詳細原稿には、著作権法に適法したワークシート数種含むものとする。
④詳細原稿の具体的項目と編集レイアウトは学会誌担当専務理事が出版会社と協議の上、適時、変更することができる。

第39条　学会誌担当専務理事はその他、出版社との連携を密にして適切に学会誌を編集する。

第10章　著作権

第40条　学会誌「映画英語アカデミー賞」に掲載されたすべての原稿の著作権は学会に帰属する。

第41条　ただし、原稿提出者が執筆実績として他の出版物等に掲載を希望する場合は書類による事前の申し出により、許可されるものとする。

第42条　学会はスクリーンプレイ社と契約し、学会誌の出版を同社に委託する。

第43条　前条に基づく、著作権使用料は全額を学会会計に計上する。

第44条　掲載の原稿執筆会員には、学会誌当該号につき、アカデミー賞担当会員で1名で執筆には10部を、2名以上の複数で執筆には各5部を、総合評価表担当会員には3部を無料で報償する。

第45条　理事会はすべての原稿につき、PDF化して学会ホームページに掲載したり、データベース化して同一覧表掲載したり、そのほか様々に広報・啓蒙活動に使用することがある。

第11章　細則の変更

第46条　本細則の変更は理事会構成員の3分の2以上が出席した理事会において、その過半数の同意を得て仮決定・実施されるが、その後1年以内に総会に報告、承認されなければならない。

第12章　付則

第47条　本細則は、2019年（平成31年）3月23日に改定し、即日施行する。

支部会則

第1条　支部は映画英語アカデミー学会○○都道府県支部（○○ branch, The Academy of Movie English）と称する。

第2条　支部は毎年アカデミー賞受賞映画の鑑賞・学習会を主催するなど、本学会の事業をその地域的実情に即してさまざまに創意・工夫して発案し、実行することを目的とする。

第3条　支部の事務局は原則として支部長または支部事務局長が勤務する職場におく。

第4条　本学会の会員は入会時に、原則として居住または主な勤務先が所在するどちらかの支部（支部なき場合は登録のみ）を選択する。その後は、居住または勤務が変更されない限り移動することはできない。居住または勤務地に変更があった時に一回限り移動することができる。

第5条　会員は所属支部以外のいずれの支部事業にも参加することができるが、所属支部（都道府県）以外の支部役員に就任することはできない。

第6条　支部に次の役員を置く。
①支部長　　　　1名
②副支部長　若干名
③支部委員　若干名
④事務局長　　　1名
⑤会計監査　　　2名

第7条　各役員の役割は以下の通りとする。
①支部長は支部委員会を招集し、これを主宰する。
②副支部長は支部長を補佐し、必要に応じて支部長を代理する。
③支部委員は支部の事業を協議、決定、実行する。
④事務局長は事務局を設置し、支部活動を執行する。
⑤支部長、副支部長、支部委員、事務局長は支部委員会を構成し、委任状を含む過半数の出席にて成立、多数決により議決する。

第8条　各役員の選出方法ならびに任期は以下の通りとする。
①支部長は支部委員会の合議によって決定される。
②副支部長・事務局長は支部委員会の互選による。
③支部委員は支部会員の中から支部委員会

が推薦し、支部総会において承認する。
④会計監査は支部委員以外の支部会員の中より支部長がこれを委嘱する。
⑤役員の任期は承認を受けた総会から翌々年度の総会までの2年間、1期とする。ただし、支部長の任期は最大連続2期とする。他の役員の再任は妨げない。
⑥役員に事故ある時は、残任期を対象に、後任人事を支部委員会にて決定することができる。

第9条　支部長は毎年1回支部大会を招集する。また支部委員会の要請により臨時支部大会を招集することがある。

第10条　支部結成の手順と方法は以下の通りとする。
①支部は都道府県単位とする。
②同一都道府県に所属する会員5名以上の発議があること。
③理事会に提案し、承認を得ること。
④発議者連名で所属内の全会員に支部設立大会の開催要項が案内されること。
⑤支部結成大会開催日時点で所属会員の内、委任状を含む過半数の出席があること。
⑥支部結成大会には、上記の確認のために、理事会からの代表者が出席すること。
⑦支部結成後はその都道府県内の全会員が支部に所属するものとする。

第11条　事務局長または支部長は会員個人情報管理規定（内規）にしたがって支部会員個人情報を責任管理する。

第12条　事務局長は会計および事務局員を任命し、支部委員会の承認を得る。

第13条　支部の経費は理事会から配分された支部活動費およびその他の事業収入、寄付金、助成金などをもってこれにあてる。

第14条　支部委員会は、毎年度末＝2月末日時点での会費払い込み済み支部所属会員数×1,000円の合計額を支部活動費として理事会から受け取ることができる。

第15条　会計は会計監査の後、毎年1回支部（会員）総会において会計報告、承認を受け、また理事会に報告しなければならない。

第16条　本支部会則の変更は理事会の提案により、全国総会の承認を受けるものとする。

第17条　支部会則は平成26年3月1日に改定し、即日施行する。

発起人

平成25年3月16日結成総会現在153名。都道府県別、名前（五十音順。敬称略）。主な勤務先は登録時点で常勤・非常勤、職位は表示されません。また会社名の場合、必ずしも会社を代表しているものではありません。

都道府県	名前	主な勤務先	都道府県	名前	主な勤務先	都道府県	名前	主な勤務先
北海道	穐元民樹	北海道釧路明輝高等学校	福井県	原口治	国立福井高等専門学校	〃	的馬淳子	金城学院大学
〃	池田恭子	札幌市立あいの里東中学校	山梨県	堤和子	目白大学	〃	武藤美代子	愛知県立大学
〃	小林敏彦	小樽商科大学	岐阜県	匿名	個人	〃	諸江哲男	愛知産業大学
〃	道西智拓	札幌大谷高等学校	〃	網野千代美	中部学院大学	〃	山崎僚子	中京大学
福島県	高橋充美	個人	〃	伊藤明希良	岐阜聖徳学園大学大学院生	〃	山森孝彦	愛知医科大学
栃木県	田野存行	株式会社エキスパートギグ	〃	今尾さとみ	富田高等学校	三重県	林雅則	三重県立木本高等学校
埼玉県	設楽優子	十文字学園女子大学	〃	今川奈津美	富田高等学校	滋賀県	大橋洋平	個人
〃	チェンバレン暁子	聖学院大学	〃	岩佐佳菜恵	個人	〃	野村邦彦	個人
〃	中林正身	相模女子大学	〃	大石晴美	岐阜聖徳学園大学	〃	八里葵	個人
〃	村川享一	ムラカワコンサルティング	〃	大竹和行	大竹歯科医院	〃	山口治	神戸親和女子大学名誉教授
千葉県	内山和宏	柏日体高等学校	〃	岡本照雄	個人	〃	山田優奈	個人
〃	大庭香江	千葉大学	〃	小野田裕子	個人	京都府	小林龍一	京都市立日吉ヶ丘高等学校
〃	岡島勇太	専修大学	〃	加納隆	個人	〃	中澤大貴	個人
〃	高橋本恵	文京学院大学	〃	北村淳江	個人	〃	藤本幸治	京都外国語大学
〃	益戸理佳	千葉工業大学	〃	小石雅秀	個人	〃	三島ナヲキ	ものづくりキッズ基金
〃	宮津多美子	順天堂大学	〃	小山大三	牧師	〃	横山仁視	京都女子大学
〃	大和恵美	千葉工業大学	〃	近藤満	個人	大阪府	植田一三	アクエアリーズスクールオブコミュニケーション
東京都	石垣弥麻	法政大学	〃	白井雅子	個人	〃	小宅智之	個人
〃	今村隆介	個人	〃	千石正和	個人	〃	太尾田真志	個人
〃	大谷一彦	個人	〃	武山筝子	個人	〃	堅山隼太	俳優
〃	小関吉直	保善高等学校	〃	東島ひとみ	東島獣医科	兵庫県	金澤直志	奈良工業高等専門学校
〃	清水直樹	エイベックス・マーケティング	〃	戸田操子	くわなや文具店	〃	行村徹	株式会社ワオ・コーポレーション
〃	杉本孝子	中央大学	〃	中村亜也	個人	香川県	日山貴浩	尽誠学園高等学校
〃	杉本豊久	成城大学	〃	中村充	岐阜聖徳学園高等学校	福岡県	秋好礼子	福岡大学
〃	平純三	キヤノン株式会社	〃	長尾美武	岐阜聖徳学園大学付属中学校	〃	Asher Grethel	英語講師
〃	堤龍一	目白大学	〃	橋爪加代子	個人	〃	一月正充	福岡歯科大学
〃	中垣恒太郎	大東文化大学	〃	古田雪子	名城大学	〃	岡崎修平	個人
〃	中村真理	相模女子大学	〃	寶壺貴之	岐阜聖徳学園大学短期大学部	〃	小林明子	九州産業大学
〃	仁木勝治	立正大学	〃	宝壺直親	岐阜県立各務原西高等学校	〃	篠原一英	福岡県立福島高等学校
〃	Bourke Gary	相模女子大学	〃	宝壺美采子	生涯学習英語講師	〃	高瀬春歌	福岡市立福岡女子高等学校
〃	道西隆侑	JACリクルートメント	〃	吉田謙	吉田胃腸科医院	〃	高瀬文広	日本赤十字九州国際看護大学
〃	三井敏朗	相模女子大学	〃	鷲野嘉映	岐阜聖徳学園大学短期大学部	〃	鶴田知嘉香	福岡常葉高等学校
〃	三井美穂	拓殖大学	〃	渡辺康幸	岐阜県立多治見高等学校	〃	鶴田里美香	楽天カード株式会社
〃	吉田豊	株式会社M.M.C.	静岡県	上久保真	フリーランス	〃	中島千惠	西南女学院大学
神奈川県	安部佳子	東京女子大学	愛知県	石川淳子	愛知教育大学	〃	中村茂徳	西南女学院大学
〃	今福一郎	横浜労災病院	〃	伊藤保憲	東邦高等学校	〃	新山美紀	久留米大学
〃	上原寿和子	神奈川大学	〃	井爪康仁	藤田保健衛生大学	〃	Nikolai Nikandrov	福岡学園福岡医療短期大学
〃	上條美和子	相模女子大学	〃	井上雅紀	愛知淑徳中学校・高等学校	〃	Haynes David	福岡学園福岡医療短期大学
〃	大月敦子	相模女子大学	〃	梅川理絵	南山国際高等学校	〃	福田浩子	福岡大学言語教育研究センター
〃	鈴木信隆	個人	〃	梅村真平	梅村パソコン塾	〃	藤山和久	九州大学大学院博士後期課程
〃	曽根田憲三	相模女子大学	〃	大達誉華	名古屋大学	〃	三谷泰	有限会社エス・エイチ・シー
〃	曽根田純子	青山学院大学	〃	久米和代	名古屋大学	〃	八尋春海	西南女学院大学
〃	羽井佐昭彦	相模女子大学	〃	黒澤純子	愛知淑徳大学	〃	八尋真由実	西南女学院大学
〃	三浦理高	株式会社キネマ旬報社	〃	小島由美	岡崎城西高等学校	長崎県	山崎祐一	長崎県立大学
〃	宮本節子	相模女子大学	〃	子安惠子	金城学院大学	熊本県	進藤三雄	熊本県立大学
〃	八木橋美紀子	横浜清風高等学校	〃	柴田真季	金城学院大学	〃	平野順也	熊本大学
新潟県	藤森亮太	個人	〃	杉浦恵美子	愛知県立大学	大分県	清水孝子	日本文理大学
富山県	岩本晋吾	富山県立富山視覚総合支援学校	〃	鈴木雅夫	スクリーンプレイ	宮崎県	南部みゆき	宮崎大学
石川県	須田久美子	北陸大学	〃	濱ひかり	愛知大学	〃	松尾祐美子	宮崎公立大学
〃	安田優	北陸大学	〃	松浦由美子	名城大学	鹿児島県	吉村圭	鹿児島女子短期大学
福井県	長岡亜生	福井県立大学	〃	松葉明	名古屋市立平針中学校	海外	Alan Volker Craig	言語学者

理事会

映画英語アカデミー学会は、2019年3月23日6回全国大会にて新理事会が承認されました。

役職	担当（出身）	氏名	主な勤務先
顧　　問	名誉会長	曽根田憲三	相模女子大学名誉教授
〃	映画字幕翻訳家	戸田奈津子	字幕翻訳家、神田外語大学客員教授
〃	弁護士	矢部　耕三	弁護士事務所
会　　長	選考委員会	寶壺　貴之	岐阜聖徳学園大学
副 会 長	フェスティバル	高瀬　文広	日本赤十字九州国際看護大学
〃	映画上映会	吉田　　豊	株式会社ムービーマネジメントカンパニー
〃	出版業界	鈴木　雅夫	スクリーンプレイ
専務理事	大会	鶴岡　公幸	神田外語大学
〃	レンタル業界	清水　直樹	株式会社ゲオ
〃	雑誌業界	三浦　理高	株式会社キネマ旬報社
〃	IT 業界	田野　存行	株式会社エキスパートギグ
〃	小学部会	子安　惠子	金城学院大学
〃	中学部会	松葉　　明	名古屋市立滝ノ水中学校
〃	高校部会	井上　雅紀	元愛知淑徳中学校・高等学校
〃	大学部会	安田　　優	関西外国語大学
〃	学会誌	小寺　　巴	スクリーンプレイ
〃	事務局長	鈴木　　誠	スクリーンプレイ
理　　事	宮城県	Phelan Timothy	宮城大学
〃	埼玉県	設楽　優子	十文字学園女子大学
〃	千葉県	小暮　　舞	日本大学習志野高等学校
〃	東京都	中垣恒太郎	専修大学
〃	神奈川県	宮本　節子	相模女子大学
〃	山梨県	堤　　和子	目白大学
〃	富山県	岩本　昌明	富山県立上市高等学校
〃	石川県	轟　　里香	北陸大学
〃	福井県	長岡　亜生	福井県立大学
〃	岐阜県	寶壺　貴之	岐阜聖徳学園大学
〃	愛知県	久米　和代	名古屋大学
〃	三重県	林　　雅則	個人
〃	京都府	小林　龍一	京都市立塔南高等学校
〃	大阪府	植田　一三	Aquaries School
〃	奈良県	石崎　一樹	奈良大学
〃	兵庫県	金澤　直志	奈良工業高等専門学校
〃	香川県	日山　貴浩	尽誠学園高等学校
〃	福岡県	八尋　春海	西南女学院大学
〃	長崎県	山崎　祐一	長崎県立大学
〃	宮崎県	松尾祐美子	宮崎公立大学
〃	鹿児島県	吉村　　圭	鹿児島女子短期大学
会　　計		小寺　　巴	スクリーンプレイ
会計監査		前田　偉康	フォーイン
〃		菰田　麻里	スクリーンプレイ

ノミネート委員会

■小学生部（16名、平成31年2月28日現在）

東京都	土屋佳雅里	ABC Jamboree
愛知県	石川　淳子	愛知教育大学
〃	稲波佐智代	金城学院大学
〃	大達　誉華	名城大学
〃	木下　恭子	中京大学
〃	久米　和代	名古屋大学
〃	黒澤　純子	愛知淑徳大学
〃	子安　惠子	金城学院大学
〃	佐々木真帆美	金城学院大学
〃	柴田　真季	金城学院大学
〃	白木　玲子	金城学院大学
〃	松浦由美子	名城大学
〃	的馬　淳子	金城学院大学
〃	矢後　智子	名古屋外国語大学
〃	山崎　僚子	名古屋学院大学
宮崎県	松尾麻衣子	（有）ARTS OF LIFE

■中学生部（7名、平成30年12月27日現在）

千葉県	高橋　本惠	文京学院大学
東京都	竹市　久美	御成門中学校
福井県	伊藤　辰司	北陸学園北陸中学校
愛知県	松葉　明	名古屋市立滝ノ水中学校
大阪府	能勢　英明	大阪市立本庄中学校
〃	飯間加壽世	株式会社ユニサラパワーソリューションズ
沖縄県	スナイダー晴佳	個人

■高校生部（19名、平成31年1月28日現在）

北海道	若木　愛弓	苫小牧工業高等専門学校
福島県	吾妻　久	福島県立須賀川高等学校
〃	大石田　緑	福島県立あさか開成高等学校
群馬県	亀山　孝	共愛学園高等学校
茨城県	多尾奈央子	筑波大学附属駒場中・高等学校
千葉県	小暮　舞	日本大学習志野高等学校
神奈川県	伊藤すみ江	個人（元川崎市立総合科学高等学校）
〃	清水　悦子	神奈川県立百合丘高等学校
愛知県	井上　雅紀	元愛知淑徳中学校・高等学校
〃	大橋　昌弥	中京大学附属中京高等学校
〃	濱　ひかり	東邦高等学校
〃	平尾　節子	元国立京都工芸繊維大学
岐阜県	日比野彰朗	岐阜県立岐阜北高等学校
三重県	林　雅則	個人
大阪府	上田　敏子	大阪女学院高等学校
〃	谷野　圭亮	大阪教育大学大学院生
〃	由谷　晋一	津田英語塾
富山県	岩本　昌明	富山県立上市高等学校
福岡県	篠原　一英	福岡県立久留米高等学校

■大学生部（52名、平成31年3月26日現在）

北海道	小林　敏彦	小樽商科大学
宮城県	Timothy Phelan	宮城大学
埼玉県	設楽　優子	十文字学園女子大学
〃	チェンバレン晄子	日本大学
千葉県	大庭　香江	千葉大学
〃	岡島　勇太	専修大学
〃	北村孝一郎	神田外語大学
〃	鶴岡　公幸	神田外語大学
東京都	石垣　弥麻	法政大学
〃	今村　隆介	個人
〃	岡田　信彦	個人
〃	小磯　和夫	カズアンドバディーズ
〃	小嶺　智枝	明治大学・中央大学
〃	清水　純子	法政大学
〃	中村　真理	相模女子大学
〃	水野　資子	目白研心中学校高等学校
〃	三井　敏朗	都留文科大学
〃	三井　美穂	拓殖大学
神奈川県	上原寿和子	電気通信大学
〃	近江　萌花	相模女子大学
〃	曽根田憲三	相模女子大学
〃	田中　浩司	防衛大学校
〃	田中　優香	相模女子大学
〃	堤　龍一郎	相模女子大学
〃	沼田　智美	相模女子大学
〃	宮本　節子	相模女子大学
〃	宗像　花草	神田外語大学
山梨県	堤　和子	目白大学
長野県	兼元　美友	信州大学
愛知県	井上　康仁	藤田医科大学
〃	杉浦恵美子	愛知県立大学
〃	服部しのぶ	藤田医科大学
〃	諸江　哲男	愛知産業大学
岐阜県	古田　雪子	名城大学
〃	寶壺　貴之	岐阜聖徳学園大学
石川県	井上　裕子	北陸大学
〃	轟　里香	北陸大学
〃	船本　弘史	北陸大学
滋賀県	Walter Klinger	個人
京都府	村上　裕美	関西外国語大学短期大学部
大阪府	植田　一三	Aquaries-School of Communication
〃	朴　真理子	立命館大学
〃	松本　恵美	関西外国語大学
〃	宮津多美子	関西外国語大学
〃	安田　優	関西外国語大学
奈良県	石崎　一樹	奈良大学
兵庫県	金澤　直志	奈良工業高等専門学校
福井県	長岡　亜生	福井県立大学
福岡県	秋好　礼子	福岡大学
〃	高瀬　文広	九日本赤十字九州国際看護大学
〃	八尋　春海	西南女学院大学
宮崎県	松尾祐美子	宮崎公立大学

リスニングシート作成委員会

委員長		鈴木　雅夫	（副会長）
委員		Mark Hill	（スクリーンプレイ）
〃		Bourke Gary	（相模女子大学）
〃		Walter Klinger	（滋賀県立大学）
〃	中学担当	小池　幸子	（鎌倉市立第一中学校）
〃	中学担当	水野　資子	（目白研心中学校高等学校）
〃	高校担当	小暮　舞	（日本大学習志野高等学校）
委員	高校担当	岩本　昌明	（富山県立上市高等学校）
〃	大学担当	大庭　香江	（千葉大学）
〃	大学担当	松尾祐美子	（宮崎公立大学）
〃	上級担当	石崎　一樹	（奈良大学）
〃		映画英語アカデミー学会会員有志	
協力		スクリーンプレイ編集部	

■映画英語アカデミー学会に入会希望の方はこの用紙を使用してFAX または郵送にてご連絡ください。
For those who wish to join The Academy of Movie English (TAME), please complete this form and send by FAX or post.

Tel: 052-789-0975　Fax: **052-789-0970**　E-mail：**office@academyme.org**

送付先は、〒464-0025 名古屋市千種区桜ヶ丘292 スクリーンプレイ内 TAME 事務局
Please send applications to : 〒464-0025 TAME Office, Screenplay Dept., Sakuragaoka 292, Chikusa, Nagoya.

■学会ホームページに接続されると、メールで申し込みができます。http://www.academyme.org/index.html
Applications can also be made via the TAME website or by e-mail.

映画英語アカデミー学会入会申し込み用紙
Application to join The Academy of Movie English (TAME)

氏名 Name	フリガナ		フリガナ	
	姓 Family name		**名** Given name	
E-mail				
自宅 Home	住所 Address	〒　　　－		
	電話 Phone number	－　　　－	**FAX** FAX number	－　　　－
職場 Work	名前 Company or Academic Institute			
	所属			
学校 Academic	住所 Address	〒　　　－		
	電話 Phone number	－　　　－	**FAX** FAX number	－　　　－
所属支部 Preferred branch		□自宅地域 Home Area		□職場地域 Work/Academic Institute Area
郵便物送付 Preferred mailing address		□自宅優先 Home		□職場優先 Work/Academic Institute
部会 Group	委員 Membership	次のノミネート部会委員を引き受ける用意がある。 I would like to participate as a member of the following group. □小学生部会　　□中学生部会　　□高校生部会　　□大学生部会 Elementary group　　Junior high school group　　High school group　　University group		

後日、入会の確認連絡があります。万一、一ヶ月以上経過しても連絡がない場合、ご面倒でも事務局までご連絡ください。
TAME will send confirmation of your application once it has been received. Please contact the office if you do not receive confirmation within one month.

映画英語アカデミー学会

TAME (*The Academy of Movie English*)

賛助会員 入会申込み用紙

年　　　月　　　日

映画英語アカデミー学会の会則を承認し、賛助会員の入会を申し込みます。

会社名	社　名	(フリガナ)			
	住　所	〒			
担当者名	氏　名	(フリガナ)		年　　　月　　　日生	
	部署名		職　位		
	電　話		ＦＡＸ		

（上記は、書類の送付など、今後の連絡先としても使用しますので正確にご記入下さい）

◇賛助会費について◇

賛助会費	年会費２０,０００円を引き受けます。

この用紙は右記まで、郵送するか
ＦＡＸにて送付してください。

映画英語アカデミー学会事務局
〒465-0025 名古屋市千種区桜が丘292 スクリーンプレイ内
TEL: (052) 789-0975　ＦＡＸ：（０５２）７８９-０９７０

著 者

石垣　弥麻　（法政大学）
石田　理可　（愛知学院大学）
稲波佐智代　（個人）
井上　雅紀　（元愛知インターナショナルスクール）
井上　裕子　（北陸大学）
上原寿和子　（電気通信大学）
大庭　香江　（千葉大学）
近江　萌花　（個人）
岡島　勇太　（専修大学）
兼元　美友　（信州大学）
上條美和子　（相模女子大学）
久米　和代　（名古屋大学）
小暮　舞　（日本大学習志野高等学校）
子安　惠子　（金城学院大学）
設楽　優子　（十文字学園女子大学）
スナイダー晴佳　（個人）
田中　浩司　（防衛大学校）
轟　里香　（北陸大学）

長岡　亜生　（福井県立大学）
中垣恒太郎　（専修大学）
南部みゆき　（宮崎大学）
沼田　智美　（個人）
能勢　英明　（大阪市立本庄中学校）
林　雅則　（個人）
寳壺　貴之　（岐阜聖徳学園大学）
松葉　明　（名古屋市立滝ノ水中学校）
松原知津子　（名城大学）
松本　恵美　（関西外国語大学）
松家由美子　（静岡大学）
水野　資子　（目白研心中学校高等学校）
三井　敏朗　（都留文科大学）
森　健二　（Happy Science University）
安田　優　（関西外国語大学）
山﨑　僚子　（名古屋学院大学）
山本　幹樹　（熊本大学）

敬称略。各五十音順。
（　）内は発行日時点での主な勤務先です。職位は表示されません。

第8回映画英語アカデミー賞®

発　　行	2019年8月1日初版第1刷
監　　修	映画英語アカデミー学会
著　　者	久米和代、松葉明、子安惠子、松本恵美、他31名
編 集 者	小寺 巴、菰田麻里
発 行 者	鈴木雅夫
発 売 元	株式会社フォーイン　スクリーンプレイ事業部
	〒464-0025 名古屋市千種区桜が丘292
	TEL:（052）789-1255　FAX:（052）789-1254
	振替00860-3-99759
印刷製本	株式会社チューエツ

定価はカバーに表示してあります。無断で複写、転載することを禁じます。
乱丁、落丁本はお取り替えいたします。
Printed in Japan ISBN978-4-89407-599-3